DEUTSCHER SOZIALGERICHTSTAG E.V. (HRSG.)

Neue Zeiten – Neues Sozialrecht

Deutscher Sozialgerichtstag e.V.
„Neue Zeiten – Neues Sozialrecht“
9. Deutscher Sozialgerichtstag
am 7. und 8. November 2024 in Kassel

Neue Zeiten – Neues Sozialrecht

9. Deutscher Sozialgerichtstag
am 7. und 8. November 2024 in Kassel

Herausgegeben vom Deutschen Sozialgerichtstag e.V.

BOORBERG

Bibliografische Information der Deutschen Nationalbibliothek | Die Deutsche Nationalbibliothek verzeichnet diese Publikation in der Deutschen Nationalbibliografie; detaillierte bibliografische Daten sind im Internet über www.dnb.de abrufbar.

ISBN 978-3-415-07842-0

Anfragen gemäß EU-Verordnung über die allgemeine Produktsicherheit (EU) 2023/988 (General Product Safety Regulation – GPSR) richten Sie bitte an: Richard Boorberg Verlag GmbH & Co KG, Produktsicherheit, Scharrstraße 2, 70563 Stuttgart; E-Mail: produktsicherheit@boorberg.de

Satz: Olaf Mangold Text&Typo, 70374 Stuttgart |
Druck und Bindung: Laupp & Göbel GmbH, Robert-Bosch-Straße 42, 72810 Gomaringen

Richard Boorberg Verlag GmbH & Co KG | Scharrstraße 2 | 70563 Stuttgart
Stuttgart | München | Hannover | Berlin | Weimar | Dresden
www.boorberg.de

Begrüßung

Dr. Miriam Meßling, Präsidentin a. D. des DSGT e. V.

Meine sehr geehrten Damen und Herren,
liebe Freundinnen und Freunde des Sozialrechts,

ich begrüße Sie alle sehr herzlich zu unserem 9. Deutschen Sozialgerichtstag – der Veranstaltung, die uns alle zwei Jahre zu einem gemeinsamen fachlichen und persönlichen Austausch zusammenführt.

Wir erleben einen unbeschreiblichen Morgen. Die Welt muss verunsichert sein angesichts dieses Wahlausgangs in den USA. Die derzeit älteste Demokratie weltweit ist in ernster Gefahr. Der Wunsch nach einem starken Mann verdrängt den Blick auf die Errungenschaften von Rechtsstaat und Demokratie. Wir müssen mit dem systematischen Umbau von Institutionen rechnen, der über Jahre vorbereitet worden ist. In Europa haben wir am Beispiel Polens gesehen, wie schnell demokratisches Wirken abgeschafft ist und wie schwer es nach nur wenigen Jahren ist, wieder dorthin zurückzukehren.

Der Bruch der Regierungskoalition in der letzten Nacht führt uns vor Augen, dass auch in unserem Land das Klima verändert ist. Die nun anstehenden verfrühten Wahlen können auch Parteien in die Hände spielen, die mit starker Führung und vermeintlich einfachen Lösungen erschreckend erfolgreich um Zulauf werben. Die Politik hat in den letzten Monaten die Debatte um die Resilienz des Bundesverfassungsgerichts stark beschäftigt. Der Angriff auf demokratische Einrichtungen scheint auch bei uns nicht mehr undenkbar.

Angesichts dieser Ereignisse fällt es schwer, sich heute auf andere Themen als die Sorge um Weltpolitik und unser Land zu konzentrieren. Und dennoch sollten wir diese Lage als Ansporn verstehen. Resilienz von Institutionen fängt schon im Bewusstsein jeder und jedes Einzelnen an. So passt auch unser Tagungsmotto „Neue Zeiten – Neues Sozialrecht" in diesen Kontext. Wir wollen Bewusstsein schaffen für Fragestellungen, die in Deutschland gerade „brennen". Wir wollen miteinander im Gespräch sein und um Lösungen ringen, die vielleicht keine einfachen sind, aber nachhaltig tragen. Gerade jetzt müssen wir im Diskurs sein – gehen wir ihn also heute mit Elan an.

Die Resonanz auf unsere Tagung ist überwältigend. Daher begrüße ich auch alle diejenigen sehr herzlich, zu denen die heutige Vormittagsveranstaltung in den Jakob-Grimm-Saal übertragen wird. Es gab so viele Anmeldungen, dass nicht mehr alle im Elisabeth-Selbert-Saal Platz finden konnten.

Mich freut das große Interesse sehr – ich empfinde es als außerordentlich ermutigend. Der Wille, auf Präsenzveranstaltungen zu fahren und im persönlichen Austausch zu stehen, hat sich nach meinem Eindruck seit Corona nicht mehr ganz erholt. Zu Hause lebt und konferiert es sich bequemer. Vielleicht ist auch dies ein Grund für die Veränderungen, die sich auf der politischen Bühne zeigen? Eine starke Person „vorne" und ich mit einem möglichst reibungslosen Leben zu Hause?

Ich persönlich empfinde es als fast beängstigend, wie stark der Rückzug ins Private für viele Menschen im Vordergrund steht. Und ich meine damit nicht diejenigen, die aus gesundheitlichen oder familiären Gründen gute Argumente für das Arbeiten zu Hause haben. Sondern ich meine diejenigen, denen es schlicht um eine Bequemlichkeit geht, die sie unter dem Stichwort „Work-Life-Balance" gerechtfertigt sehen. Ich kenne Menschen verschiedenster Branchen, die gar nicht mehr ins Büro gehen, sondern alles im Homeoffice erledigen. Sie wissen gar nicht mehr, wie es ist, sich an der Kaffeemaschine zu begegnen und miteinander so kleine Dinge auszuhandeln wie die Frage, wer den ersten Kaffee bekommt. Sie müssen sich nicht mehr mit der körperlichen Präsenz eines unliebsamen Kollegen arrangieren oder sich von Angesicht zu Angesicht mit einer anderen als der eigenen Meinung auseinandersetzen – sie schalten die Kamera an und anschließend wieder aus.

Das Thema unserer Tagung steht unter dem Motto „Neue Zeiten – Neues Sozialrecht". Bevor wir dem Sozialrecht auf die Spur gehen, wollen wir zunächst unseren Blick auf die „Neuen Zeiten" lenken. Wir wollen den Veränderungen unserer Gesellschaft soziologisch auf die Spur gehen und „fachfremd" einen Blick werfen auf den gesellschaftlichen Boden, der „neue Zeiten" auch im Sozialrecht bringt.

An dieser Stelle nun hätte ich gerne Herrn Professor Reckwitz begrüßt. Er hätte mit uns einen Blick auf die Individualisierung der Gesellschaft werfen und unser Bewusstsein schärfen sollen für die „Gesellschaft der Singularitäten". Das aber war die dritte Erschütterung am gestrigen Tage: Herr Reckwitz hat uns äußerst kurzfristig abgesagt. Ich verliere dazu nicht viele Worte – nur so viel: Die Art der Absage war auch wahrhaft singulär.

Die gute Nachricht des heutigen Tages ist aber: Wir haben in dieser so unglaublich kurzen Zeit eine Alternative gefunden. Unsere Suche hat uns zu dem Soziologen und Kulturwissenschaftler Herrn Dr. Burmeister geführt, der sich in seiner Forschung unter anderem mit „moderner Subjektivierung" der Gesellschaft beschäftigt. Sein Blick wird naturgemäß ein anderer sein, als wir ihn mit Herrn Reckwitz erlebt hätten. Ausgehend von seinem eigenen Forschungsschwerpunkt der Soziologie der Kindheit wird er für uns aber ebenfalls die gesellschaftlichen Entwicklungen der vergangenen Jahre in den Blick nehmen und so den Boden für den weiteren Verlauf unserer Tagung bereiten. Lieber Herr Burmeister, ich begrüße Sie als unseren Festredner sehr herzlich – wir freuen uns außerordentlich, dass wir Sie gewinnen konnten.

Der DSGT tagt in diesem Jahr zum ersten Mal im Bundessozialgericht. Daher sage ich Frau Präsidentin des Bundessozialgerichts Dr. Christine Fuchsloch sehr herzlichen Dank dafür, dass das BSG uns beherbergt. Es ist wunderbar, dass wir unsere sozialrechtlichen und sozialpolitischen Fragestellungen gerade hier miteinander diskutieren können. Und ich möchte an dieser Stelle auch allen Mitarbeitenden des Bundessozialgerichts danke sagen, die diese Tagung logistisch begleitet und möglich gemacht haben!

Wir tagen damit heute auch in einem neuen Gastgeberland – und ich freue mich außerordentlich, dass das Land Hessen und die Stadt Kassel unsere Tagung so positiv begleiten. Ich begrüße sehr herzlich Frau Heike Hofmann, die Hessische Ministerin für Arbeit, Integration, Jugend und Soziales. Sie wird sogleich ein Grußwort aus landespolitischer Sicht für die Hessische Landesregierung zu uns sprechen – herzlichen Dank dafür. Und ich freue mich, dass auch der Oberbürgermeister der Stadt Kassel, Herr Dr. Sven Schoeller, zu uns gekommen ist und uns ebenfalls mit einem Grußwort bereichern wird – auch dafür herzlichen Dank.

Der Deutsche Sozialgerichtstag bringt sich aktiv in aktuelle rechtspolitische Fragestellungen ein. In unseren Positionen sind wir stärker, wenn wir uns mit anderen Playern gut vernetzen. Daher freue ich mich, dass so viele Vertreterinnen und Vertreter anderer Verbände und Gruppierungen heute zu uns gestoßen sind.

Ich begrüße Frau Prof. Dr. Beate Hofmann, Bischöfin der Evangelischen Kirche von Kurhessen-Waldeck und Herrn Pastoralreferenten Stefan Ahr von der Katholischen Kirche, zugleich als Vertreter des Arbeitskreises Christlicher Kirchen in Kassel.

Ich freue mich, Frau Vorsitzende Richterin des BSG Sabine Knickrehm als Vorsitzende des Deutschen Sozialrechtsverbands, begrüßen zu können; liebe Sabine, herzlichen Dank dafür, dass wir in den beiden vergangenen Jahren so gut miteinander kooperiert haben.

Ich begrüße Frau Prof. Dagmar Brosey als Vorsitzende des Deutschen Betreuungsgerichtstags und Herrn Siegfried Willutzki als Ehrenvorsitzenden des Deutschen Familiengerichtstags. Die „Gerichtstage“ haben viele sich überschneidende Fragestellungen. Ich freue mich daher sehr, dass Sie heute zu uns gestoßen sind.

Und ich begrüße Herrn Dr. Jürgen Spalckaver, Vorstand der Juristischen Gesellschaft zu Kassel. Seien Sie uns alle herzlich willkommen.

Nun aber zum DSGT selbst: Ich begrüße sehr herzlich die Ehrenpräsidentin des DSGT, Frau Monika Paulat. Sie ist meine langjährige Vorgängerin im Präsidentinnenamt. Frau Paulat, Sie haben meinen Einstieg in den DSGT durch gute Gespräche sehr unterstützt, sehr herzlichen Dank dafür. Und Sie sind dem DSGT auch durch Ihre fachliche Expertise weiterhin verbunden als Leiterin der SGB VIII-Kommission, und auch das freut mich persönlich sehr.

Unsere Kommissionen sind das Herzstück der Tätigkeit des DSGT – dort findet die inhaltliche Arbeit statt, das können Sie auch unserem Programm für den Nachmittag entnehmen. Wir haben heute neun Arbeitsgruppen, die durch unsere insgesamt zwölf fachrechtlichen Kommissionen vorbereitet wurden. Sie alle diskutieren unter ganz verschiedenen Gesichtspunkten „Neue Zeiten – Neues Sozialrecht“. „KI“ in der Krankenversicherung und Videoverhandlungen bei Gericht, Generationengerechtigkeit, Fragen der Menschenwürde in der Existenzsicherung und der Pflege, neue Pfade in der Unfallversicherung und im Sozialen Entschädigungsrecht, inklusive Kinder- und Jugendhilfe und Inklusion in Werkstätten und neuen Wohnformen. Das Programm ist großartig. An dieser Stelle möchte ich daher (stellvertretend für alle Mitwirkenden) den Kommissions-Vorsitzenden sehr herzlich danken. Eine Auswahl heute Nachmittag fällt wahrlich schwer.

Und weil es sich gerade jetzt anbietet, schließe ich mit einem Werbeblock: Liebe Gäste, die Sie noch nicht Mitglied des DSGT sind – lassen Sie sich animieren von unserem diesjährigen Programm; vielleicht haben Sie für die Zukunft Lust, uns zu unterstützen oder sogar aktiv mitzuwirken. Gerade in jetzigen Zeiten ist der Diskurs immens wichtig. Wir reiben uns aneinander, aber wir erfahren auch das Glück gemeinsamer Gespräche und gemeinsam errungener Lösungsansätze. Wir bringen uns konstruktiv in eine rechtspolitische Debatte ein, die vermutlich niemals wichtiger war als jetzt.

In diesem Sinne wünsche ich unserer Tagung gutes Gelingen.
Herzlichen Dank!

Dr. Miriam Meßling, Präsidentin a.D. des DSGT e.V.

Inhaltsverzeichnis

Neue Zeiten – Neues Sozialrecht

Überblick zum 9. Deutschen Sozialgerichtstag am 7. und 8. November 2024 in Kassel

Dr. Andrea Bindig, LSG Niedersachsen-Bremen und Pressesprecherin des DSGT e. V.

Zu seiner 9. Bundestagung begrüßte der Deutsche Sozialgerichtstag e. V. (DSGT) am 7. und 8. November 2024 mehr als 300 Teilnehmende in den Räumen des Bundessozialgerichts in Kassel. Unter der Überschrift „Neue Zeiten – Neues Sozialrecht" lud die scheidende Präsidentin des DSGT, *Dr. Miriam Meßling*, das Fachpublikum zu einem interdisziplinären Dialog ein. „Wir wollen den Veränderungen unserer Gesellschaft soziologisch auf die Spur gehen und einen Blick auf den gesellschaftlichen Boden werfen, der ‚neue Zeiten' auch im Sozialrecht bringt", so Dr. Meßling.

Dafür konnte der DSGT den Makrosoziologen und Leibniz-Preisträger *Prof. Dr. Steffen Mau*, Humboldt-Universität zu Berlin, gewinnen. Er analysierte in seinem Vortrag die „Triggerpunkte im Sozialstaat" und machte deutlich, dass die Gesellschaft in Deutschland als gespaltene Gesellschaft wahrgenommen werde, doch diese Einschätzung korrigiert und relativiert werden müsse. Denn die Gesellschaft sei nicht gespalten, sondern reagiere entlang von Reiz- und Spannungszonen auf „Triggerthemen" – beispielsweise auf die „Erhöhung von Transferleistungen wie das sogenannte Hartz IV" oder auf Themen wie „unverdiente Ansprüche versus verdienter Reichtum". Prof. Dr. Mau vertiefte dies anhand von „vier Arenen der Ungleichheitskonflikte". Er wies darauf hin, dass Triggerthemen nicht nur Spannungen erzeugten, sondern Menschen überhaupt erst an politische Parteien bänden. Parteien machten sich deshalb Triggerthemen zunutze und müssten dies auch tun, um Menschen zu erreichen. Ein Teil der Gesellschaft könne jedoch nur noch schwer erreicht werden, denn dieser Teil sei erschöpft bezogen auf Veränderungen, die auf sozialem Wandel beruhten. Wie der Eindruck einer polarisierten und gespaltenen Gesellschaft in der Debatte relativiert und Konflikte entschärft werden könnten? Prof. Dr. Mau schlug dazu folgenden Hinweis vor: „Es ist ja nur ein Triggerthema!" Und endete damit seinen Vortrag, den das Plenum nach einer Aussprache zu weiteren Fragen mit viel Applaus bedachte.

Einen anderen Zugriff auf gesellschaftliche Veränderungen präsentierte *Dr. Christoph T. Burmeister* mit seinem soziologischen und kulturwissenschaftlichen Forschungsansatz „Das Problem: Kind. Ein Beitrag zur Genealogie moderner Subjektivierung“. Er ordnete die Idee der Kindheit als Ausgangspunkt für die Entwicklung zentraler Vergesellschaftungspraktiken ein. Dr. Burmeister lehrt im Rahmen einer Assistenzprofessur an der Universität Innsbruck, zuvor war er Wissenschaftlicher Mitarbeiter am Lehrstuhl für Allgemeine Soziologie und Kultursoziologie des Leibniz-Preisträgers Prof. Dr. Andreas Reckwitz, Humboldt-Universität zu Berlin. Nachdem Prof. Dr. Reckwitz seinen für die 9. Bundestagung verabredeten Festvortrag sehr kurzfristig abgesagt hatte, konnte der DSGT Herrn Dr. Burmeister innerhalb von nur wenigen Tagen vor Beginn der Veranstaltung als Vortragsredner gewinnen. Dafür gilt ihm besonderer Dank!

Anlässlich der 9. Bundestagung konnte der DSGT zudem die Hessische Sozialministerin *Heike Hofmann* begrüßen. In ihrem Grußwort betonte sie die Notwendigkeit einer behutsamen Weiterentwicklung des Sozialstaats: „Verantwortungsvolle Politik muss die Solidarität und den gesellschaftlichen Zusammenhalt stets im Blick behalten, um die Handlungsfähigkeit unserer sozialen Hilfesysteme dauerhaft zu gewährleisten. Lassen Sie uns daher gemeinsam weiter dafür arbeiten, dass das Sozialrecht eine verlässliche Stütze für die Menschen bleibt und ihre Existenz und Würde sichert.“

Der Oberbürgermeister der Stadt Kassel *Dr. Sven Schoeller* unterstrich, dass das Sozialrecht alle angehe und die unterschiedlichsten Lebensbereiche betreffe, aber auch eine Frage der finanziellen Leistungsfähigkeit der Kommunen sei.

Die Präsidentin des Bundessozialgerichts *Dr. Christine Fuchsloch* hob die Vielfalt des im DSGT versammelten Fachwissens seiner Mitglieder hervor: „Der DSGT ist das Forum des interdisziplinären Austauschs – von Menschen, die Regeln hinterfragen, diese anwenden und die ganz praktisch z.B. als Ärztinnen und Ärzte tätig sind und in Kenntnis der Regeln helfen, komplexe medizinische Sachverhalte festzustellen.“ Besorgniserregend sei jedoch, dass das Sozialrecht in der Anwaltschaft immer weniger Platz finde. Es fehlten Lehrgänge in der Fachanwaltsausbildung, die Vergütung sei unattraktiv, der Abschluss von Honorarvereinbarungen anstelle gesetzlicher Gebühren sei im Sozialrecht nicht realistisch. „Die Verwirklichung sozialer Rechte muss aber für Bemittelte wie auch Unbemittelte möglich sein“, so Fuchsloch. Dazu gehöre auch, nicht bei der Justiz zu sparen, sondern den Rechtsstaat in der Fläche zu erhalten.

Am Abend des ersten Veranstaltungstages begrüßte die Landesdirektorin des Landeswohlfahrtsverbands Hessen, *Susanne Simmler,* die Teilnehmenden im Ständehaus in Kassel, dem ältesten Parlamentsgebäude Hessens und heutigen Sitz des Verbands. Aufgrund der aktuellen politischen Entwicklungen – der Ausgang der Präsidentschaftswahlen in den Vereinigten Staaten von Amerika und der Bruch der Regierungskoalition in Deutschland – hatte dieser Veranstaltungsort an diesem Abend mehr als eine verfassungsgeschichtliche Bedeutung. Dr. Meßling erinnerte an die Kurhessische Verfassung von 1831 und ihr Ende 1866 insbesondere wegen eines rückwärtsgewandten Landesherrn, aber auch, weil die Verfassung nicht auf fruchtbaren Boden gefallen sei. Dagegen feiere das Grundgesetz seinen 75. Geburtstag und habe eine freiheitliche Gesellschaft geprägt und sichere diese durch seine Gewährleistungen, insbesondere den Sozialstaat. „Anders als die kurhessische Verfassung prägt das Grundgesetz in einem gewaltengeteilten Staat verlässlich den Alltag von Recht und Politik. Es hat sich in der Geschichte der Bundesrepublik als anpassungsfähig erwiesen, um neue Entwicklungen zu gestalten. Es hat Entwicklungen nachgezeichnet, ohne das Wesentliche einer demokratischen Staatsverfassung aufzukündigen“, so Dr. Meßling. „Und schließlich: Wir alle – auch Sie, liebe Teilnehmerinnen und Teilnehmer des DSGT – haben es gemeinsam in der Hand, das Grundgesetz und seine Werte zu bewahren und weiterzuentwickeln.“

Michael Löher, der von der Mitgliederversammlung des DSGT zu dessen neuen Präsidenten gewählt wurde, wies auf die erfolgreiche Arbeit der Fachkommissionen des DSGT hin. Er mahnte in Richtung des Gesetzgebers: „Eine Beteiligung der Verbände an Gesetzgebungsverfahren nur zum Schein ist für die Entwicklung des Sozialstaats kontraproduktiv. Die im DSGT versammelte Expertise kann gerade mit dafür Sorge tragen, den Sozialstaat zu stabilisieren und notwendige Reformen zu unterstützen. Dazu gehören natürlich eine Legislative und eine Exekutive, die bereit sind, fachkundige Vorschläge zu hören, anzunehmen und umzusetzen.“

Während der Bundestagung erarbeiteten die Teilnehmenden in den Fachkommissionen konkrete Forderungen an den Gesetzgeber:

Die **Kommissionen SGB II und SGB XII** wiesen darauf hin, dass die Fortschreibung der Regelbedarfe im Bereich von Bürgergeld und Sozialhilfe dringend einer Überarbeitung bedürfe, da der derzeitige Mechanismus eher zufällige Ergebnisse produziere und zu einer ordnungsgemäßen Bedarfsermittlung ungeeignet sei. Zudem verdeutliche das Gesetzgebungsvorhaben zur Kindergrundsicherung die Herausforderungen rechtlicher Schnittstellenprobleme im Sozialrecht und bei der Beteiligung verschiedener Fachressorts. Dafür sei mehr als eine Legislaturperiode erforderlich.

Die **Kommission SGB III** identifizierte Probleme bei der Arbeitsmarktintegration: Die Regelungen des aktiven Arbeitsförderungsrechts seien nicht ausreichend auf Personengruppen mit Zugangshindernissen zum Arbeitsmarkt – insbesondere auf Menschen mit Behinderungen – zugeschnitten. Die Regelungen sollten daher auf der Grundlage empirischer Erkenntnisse über die Zugangshindernisse dieser Personengruppen ausgerichtet werden.

Die **Kommissionen SGB V und Ethik** entwickelten zum Thema „Gesundheitsversorgung im ländlichen Raum" Leitsätze für gute Telemedizin unter Einbindung Künstlicher Intelligenz. Das technisch Mögliche dürfe aber nicht die Präsenzbehandlung ersetzen. Telemedizin sei dort sinnvoll, wo ansonsten keine Behandlung stattfinde oder nur unter erheblichen Erschwernissen. Künstliche Intelligenz könne bei der Dokumentation und bei der Erstellung von Befundberichten zur Anwendung kommen. Standards für die Hardware und die Software sollten in das Qualitätssicherungs- und Vergütungssystem des SGB V implementiert werden.

Die **Kommission SGB VI** forderte eine obligatorische Alterssicherung mit dem Ziel einer auskömmlichen Rente (vgl. dazu das Positionspapier „Zur Zukunft der gesetzlichen Rentenversicherung" des DSGT).

Die **Kommission SGB VII** sprach sich für eine möglichst klare Bezeichnung von Berufskrankheiten bzw. der Art der Erkrankungen und der Art und des Umfangs der arbeitsbedingten Expositionen aus. Sie forderte die Aufnahme von Mindestbelastungsdosen.

Die **Kommission SGB VIII** wies auf den aktuellen Entwurf des Kinder- und Jugendhilfeinklusionsgesetzes hin und mahnte Verbesserungen an (vgl. dazu die Stellungnahme des DSGT vom 8.10.2024).

Die **Kommission SGB IX** betonte, dass Betroffenen in Werkstätten für behinderte Menschen berufliche Bildung besonders wichtig sei. Werkstätten sollten Orte der Ausbildung und des lebenslangen Lernens sein. Die Kommission wies zudem auf Herausforderungen im Bereich der Eingliederungshilfe durch das Bundesteilhabegesetz hin (vgl. dazu bereits den Bericht über die Fachtagung am 9.8.2024)

Die **Kommission SGB XI** forderte zur Sicherstellung einer menschenwürdigen Pflege, dass die Länder ihren gesetzlichen Verpflichtungen insbesondere im Bereich von Investitionen nachkommen. Außerdem müssten die Kommunen in das System stärker einbezogen werden. Verankert werden sollten Vorkehrungen zur Qualitätskontrolle und Qualitätssicherung in der privat durchgeführten Pflege genauso wie institutionelle Strukturen gegen Gewalt in der Pflege beispielsweise analog zur Jugendhilfe.

Die **Kommission SGB XIV** zeigte die Komplexität auf, mit der im Sozialen Entschädigungsrecht der ursächliche Zusammenhang bei psychischen Gesundheitsstörungen vermutet wird oder als widerlegt gilt. Die dazu ergangenen Versorgungsmedizinischen Grundsätze der Versorgungsmedizin-Verordnung konkretisierten hier nicht ausreichend. Zudem bestünden nunmehr drei medizinische Klassifikationssysteme – ICD 10, ICD 11 und DSM 5 – zur Beurteilung psychischer Gesundheitsstörungen.

Die **Kommission Verfahrensrecht** blickte auf die Regelungen zur leichten und einfachen Sprache in der Sozialverwaltung, zur Videoverhandlung im gerichtlichen Verfahren und zum elektronischen Rechtsverkehr, hier insbesondere auf die Behördenaktenübermittlungsverordnung (vgl. dazu bereits die Stellungnahme vom 26.6.2024). Wegen des ausschließlich digitalen Gerichtsverfahrens ab dem 1.1.2026 sei es dringlich, Behörden zum xJustiz-konformen Versand *ihrer Akten* zu verpflichten.

Kommission SGB II, SGB III und SGB XII

Leitung: Dr. Hans-Joachim Sellnick, Richter am SG Nordhausen; Dr. Bernhard Joachim Scholz, Richter am BSG; Dr. Stephan Gutzler, Präsident des LSG Rheinland-Pfalz

Bestandsaufnahme zum Prozess der Kindergrundsicherung[1]

Nina Parra, Leiterin des Referats „Kindergeld und Kinderzuschlag"
im Bundesministerium für Familie, Senioren, Frauen und Jugend, Berlin

I. Einleitung

Die Kindergrundsicherung war das große sozialpolitische Vorhaben der Ampelkoalition. Nach jahrzehntelanger Diskussion um die Einführung einer Kindergrundsicherung in Deutschland sollte endlich das komplexe System der Sozialleistungen vereinfacht werden. Der Koalitionsvertrag enthielt daher den klaren Auftrag, eine Kindergrundsicherung in der 20. Legislaturperiode einzuführen und nannte drei zentrale Ziele: Erstens, Familien und Kinder aus der Armut holen bzw. vor Armut schützen. Die Startchancen für benachteiligte Kinder sollten verbessert werden. Zweitens, mit der Kindergrundsicherung mehr Familien und Kinder erreichen. Die Inanspruchnahme von Sozialleistungen sollte gesteigert werden, indem die Kindergrundsicherung ohne bürokratische Hürden direkt bei den Kindern ankommen sollte. Und drittens, die bestehenden Leistungen für Kinder und Jugendliche in einer einheitlichen Leistung bündeln. Die neue Leistung sollte zum einen möglichst einfach sein, damit für Familien ein niedrigschwelliger Zugang bestanden hätte. Zum anderen sollte die Leistung möglichst pauschal sein, damit sie digitalisierbar gewesen und die Verwaltung spürbar entlastet worden wäre.

II. Ablauf des Prozesses der Kindergrundsicherung

Wie im Koalitionsvertrag vereinbart, startete der Prozess der Kindergrundsicherung im Frühjahr 2022 mit der Einsetzung der Interministeriellen Arbeitsgruppe (IMA) *Kindergrundsicherung* unter Federführung des Bundesministeriums für Familie, Senioren, Frauen und Jugend (BMFSFJ). Beteiligt waren die von der Kindergrundsicherung betroffenen Ressorts (Bundesministerium der Finanzen, der Justiz, des Innern und für Heimat, das Bundes-

1 Der Text gibt in überarbeiteter Form den gleichnamigen Vortrag vom 7.11.2024 beim 9. Deutschen Sozialgerichtstag wieder.

ministerium für Arbeit und Soziales (BMAS), für Bildung und Forschung, für Wohnen, Stadtentwicklung und Bauwesen sowie das Bundeskanzleramt). Ziel der IMA war es, eine Einigung über ein Konzept zur Ausgestaltung der Kindergrundsicherung auf Fachebene zu erreichen. Dazu sollten in Arbeitsgruppen zu verschiedensten Themen wie Grundsatzfragen, Anrechnung von Einkommen, Schnittstellen von Sozialleistungen, Digitalisierung und Vollzug, auf Fachebene möglichst offen die zu klärenden Fragen diskutiert und beraten werden. Der IMA-Prozess gestaltete sich jedoch sehr schwierig, da in wesentlichen Fragestellungen unterschiedliche Auffassungen der Ressorts bestanden. Das führte schlussendlich dazu, dass kein fachlicher Konsens zu einem Konzept zur Ausgestaltung der Kindergrundsicherung erzielt werden konnte.

Im Frühjahr 2023 entwarfen BMFSFJ und BMAS gemeinsam ein Konzept einer Kindergrundsicherung, das die Grundlage für die spätere Einigung auf Regierungsebene war. Auf dieser Basis wurde ein Referentenentwurf erarbeitet, der schließlich am 27.9.2023 vom Kabinett beschlossen wurde. Danach wurde der Regierungsentwurf intensiv im parlamentarischen Verfahren beraten. Aufgrund des Bruchs der Ampelkoalition im November 2024, der Vertrauensfrage des Bundeskanzlers Olaf Scholz und der damit einhergehenden Neuwahl unterfiel der Regierungsentwurf zur Kindergrundsicherung dem Grundsatz der Diskontinuität und konnte in der 20. Legislaturperiode nicht verabschiedet werden.

III. Wesentliche Herausforderungen bei der Ausgestaltung der Kindergrundsicherung

Unter anderem folgende wesentliche Herausforderungen prägten den gesamten Prozess der Kindergrundsicherung:

1. Komplexität der Materie und Zeitrahmen

Das Sozialleistungsrecht ist geprägt von detaillierten, teilweise durch höchstrichterliche Rechtsprechung vorgegebene Regelungen. Die einzelnen Rechtsgebiete sind durch zahlreiche, mehr oder minder gut aufeinander abgestimmte Schnittstellen miteinander in einem komplexen System verwoben. Änderungen an einer Stelle führen zwangsläufig zu Folgefragen und neuen Regelungsbedürfnissen an anderer Stelle. Umso wichtiger ist es, vorab sorgfältig zu überlegen, was geändert werden soll und welche Folgewirkungen das nach sich ziehen würde. Um diese Wechselwirkungen vollumfänglich zu durchdringen und Lösungen zu finden, bedarf es ausreichend Zeit. Es stellte sich heraus, dass eine Legislaturperiode für eine so grundlegende Reform zu ambitioniert ist.

2. Erwartungshaltung der Politik hinsichtlich des Inhalts

Der Koalitionsvertrag gab einerseits vor, dass die Leistung automatisiert berechnet und ausgezahlt werden sollte. Andererseits sollte der Kinderzusatzbetrag als ein Teil der Kindergrundsicherung bedarfs- und einkommensabhängig ausgestaltet werden.

Eine automatische Auszahlung verlangt aber eine einfache, pauschale Leistung, während die Berechnung des Kinderzusatzbetrags anhand von Bedarfen und Einkommen zwangsläufig mit aufwendigen Prüfungen, z.B. von Lohn- und Gehaltsnachweisen, Mietverträgen etc., einhergeht.

Eine einfache Leistung hätte durch Pauschalierungen erreicht werden können, die aber teilweise zu nicht gewünschten Leistungsverbesserungen im Vergleich zum Status quo geführt und andererseits zusätzliche Belastungen für das SGB II zur Folge hätten.

3. Entbürokratisierung

Es bestand ferner der Wunsch nach Entbürokratisierung und wenig Verwaltungskosten. Gleichzeitig war es aber das politische Ziel, die Kinder aus der Zuständigkeit der Jobcenter herauszulösen. Das hätte jedoch dazu geführt, dass für Familien, in denen die Eltern ebenfalls Sozialleistungen, vor allem das Bürgergeld des SGB II, beziehen, nun in der Regel zwei Stellen zuständig gewesen wären, die sehr ähnliche Voraussetzungen und vor allem das (gleiche) Einkommen hätten prüfen müssen: Die Jobcenter für die Eltern sowie die Familienkasse (bzw. laut Regierungsentwurf der Familienservice) für die Kinder. Einsparungen hinsichtlich Verwaltungsaufwand und -kosten bei den Jobcentern waren insbesondere aufgrund der beizubehaltenden Einkommensprüfung der Eltern nicht zu erwarten.

IV. Die Komplexität der Materie am Beispiel der Schnittstelle zum SGB II

Anhand der Schnittstelle zum SGB II soll im Folgenden die Komplexität der Materie überblicksartig dargestellt werden.

1. Spannungsverhältnis: Pauschalierung und Einzelfallgerechtigkeit

Die Beratungen zur Ausgestaltung dieser Schnittstelle waren geprägt von dem Zielkonflikt, dass einerseits eine einfache und digitale Leistung gewünscht war, andererseits die Kindergrundsicherung eine existenzsichernde Leistung für Kinder sein sollte. „Einfach und digital" eröffnet die Möglichkeit für Pauschalierungen und Entbürokratisierung; „existenzsichernd" fordert hingegen eine exakt auf die im Einzelfall bestehenden Bedarfe abgestimmte Leistung und damit einhergehend vorläufige Bewilligungen, Überprüfungen, ggf. Anpassungen und Nachzahlungen bzw. Rückforderungen.

2. Zuständigkeitsproblematik

Die politische Forderung, die Kinder aus der Zuständigkeit der Jobcenter herauszulösen und ihnen einen eigenen Anspruch auf den bedarfs- und einkommensabhängigen Teil der Kindergrundsicherung zu geben, warf das Problem von Doppelstrukturen auf: Wie oben bereits erläutert, hätten Familien, in denen sowohl die Eltern als auch die Kinder Sozialleistungen beziehen, mit Einführung der Kindergrundsicherung zu zwei Stellen gehen müssen, die jeweils eigenständig eine Einkommensprüfung vorgenommen hätten. Das hätte im Ergebnis dazu geführt, dass die Jobcenter keine Einsparungen hätten verzeichnen können, weil sie nach wie vor das Einkommen der Eltern hätten prüfen müssen, gleichzeitig aber die Familienkasse bzw. der Familienservice die Kinder aus dem SGB II übernommen hätte und für diese ebenfalls eine Prüfung desselben Einkommens hätten vornehmen müssen.

3. Aktivierung junger Menschen

Ein weiteres ungelöstes Problem war die Frage, wie man mit der Kindergrundsicherung die Integration junger Menschen in den Arbeitsmarkt sicherstellen könnte (sog. Aktivierung junger Menschen). Ziel war es, dass junge Menschen aus armen Familien weiterhin verpflichtend aktiviert werden sollten, um sie bei der Integration in Ausbildung und in den Arbeitsmarkt so gut und so frühzeitig wie möglich zu unterstützen. Dadurch, dass die Kinder aus SGB II-Familien in das Leistungssystem der Kindergrundsicherung wechseln sollten und der Regierungsentwurf lediglich den Zugang zu den freiwilligen Angeboten der Ausbildungs- und Arbeitsförderung nach dem SGB III vorsah, war die Sorge groß, dass man diese Kinder ohne verpflichtende Maßnahmen zur beruflichen Eingliederung und Möglichkeiten der Leistungsreduzierung „verlieren würde". Am Ende konnte keine zufriedenstellende Lösung gefunden werden.

V. Learnings aus dem Prozess der Kindergrundsicherung

Was sind nun die Schlüsse, die sich aus diesem über zwei Jahre dauernden Prozess der Kindergrundsicherung – auch für die Zukunft – ziehen lassen?

Zum einen lässt sich festhalten, dass eine Legislaturperiode für eine große Sozialreform ohne Vorarbeiten nicht ausreichend ist. Die rechtlichen Prüfungen, konzeptionellen Arbeiten und im Anschluss daran die Umsetzung in der Praxis sind so komplex, dass es ausreichend Zeit für ein tragfähiges Konzept bedarf. Es müsste ein so breiter Konsens hergestellt werden, dass nicht die Gefahr bestünde, dass eine nächste Regierung mit anderen politischen Mehrheiten das Rad wieder zurückdrehen könnte.

Zum anderen bedarf es eines in sich stimmigen Arbeitsauftrags. Die unterschiedlichen Erwartungen nahezu aller Beteiligten erschwerte es, zwischen den Ressorts ein in sich schlüssiges Konzept zu einen (automatische Auszahlung versus existenzsichernde Leistung; ein digitales in Bundeszuständigkeit liegendes Kinderchancenportal für Leistungen zu Bildung und Teilhabe versus fehlende Zuständigkeit des Bundes für diese Leistungen).

Das Herauslösen der Kinder aus der Einheit Familie bedeutet für einkommensabhängige Leistungen im Sozialleistungsrecht, dass die Eltern für ihre eigenen Leistungen und für die ihrer Kinder zu zwei Behörden gehen müssen und diese das gleiche (elterliche) Einkommen prüfen. In der Praxis führt das zu einem zusätzlichen Aufwand für diese Familien wie für die Verwaltung.

Was die bessere inhaltliche Ausgestaltung von Sozialleistungen für Kinder und Familien anbelangt, hat sich gezeigt, dass eine pauschale Auszahlung des Teilhabebetrags ohne Nachweispflicht und auch eine Erhöhung des Teilhabebetrags auf 20 bis 25 Euro es den Kindern sicherlich erleichtern würde, am kulturellen Leben teilzunehmen. Dies wäre schnell umzusetzen und würde auch Verwaltungsaufwand einsparen.

Auch Investitionen in gute Beratungsinfrastrukturen vor Ort würden sich lohnen. Die öffentliche Sachverständigen-Anhörung im Bundestag hat deutlich gemacht, dass die Antragstellenden häufig individuelle Beratung benötigen, um die richtigen Unterlagen bei der richtigen Behörde einzureichen und um auf Sozialleistungen, die ihnen zustehen, überhaupt aufmerksam zu werden.

Mehr Digitalisierung könnte dabei helfen, das Antragsverfahren zu vereinfachen und die Verwaltung zu entlasten. Datenabrufe zwischen den beteiligten Behörden, wie Wohngeldstelle, Unterhaltsvorschussstelle, Jobcenter, Agentur für Arbeit und Familienkasse, sollten ermöglicht werden. Die Nutzung von digital vorliegenden Einkommensdaten wäre wünschenswert. Bisher liegen die zur Berechnung der Leistung benötigten Einkommensdaten allerdings nicht in der Datenqualität und der Beschaffenheit vor, wie sie gebraucht werden. Darüber hinaus sollten die bestehenden digitalen Antragsmöglichkeiten weiter verbessert und nutzerfreundlicher gestaltet werden.

VI. Fazit

Es bleibt dabei: Das deutsche Sozialleistungssystem mit seinen sehr detaillierten und unterschiedlichen Regelungen ist kompliziert und für die Berechtigten schwer zu durchschauen. Der Versuch, mit der Kindergrundsicherung die Beantragung für Familien substanziell zu erleichtern und die Leistungshöhe für Kinder zu verbessern, ist in einem ersten Anlauf nicht gelungen. Die oben skizzierten Spannungsverhältnisse konnten nicht gelöst werden. Unter den politischen Rahmenbedingungen, finanziellen Beschränkungen und dem immensen Zeitdruck konnte dieses Vorhaben in der vergangenen Legislaturperiode nicht verwirklicht werden.

Um den Knoten zu lösen, bedürfte es mehr Mut zu Pauschalierungen und weniger Einzelfallgerechtigkeit – auch in den existenzsichernden Leistungen, besserer interbehördlicher Datenabrufe, moderner Register sowie eines offenen Denkens ohne Verbote.

Empirische Grundlagen für eine evidenzbasierte Arbeitsmarktpolitik

Prof. Dr. Martin Brussig und Prof. Dr. Matthias Knuth,
Universität Duisburg-Essen

1. Einleitung

Die Reformdynamik im SGB II ist hoch. Sie war es von Anfang an, und der als „Paradigmenwechsel" apostrophierte Übergang zum Bürgergeld (ab 2023) war noch nicht vollzogen, als auch dieser Wechsel erneut reformiert wurde. Man riskiert nicht viel, wenn man prognostiziert, dass auch in diesem Jahr das SGB II nicht zur Ruhe kommen wird. Viele Jobcenter sind verunsichert angesichts von Vorschlägen und Angeboten von Instrumenten, deren Finanzierung und Dauerhaftigkeit ungewiss ist. Zugleich ist eine hohe Wandlungsfähigkeit der Jobcenter immer wieder deutlich geworden: Beginnend bei einer stabilen Auszahlung der Grundsicherungsleistung – essenziell für die betroffenen Menschen und ihre Familien –, aber exemplarisch sichtbar auch in der hohen Flexibilität angesichts der Flüchtlingszuwanderungen in den Jahren nach 2015 und erneut 2022, und nicht zuletzt in der Covid-19-Pandemie. Es gibt also laufend Reformen, anhaltend artikulierten Reformbedarf bei gleichzeitig hoher Flexibilität. Woraus speisen sich die laufenden Veränderungen, und lassen sie sich als fortlaufende Verbesserungen einer als unzureichend bewerteten Praxis verstehen? Die These für diesen Beitrag, anhand der einige Entwicklungen im SGB II skizziert werden sollen, ist, dass die Reformen der Grundsicherung auf unvollständigen Wissensgrundlagen beruhen, und die Reformen lassen wichtige Wissensgrundlagen unberücksichtigt, aus welchen es sich lohnt zu lernen.

Diese These soll daran illustriert werden, dass die prominent herausgestellten Instrumente des SGB II (und der Arbeitsförderung im SGB III) der Klientel im SGB II nicht gerecht werden. Die Diskussion um fehlende Arbeitsanreize verfehlt die Ursachen, warum Menschen Leistungen der Grundsicherung beziehen. Dies wird bereits an der Zusammensetzung der Klientel sichtbar, zeigt sich ebenso an einem stark wachsenden Anteil von Menschen mit eigener Zuwanderungsgeschichte und lässt sich schließlich anhand des hohen Anteils von Menschen mit gesundheitlichen Einschränkungen illustrieren.

2. Der Arbeitsmarktstatus der Leistungsbezieher: Nur ein Drittel ist arbeitslos

Während die Zahl der Arbeitslosen, der Bedarfsgemeinschaften und der Leistungsbezieher insgesamt rückläufig war, blieb die Zusammensetzung der Klientel über einen Zeitraum von inzwischen fast 20 Jahren weitgehend stabil. Dies gilt zumindest dann, wenn man den *Arbeitsmarktstatus* der Leistungsbezieherinnen und -bezieher beobachtet, und damit die Kategorien zugrunde legt, die nach dem vorherrschenden, eingangs skizzierten, Verständnis des SGB II von zentraler Bedeutung sind, wonach Arbeitslosigkeit die wesentliche Ursache und Erwerbsintegration die unmittelbare Lösung für die Grundsicherung ist.

Abbildung 1: SGB II-Leistungsberechtigte nach Arbeitsmarktstatus (Anteile)

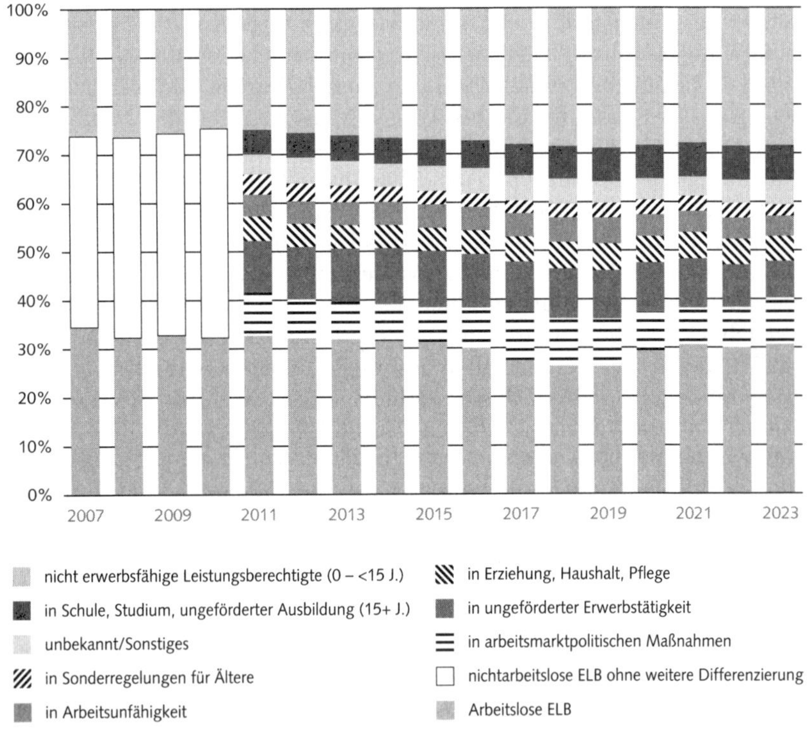

Quelle: Bundesagentur für Arbeit – Statistik 2024a

Schon auf den ersten Blick fällt auf, dass von der Gesamtheit der Leistungsberechtigten (Kinder eingeschlossen) in langzeitiger Betrachtung immer nur um 30 Prozent nach der amtlichen Definition arbeitslos sind. Nimmt man die Personen in arbeitsmarktpolitischen Maßnahmen und die Aufstocker:innen in ungeförderter Erwerbstätigkeit hinzu, dann stehen nur etwa die Hälfte der Leistungsberechtigten jeweils aktuell in Beziehung zum Arbeitsmarkt. Etwa ein Drittel — mit zunehmender Tendenz — sind Kinder und Jugendliche, die entweder wegen ihres Alters als nicht erwerbsfähig gelten oder wegen Schulbesuchs bzw. Ausbildung auch im erwerbsfähigen Alter ab 15 Jahre dem Arbeitsmarkt nicht zur Verfügung stehen.

Ebenfalls von der Aktivierung für den Arbeitsmarkt ausgenommen sind Personen, denen jeweils aktuell eine Arbeitsunfähigkeit bescheinigt wurde, die wegen Sorgeverpflichtungen für Kleinkinder oder pflegebedürftige Angehörige nicht erwerbstätig sein können, oder die in Sonderregelungen für Ältere verwiesen wurden. Diese Personen machen (mit rückläufiger Tendenz) zwischen 12 und 14 Prozent der Leistungsberechtigten aus. Die in Abschnitt 2 beschriebene konstant niedrige bzw. rückläufige Integrationsleistung des SGB II kann nicht durch einen zunehmenden Teil von Personen, der für eine Arbeitsvermittlung nicht zur Verfügung steht, getrieben sein, denn für die Ermittlung der Integrationsquote werden ohnehin nur jene Leistungsberechtigten hinzugezogen, die als „arbeitslos" (und damit für eine Arbeitsvermittlung verfügbar) gelten. Tatsächlich hat es aber, wie im folgenden Abschnitt gezeigt wird, mehrere Entwicklungen gegeben, die dafür gesorgt haben, dass sich die Klientel im SGB II im Laufe der Zeit verändert hat. Diese Veränderungen stellen die Jobcenter vor Aufgaben, die mit einem engen Fokus auf eine rasche Erwerbsintegration nicht erfüllt werden können.

3. Veränderungen der Klientel: zunehmende Anteile von Leistungsberechtigten mit eigener Zuwanderungsgeschichte

Während die Zusammensetzung nach den dominanten Kategorien des Arbeitsmarktstatus weitgehend konstant blieb, hat sich die Klientel in anderen Hinsichten gewandelt. Die stärkste Veränderung in der Zusammensetzung der Leistungen nach dem SGB II Beziehenden ist zweifellos ihre Migrantisierung. Bis 2012 betrug der Anteil der Nichtdeutschen unter den Personen in SGB II-Bedarfsgemeinschaften etwas weniger als 20 Prozent. Im August 2024 dagegen war ein Ausländeranteil von 47 Prozent erreicht.

Bei zunehmenden Einbürgerungszahlen ist der Migrationsstatus aussagekräftiger als die Staatsangehörigkeit: Im Juni 2024 hatten 51 Prozent der erwerbsfähigen Leistungsberechtigten (ELB) eine „eigene Migrationserfahrung“, waren also nicht in Deutschland geboren; der Anteil der ELB „ohne Migrationshintergrund“ (deutsche Staatsangehörigkeit, in Deutschland geboren, beide Elternteile in Deutschland geboren) betrug nur noch 37 Prozent.[1]

Diese grundlegende Veränderung bezüglich der Herkunft der SGB II-Leistungen Beziehenden wird in öffentlichen Debatten über die Grundsicherung nicht ausreichend gewürdigt. Dadurch bleibt das Bürgergeld argumentativ schutzlos gegenüber populistischen Angriffen wie „Migrantengeld“ oder „Einwanderung in die Sozialsysteme“. Solange Asylbewerber:innen nicht arbeiten *dürfen*, weil sie sich noch im Asylverfahren befinden, erhalten sie Leistungen nach dem Asylbewerberleistungsgesetz. Nachdem ihnen ein Schutzstatus zugesprochen wurde, sie aber wegen der Teilnahme an einem Integrationskurs oder einer arbeitsmarktpolitischen Maßnahme oder wegen Sorgeverpflichtungen noch nicht arbeiten *können*, erhalten sie Bürgergeld — und ebenso, solange sie noch keine Arbeit gefunden haben oder solange ihr Arbeitseinkommen nicht bedarfsdeckend ist. Für die erst vor Kurzem in Deutschland Angekommenen hat das SGB II somit eine andere Funktion als für langzeitig in Deutschland Ansässige. Für die Neuankömmlinge stellt das SGB II nicht die letzte Auffanglinie nach einem Prozess der Marginalisierung auf dem Arbeitsmarkt dar, sondern bildet die Grundlage für den Start auf dem deutschen Arbeitsmarkt — was unter den in Deutschland Geborenen vielleicht noch am ehesten vergleichbar wäre mit Jugendlichen, die nach Studien- oder Ausbildungsabschluss Bürgergeld beziehen, weil sie nicht sofort eine Stelle finden.

Diese Funktionsdifferenzierung des SGB II zeigt sich sehr deutlich beim Vergleich der Anteile von Langzeit-Leistungsbeziehenden[2] in den einzelnen Migrations-Statusgruppen: Die Anteile der Langzeit-Leistungsbeziehenden sind in allen Gruppen mit Migrationshintergrund — mit Ausnahme der im Ausland geborenen Deutschen[3] — niedriger als in der Gruppe ohne Migrationshintergrund.

---

1 Die Restkategorie bilden die in Deutschland Geborenen mit Migrationshintergrund, die teils Deutsche (Aussiedler und Eingebürgerte) und teils Ausländer:innen sind.

2 Der Langzeit-Leistungsbezug wird in der BA-Statistik definiert als Hilfebedürftigkeit von mindestens 21 Monaten in den jeweils zurückliegenden 24 Monaten, wobei nur der Leistungsbezug ab Vollendung des 15. Lebensjahrs in die Betrachtung einbezogen wird.

3 Leider lässt sich diese Kategorie nicht weiter aufteilen in Aussiedler:innen und eingebürgerte Ausländer. Da aber eine Einbürgerung aus dem Leistungsbezug heraus nicht möglich ist, dürfte dieser Wert wohl eher von den Aussiedler:innen geprägt sein.

Insbesondere der Befund der Migrantisierung der Grundsicherung bedarf der regionalen Differenzierung, die schon beim Vergleich der Bundesländer eine sehr große Spannweite aufweist: Während in Mecklenburg-Vorpommern noch immer eine solide Mehrheit von 69 Prozent der ELB keinen Migrationshintergrund hat, beträgt der entsprechende Wert für Hessen nur 23 Prozent, der bundesdeutsche Gesamtwert 37 Prozent (Bundesagentur für Arbeit – Statistik 2024e). Empfehlungen an die Jobcenter zum Umgang mit der Migration müssen also je nach örtlicher Situation stark differenziert werden.

Das Gleiche gilt natürlich für regionale Betroffenheiten von Hilfebedürftigkeit überhaupt, also die SGB II-Quote (Anteile der Leistungsberechtigten an der Bevölkerung unterhalb der jeweiligen Altersgrenze) und die ELB-Quote (Anteile der ELB an der Bevölkerung von 15 Jahren bis unterhalb der jeweiligen Altersgrenze). Wie nicht anders zu erwarten, sind die Quoten für Ausländer:innen höher, aber sie korrelieren stark mit denen für Deutsche. Wenn der Migrantenanteil unter den Leistungen Beziehenden in einer Region besonders hoch ist, heißt das also keineswegs zwingend, dass die Integration von Migranten hier besonders problematisch ist, sondern es kann einfach die Bevölkerungsstrukturen widerspiegeln. Bemerkenswert sind die Ausreißer (Abbildung 2).

Abbildung 2: ELB-Quoten von Deutschen und Ausländern nach Bundesländern 2023

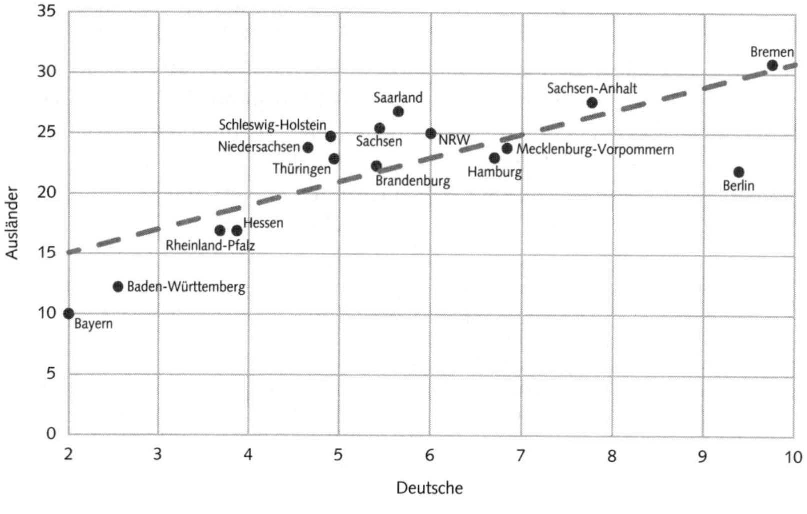

Quelle: Bundesagentur für Arbeit – Statistik 2024b, Tabelle 2

Sowohl bei hohen ELB-Quoten (Berlin) als auch bei niedrigen (Baden-Württemberg) kann sich die Situation von Ausländer:innen im Vergleich zum bundesdurchschnittlichen „Herkunfts-Gap“ (d.h. der überdurchschnittlichen Quote von Ausländern gegenüber Deutschen) günstiger darstellen. Umgekehrt ist es im Saarland, in Sachsen, in Schleswig-Holstein und in Niedersachsen: Hier ist die Mehrbetroffenheit der Ausländer:innen deutlich stärker ausgeprägt als im Bundesdurchschnitt. Hessen gehört nicht zu den Ausreißern, d.h. Hessen hat nicht etwa deswegen einen so hohen Migrantenanteil unter den ELB, weil diese in Hessen schlechter integriert wären als im Bundesdurchschnitt, sondern deshalb, weil ihr Anteil an der Bevölkerung so hoch ist.

Diese regionalen Unterschiede zeigen, dass verallgemeinernde Aussagen und allgemeingültige Rezepte zu den Integrationspolitiken gegenüber Zugewanderten schwierig sind.

4. Sehr hohe Anteile von Personen mit erheblichen gesundheitlichen Einschränkungen

Die Zugangsvoraussetzungen für eine Sozialleistung, die wegen gesundheitlicher Beeinträchtigungen ohne den grundsätzlichen staatlichen Anspruch auf Aktivierung für den Arbeitsmarkt gewährt wird – also Erwerbsminderungsrente, Grundsicherung bei Erwerbsminderung oder Sozialhilfe (Knuth 2014) –, sind in Deutschland im internationalen Vergleich sowohl in der gesetzlichen Definition als auch in der administrativen Umsetzung sehr restriktiv gefasst (Erlinghagen/Knuth 2010; Brussig/Knuth 2013). Dementsprechend hoch ist unter den nach amtlicher Definition als „erwerbsfähig“[4] deklarierten Leistungsberechtigten der Anteil von Personen, deren Arbeitsfähigkeit aus gesundheitlichen Gründen eingeschränkt ist, was sich aber in der amtlichen Statistik nur unzureichend niederschlägt.[5]

---

4 „Erwerbsfähig ist, wer nicht wegen Krankheit oder Behinderung auf absehbare Zeit außerstande ist, unter den üblichen Bedingungen des allgemeinen Arbeitsmarktes mindestens drei Stunden täglich erwerbstätig zu sein.“ (§ 8 Abs. 1 SGB II).

5 Bis 2010 benutzte die Statistik der Bundesagentur für Arbeit die Kategorie „gesundheitliche Einschränkung mit Auswirkung auf Vermittlung“, die in den Jahresberichten bis 2010 ohne Differenzierung nach dem Rechtskreis berichtet wurde. Seitdem gibt es nur noch die enger gefasste Kategorie „Schwerbehinderte“. Im Jahre 2010 war die Anzahl der Arbeitslosen mit gesundheitlichen Einschränkungen, die Auswirkungen auf die Vermittlung hatten, 3,3 mal so hoch wie die Zahl der Schwerbehinderten. Daraus ist zu folgern, dass das Merkmal der anerkannten Schwerbehinderung das Ausmaß der gesundheitlichen Beeinträchtigungen unter SGB II-Leistungsberechtigten nur zu einem eher kleinen Teil abbildet.

Der Anteil der schwerbehinderten Menschen unter den SGB II-Arbeitslosen bewegt sich zwischen 4 und 6 Prozent, mit bis 2019 steigender und seitdem wieder leicht abnehmender Tendenz (Bundesagentur für Arbeit – Statistik 2024a; eigene Berechnungen). Dieser Wert entspricht ungefähr dem Durchschnitt für die Bevölkerung im erwerbsfähigen Alter, und er liegt niedriger als der Anteil der schwerbehinderten Menschen unter den Arbeitslosen im SGB III. Im SGB II wäre ein deutlich höherer Anteil an schwerbehinderten Menschen zu erwarten gewesen, denn der Gesamtanteil der gesundheitlich gravierend Beeinträchtigten[6] unter den nichtbeschäftigten ELB ist demgegenüber sehr viel höher als die BA-Statistik an Schwerbehinderten ausweist. Er ist von anfänglich etwa 40 (2007) auf etwa 54 Prozent (2017) angestiegen und bis 2021 wieder auf 51 Prozent gesunken (Zabel 2024, S. 9). Der Anstieg wird von der Autorin mit Sortierprozessen bei hoher Arbeitskräftenachfrage und der allgemeinen Alterung des Erwerbspersonenpotenzials erklärt. Doch die Alterung im SGB II wurde durch die Migrantisierung gebremst, wie auch der leichte Rückgang beim Anteil von Leistungsberechtigten mit gravierenden gesundheitlichen Beeinträchtigungen nach 2017 mit dem Zustrom der Geflüchteten in das SGB II zusammenfällt.

Abbildung 3: Anteil arbeitsloser Leistungsempfänger mit schweren gesundheitlichen Einschränkungen

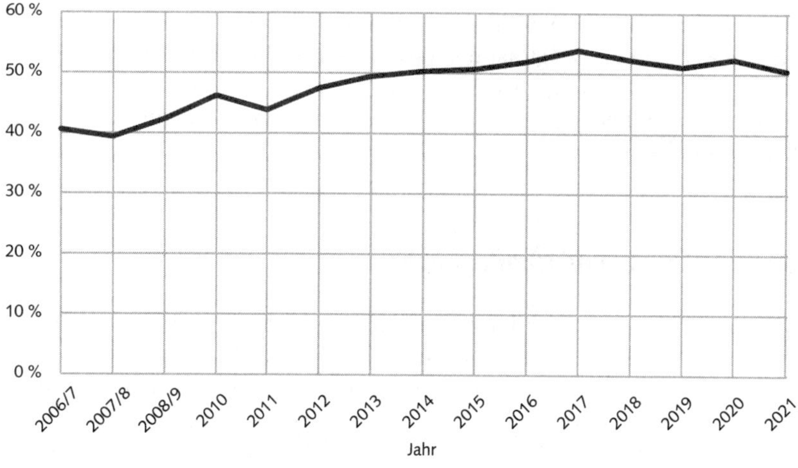

Quelle: Zabel 2024, S. 9, basierend auf PASS.

6 Das sind Schwerbehinderte, Personen im Antragsverfahren zur Anerkennung einer Schwerbehinderung und Personen, die sonstige schwerwiegende Beeinträchtigungen berichten.

In den Befragungswellen 2015 bis 2021 bezeichnen sich 25 Prozent der nicht beschäftigten, nach amtlicher Zuschreibung aber „erwerbsfähigen" Leistungsberechtigten als überhaupt nicht in der Lage, eine Beschäftigung aufzunehmen; nur 37 Prozent halten sich für ohne Einschränkung arbeitsfähig, und die restlichen 38 Prozent sehen sich hinsichtlich der durchhaltbaren Arbeitszeit und/oder der durchführbaren Tätigkeiten eingeschränkt. Während bei Leistungsberechtigten ohne gesundheitliche Beeinträchtigungen die Häufigkeit von Beratungsgesprächen im Jobcenter einen signifikant positiven Effekt auf die Wahrscheinlichkeit der Beschäftigungsaufnahme hat, ist dieses bei den gravierend gesundheitlich Beeinträchtigten nicht der Fall (Zabel 2024). Das bedeutet, dass etwa die Hälfte der Personen, die die Jobcenter nach ihrem offiziellen Auftrag in den Arbeitsmarkt integrieren sollen, faktisch nicht in Beschäftigung integrierbar sind — jedenfalls nicht mit den bisher üblichen Vorgehensweisen und den Jobcentern zur Verfügung stehenden Mitteln. Bezogen auf diese Gruppe wird auch die Rückkehr zu erweiterten Sanktionsmöglichkeiten keine Erwerbsintegration bewirken können, sondern allenfalls das Leiden unter der Abhängigkeit von der Grundsicherung wieder verschlimmern.

Die amtlichen Statistiken der BA, die – auf das jeweilige Jobcenter und die zuständige Vermittlungsfachkraft heruntergebrochen – auch den Vermittlungsfachkräften zur Verfügung stehen, geben dies nicht zu erkennen, denn sie weisen nur den sehr niedrigen Anteil an Schwerbehinderung aus. Das tatsächliche Ausmaß der gesundheitlichen Einschränkungen, wie er sich in Befragungen zeigt, ist der Vermittlungsfachkraft nur dann bekannt, wenn dies im Beratungsgespräch thematisiert wurde und die Betreuungsbeziehung stabil genug ist, damit diese Information in die Integrationsstrategie einfließen kann.

5. Abschließende Überlegungen

Wie lässt sich diese Situation verstehen? Aus welchen Gründen gehen die Entwicklung von Instrumenten und die öffentliche und politische Aufmerksamkeit für das SGB II so wenig darauf ein, was bei näherer Betrachtung als relevant bzw. ursächlich für den Leistungsbezug in der Grundsicherung erscheint? – Die Antworten, die im Folgenden darauf gegeben werden sollen, können hier nur stichpunktartig skizziert werden, und sie sind deshalb bewusst zugespitzt. Es ist aufschlussreich, aufgrund welcher Informationen das „System SGB II" gewissermaßen „lernt", und was die Reformtreiber sind.

- An erster Stelle ist eine – nach wie vor – unsichere Institutionalisierung zu nennen. Die Ausgangsidee der Hartz-Kommission, Arbeitsämter und Sozialämter zusammenzulegen, ist nicht nur gescheitert. Die heutige zweigeteilte Verfassung der Jobcenter mit gemeinsam mit der Agentur betriebenen Einrichtungen einerseits und der kommunalen Alleinzuständigkeit andererseits als ungewolltes Ergebnis nicht antizipierter verfassungsrechtlicher Fallstricke zum Zeitpunkt der Einführung der Jobcenter bringt Probleme mit sich, und auch diese Lösung war erst nach einer Grundgesetzänderung und unter erheblichen politischen Anstrengungen möglich. Dies hat Zeit und Kraft der politischen Akteure gebunden, und die anhaltende schwache Institutionalisierung drückt sich in Wahlkampfversprechen aus, das Bürgergeld „abzuwickeln" (was nicht heißen muss, die Grundsicherung abzuschaffen oder auch nur deren Form in Gestalt der dualen Aufgabenwahrnehmung neu zu fassen, aber heißen soll: sie ergebnisoffen neu zu gestalten).
- Damit einher geht eine typische Empörungskultur, die sich mal auf die Leistungsbezieher, mal auf die Jobcenter richtet. Die gesellschaftlichen Vorstellungen darüber, was die Jobcenter leisten sollen, und mit wem sie es zu tun haben, sind schwächer ausgeprägt, als es beispielsweise gegenüber den Sozialversicherungen der Fall ist. In der öffentlichen Diskussion gibt es sowohl das Narrativ von den Jobcentern als Repressionsapparat gegenüber Menschen in Armut, als auch vom SGB II als „letzten Außenposten des Sozialstaates" (Sell). Politik, deren Aufgabe auch ist, öffentliche Stimmungen aufzugreifen, agiert daher schwankend gegenüber dem SGB II.
- Fiskalische Gründe spielen eine zentrale Rolle für Änderungen im SGB II, und sie werden oft nicht als solche benannt. Denn die Gründe für Mittelkürzungen etwa in Arbeitsförderungsmaßnahmen liegen nur ganz ausnahmsweise darin, dass sich Maßnahmen als unwirksam oder ineffizient erwiesen haben. Sie liegen mindestens ebenso in der Verfügbarkeit von Finanzmitteln, die extern, von Jobcentern nicht beeinflussbar, gesetzt werden. Doch natürlich haben extern veranlasste Budgetkürzungen Auswirkungen auf die Arbeit der Jobcenter.
- Nicht zuletzt zu nennen ist – und im Kreis der Sozialrichterinnen und Sozialrichter möglicherweise besonders begründungsbedürftig – eine an Umfang und Komplexität zunehmende Verrechtlichung, die innerhalb der Organisationen und gegenüber den Leistungsberechtigten neben allen Vorteilen, die die Rechtssicherheit mit sich bringt, auch für Bürokra-

tie sorgt, mit der nicht alle gleichermaßen gut umgehen können, und die für einige eine Barriere darstellt.

Demgegenüber gibt es zwei potenzielle Quellen, die vergleichsweise wenig genutzt werden, um über Reformbestrebungen im SGB II zu informieren, und das sind die Erfahrungen der Fach- und Führungskräfte in den Jobcentern einerseits und Erfahrungen von Kundinnen und Kunden andererseits. Dies sollte nicht so verstanden werden, als ob die Beschäftigten in Jobcentern oder auch die Klienten gar keinen Einfluss auf die Weiterentwicklung im SGB II hätten, und als ob praktische Erfahrungen überhaupt nicht in den Lernprozess des SGB II eingespielt werden würden. Entsprechende Ansatzpunkte liegen etwa in Arbeitsgruppen, die der Deutsche Verein einrichtet und aus denen Empfehlungen zur Umsetzung der Arbeitsförderung erwachsen. Doch solche Gelegenheiten des Austausches sind zu wenig verbreitet, und die Ergebnisse eines solchen Austausches haben kein systematisches Gewicht in den Reformbestrebungen im SGB II, sodass sie nicht den Einfluss haben, der ihnen zukommt. Die Weiterentwicklung des SGB II sollte sich darum bemühen, Erfahrungen sowohl von Fach- und Führungskräften als auch von Leistungsberechtigten (und darüber hinaus) einzubeziehen.

Hier liegt zudem ein unzureichend bearbeitetes Feld für die sozialwissenschaftliche Forschung: Es gibt zu wenig Forschung darüber, was tatsächlich in der Interaktion zwischen Leistungsberechtigten und Jobcentern passiert. Abgesehen davon, dass es vielleicht am Informationsinteresse der Politik fehlt, dürfte für diesen Mangel ein wesentlicher Grund sein, dass solche Forschung – wenn sie über heuristisch orientierte Einzelfall-Untersuchungen hinausgehen soll – aufwendig ist. Notwendig wären teilnehmende Beobachtungen sowie langzeitige Fallrekonstruktionen, letztere nicht nur aus der Perspektive der amtlich dokumentierten Vorgänge, sondern im Kontrast zur Wahrnehmung der Betroffenen.

Literatur

Bundesagentur für Arbeit – Statistik (2024a): SGB II-Hilfequoten (Monats- und Jahreszahlen). Deutschland, West/Ost, Länder und Kreise. Produkt-ID: 1501, Erstellungsdatum 26.11.2024 (Tabellen), https://statistik.arbeitsagentur.de/SiteGlobals/Forms/Suche/Einzelheftsuche_Formular.html?topic_f=sgbii-quoten [10.1.2025].

Bundesagentur für Arbeit – Statistik (2024b): Strukturen der Grundsicherung SGB II (Zeitreihe Monats- und Jahreszahlen ab 2005). Deutschland. Produkt-ID: 1104, Erstellungsdatum 29.11.2024 (Tabellen), https://statistik.arbeitsagentur.de/SiteGlobals/Forms/Suche/Einzelheftsuche_Formular.html?topic_f=zeitreihekreise-zr-gruarb [10.1.2025].

Zabel, C. (2024): The impact of health impairments on employment entry and the quality of employment among basic income support recipients in Germany, Journal of Social Policy 13, S. 1–21.

Wechselwirkungen zwischen der aktiven und passiven Leistungsseite bei der Arbeitsmarktintegration

Dr. Kerstin Bruckmeier, Institut für Arbeitsmarkt- und Berufsforschung (IAB), Nürnberg

Die aus der Zusammenlegung der vormaligen Arbeitslosen- und Sozialhilfe hervorgegangene Grundsicherung für Arbeitsuchende sichert seit dem Jahr 2005 das Existenzminimum für erwerbsfähige Personen und ihre nahen Angehörigen. Neben der sozialen Absicherung folgt die Grundsicherung einer Aktivierungsstrategie mit dem Ziel, den Leistungsbezug durch eine Erwerbsintegration zu beenden. Neben den Einkommensleistungen beinhaltet die Grundsicherung daher Maßnahmen zur Förderung der Erwerbsintegration sowie aktivierende Elemente wie bspw. Mitwirkungspflichten zur Überwindung der Arbeitslosigkeit.

Im Jahr 2024 bezogen etwa vier Millionen erwerbsfähige Personen Grundsicherungsleistungen, wobei die Gruppe der Leistungsberechtigten sehr heterogen ist. Zu den verschiedenen Ansätzen zur Förderung einer Erwerbsaufnahme oder -ausweitung gehören etwa die Beratung und Vermittlung, Qualifizierungs- und Aktivierungsmaßnahmen sowie Lohnkostenzuschüsse. Die Wirkungsforschung hat gezeigt, dass viele Instrumente der aktiven Arbeitsmarktpolitik unter bestimmten Bedingungen wirken (Pongratz und Wolff 2023, 2021).

Neben den aktivierenden Elementen beeinflussen auch die passiven Grundsicherungsleistungen die Erwerbsintegration. Ausgelöst durch die inflationsbedingt starke Anhebung der Grundsicherungsleistungen in den Jahren 2023 und 2024 – der Regelbedarf für einen Alleinstehenden stieg in jedem der Jahre um ca. zwölf Prozent – steht häufig der Lohnabstand im Fokus öffentlicher Debatten um die Grundsicherung. Tatsächlich sinkt der Lohnabstand, wenn die Grundsicherungsleistungen stärker steigen als die Löhne, allerdings muss die Anhebung der Grundsicherung in der Entwicklung des gesamten Steuer- und Transfersystems betrachtet werden. Im Jahr 2023 wurden die negativen Arbeitsangebotseffekte der Regelbedarfserhöhung durch Lohnsteigerungen und Reformen – wie beispielsweise die Wohngeldreform – ausgeglichen, von denen insbesondere Geringverdienende profitierten (Bruckmeier und Wiemers 2023).

Grundsätzlich können Geringverdienende ohne existenzsicherndes Einkommen auf ergänzende Leistungen der Grundsicherung, des Wohngeldes oder Kinderzuschlags zurückgreifen. Dabei wird jeweils nur ein Teil des Erwerbseinkommens auf diese Leistungen angerechnet, welcher durch die Transferentzugsrate bestimmt wird. So wird sichergestellt, dass erwerbstätige Leistungsbeziehende ein höheres Gesamteinkommen erreichen als arbeitslose Leistungsbeziehende. Weniger im öffentlichen, aber seit vielen Jahren im Fokus wissenschaftlicher Untersuchungen und politischer Konzepte stehen die Höhe und der Verlauf der Transferentzugsraten in der Grundsicherung und beim Wohngeld sowie Kinderzuschlag. Mit Transferentzugsraten von häufig über 80 Prozent werden diese als zu hoch kritisiert. Tatsächlich zeigen Simulationsstudien, dass sich durch geringere Anrechnungssätze und einen günstigeren Verlauf der Transferentzugsraten über die drei Sozialleistungssysteme hinweg das Arbeitsangebot unter Geringverdienenden moderat erhöhen ließe (Bruckmeier und Wiemers 2022).

Sowohl die aktivierenden Elemente als auch die passiven Einkommensleistungen beeinflussen die Erwerbsintegration und können so in einem gewissen Spannungsfeld zueinanderstehen. Monetäre Anreize können die Arbeitsaufnahme begünstigen oder erschweren. Ansätze zur Stärkung finanzieller Anreize, die auf eine Reduzierung des Leistungsniveaus setzen, wie etwa erhöhte Sanktionen, können die Erwerbsintegration begünstigen und gleichzeitig auch einen Prozess sozialer Exklusion anstoßen. Eine möglichst schnelle Erwerbsintegration kann zudem zulasten der Beschäftigungsqualität gehen und zu einem ergänzenden oder wiederkehrenden Leistungsbezug führen. Zuletzt können das Aktivierungsregime und insbesondere die Mitwirkungspflichten für Arbeitslose die Inanspruchnahme von Grundsicherungsleistungen beeinflussen (Wilke 2023, Eckhard 2021). Werden zustehende (ergänzende) Leistungen nicht in Anspruch genommen, fehlt einerseits der Zugang zu unterstützenden aktiven Maßnahmen der Grundsicherung, und andererseits kann die Sicherungsfunktion des Bürgergelds nicht erfüllt werden. Darüber hinaus kann ein Haushalt, der auf ergänzendes Bürgergeld zum Erwerbseinkommen verzichtet, über ein geringeres Einkommen verfügen als ein vergleichbarer Haushalt ohne Erwerbseinkommen, aber mit Bürgergeldbezug, was die öffentliche Wahrnehmung eines zu geringen Lohnabstandes beim Bürgergeldbezug verstärkt.

Literatur

Bruckmeier, K. & J. Wiemers (2023): Energiepreiskrise: Die geplanten finanziellen Entlastungen dürften das Arbeitsangebot nur wenig beeinflussen. In: IAB Forum H. 16.1.2023.

Bruckmeier, K. & J. Wiemers (2022): Neuregelung der Hinzuverdienstmöglichkeiten für Transferbeziehende: keine leichte Aufgabe. Zeitgespräch. In: Wirtschaftsdienst, Jg. 102, H. 2, S. 90–94. DOI:10.1007/s10273-022-3107-6.

Eckhard, J. (2021): Lebenszusammenhänge der Nichtinanspruchnahme in Deutschland, Swiss Journal of Sociology, 47 (2), S. 261–282.

Pongratz, T. & Wolff, J. (2023): Ein-Euro-Jobs wirken aber nur unter bestimmten Bedingungen (Serie „Evaluation von Instrumenten der aktiven Arbeitsmarktpolitik“). In: IAB Forum H. 4.10.2023.

Pongratz, T. & Wolff, J. (2021): Von Maßnahmen zur Aktivierung und beruflichen Eingliederung in der Grundsicherung profitieren sozial schwächere Personengruppen besonders stark (Serie „Befunde aus der IAB Grundsicherungsforschung 2017 bis 2020“). In: IAB Forum H. 21.7.2021.

Wilke, F. (2023): Der Verzicht auf Grundsicherungsleistungen: Kalkül, Stigma und soziale Einbettung, Sozialer Fortschritt Online First, S. 1–23.

Kommission SGB V/Ethik im sozialrechtlichen Verfahren

Leitung: RA Christian Wagner, Gernsbach, Kommission SGB V und Dr. Jan Alexander Daum, Richter am SG Darmstadt und Lehrbeauftragter an der Universität zu Köln, Kommission Ethik im sozialrechtlichen Verfahren

Gesundheitsversorgung im ländlichen Raum – Digitalisierung und KI als „Lückenfüller"?

Dr. Jan Alexander Daum, Richter am SG Darmstadt und
Lehrbeauftragter an der Universität zu Köln

Die Tagung der Kommission SGB V und Ethik widmete sich einem der drängendsten Themen der deutschen Gesundheitspolitik: der Sicherstellung medizinischer Versorgung in strukturschwachen ländlichen Regionen. Die Frage, ob und wie Digitalisierung und Künstliche Intelligenz (KI) zur Schließung dortiger Versorgungslücken beitragen können, wurde dabei aus medizinischer, rechtlicher, ethischer und praktischer Perspektive diskutiert. Die Vorträge von Prof. Dr. Wilhelm Niebling (Universität Freiburg), Prof. Dr. Friederike Malorny (Universität Münster) und Prof. Dr. Peter Dabrock (Universität Nürnberg-Erlangen) bildeten den fachlichen Rahmen, ergänzt durch ein Praxisforum unter Beteiligung von u. a. Petra Oldenburg (AOK Nordost) und Sebastian Schulz (Telemedizinanbieter MedKitDoc).

I. Ärztliche Versorgung im ländlichen Raum – Vortrag von Prof. Dr. Wilhelm Niebling

In seinem Eröffnungsvortrag analysierte Prof. Dr. Wilhelm Niebling den Status quo der medizinischen Versorgung im ländlichen Raum. Deutschlandweit seien etwa 68 von 401 Landkreisen als dünn besiedelt einzustufen, mit einer Bevölkerungsdichte unter 100 Einwohner/km^2. Besonders betroffen sind Regionen in Ostdeutschland sowie abgelegene Gebiete Bayerns und Niedersachsens. Niebling zeigte anhand aktueller Erhebungen des Bundesinstituts für Bau-, Stadt- und Raumforschung (BBSR), dass 150 Kreise einen demografischen Schrumpfungsprozess erleben. Gleichzeitig steigt die Zahl der Pflegebedürftigen signifikant – laut Prognosen von Statista von 3,4 Millionen im Jahr 2017 auf über sechs Millionen im Jahr 2060.

Zwar sei die Zahl berufstätiger Ärztinnen und Ärzte mit über 428.000 auf einem historischen Höchststand, doch bestünden gravierende Ungleichgewichte: Fachärztliche Anerkennungen entfielen zum größten Teil auf andere Disziplinen, während die Allgemeinmedizin unterrepräsentiert bliebe (nur rund 2.000 neue Anerkennungen im Vergleich zu über 12.000 in anderen Fächern im Jahr 2023). Zudem seien insbesondere junge Mediziner weniger bereit, sich im ländlichen Raum niederzulassen – sie bevorzugen Teilzeitarbeit sowie Anstellungen in Medizinischen Versorgungszentren und versprächen sich davon eine bessere Vereinbarkeit von Beruf und Familie.

Niebling benannte strukturelle Ursachen für diese Entwicklung: zunehmende Bürokratie, Budgetdeckelung, unzureichende Infrastruktur sowie eine unzureichende Attraktivität des ländlichen Umfelds für Familien. Er plädierte für ein interkommunales Monitoring auf Basis verlässlicher Indikatoren, das nicht auf Defizitlisten, sondern auf Versorgungsziele und Best-Practice-Beispiele setzt. Neben sektorenverbindenden Versorgungsmodellen wie Primärversorgungszentren oder Team-Praxen empfahl er die Stärkung der digitalen Infrastruktur, insbesondere telemedizinischer Verfahren.

II. Rechtlicher Rahmen telemedizinischer Behandlung – Vortrag von Prof. Dr. Friederike Malorny

Prof. Dr. Malorny widmete sich in ihrem Vortrag den rechtlichen Anforderungen an die hardwaregestützte Telemedizin. Sie führte aus, dass zentrales rechtliches Fundament § 630a BGB ist, der einen fachlich allgemein anerkannten Standard der Behandlung verlangt. Dies gälte unabhängig davon, ob der Arzt oder die Ärztin physisch anwesend sei oder über eine Videosprechstunde agiere. Eine telemedizinische Behandlung sei damit rechtlich zulässig, sofern sie diesen Standard einhält. Eine bloß konkludente Zustimmung zu einer Standardabweichung durch Inanspruchnahme der Telemedizin genüge nicht den Anforderungen des § 630a Abs. 2 Halbs. 2 BGB.

Für die Praxis bedeute das: Die eingesetzten digitalen Medizingeräte – etwa digitale EKGs, Stethoskope, Pulsoxymeter, Thermometer und Blutzuckermessgeräte – müssten zuverlässig funktionieren und korrekt angewendet werden. Malorny betonte, dass sowohl technische Voraussetzungen (z. B. stabile Internetverbindung, zertifizierte Software) als auch personelle Faktoren (qualifizierte Bedienungspersonen) entscheidend seien.

Ein besonderer Schwerpunkt lag auf der Frage der Delegation ärztlicher Leistungen: Nicht alle Aufgaben dürften auf Pflegekräfte oder Angehörige übertragen werden. Während etwa das Anlegen eines digitalen Pulsoxymeters als Assistenzhandlung einzuordnen sei, sei die Durchführung einer Heimdialyse mit Telemonitoring oder die Entnahme von Kapillarblut zur Blutzuckermessung eine delegierbare ärztliche Tätigkeit – vorausgesetzt, die betreffende Person verfüge über formelle (z. B. MFA-Ausbildung) und materielle (praktische Erfahrung) Qualifikationen. Ärztliche Kontroll- und Überwachungspflichten gälten weiterhin. Die Letztverantwortung bleibe bei den behandelnden Ärzten.

III. Ethische Aspekte KI-gestützter Versorgung – Vortrag von Prof. Dr. Peter Dabrock

Peter Dabrock analysierte die ethischen Rahmenbedingungen telemedizinischer und KI-gestützter Versorgung. Er plädierte für eine reflektierte Technikgestaltung, die Verantwortung nicht nur für das Tun, sondern auch für das Unterlassen beinhalte. Die ethische Frage sei nicht nur: „Was dürfen wir?“, sondern auch: „Was müssen wir tun, um bestehende Versorgungslücken nicht zu verstetigen?“

KI in der Medizin sei auf Daten angewiesen – für gute Ergebnisse brauche es breite Datensätze, woraus sich die Notwendigkeit einer „Datensolidarität“ ableite. Diese müsse so gestaltet sein, dass keine Benachteiligung der Datenspender entstehe, etwa durch risikobasierte Versicherungsprämien. Dabrock lobte die solidarische Struktur der gesetzlichen Krankenversicherung als Schutzschirm gegen datenbasierte Diskriminierung.

Er warnte zugleich vor einer schleichenden Entfremdung im Arzt-Patient-Verhältnis durch Technik und forderte ein kooperatives Dreiecksverhältnis zwischen Arzt, Patient und Pflegekraft. KI dürfe niemals die letzte Entscheidungsinstanz sein – es brauche immer menschliche Kontrolle. Dabei könne Technik helfen, etwa bei der Dokumentation oder dem Monitoring, dürfe jedoch nicht die Beziehungsebene ersetzen.

IV. Praxisbeispiel: der Selektivvertrag zur hardwaregestützten Telemedizin

Die AOK Nordost stellte gemeinsam mit MedKitDoc ihr Projekt zur Einführung von hardwaregestützter Telemedizin in stationären Pflegeeinrichtungen vor. Seit dem Pilotprojekt 2021 wurden sieben Pflegeheime mit medizinischen Geräten und Plattformzugängen ausgestattet. Pflegekräfte nutzen die Systeme, um Vitaldaten wie Blutdruck, Herzfrequenz, Sauerstoffsättigung oder Körpertemperatur zu erheben, die den behandelnden Hausärzten zur Verfügung gestellt werden. Diagnosen erfolgen anschließend per Videosprechstunde.

Das Modell habe die Zahl der vermeidbaren Krankenhauseinweisungen um bis zu 27 % senken können. Besonders häufige Anwendungsfelder seien Infektionen, Atemwegserkrankungen, chronische Wunden und Herz-Kreislauf-Probleme. Die Kombination aus synchroner und asynchroner Kommunikation (Video, Chat, Akte) erhöhe die Effizienz der Versorgung deutlich. Durch die Integration von zertifizierten Geräten in eine Plattformstruktur entstehe ein medizinisches „Ökosystem", das es erlaube, Patienten kontinuierlich zu betreuen und unnötige Fahrten sowie Notaufnahmen zu vermeiden.

Ein zentrales Hindernis bliebe die Finanzierung: Während die ärztliche Behandlung vergütet werde, fielen die Lizenzkosten der Geräteplattform (z. B. 175 Euro/Monat) entweder beim Arzt oder beim Pflegeheim an. Zwei Modelle stünden zur Wahl: Entweder trage das Pflegeheim die Plattformkosten und erhalte 18 Euro pro Patient und Quartal, oder der Arzt übernähme die Lizenz und erhalte 30 Euro pro Patient und Quartal.

Der Selektivvertrag sei 2023 in Kooperation mit der Kassenärztlichen Vereinigung ausgeweitet worden. Weitere große Träger hätten ihr Interesse bekundet. Inzwischen seien über 250 Versicherte eingeschrieben, Tendenz steigend.

V. Diskussion und Ausblick: Leitsätze für gute Telemedizin

Die Diskussion führte zu einer Reihe von Leitsätzen, die in künftige Empfehlungen der DSGT-Kommission einfließen sollen:

1. Hardwaregestützte Telemedizin ist dort sinnvoll, wo ansonsten keine ärztliche Versorgung stattfindet oder nur unter großen Strapazen für den Patienten möglich ist.

2. Das technisch Mögliche darf aber nicht zu einer Substitution der Präsenz-Behandlung führen, insbesondere nicht aus Bequemlichkeit. Vermieden werden muss auch, dass bestimmte Ärzte ihr Berufsleben lang ausschließlich digital behandeln und so die Expertise der Behandlung „am Menschen" verlieren.

3. Pflegepersonal, Familienangehörige und ggf. die Patienten selbst müssen hinreichend geschult, angeleitet und überwacht werden können.

4. Es ist zu diskutieren, ob Vergütungsanreize für die Teilnahme an Studien- und Pilotprojekten geschaffen werden sollten.

5. KI könnte vor allem bei der Dokumentation und bei Befundberichten zum Einsatz kommen. Professor Großkreutz schilderte, dass diese heute häufig geraume Zeit nach der Behandlung und durch eiliges Zusammenfügen verschiedener Textbausteine erstellt würden. Wenn die Visite hingegen von vornherein aufgezeichnet und von einer KI anschließend zusammengefasst würde, entstünden womöglich belastbarere Arztbriefe.
6. Womöglich braucht es zudem einen Qualitätsstandard nicht nur durch die medizinproduktrechtliche Zulassung von Hardware, sondern auch für die eingesetzte Software. Dieser könnte in das Qualitätssicherungs- und Vergütungssystem des SGB V implementiert werden.

Gerätegestützte Fernbehandlung in Pflegeeinrichtungen mit MedKitDoc

Wir verbessern die regionale, stationäre Versorgung pflegebedürftiger Patienten

Sebastian Schulz, Arzt, Head of Medical Affairs bei MedKitDoc, Hamburg

In Deutschland beläuft sich die Anzahl pflegebedürftiger Personen auf knapp sechs Millionen, von denen ca. 1/6 in vollstationären Pflegeeinrichtungen versorgt wird. Die regelmäßige ärztliche Versorgung in den Pflegeeinrichtungen wird meist durch niedergelassene Hausärzte erbracht. Doch gerade in strukturschwachen und ländlichen Regionen ist die haus- und fachärztliche Versorgung von Pflegeheimbewohnern eine Herausforderung. Auch der vom Gesetzgeber in das SGB V eingefügte § 119b, der die Möglichkeit des Abschlusses von Kooperationsverträgen zwischen Ärzten und Pflegeheimen zur Versorgung der Bewohner gestattet, kann dieses Problem nur bedingt lösen. Gleichzeitig wird seit mehreren Jahren ein Anstieg der sog. ambulant-sensitiven Krankenhausfälle (ASK) und Pflegeheim-sensitiver Krankenhausfälle (PSK) beobachtet. Als ASK werden diejenigen Krankenhausfälle definiert, die durch eine besser zugängliche oder bessere Ergebnisse erzielende ambulante Versorgung hätten vermieden werden können. In Deutschland liegt die Zahl dieser ASK regelmäßig zwischen 3,5 und 4 Millionen Fällen pro Jahr. Analog werden als PSK-Fälle klassifiziert, die unter guten Bedingungen (u. a. ärztlicher Versorgung) ohne Krankenhauseinweisung im Pflegeheim hätten behandelt werden können.

Im Rahmen einer Studie der Universität Witten-Herdecke zu PSK aus dem Jahr 2021 wurde aufgezeigt, wie u. a. telemedizinische Interventionen bei bestimmten Erkrankungen dazu beitragen können, unnötige Krankenhauseinweisung zu vermeiden.

MedKitDoc hat seit 2022 mehrere (Pilot-)Projekte, u. a. mit der AOK Nordost, der Barmer und dem Pflegeheimbetreiber Korian Deutschland GmbH durchgeführt, um die Versorgungsqualität von Pflegeheimbewohnern zu steigern und die Rate von PSK zu verringern. Im Rahmen dieser Projekte wurde die hausärztliche Versorgung von Pflegeheimbewohnern um eine gerätegestützte telemedizinische Betreuung ergänzt. Insgesamt elf Pflegeeinrichtungen mit mehr als ca. 300 Bewohnern wurden mit dem Zugang zur MedKitDoc Plattform mit integriertem Videodienst und je einem

MedKit, einem Arztkoffer mit digitaler Blutdruckmanschette, Multifunktionsgeräte (zur EKG, Sauerstoff- und Temperatur-Messung) und einem digitalen Stethoskop, ausgestattet.

Die Integration modernster Medizintechnik in die MedKitDoc Plattform ermöglicht die abschließende telemedizinische Behandlung von 48 der 50 typischen Diagnosen von Pflegeheimbewohnern. Eine Videosprechstunde allein erreicht gerade einmal 24/50 Diagnosen. Auch die 16 Hausärzte, die die Pflegeeinrichtungen betreuten, erhielten Zugang zur MedKitDoc Plattform und konnten die Bewohner der Pflegeeinrichtungen nun ergänzend per gerätegestützter Videosprechstunde und asynchronem Chat betreuen.

Die Auswertung des Projektes mit Korian ergab dabei eine signifikante Verringerung der unnötigen stationären Krankenhauseinweisung (in den verschiedenen Pflegeeinrichtungen zwischen 22% und 27%) und damit verbunden eine deutliche Reduktion der stationären Leistungsausgaben um 14.500 € (bezogen auf einen Zeitraum von sechs Monaten in zwei Pflegeheimen). Auch das Projekt mit der AOK Nordost konnte vergleichbare Ergebnisse erzielen und wurde erfolgreich in einen Open-House-Selektivvertrag überführt, dem mittlerweile auch die Barmer beigetreten ist.

Auch volkswirtschaftlich sind solche modernen Versorgungsmodelle interessant. Das Statistische Bundesamt hat für das Jahr 2022 in deutschen Krankenhäusern insgesamt 16,8 Millionen Fälle registriert. Dieser Wert ist seit 2020 annähernd stabil. Eine Studie im Auftrag des Zentralinstitut für die kassenärztliche Versorgung (Zi) aus dem Jahr 2015 kommt zu dem Ergebnis, dass 27% aller Krankenhausfälle zu den sogenannten ambulant-sensitiven Krankenhausfällen (ASK) zählen, die durch eine besser zugängliche oder bessere Ergebnisse erzielende ambulante Versorgung hätten vermieden werden können. Der Anteil dieser ASK an den stationären Behandlungskosten wird in der Studie des Zi mit 7,2 Milliarden Euro beziffert. Dies entspricht etwa 10% der jährlichen voll- und teilstationären Leistungsausgaben der gesetzlichen Krankenkasse.

MedKitDoc konnte mit seinen Partnern in verschiedenen Projekten erfolgreich darstellen, wie der Einsatz gerätegestützter Telemedizin im Pflegeheim-Setting eine signifikante Reduktion der ambulant-sensitiven Krankenhausfälle (ASK) bzw., als deren Teilmenge, die Pflegeheim-sensitiven Krankenhausfälle (PSK) erreicht werden kann. Durch die Verbesserung der ambulanten haus- und/oder fachärztlichen Versorgung von Pflegeheimbewohnern mittels Telemedizin können daher nicht nur die Anzahl der vermeidbaren Krankenhauseinweisungen reduziert, sondern zeitgleich auch die Kosten für eine voll- oder teilstationäre Behandlung von Pflegebedürftigen eingespart werden. Als Sekundäreffekt kann zudem die Gefahr, dass sich der Gesundheitszustand von Pflegebedürftigen durch eine Krankenhauseinweisung verschlechtert – sei es durch die psychische Belastung, Infektionen oder zu lange Immobilisation – reduziert werden.

Eine Ausweitung der gerätegestützten telemedizinische Versorgung in stationären Pflegeeinrichtungen kann so zu einer deutlichen Steigerung der Versorgungsqualität von Pflegebedürftigen führen und zeitgleich das Kranken- und Pflegekassensystem in Deutschland entlasten. Der Gesetzgeber könnte eine flächendeckende Einführung dieser Innovation durch den Aufbau einer belastbaren Vergütungsstruktur für Betreiber von Pflegeeinrichtungen und betreuende Haus- und Fachärzte sowie Unterstützung beim Ausbau der digitalen Infrastruktur in Pflegeeinrichtungen fördern.

Kommission SGB VI

Leitung: Ingo Schäfer, Deutscher Gewerkschaftsbund, Berlin

Demografie und Altersvorsorge: Herausforderungen und Gestaltungsräume

Dr. Jutta Schmitz-Kießler, Universität Duisburg-Essen

I. Einleitung

Kaum ein Thema prägt sozialpolitische Debatten so nachhaltig wie die Sorge um den Ausgleich zwischen den Generationen. Immer wieder wird ein drohender Konflikt zwischen „Alt" und „Jung" beschworen, insbesondere mit Blick auf die Finanzierung der sozialen Sicherungssysteme. Dabei steht die gesetzliche Rentenversicherung oft symbolisch für die vermeintlich zunehmende Belastung der Jüngeren. Denn hier finanzieren die Beiträge der mittleren, im Erwerbsleben stehenden Generation im Umlageverfahren Leistungen für die Älteren, dadurch erwerben sie gleichzeitig Ansprüche für ihre eigene Rente. Dieses und ähnliche Verfahren stehen regelmäßig im Zentrum von Kontroversen über Belastungen und Gerechtigkeit zwischen Personengruppen: Bekommen Rentner:innen zu viel? Tragen die jungen Generationen genug bei? Sind Beiträge und Lasten fair verteilt oder ist der „Generationenvertrag" bedroht? Und können die nachwachsenden Generationen überhaupt noch auf eine ähnlich gute soziale Versorgung hoffen, wie sie den Älteren (noch) zukommt?

Bei all diesen Fragen spielen demografische Veränderungen eine zentrale Rolle. Oftmals werden drastische Szenarien eines Bevölkerungsschwunds als unaufhaltsamer Krisenherd dargestellt, der die Zukunftsfähigkeit von Gesellschaft und Sozialstaat infrage stelle. Insbesondere die Finanzierbarkeit der sozialen Sicherungssysteme wird dann mit einem einfachen – aber zu kurz greifenden – Rechenschema bezweifelt: weniger Köpfe = weniger Einnahmen = Leistungskürzungen. Diese Sichtweise übersieht, dass es in einem umverteilenden Sozialstaat auf weit mehr ankommt als die reine Bevölkerungszahl. Entscheidend ist vielmehr, wie sich die Erwerbstätigkeit in allen Gruppen entwickelt und unter welchen Rahmenbedingungen Steuern und Beiträge erhoben werden. Nur bei ganzheitlicher Betrachtung aller Einflussfaktoren lassen sich sinnvolle sozialpolitische Diskussionen führen. Demografische Herausforderungen dürfen dabei weder dramatisiert noch bagatellisiert werden, sondern sollten sachlich und „aufgeklärt" berücksichtigt werden.

Eine wichtige Grundlage für solche Debatten liefern die koordinierten Bevölkerungsvorausberechnungen des Statistischen Bundesamtes. Jüngste Daten zeigen, dass sich die Bevölkerung in Deutschland deutlich positiver entwickelt hat – bzw. weiter entwickeln könnte – als lange angenommen. Es lohnt sich also, die demografische Entwicklung genauer zu betrachten: Was ist der aktuelle Kenntnisstand, wie haben sich die Prognosen geändert und woran liegt das? Zugleich muss gefragt werden, welche Reichweite und Aussagekraft Bevölkerungsprognosen in der sozialpolitischen Diskussion tatsächlich besitzen.

Im Anschluss daran wird der in Medien und Politik oft genutzte Begriff „Generation“ analysiert und gegen die sozialwissenschaftlichen Kategorien Altersgruppe und Kohorte abgegrenzt. Dadurch wird deutlich, dass sich Gesellschaft und Sozialpolitik nicht eindimensional als „Gegeneinander der Generationen“ begreifen lassen. Darauf aufbauend wird diskutiert, was unter „Generationengerechtigkeit“ zu verstehen ist – und was nicht.

II. Bevölkerungsentwicklung und demografischer Wandel

1. Demografische Komponenten und Prognoseunsicherheiten

Die Entwicklung der Bevölkerungsgröße und -struktur ist ein zentraler Aspekt der sozialpolitischen Debatte. Unter Schlagworten wie „alternde Gesellschaft“ wird jedoch oft ein komplexes Zusammenspiel verschiedener Einflussfaktoren verkürzt dargestellt und prognostische Annahmen als deterministisch hingestellt. Es lohnt sich deshalb, zunächst die Grundlagen demografischer Analysen sowie deren Grenzen zu betrachten.

Im Kern bestimmen drei sogenannte Stromgrößen die Bevölkerungsentwicklung: die Geburtenrate (Fertilität), die Lebenserwartung (Mortalität) und der Wanderungssaldo (Zu- und Abwanderung). Diese Faktoren führen in ihrem Zusammenwirken zu relativ kontinuierlichen Veränderungen der Einwohnerzahl und der Altersstruktur. Von „demografischem Wandel“ wird vor allem in zweifacher Hinsicht gesprochen: zum einen hinsichtlich der absoluten Bevölkerungszahl (Bevölkerungsrückgang oder -wachstum) und zum anderen hinsichtlich des Altersaufbaus der Gesellschaft (Alterung durch steigenden Anteil älterer Menschen). Letzteres resultiert insbesondere aus medizinisch-technischem Fortschritt und sinkender Mortalität.

Der Blick auf die Daten zeigt: Von einer schrumpfenden Bevölkerung kann in Deutschland bislang aber keine Rede sein. Nach dem starken Bevölkerungswachstum der Nachkriegszeit pendelte die Einwohnerzahl lange um etwa 82 Millionen (abgesehen von kleineren Schwankungen). In den letzten Jahren ist die Bevölkerung sogar deutlich gewachsen; 2023 wurde mit rund 84,7 Millionen ein historischer Höchststand erreicht.[1] Hauptursache hierfür ist der positive Wanderungssaldo (mehr Zu- als Fortzüge). Gleichzeitig zeichnet sich eine moderate, aber fortschreitende Verschiebung im Altersaufbau ab: Die geburtenstarken Jahrgänge 1946 bis 1964 erreichen in den kommenden Jahren das Rentenalter, wodurch der Anteil älterer und hochbetagter Menschen an der Gesamtbevölkerung zunimmt. Welche Folgen dies für das Verhältnis von Älteren zu Erwerbstätigen hat, ist jedoch keineswegs eindeutig geklärt. Häufig wird vereinfacht aus der sinkenden Zahl Personen im Erwerbsalter auf eine entsprechend sinkende Zahl an Beschäftigten geschlossen – dabei wird ignoriert, dass noch erhebliche Arbeitskräftepotenziale unausgeschöpft sind (z. B. durch Arbeitslosigkeit, Unterbeschäftigung, Teilzeitwünsche oder geringere Erwerbsbeteiligung bestimmter Gruppen). So könnte auch bei rückläufiger Bevölkerungszahl die Zahl der Erwerbstätigen stabil gehalten oder sogar erhöht werden, wenn etwa mehr Ältere, Frauen oder derzeit Arbeitslose in Arbeit gebracht werden.[2] Ebenso greift es zu kurz, die Alterung allein auf niedrige Geburtenraten zurückzuführen – auch Zu- und Abwanderung sowie das Alter der Migrant:innen beeinflussen den Altersaufbau wesentlich.

Generell können demografische Prozesse nie eindimensional betrachtet werden und sind nur begrenzt vorhersagbar. Je größer der Zeithorizont und je umfassender die betrachtete Population, desto unsicherer werden Prognosen. Das liegt nicht nur an Daten- und Modellunsicherheiten, sondern vor allem an der Unvorhersehbarkeit individueller Entscheidungen und externer Schocks. Ob Menschen Kinder bekommen (bzw. in welchem Ausmaß medizinische Möglichkeiten dies beeinflussen) oder auswandern, lässt sich kaum zuverlässig prognostizieren. Ebenso wenig sind krisenhafte Ereignisse vorhersehbar – historische Zäsuren wie der Zweite Weltkrieg, der Mauerfall, Naturkatastrophen, Pandemien (etwa COVID-19) oder große Fluchtbewegungen (z. B. 2015 aus Syrien, 2022 aus der Ukraine) haben die Bevölkerungsentwicklung unerwartet beeinflusst. Entsprechend müssen

---

1 Statistisches Bundesamt (2023): Bevölkerung Deutschlands zum Jahresende 2022 auf 84,4 Millionen gestiegen – höchste jemals gemessene Einwohnerzahl. Pressemitteilung Nr. 097 vom 28.02.2023.

2 Vgl. Hellwagner, Timon/Weber, Enzo (2024): *Labour Market Adjustments to Population Decline: A Historical Macroeconomic Perspective, 1875–2019.* IAB-Discussion Paper 5/2024; sowie Hofmann, Markus/Schäfer, Ingo (2023): *Money for nothing.* In: Soziale Sicherheit, 2/2023, S. 64–70.

Bevölkerungsvorausberechnungen stets mit Vorsicht und unter expliziter Nennung ihrer Annahmen interpretiert werden. Letztlich ist Demografie nicht nur eine statistische, sondern immer auch eine normative und politische Wissenschaft.[3]

2. Bevölkerungsprojektionen und aktuelle Trends

Trotz aller Unsicherheiten besitzen Bevölkerungsprojektionen einen hohen Stellenwert – gerade im Kontext der Alterssicherung. Insbesondere die in unregelmäßigen Abständen vom Statistischen Bundesamt veröffentlichten koordinierten Bevölkerungsvorausberechnungen gelten als Standardbasis für demografiebezogene Diskussionen. Streng genommen handelt es sich dabei jedoch nicht um punktgenaue Prognosen, sondern um Szenarien, die auf bestimmten Annahmen beruhen. Das Statistische Bundesamt kalkuliert auf Basis der drei Hauptfaktoren Geburtenhäufigkeit, Lebenserwartung und Wanderung verschiedene Entwicklungspfade, indem für jeden Faktor unterschiedliche Ausprägungen (niedrig, mittel, hoch) kombiniert werden. Beispielsweise liegt der mittleren Variante der 15. koordinierten Vorausberechnung (Basisjahr 2021) eine moderat steigende Geburtenrate von etwa 1,55 Kindern je Frau zugrunde, während die optimistische Variante mit 1,7 Kindern rechnet und die pessimistische von einem Rückgang auf 1,4 Kinder ausgeht. Für die fernere Lebenserwartung neugeborener Jungen wird je nach Szenario ein Anstieg von derzeit ca. 78,5 Jahren auf 82,6 Jahre (gering) bis 86,4 Jahre (stark) im Jahr 2070 unterstellt (bei Mädchen von ca. 83,4 auf 86,1 bis 90,1 Jahre). Der Wanderungssaldo wird je nach Variante auf durchschnittlich +180.000, +290.000 oder +400.000 Personen pro Jahr veranschlagt – keine Variante nimmt anhaltende Nettoabwanderung an, da Deutschland historisch nahezu immer Wanderungsgewinne verzeichnete. Allerdings können kurzfristige Ereignisse diese Trends stark beeinflussen: So führte der Krieg in der Ukraine 2022 zu einem Rekord-Nettozuzug von rund 1,5 Millionen Menschen, was weit über allen Annahmen lag (2023 ging der Wert wieder auf circa 660.000 zurück). Solche unvorhergesehenen Sprünge illustrieren die Grenzen der Vorausberechnung.

Ein Vergleich aufeinanderfolgender Bevölkerungsvorausberechnungen zeigt daher auch, dass frühere Prognosen teilweise deutlich zu pessimistisch waren. So sagte etwa die 12. koordinierte Vorausberechnung aus dem

3 Heusinger, Josefine (2022): *Demografisierung als Strategie im Krisendiskurs.* In: Bleck, Christian; van Rießen, Anne (Hrsg.): *Soziale Arbeit mit alten Menschen.* Wiesbaden: Springer, S. 61–77, hier S. 64.

Jahr 2009 für 2060 eine Einwohnerzahl von nur rund 70 Millionen in Deutschland lebenden Menschen voraus (bei angenommener mittlerer Entwicklung). Die 15. Vorausberechnung von 2022 kommt demgegenüber – unter vergleichbaren Annahmen – auf etwa 80 Millionen Einwohner für 2060. Der Unterschied von ca. 10 Millionen entspricht einer Abweichung von rund 13 %. Auch hinsichtlich der erwerbsfähigen Bevölkerung ergeben sich in der aktuellen Berechnung deutlich optimistischere Werte: Für das Jahr 2020 wurde 2009 ein Erwerbspersonenpotenzial von etwa 50 Millionen prognostiziert, tatsächlich lag es bei über 53 Millionen; für 2060 stieg die Erwartung von 38 Millionen (2009) auf 45,5 Millionen (2022).[4]

Der Hauptgrund für diese Korrekturen liegt in einer Anpassung der Annahmen zur Migration – in den neueren Berechnungen wird aufgrund gestiegener Zuwanderung der vergangenen Jahre durchweg von höheren Nettozuwanderungsraten ausgegangen. Wenn dieser Trend weiter Bestand hat, kann ein dramatischer Bevölkerungsrückgang auch für die nächsten Jahre verhindert werden. Denn die Annahmen zu Geburtenrate und Lebenserwartung sind in der aktuellen Modellrechnung nur geringfügig angepasst worden. Das ist nachvollziehbar, denn von diesen beiden demografischen Größen sind keine (starken) Impulse erwartbar, die die demografische Entwicklung nachhaltig verbessern. Insgesamt erscheint die aktuelle demografische Projektion dennoch deutlich weniger dramatisch und wohl auch realistischer als viele ihrer Vorgänger.

III. Generationengerechte Sozialpolitik

Dennoch ist in der politischen und medialen Debatte nach wie vor die Sorge weit verbreitet, dass aufgrund steigender Lebenserwartung und anhaltend niedriger Geburtenzahlen das Zahlenverhältnis zwischen Alten und Jungen immer ungünstiger werde – mit der Folge drastisch steigender Ausgaben in den umlagefinanzierten Sozialversicherungen und einer Überforderung der Beitragszahler. Besonders die gesetzliche Rentenversicherung gerät so unter Druck. Oft wird daraus geschlossen, die demografische Entwicklung führe zwangsläufig zu einer Überbeanspruchung der heutigen Erwerbstätigen, ohne dass diese selbst noch auf vergleichbare Leistungen im Alter vertrauen könnten. Der „Generationenvertrag" – so

4 Statistisches Bundesamt (2025): Ergebnisse der 12. bis 15. koordinierten Bevölkerungsvorausberechnung (Variante: mittlere Entwicklung). Online verfügbar auf destatis.de (zuletzt abgerufen 2025).

das alarmierende Fazit – sei nicht mehr haltbar und verletze das Prinzip der Generationengerechtigkeit. Schließlich, so die Argumentation, würden der aktuelle Wohlstand und Konsum der Älteren immense Lasten (Arbeitslosigkeit durch hohe Lohnnebenkosten, Staatsverschuldung, Finanzierungslücken in der Sozialversicherung sowie ökologische Schäden) produzieren, die allein von den Jungen zu tragen seien. Aus einem vermeintlichen Gegeneinander von „Alt" und „Jung" wird so ein Verteilungskonflikt konstruiert, in dessen Rahmen intergenerative Gerechtigkeit eingefordert wird – meist fokussiert auf finanzielle Fragen (Staatsverschuldung, Rentenfinanzierung).

1. Sozialstaatliche Generationen als Altersgruppen

Aber was ist unter „Generation" überhaupt zu verstehen? Der Begriff ist mehrdeutig. Erstens kann er das Verhältnis zeitgleich existierender Altersgruppen bezeichnen, die über soziale Sicherungssysteme in wechselseitigem Austausch stehen. In diesem Sinne durchläuft jede*r* im Lebensverlauf typischerweise drei Phasen: Kindheit/Jugend (Empfang von Unterhalt und Transfers), Erwerbsleben (Einzahlungen in die Sozialversicherungen) und Ruhestand (Leistungsbezug und Einzahlungen in die Krankenversicherung). Der Arbeitsmarkt dient also als Abgrenzungskriterium: Eine „junge" Generation (Kinder, Jugendliche) und eine ältere Generation (Rentner:innen) beziehen überwiegend Transfers oder Unterhalt, während die dazwischen liegende Generation erwerbstätig ist und mit ihren Beiträgen die sozialen Sicherungssysteme finanziert. Dabei erwerben die Erwerbstätigen gleichzeitig Ansprüche für ihre eigene Absicherung im Alter. Diese Vorstellung eines impliziten Vertrages zwischen Jung und Alt wird als „Generationenvertrag" bezeichnet – nicht im juristischen Sinne, sondern als sozialökonomisches Konstrukt zur Veranschaulichung des Umlageprinzips der Rentenversicherung. Zugleich steht der Begriff symbolisch für Solidarität im Lebensverlauf: Die arbeitende Generation zahlt in Erwartung, dass nachfolgende Generationen dies ebenso für sie tun werden. Ressourcenengpässe in einer Lebensphase können also durch Leistungen in einer anderen Phase ausgeglichen werden.[5]

Diese Balance ist stabil (es wird immer das „umgelegt", was da ist) und mit der Möglichkeit verbunden, Leistungsziele zu definieren. Allerdings setzt das Prinzip auch voraus, dass alle beteiligten Akteure (Arbeitgeber,

5 Siehe ausführlich: Tremmel, Jörg (2022): *Generationengerechtigkeit. Genese und Dimension eines Begriffs.* In: *Aus Politik und Zeitgeschichte*, 72. Jg., Heft 20/2022, S. 41–45.

Arbeitnehmer und Sozialstaat) bereit sind, ihre Einzahlungen in dem Umfang zu leisten, der nötig ist, um die Ausgaben zu finanzieren. Weil absehbar ist, dass dazu die Beitragssätze besonders in der Gesetzlichen Rentenversicherung steigen werden, wird öffentlich diskutiert, ob die junge Generation nicht zunehmend überfordert sei und ihrerseits den Generationenvertrag „kündigt". Allerdings geht diese Vorstellung fehl, weil sie einerseits verkennt, dass die beschriebenen Wechselbeziehungen rechtlich und institutionell verankert sind (insbesondere im Rentensystem). Eine Abkehr würde breite politische Mehrheiten erfordern, die angesichts der Beteiligung aller Altersgruppen unwahrscheinlich sind. Und andererseits können sich die nachrückenden Jahrgänge gar nicht einseitig entziehen, da sie stets in eine gesellschaftliche, wirtschaftliche und infrastrukturelle Ordnung hineingeboren werden, die von den Leistungen früherer Generationen geprägt ist. Sie nutzen die Infrastruktur, den Wohlstand und die Institutionen, welche ihre Vorgänger aufgebaut haben. In diesem Sinne ist der „Generationenvertrag" de facto unkündbar.

Darüber hinaus bleibt auch festzuhalten, dass die Darstellung von Generationen als homogene Altersgruppen grundsätzlich zu kurz greift. In der Realität sind Lebenslagen und Einkommen innerhalb der Gruppe der Rentnerinnen ebenso heterogen verteilt wie innerhalb der Erwerbsbevölkerung. Sozialpolitik beschränkt sich daher nicht auf Umverteilung zwischen Jung und Alt, sondern findet auch innerhalb der Generationen statt (intragenerativ) – etwa über Arbeitslosen- und Krankenversicherung, Grundsicherung oder familienpolitische Transfers, von denen Menschen im erwerbsfähigen Alter profitieren. Umgekehrt sind Rentnerinnen nicht nur Leistungsempfänger: Sie tragen über Konsumsteuern, einkommenssteuerpflichtige Renten und Beiträge zur Kranken- und Pflegeversicherung auch weiterhin erheblich zur Finanzierung des Gemeinwesens bei. Rentner:innen nehmen somit – wie Erwerbstätige – eine doppelte Rolle ein: als Empfänger von Sozialleistungen und gleichzeitig als Mitfinanzierende des Sozialstaats.

2. Sozialstaatliche Generationen als Kohorten

Eine zweite Definition von „Generationen" bezieht sich auf die Geburtsjahrgänge, also Kohorten. Hierbei stehen nicht Altersgruppen, sondern Teilpopulationen mit demselben Startereignis (insb. Geburtsjahr) im Fokus. Eine Kohorte bleibt über den gesamten Lebensverlauf bestehen; ihre Mitglieder durchlaufen gemeinsam historische Kontexte. In der Soziologie prägte Karl Mannheim die Idee, dass solche Kohorten durch geteilte historische Erfahrungen auch ähnliche Prägungen oder Einstellungen entwickeln könnten. Empirisch bestätigt sich das jedoch kaum – Einstellungen und Werte lassen sich nicht dauerhaft auf Jahrgangsgruppen festschreiben. Stereotype Zuschreibungen wie „die 68er“ oder „die faule Generation Z“ halten einer wissenschaftlichen Überprüfung daher nicht stand. Dennoch ist es analytisch sinnvoll, nach Geburtsjahrgängen zu unterscheiden, um etwa die Verteilungsbilanz verschiedener Kohorten zu vergleichen. So lässt sich fragen, ob aufeinanderfolgende Generationen von Sozialstaat und Wirtschaft ähnlich behandelt werden. Sind etwa die heutigen Beitragszahler gegenüber früheren Jahrgängen benachteiligt? Müssen die aktuell Jüngeren mehr einzahlen und erhalten später weniger Rente als ihre Vorgänger? Und wäre dies als Verletzung von Generationengerechtigkeit zu bewerten – impliziert Generationengerechtigkeit also eine absolute Gleichbehandlung aller Kohorten?

3. Generationengerechtigkeit im Kohortenvergleich

Auch wenn die demografische Entwicklung bislang nicht dazu geführt hat, dass die Bevölkerungszahl in Deutschland tatsächlich abnimmt, ist absehbar, dass die Besetzungsstärke nachrückender Kohorten mit ihren Vorgängerkohorten nicht bzw. nicht immer wird mithalten können. Daraus wird häufig geschlossen, kleinere nachwachsende Kohorten müssten zwangsläufig immer größere finanzielle Lasten tragen. Diese Mehrbelastungen der jungen Generation sind jedoch weder untragbar noch automatisch unfair. Zum einen hängen die künftigen Beitragslasten ganz wesentlich von der gesamtwirtschaftlichen Entwicklung ab. Entscheidend ist vor allem die Lage am Arbeitsmarkt: Die Finanzierung der Rentenversicherung wird nicht direkt von der Altersstruktur der Gesamtbevölkerung bestimmt, sondern vom Verhältnis der Beitragszahlenden zu den Rentenbeziehenden. Gelingt es, die Erwerbspotenziale der kleineren Folgegenerationen besser auszuschöpfen – also mehr bisher ungenutzte Arbeitskraft (Arbeitslose, Erwerbsgeminderte, ältere Arbeitnehmer:innen sowie Teilzeitkräfte, insbesondere Frauen) in Beschäftigung zu bringen –, kann die Zahl der beitragspflichtig Beschäftigten deutlich anders verlaufen als die pure demografische Entwicklung nahelegt. Derzeit zahlen nur etwa 61 % der Personen im erwerbsfähigen Alter tatsächlich in die gesetzliche Rentenversicherung ein.[6] Hier liegt also noch erhebliches Steigerungspotenzial. In diesem Zusammenhang wird auch diskutiert, bisher ausgenommene Gruppen – wie

6 Deutsche Rentenversicherung (2024): *Rentenversicherung in Zeitreihen*. DRV-Schriften Band 22, Berlin, S. 36.

Selbstständige oder Beamte – ins gesetzliche System einzubeziehen und die Rentenversicherung zu einer umfassenden Erwerbstätigenversicherung auszubauen.[7]

Zum zweiten müssen die Belastungen der jungen Kohorten als Gesamtheit betrachtet werden. Oft wird über steigende Sozialversicherungsbeiträge geklagt, ohne die wachsende Bedeutung privater Vorsorge mit einzubeziehen. Sinkt das Rentenniveau und steigen dafür private Vorsorgeaufwendungen, stellt dies ebenfalls eine Belastung dar – nur dass die Risiken der Alterssicherung dann individualisiert werden. Selbst wenn also die Beitragssätze der gesetzlichen Rente steigen, bedeutet das nicht zwingend eine Verschlechterung der Lebenslage der nächsten Generation. Denn trotz konjunktureller Schwankungen ist anzunehmen, dass Produktivität und Wertschöpfung weiter wachsen, sodass auch das Sozialprodukt künftig höher ausfällt. Höhere Abgaben könnten dann aus höheren Bruttoeinkommen geschultert werden, ohne den Lebensstandard zu schmälern. Sogar bei rückläufiger Bevölkerung kann das Pro-Kopf-Einkommen steigen, wenn die Produktivität je Arbeitskraft zunimmt – es sind dann weniger Erwerbstätige nötig, um ein gleich hohes oder höheres Gesamtoutput zu erzielen. So könnten zukünftige Generationen prozentual höhere Beiträge womöglich sogar leichter verkraften als heutige Generationen geringere Beiträge.

Drittens erscheint die relativ geringe Beitragsbelastung früherer Arbeitnehmergenerationen nur auf den ersten Blick vorteilhaft. Sie ging nämlich mit einem insgesamt niedrigeren Wohlstandsniveau einher. Ähnlich geringe Abgaben wären für Beschäftigte heute kaum erstrebenswert, da die entstehende Lücke verstärkt privat geschlossen werden müsste – was, wie erwähnt, Risiken privatisiert. Außerdem musste für einen Rentenanspruch (Entgeltpunkt) in früheren Jahrzehnten deutlich länger gearbeitet werden als heute oder in Zukunft.[8]

Viertens hängt das Niveau des Sozialprodukts – und damit die Grundlage für Verteilungsspielräume – nicht allein von aktuellen Faktoren ab. Wie oben bereits angedeutet, profitieren die jeweils aktiven Erwerbstätigen von dem „Erbe“ an Infrastruktur, Wissen und Kapital, das vorherige Generationen geschaffen haben. Jede Generation investiert also implizit in die Leistungsfähigkeit der folgenden. Jüngere Kohorten bauen auf dem auf, was

---

7 Siehe z.B. Engelmeier, Michaela (2024): *Sackgasse Generationenvertrag.: Wege aus der Krise der Altersvorsorge.* In: *ifo Schnelldienst* 12/2024, 77. Jg., S. 3–39; und Schätzlein, Uwe (2020): *Nachholfaktor wieder einführen.*In: Wirtschaftsdienst 100, S. 737.

8 Bäcker, Gerhard (2014): *Generationenverhältnisse im Sozialstaat.* In: Hammerschmidt, Peter et al. (Hrsg.): *Gelingendes Alter(n) und Soziale Arbeit.* Neu-Ulm: AG SPAK, S. 41–58, hier S. 53.

ihre Vorgänger an Wirtschaftskraft, Technik und Institutionen hinterlassen haben, und können ihrerseits darauf aufbauen, um weiteres Wachstum zu generieren.

Aus all diesen Gründen greift die Suche nach einer vermeintlichen Benachteiligung bestimmter Jahrgänge zu kurz. In einem dynamischen Sozialstaat ist es weder möglich noch sinnvoll, alle Kohorten exakt gleich zu behandeln – das würde jeglichen Fortschritt und jede Anpassung an veränderte Umstände verhindern. Auch der demografische Wandel selbst ist letztlich Ausdruck gesellschaftlicher Entwicklung und wirft immer neue Verteilungsfragen auf. Nichtsdestoweniger bleibt es eine dauerhafte politische Aufgabe, das Wohlstandsniveau gerecht zu verteilen und dafür zu sorgen, dass alle Gruppen angemessen zur Finanzierung des Gemeinwesens beitragen.

4. Kapitaldeckungsverfahren als „generationgerechtere" Alternative?

Die begriffliche Diskussion um Generationen und Gerechtigkeit legt offen, dass demografische Trends allein wenig über die Verteilung zwischen „Alt" und „Jung" aussagen. Zum einen sind die Kategorien unscharf; zum anderen bestimmen grundlegende Prinzipien des Sozialstaats die Verteilungslogik. So gilt – allen Finanzierungsmodellen zum Trotz – grundsätzlich, dass Sozialausgaben immer aus dem laufenden Volkseinkommen finanziert werden müssen. Eine Gesellschaft kann zukünftige Konsumausgaben nicht durch gegenwärtiges Sparen vorfinanzieren, da spätere Leistungen – ob im Umlage- oder Kapitaldeckungsverfahren – stets von der dann erwirtschafteten Wertschöpfung abhängen. Auch kapitalgedeckte Alterssicherungssysteme sind also nicht per se demografieresistent. Wenn in einem kapitalfundierten System in Zukunft mehr Ältere ihre Ersparnisse (etwa Fondsanteile, Wertpapiere, Immobilien) veräußern wollen, müssen genügend Käufer (jüngere Sparer) vorhanden sein, damit die Werte nicht verfallen. Steigt die Lebenserwartung und beziehen Rentner länger Leistungen, so müssen auch in kapitalgedeckten Systemen entweder die monatlichen Auszahlungen sinken oder die Einzahlungen steigen, um das höhere Alter finanziell zu tragen. Selbst internationale Anlagen in vermeintlich „jüngeren" Volkswirtschaften bieten hier keinen sicheren Ausweg, da die meisten Industrieländer ähnliche Alterungsprobleme haben und Investitionen in wachstumsstarke Entwicklungsregionen mit hohen Risiken behaftet sind. Letztlich basiert auch das Kapitaldeckungsverfahren auf dem Zusammenspiel der Generationen und folgt im Ergebnis der Umlagelogik.

IV. Fazit

Bei der Diskussion der Finanzierung des Sozialstaats helfen simplifizierte Kennziffern wie das Verhältnis von Jung zu Alt nicht weiter. Vielmehr müssen grundsätzliche Verteilungsfragen besprochen werden: Wer soll in welchem Umfang zur Finanzierung der sozialen Sicherungssysteme herangezogen werden? Konkret geht es etwa um die Höhe von Beiträgen und Steuern, deren Bemessungsgrundlagen und Obergrenzen, und die Frage, inwieweit nicht nur Arbeitnehmer, sondern auch Arbeitgeber und andere Einkommensarten zur Finanzierung beitragen. Demografie liefert dafür wichtige Hinweise – etwa über den steigenden Altenquotient, der durchaus eine Herausforderung für Renten- und Pflegesysteme darstellt. Einseitige Analysen auf Basis statischer Bevölkerungsprognosen oder schablonenhafter Generationenbegriffe greifen aber zu kurz und führen zu unterkomplexen Pauschallösungen. Denn es gibt eine Vielzahl von Stellschrauben, um demografisch bedingte Mehrbelastungen abzufedern: von einer breiteren Einbeziehung aller Erwerbstätigen in die Sozialversicherungen über moderat höhere, paritätisch getragene Beitragssätze bis hin zu angepassten Beitragsbemessungsgrenzen. Dieser Fokus auf diese Verteilungsentscheidungen verweist auf die politische Gestaltbarkeit des Sozialstaats – und widerlegt die These vom unvermeidbaren Kollaps durch den demografischen Wandel.

Was ist denn generationengerecht? Eine Näherung an politische Begründungen von Reformen

Peter Hartmann, Rechtsanwalt, Hauptgeschäftsführer der Arbeitsgemeinschaft berufsständischer Versorgungseinrichtungen e. V. (ABV), Berlin

Generationengerechtigkeit ist ein regelmäßiger Diskussionspunkt in den Beratungen der Gremien der von der ABV vertretenen berufsständischen Versorgungseinrichtungen der verkammerten Freien Berufe. Und: Durch die in unserem System vorherrschenden Finanzierungsverfahren könnte sich die Thematik bisweilen anders darstellen als beispielsweise in einem rein umlagefinanzierten Altersvorsorgesystem. Es gibt aber auch manches Verbindende.

Der Beitrag ist aufgeteilt in folgende Bereiche:

I. eine Kurzvorstellung des Systems der berufsständischen Versorgungseinrichtungen der verkammerten Freien Berufe,
II. Überlegungen zum Begriff der Generationengerechtigkeit – wobei dieser Punkt aufgrund des vorhergehenden Fachbeitrags stark verkürzt werden soll –,
III. Überlegungen zur Generationengerechtigkeit in einem kapitalbildenden Altersvorsorgesystem,
IV. Anmerkungen zur Metapher Drei-Körper-Problem der Gesellschaftspolitik sowie
V. der Versuch eines Fazits.

I. Kurzvorstellung Versorgungswerke

Die ABV vertritt die berufsständischen Versorgungseinrichtungen von elf verkammerten Freien Berufen. Damit vertritt sie 91 Anstalten oder Körperschaften des öffentlichen Rechts, die für ihre Teilnehmer oder Mitglieder als Teil der ersten Säule der Alterssicherung die Fundamentalrisiken Alter, Berufsunfähigkeit und Versorgung von Hinterbliebenen absichern. Unsere Einrichtungen tun dieses in echter Selbstverwaltung: Die Organe eines Versorgungswerks werden durch Vertreter des jeweiligen Berufsstandes gebildet. Der Berufsstand entscheidet damit – vorbehaltlich höherrangigen Rechts – im Rahmen seiner Satzungskompetenz eigenverantwortlich über Pflichten und Leistungen der Mitglieder.

Zur groben zahlenmäßigen Orientierung: Die berufsständischen Versorgungseinrichtungen verfügten per Stand vom Jahresultimo 2022 über 1,13 Millionen anwartschaftsberechtigte Mitglieder sowie über 322.000 Rentenempfänger. Die Summe des für die Versorgungsleistungen angesparten Vermögens betrug damals gerundet EUR 271 Milliarden. Die durchschnittliche Altersrente betrug EUR 2.205 monatlich. Heute, fast zwei Jahre später dürften alle Zahlen darüber liegen.

II. Begriff der Generationengerechtigkeit

Der Begriff der Generationengerechtigkeit ist nicht bestimmt, geschweige denn ist er legaldefiniert. Deswegen besteht die Notwendigkeit, ihn sich selbst zu erschließen – auch wenn man weiß, dass das eigene Verständnis aus verschiedenen Gründen von anderen Personen nicht geteilt werden muss.

Die Herstellung vollständiger Generationengerechtigkeit gilt – zu Recht – als unerreichbar. Wie wollte man die Lebensverhältnisse der Nachkriegsgeneration, geprägt von vielfältigen Mangelerscheinungen, aber mit atemberaubenden Aufstiegschancen vergleichen mit denen einer „Generation Golf" mit solidem Wohlstand, aber schwierigen Arbeitsmärkten und einer „Generation Z" vergleichen, die in noch einmal deutlich gestiegenem Wohlstand aufgewachsen, aber nun mit einer Demografie- und Klimakrise konfrontiert ist? Darüber hinaus spielten Faktoren wie Preisniveau, Qualität der Infrastruktur und Steuerbelastung eine Rolle.

In der Alterssicherung wäre es nötig, die Belastungen und die Erträge jeder Generation miteinander in Beziehung zu setzen. Hierfür gibt es in der ersten Säule der Alterssicherung in Deutschland Größen, die als Maßstab dazu dienen können. Dieses ist ein zeitunabhängiger Faktor für die Leistungsbemessung. In der gesetzlichen Rentenversicherung ist dies der Entgeltpunkt. Er hält fest, auf welcher Stufe der Entgeltskala das jeweils individuell erzielte Entgelt eines Jahres lag. Der Wert des Entgeltpunktes, der allgemeine Rentenwert, wird wie die Beitragsbemessungsgrenze mit der Lohnentwicklung fortgeschrieben, sodass über die Jahrzehnte hinweg eine Art Vergleichbarkeit entsteht. Zwar schwankten die Beitragssätze, also der „Preis" für den Entgeltpunkt, doch die Amplitude ist gering. Diese Form von Anteilsgerechtigkeit stellt weitgehende Generationengerechtigkeit sicher, zumindest, solange sich die Parameter nur wenig ändern. Wenn Massenarbeitslosigkeit oder ein säkularer Alterungsprozess die Beitragssätze treiben, wirkt sich das allerdings negativ auf die Generationengerechtigkeit aus. In vielen Versorgungswerken wird übrigens mit ähnlichen Größen gearbeitet.

Anders ist es mit den Leistungen: Wenn sich seit dem Jahr 1960 die Rentenbezugsdauer mehr als verdoppelt hat, profitieren die jüngeren Generationen. Hier Einschnitte vorzunehmen, etwa die Regelaltersgrenze anzuheben oder das Rentenniveau zurückzufahren, also den Abstand zu den Löhnen und Gehältern der aktiven Generation, die den längeren Rentenbezug finanzieren müssen, zu vergrößern, erscheint aus meiner Sicht generationengerecht.

In diesem Sinne möchte ich mich an folgendem Verständnis von Generationengerechtigkeit bei einer Altersvorsorgeeinrichtung orientieren:

Eine Altersvorsorgeeinrichtung handelt dann generationengerecht, sofern sie die Bedürfnisse ihrer Leistungsempfänger auf eine Weise erfüllt, durch welche unter verständiger Würdigung der künftigen Entwicklung gewährleistet wird, dass die entsprechenden Bedürfnisse der aktuellen und der künftigen Beitragszahler nicht nur unter erheblichen zusätzlichen Beschwernissen oder überhaupt nicht erfüllt werden können.

III. Generationengerechtigkeit bei einem kapitalbildenden System

Anknüpfend an die kurze Beschreibung des Systems der berufsständischen Versorgung bedarf es zur Fundierung weitergehender Überlegungen zur Generationengerechtigkeit einer Darstellung, wie sich Versorgungswerke finanzieren.

Berufsständische Versorgungseinrichtungen der verkammerten Freien Berufe haben kein einheitliches Finanzierungsverfahren. Vielmehr gibt es zwei Finanzierungsverfahren, die allerdings für jedes Versorgungswerk im Detail unterschiedlich ausgestaltet sein können. Zu differenzieren ist zwischen der modifizierten Anwartschaftsdeckung und dem offenen Deckungsplanverfahren, welches von der überwiegenden Mehrheit der Versorgungswerke praktiziert wird.

Das modifizierte Anwartschaftsdeckungsverfahren ist ein System mit vollständiger Kapitalisierung, das offene Deckungsplanverfahren ist hingegen nicht vollständig kapitalisiert, sondern „kapitalbildend". In seine versicherungsmathematische Bilanz geht neben dem Barwert der bereits geleisteten Beiträge auch der Barwert eines Teils der zu erwartenden Beiträge künftiger Mitglieder ein. Das offene Deckungsplanverfahren funktioniert nur mit bestehendem Kapitalstock und mit ewigem Zugang neuer Mitglieder. Schneidet man den Zugang ab, können die Leistungen nicht mehr in voller Höhe bedient werden. Da die Zusagen der Leistungen Eigentums- oder Vertrauensschutz genießen, wäre etwa ein Gesetzgeber, der den Zugang beschnitte, ausgleichspflichtig.

Bei dem offenen Deckungsplanverfahren handelt es sich damit um eine Art Mischfinanzierung aus Kapitaldeckung und Umlage mit zwischen den Versorgungswerken variierenden Anteilen. Man darf sich seine Funktionsweise allerdings nicht so vorstellen, dass es eine „Säule Umlage" und eine „Säule Kapital" gibt, die jeweils einen Anteil der Leistungen finanzieren, sondern es handelt sich vielmehr um eine gemeinsame Finanzierung der Leistungszusagen.

Die Handlungsoptionen des Umlagesystems sind dabei im Übrigen vollständig vorhanden. Versorgungswerke können theoretisch allein durch Anhebung oder umfangreichere Auskehrungen der monatlichen Beiträge ihre Leistungen erhöhen. Ohne solche theoretischen (!) Änderungen nähren sich Versorgungswerke allerdings wesentlich aus den Kapitalerträgen ihres Kapitalstocks.

1. Bedeutung des Deckungsstockes

Fragen der Generationengerechtigkeit stellen sich bei teilweiser oder vollständiger Kapitalbedeckung der in Aussicht gestellten Anwartschaft. Denn Versorgungswerke arbeiten mit einem gemeinsamen Deckungsstock und verwalten für ihre Mitglieder ein gemeinsames Vermögen.

a) Gemeinsame Gewinnverwendung

Daraus folgt in der Regel eine einheitliche Gewinnverwendung. Dieses führt bei einem über den Zeitlauf hinweg unverändert operierenden Versorgungswerk dazu, dass alle Mitglieder jeweils gemäß ihres Finanzierungsanteil auf gleiche Weise an dem Kapitalertrag partizipieren (kollektive Äquivalenz).

Dadurch kommt es zu einem gewissen internen Transfer: Jemand, dessen Euro in einer Zeit niedriger Verzinsung eingezahlt und angelegt wird, partizipiert genauso an dem Gesamtertrag des gesamten Anlagevermögens, wie jemand, dessen Euro in einer Zeit höherer Kapitalverzinsung eingezahlt und angelegt wird. Zudem kann sich die Höhe des Kapitalertrags aus diesem Euro durch Schwankungen in dem Ertrag der damit gemachten Kapitalanlage oder aufgrund von Ertragsänderungen durch Wiederanlage über die Laufzeit hinweg ändern.

Bisher besteht Einigkeit darüber, dass sich dieser Transfer über die Jahrzehnte der Mitgliedschaft – die Jahre der Einzahlung bis zur Rente und die Jahre der Auszahlung, in der die Summe der geleisteten Beiträge sukzessive aufgebraucht wird, aber währenddessen weiterhin angelegt bleibt – im Wesentlichen ausgleicht. Dieses ist ein wichtiges Element von Generationengerechtigkeit im Versorgungswerk. Schwankungen des Zinsniveaus im Zeitablauf haben nichts mit persönlichen Leistungen oder Beiträgen zum Deckungsstock zu tun. Daher wird durch die Ausblendung von Kapitalmarktschwankungen eine weitgehende Gleichbehandlung der Generationen erreicht.

b) Einheitliche Verrentung

Einen größeren Effekt hat hingegen die Dauer der Anlagemöglichkeit des eingezahlten Beitrags für das Versorgungswerk: Wer einen Euro zu Beginn seiner Mitgliedschaft einzahlt, bietet dem Versichertenkollektiv die Möglichkeit, diesen Betrag über Jahrzehnte hinweg anzulegen und den Zinseszins wirken zu lassen. Wer hingegen einen Euro mit dem letzten Beitrag vor Renteneintritt einzahlt, reduziert die mögliche Anlagedauer in relevanter Weise.

Ursprünglich war gleichwohl die einheitliche Verrentung aller gezahlten Beiträge unter den Versorgungswerken gemeinhin üblich. Dieses ist nachvollziehbar, denn im Regelfall traten alle Angehörigen des Freien Berufes mehr oder minder in demselben Alter in das Versorgungswerk ein und blieben ungefähr bis zu demselben Alter aktives Mitglied. Damit gleicht sich der beschriebene Effekt über die Jahre hinweg aus: Für den „frühen“ Euro gab es rechnerisch zu wenig, für den „späten“ Euro zu viel Rente.

c) Eintritts- oder altersabhängige Verrentung von Beiträgen

Mittlerweile arbeiten heute weniger Menschen ihr gesamtes Berufsleben in demselben Kammerbereich, durch den die Mitgliedschaft zum Versorgungswerk bestimmt wird. Aufgrund dessen werden von Versorgungswerken größere Gruppen an Mitgliedern beobachtet, die allein in „frühen“ Jahren oder allein in „späten“ Jahren Mitglied des jeweiligen Versorgungswerks sind. Deswegen sind verschiedene Versorgungswerke dazu übergegangen, die Beiträge gestaffelt nach Lebensalter des Mitglieds bei Eintritt in das Versorgungswerk oder gestaffelt nach Lebensalter des Mitglieds im Zeitpunkt der Zahlung des Beitrags differenziert rentenwirksam werden zu lassen.

Dieses reduziert den durch die gemeinsame Gewinnverwendung entstehenden Transfer und verteilt stattdessen stärker verursachungsgerecht.

Eine Folge ist weiterhin, dass negative wie positive Auswirkungen der Migration von Mitgliedern zwischen den Kammerbereichen auf die persönliche Verrentung der Beiträge begrenzt werden. Damit dient die Staffelung ebenfalls einer Generationengerechtigkeit, da die Zu- und Wegzüge junger und älterer Mitglieder unter den Versorgungswerken nicht absolut gleich verteilt sind. Versorgungswerke, in denen zunehmend junge Mitglieder ab- und/oder ältere Mitglieder zuwandern, würden eine im Zeitablauf abnehmende Rendite erwirtschaften, weil der ertragsbringende Zinseszinseffekt sich weniger auswirkte.

2. Bedeutung der Lebenserwartung

Versorgungswerke allgemein haben die Lebenserwartung ihrer Mitglieder bereits heute auch für künftige Generationen ausfinanziert. Sie arbeiten mit empirisch erhobenen versicherungsmathematischen Tabellen, die die biometrischen Merkmale jedes einzelnen Berufsstandes viel genauer berücksichtigen als die allgemeinen versicherungsmathematischen „Sterbetafeln", mit denen die Privat- und Sozialversicherungen arbeiten. Bereits im Jahr 2006 wurden diese berufsständischen Richttafeln, die für die Berechnung des Finanzierungsbedarfs der Deckungsrückstellung maßgeblich sind, in sogenannte Generationentafeln transformiert.

Dabei zeigten sich mehrere Effekte: Zum einen belegten die ihrer Berechnung zugrunde liegenden Echt-Daten der Versorgungswerke, dass die durchschnittliche Lebenserwartung der berufsständisch versorgten Angehörigen der verkammerten Freien Berufe rund vier Jahre oberhalb der durchschnittlichen Lebenserwartung der Gesamtbevölkerung liegt. Zum anderen ergab sich, dass auch in längerfristiger Zukunft mit einer weiteren Zunahme der Lebenserwartung der Mitglieder gerechnet werden muss.

Die entsprechenden Annahmen werden laufend von dem Versicherungsmathematiker der Versorgungseinrichtung auf ihre Richtigkeit vor Ort hin überprüft. Jedes Versorgungswerk hat mindestens einen Versicherungsmathematiker, der jährlich ein Fachgutachten erstellt.

Am Rande sei darauf hingewiesen, dass selbst unter Einbeziehung der Übersterblichkeit aufgrund der Covid-19-Pandemie von den Versorgungseinrichtungen nicht von einer Durchbrechung dieses Trends ausgegangen wird. Denn aktuell beobachten diese eine leichte Untersterblichkeit, durch die es eventuell mittelfristig zu einem Ausgleich der Wirkungen kommt.

Wichtiger ist an dieser Stelle, dass die Generationentafeln die Lebenserwartung einer jeden Generation – hier verstanden als Versichertenpopulation eines Geburtsjahrs – einzeln berücksichtigt und dementsprechend

Gelder auf der Passivseite der versicherungsmathematischen Bilanz reserviert. Somit sorgt jeder Jahrgang für seine eigene prospektive Lebenserwartung vor.

3. Schwerpunkt Leistungsgerechtigkeit

Bei den Versorgungswerken wird der Schwerpunkt auf die Leistungsgerechtigkeit gelegt. Bei diesen gilt das versicherungstechnische Äquivalenzprinzip streng. Mit anderen Worten, wer höhere Beiträge zahlt, erhält eine dementsprechend höhere Rente, wer länger Beiträge einzahlt genauso.

Bezüglich einer Beitrags- und Belastungsgerechtigkeit ist festzuhalten, dass eine Entscheidung über diese den Versorgungswerken entzogen ist. Dadurch, dass der Bundesgesetzgeber als eine der Voraussetzungen zur Befreiung eines angestellt tätigen Mitglieds von der Pflichtmitgliedschaft in der gesetzlichen Rentenversicherung die Zahlung mindestens gleicher Beiträge vorsieht, erheben die Versorgungswerke zumindest bei den Betroffenen ebendiese Beiträge. Steigen diese, dann steigen die Pflichtbeiträge zum Versorgungswerk in gleicher Weise – im Übrigen auch dann, wenn dieses aus der Systematik des Versorgungswerks nicht erforderlich wäre. Ein Ausgleich kann es dann lediglich durch eine Dynamisierung der Anwartschaft gewähren, die allerdings aufgrund der üblicherweise gemeinsamen Gewinnverwendung allen zugutekommt.

Der Verteilungsgerechtigkeit wird in der Möglichkeit zur gleichen Teilhabe an den Versorgungsleistungen entsprochen. Allen Mitgliedern stehen die Leistungen grundsätzlich in gleicher Weise zu.

Die Bedarfsgerechtigkeit wird seitens der Versorgungswerke als Teil der Eigenverantwortung betrachtet, die vermutlich bei den Angehörigen der Freien Berufe besonders ausgeprägt ist. Auch sehen die Versorgungswerke ihre Rolle allein als Teil der Renten-Grundversorgung. Wer individuelle Bedürfnisse hat, die über diese hinausgehen, soll und muss in eigener Initiative tätig werden und sich ergänzenden Schutz suchen.

IV. Metapher Drei-Körper-Problem

Innerhalb der Abteilung SGB VI des 9. Deutschen Sozialgerichtstag wird das Thema Generationengerechtigkeit bisweilen anhand der Metapher eines Drei-Körper-Problems bezeichnet. Damit stellt sich die Frage, auf welche drei Körper sich das gesellschaftliche Thema der Generationengerechtigkeit bezieht? Eine Möglichkeit ist, die drei Körper zu verstehen als die drei aufeinanderfolgenden Generationen im sogenannten Generationenvertrag.

Die Erkenntnis des Drei-Körper-Problems der Himmelsmechanik, nämlich dass im Falle von drei Himmelskörpern eine Vorhersagbarkeit deren weiterer Bewegung nicht möglich ist, weil diese grundsätzlich chaotisch verläuft und sie deswegen nicht analytisch, sondern allein numerisch berechnet werden kann, erscheint auf den Themenkomplex der Alterssicherung nur bedingt übertragbar: Zumindest relativiert sich die Unklarheit der Entwicklung; sie ist für einige Bereiche – insbesondere für die weitere Entwicklung der Lebenserwartung und für die sonstige demografische Entwicklung – nach allen Erfahrungen, welche die berufsständischen Versorgungswerke in den letzten 101 Jahren gemacht haben, sehr belastbar vorhersagbar.

Eine Möglichkeit ist, die drei Körper zu verstehen als die drei aufeinanderfolgenden Generationen im sogenannten Generationenvertrag. Mit diesem Bild wird beschrieben, dass die jeweils erwerbstätige mittlere Generation mit ihren Beiträgen die Rentenansprüche erfüllt, die die alte rentenbeziehende Generation in ihrer Erwerbsphase aufgebaut hat, während sie gleichzeitig die junge Generation aufzieht, die einmal ihre eigenen Ansprüche erfüllen soll. Das Problem: Der Generationenvertrag beschreibt die Verhältnisse im Umlageverfahren.

In kapitalgedeckten oder kapitalbildenden Systemen wie den berufsständischen Versorgungseinrichtungen der verkammerten Freien Berufe stimmt dieses Bild nicht. Die Rentenansprüche werden aus dem Deckungsstock, zu dessen Aufbau die berufstätigen Mitglieder beigetragen haben, bedient. Gänzlich unabhängig von der Generationenabfolge sind die Versorgungswerke jedoch nicht; auf die Ausführungen zum ewigen Zugang sei verwiesen. Auch die Kapitaldeckung benötigt eine nachwachsende Generation, die die Kapitalien der Versorgungswerke als Kredite aufnimmt und verzinst zurückzahlt, in den Unternehmen arbeitet und deren Produkte kauft, in die Versorgungswerke investiert sind. Allerdings sind die Versorgungswerke und andere kapitalgedeckte Alterssicherungs-Einrichtungen nicht auf die nachwachsende Generation eines nationalen Wirtschaftsgebietes angewiesen, da sie in Wirtschaftsräumen investieren können, die demografisch besser aufgestellt sind. Das sogenannte Mackenroth-Theorem, das jeglicher Sozialaufwand eines Jahres immer nur aus dem Wirtschaftsergebnis desselben Jahres finanzierte werden kann, trifft evidenterweise nicht zu: Kapitalgedeckte Systeme können ausländische Wertschöpfung importieren. Zwar können auch Umlagesysteme von Zuwanderung profitieren. Aber sie haben das Problem, dass Arbeitskräfte deutlich weniger mobil sind als Kapital und zudem ein harter internationaler Wettbewerb um produktive Mitarbeiter besteht. Zudem würden aus dem Ausland zuwandernde Beitragszahler Rentenansprüche erwerben, die dann später ins Ausland abflössen.

Das größte intergenerationelle Problem des deutschen Sozialstaats, die drohende Überforderung einer schwächer besetzten jungen Generation durch die Sozialversicherungsansprüche der älteren Generation, kommt in der berufsständischen Versorgung nicht vor. Diese sogenannte implizite Verschuldung übersteigt die explizite, im Bundeshaushalt ausgewiesene Verschuldung um ein Mehrfaches. Da die gesetzliche Rentenversicherung aber auch durch die Kopplung des allgemeinen Bundeszuschusses an den Beitragssatz und die Lohnentwicklung (§ 213 Abs. 2 SGB VI) und des Erhöhungsbetrages zum zusätzlichen Bundeszuschuss (§ 213 Abs. 4 SGB VI) an die Lohnentwicklung trägt diese auch zur Steigerung der expliziten Verschuldung bei, soweit nicht die Mehrausgaben durch entsprechende Einsparungen an anderer Stelle oder Mehreinnahmen gedeckt sind.

Durch die berufsständische Versorgung hingegen wird weder die explizite noch die implizite Verschuldung gesteigert. Sie leistet damit einen Beitrag zur Generationengerechtigkeit innerhalb der Gesellschaft.

1. Vorhersehbarkeit künftiger Entwicklungen

Einzugestehen ist durchaus, dass eine demografische Entwicklung, besonders auf längere Sicht, nicht präzise vorhergesagt werden kann. Die Übersterblichkeit der Covid-19-Pandemie hat niemand vorhersehen können, auch wenn abstrakt das Risiko von Pandemien und anderen Katastrophen durchaus vorhergesehen, wenn auch nur schwerlich berechnet wird. Auch die künftige Entwicklung der Geburtenrate lässt sich vielleicht nicht genau vorhersagen. Bevölkerungsvorausberechnungen lieferten für relativ lange Zeiträume recht verlässliche Ergebnisse, vor allem bezüglich der zukünftigen Altersstruktur der Wohnbevölkerung, sodass Mitglied des Sachverständigenrates für die gesamtgesellschaftliche Entwicklung, Professor Dr. Martin Werding[1]. Grund dafür sei, dass ein Großteil der Bevölkerung des Jahres 2035 und selbst ein erheblicher Anteil der Bevölkerung des Jahres 2050 bereits heute in Deutschland lebten und im Zeitablauf lediglich in leicht nachvollziehbarer Weise altere. In realistischem Umfang variierende

1 Die Entwicklung der Sozialversicherungsbeiträge bis 2080: Ein Update. Hintergrundmaterial für die ZDF-Dokumentation „Die Wahrheit über unsere Rente", S. 6. https://www.sowi.ruhr-uni-bochum.de/mam/oekonomik/werding_svbeitraege_update2025.pdf.

zukünftige Geburtenziffern und Sterbewahrscheinlichkeiten machten für die Altersstruktur erst längerfristig einen größeren Unterschied. Variierende Wanderungssalden könnten zwar die Größe der Wohnbevölkerung relativ rasch beeinflussen. Ihre Effekte für die langfristige Entwicklung der Altersstruktur der Bevölkerung seien aber weniger stark, da auch zugewanderte Personen mit der Zeit alterten.

Mit anderen Worten: Die relevanten Linien der demografischen Entwicklung sind verlässlich vorgeprägt. Und diese Linien gilt es ehrlich zu benennen.

Dem Risiko des wirtschaftlichen Ertrages der von den Versorgungswerken getätigten Kapitalanlagen wird im Wesentlichen im Wege eines verobjektivierten Ausleseprozesses und im Weiteren der Mischung und Streuung begegnet. Zu diesem Zweck befolgen Versorgungswerke auf langjährigen Erfahrungen gründende Anlagevorschriften und befolgen fortwährend ein differenziertes Risikomanagement. Dabei nutzen die Versorgungswerke die aktuellen Techniken zur Risikoanalyse und -bewertung und halten entsprechende Reserven vor.

Trotzdem sind Verluste einzelner Investments nicht nur nicht ausgeschlossen, sondern sind nolens volens implizit in Kauf zu nehmen. Das schließt das Risiko einzelner „schlechter Jahre“ mit ein. Längerfristig, das zeigen alle einschlägigen Statistiken, überwiegen die Erträge die Verluste. Volkswirtschaftlich rentiert der Faktor Kapital immer höher als der Faktor Arbeit.

Gleichwohl führen langfristige Entwicklungen – als Beispiel sei die lange Niedrig- und zuletzt Negativzinsphase mit einem anschließenden sprunghaften Anstieg der Inflation genannt – zu einem Anpassungsbedarf, der insbesondere bezüglich seines Zeitpunktes nicht vorhergesehen werden konnte und wohl auch in Zukunft nicht vorhergesagt werden kann.

Im Hinblick auf das Thema Generationengerechtigkeit ist hier interessant, dass Kapitaldeckung zur Stärkung des volkswirtschaftlichen Kapitalstocks beiträgt. Dies trifft insbesondere auf die Bereitstellung von Risikokapital zu, mit dem Innovationen angestoßen werden können. Allerdings ist hier, nomen est omen, das Ausfallrisiko besonders groß. Institutionelle Anleger wie die Versorgungswerke der Freien Berufe haben in erster Linie einen Sicherstellungsauftrag für die Alterssicherung ihrer Mitglieder. Sie werden daher in diesem Anlagesegment immer nur sehr zurückhaltend tätig werden können. Die Versorgungswerke begrüßen aber die WIN-Initiative der Bundesregierung („Wachstums- und Innovationskapital für Deutschland“) und hoffen auf eine Fortführung nach der Bundestagswahl vom 23. Februar 2025. Die noch vor der Bundestagswahl erfolgte Reform der Anlageverordnung war hierzu ein für die Versorgungswerke wichtiger Schritt.

2. Notwendigkeit zu fortwährender Überprüfung und Anpassung

Dessen ungeachtet besteht auch bei Versorgungswerken immer wieder die Notwendigkeit zu Anpassungen.

Festgestellt wird diese Notwendigkeit zum einen Teil bei der Analyse des jeweils jährlich erstellten versicherungsmathematischen Gutachtens, welches der Aktuar eines Versorgungswerks erstellt, dessen Exekutivorgan und dessen Aufsichtsgremium zur Annahme, Vertreter- oder Kammerversammlung zur Kenntnisnahme vorstellt und schließlich der Versicherungsaufsichtsbehörde zur Genehmigung vorlegt. Zum anderen Teil ergibt sich ein Anpassungsbedürfnis daraus, dass Versorgungswerke nicht nur einen versorgungspolitischen, sondern auch berufspolitischen Auftrag verfolgen, welcher die Leistungsfähigkeit des jeweiligen Freien Berufs sichern helfen soll.

Günstig beeinflusst wird die Anpassungsfähigkeit der Versorgungswerke dadurch, dass sich die Versorgungswerke tatsächlich auf ihre eigentliche Aufgabe konzentrieren können. Die Anweisung zur Übernahme versorgungsferner Aufgaben erfolgt zumindest bislang nicht.

Wenn ein Anpassungsbedarf gesehen wird, dann wird dieser diskutiert und in aller Regel schnell entschieden. Offensichtlich geschieht diese Anpassung leichter als bei Sozialversicherungen – und das oder vielleicht gerade aufgrund einer sehr direkten Beteiligung ihrer Mitglieder am Entscheidungsprozess, der sie selbst betrifft. Folge ist, dass es in aller Regel nicht zu großen Reformen, sondern zu regelmäßigen kleineren Anpassungen, die in aller Regel von einer breiten Mehrheit der Vertreter der Mitglieder getragen werden.

3. Vertrauen durch Ehrlichkeit

Von zentraler Bedeutung für die breite Akzeptanz einer Anpassung ist allerdings auch eine glaubwürdige Vermittlung der Zusammenhänge, der Notwendigkeiten sowie der Zweckmäßigkeit der Anpassung. Dieses scheint den Versorgungswerken summa summarum in den zurückliegenden Jahrzehnten gelungen zu sein. Nicht ohne Grund ist die Akzeptanz der Institution Versorgungswerk bei der weit überwiegenden Zahl ihrer Mitglieder oder Teilnehmer groß.

Hilfreich ist dabei die echte Selbstverwaltung, denn Versorgungswerke sind Einrichtungen des jeweiligen Berufsstandes für seine Mitglieder. Deren demokratischer Legitimierungsgrad ist durch die flachen Strukturen sehr hoch.

V. Versuch eines Fazits

Die vorstehenden Überlegungen können wie folgt zusammengefasst werden:

Bereits der Begriff Generationengerechtigkeit wird uneinheitlich verstanden. Gemeinsam ist lediglich, dass mit ihm eine generationenübergreifende Gerechtigkeit gemeint ist. Uneinheitlich sind allerdings der Begriff der Generation und der Begriff der Gerechtigkeit.

In kapitalbildenden Vorsorgesystemen stellen sich ebenfalls Gerechtigkeitsfragen. Neben denjenigen, welche umlagefinanzierte Systeme auch kennen, sind dieses insbesondere Fragen nach einer gerechten Gewinnverwendung und nach der fairen Rentenwirksamkeit der Beiträge.

Die Gerechtigkeitsfragen aus der Längerlebigkeit der Mitglieder stellen sich bei kapitalbildenden Vorsorgesystemen weitaus weniger, denn diese sind durch Einführung und Umsetzung sogenannter Generationentafeln bereits heute ausfinanziert. Gerechtigkeitsfragen aus dem ungünstiger werdenden Verhältnis von Beitragszahlern und Leistungsempfängern werden durch die Kapitalbildung erheblich abgemildert.

Nicht zuletzt deswegen erscheint es nachvollziehbar, das für manche Entwicklungen besonders empfindliche Umlagesystem um einen Kapitalsockel zu erweitern. Neben den schwierigen Fragen nach dessen Finanzierung und noch mehr nach dessen Wirkungsmacht in den nächsten Jahrzehnten darf dieses aber nicht darüber hinwegtäuschen, dass damit nicht sämtliche Fragen zur Generationengerechtigkeit beantwortet sind.

Das Bedeutendste erscheint dem Verfasser allerdings, dass die Betroffenen auf diese politischen Wegentscheidungen langfristig vertrauen können müssen. Hierin dürfte politisch die größte Herausforderung in der Rentenpolitik zu sehen sein.

Kommission SGB VII

Leitung: Dr. Oliver Schur, Richter am LSG Niedersachsen-Bremen, Celle

Aktuelle Herausforderungen des Berufskrankheitenrechts[1]

Torsten Schmid-Schauerte, Ass. jur. und LL. M., Leiter des Referates Gesetzliche Unfallversicherung, BMAS, Berlin

I. Die Unfallversicherung – ein gut funktionierender Sozialversicherungszweig mit Tradition

Die Lebens- und Arbeitswelt ist in einem stetigen Wandel. Daher ergeben sich auch im Unfallversicherungsrecht immer wieder neue Fragestellungen. Dennoch hat sich das Unfallversicherungsrecht seit seiner Einführung 1884 vergleichsweise wenig verändert. Während andere Zweige der Sozialversicherung umfassend reformiert wurden, blieb das Unfallversicherungsrecht in weiten Teilen bestehen. Dies gilt auch für die rechtliche Grundlage des Berufskrankheitenrechts (BK-Recht), welche 1911 verabschiedet wurden.[2] Vor 100 Jahren, am 12.5.1925, wurde auf dieser Basis die erste Berufskrankheiten-Verordnung (BKV) erlassen.[3]

Trotz dieser langen Geschichte findet die gesetzliche Unfallversicherung in aktuellen politischen Diskussionen kaum Beachtung. Im Mittelpunkt stehen stattdessen Diskussionen über eine Neuausrichtung des Bürgergelds, Reformen der gesetzlichen Kranken- und Pflegeversicherung sowie die Zukunft der gesetzlichen Rentenversicherung.

Insgesamt kann man den Eindruck gewinnen, dass das System der gesetzlichen Unfallversicherung gut funktioniert. Häufig lassen sich durch konsequente Auslegung der bestehenden rechtlichen Normen passende Antworten auf aktuelle Fragen finden. Diese Aufgabe liegt regelmäßig zunächst bei den Unfallversicherungsträgern und im Streitfalle auch bei den Gerichten. Die gesetzlichen Normen können und sollen nicht jede erdenkliche Fallgestaltung konkret regeln. Bestreben des Gesetzgebers ist es vielmehr, eine der Zielsetzung der gesetzlichen Unfallversicherung entsprechende angemessene und für die Praxis handhabbare Basis zu schaffen. Um eventuelle Schutzlücken oder Klarstellungsbedarf zu identifizieren, verfolgt das Bundesministerium für Arbeit und Soziales (BMAS) sehr aufmerk-

1 Bei dem Text handelt es sich um eine im Frühjahr 2025 überarbeitete und aktualisierte Fassung des Vortrages vom 7.11.2024.

2 RGBl. I 1911, S. 509.

3 RGBl. I 1925, S. 69.

sam die aktuellen Herausforderungen der Praxis, die Diskussionen in der Fachwelt und nicht zuletzt die Rechtsprechung. Dies hat sich in den vergangenen Jahrzehnten bewährt.

II. Eine veränderte Lebens- und Arbeitswelt führt zu Weiterentwicklungsbedarf

Die Bundesregierung aus SPD, Grünen und FDP hat auf Basis eines Referentenentwurfs des BMAS[4] Ende August 2024 den Entwurf eines Gesetzes zur Weiterentwicklung der gesetzlichen Unfallversicherung beschlossen.[5] Mit den darin vorgesehenen Anpassungen hat sie auf eine veränderte Lebens- und Arbeitswelt reagiert. Auch wenn durch den Bruch der Ampelkoalition das Gesetzgebungsverfahren nicht mehr abgeschlossen werden konnte, werden die Inhalte auch in der neuen Legislatur zu erörtern sein.

Dieser Gesetzentwurf enthielt allerdings keine Änderungen im Bereich des BK-Rechts. Eine inhaltliche Fortentwicklung des BK-Rechts erfolgte zuletzt 2020 mit dem Siebten Gesetz zur Änderung des Vierten Buches Sozialgesetzbuch und anderer Gesetze vom 12.6.2020 (7. SGB IV-ÄndG)[6]. Daneben wurde Anfang 2025 mit der 6. Verordnung zur Änderung der Berufskrankheiten-Verordnung eine rechtliche Klarstellung der Bedeutung von Beschlüssen des Ärztlichen Sachverständigenbeirates Berufskrankheiten (ÄSVB) vorgenommen. [7]

III. Herausforderungen im BK-Recht

Die neue Legislatur bietet nunmehr die Chance, erneut über eine Weiterentwicklung des BK-Rechts nachzudenken. So haben sich in den letzten Jahren auch in diesem Gebiet Herausforderungen und Fragestellungen ergeben, die in der Fachwelt diskutiert werden.

---

4 https://www.bmas.de/SharedDocs/Downloads/DE/Gesetze/Referentenentwuerfe/ref-gesetz-zur-weiterentwicklung-der-gesetzlichen-unfallversicherung.pdf?__blob=publicationFile&v=2; Abrufdatum: 8.3.2025.

5 https://www.bmas.de/SharedDocs/Downloads/DE/Gesetze/Regierungsentwuerfe/reg-gesetzes-weiterentwicklug-gesetzliche-unfallversicherung.pdf?__blob=publicationFile&v=1; Abrufdatum: 8.3.2025.

6 BGBl. I 2020, S. 1248/1265 ff.

7 BGBl. I 2025 Nr. 50.

1. Covid-19 als Versicherungsfall in der gesetzlichen Unfallversicherung

Zuerst sind die großen Herausforderungen für die Praxis durch die Corona-Pandemie zu nennen. Da diese bereits ausführlich auf dem 8. Deutschen Sozialgerichtstag erörtert wurden[8], soll hier das Thema nicht erneut vertieft behandelt werden. Hier ist das BK-Recht mit der BK 3101 (Schutz bei Infektionskrankheiten) gut aufgestellt. Dies zeigt sich deutlich in den Anerkennungszahlen: Seit Beginn der Pandemie bis zum 31.12.2024 wurden 362.757 Fälle als Berufskrankheiten anerkannt.[9]

2. Posttraumatische Belastungsstörung bei Rettungssanitätern

Ein weiteres bedeutendes Thema ist das Urteil des BSG zur Post-Traumatischen Belastungsstörung (PTBS) bei Rettungssanitätern.[10] Dieses hat intensive Diskussionen ausgelöst. Dabei geht es nicht nur um die Anerkennung der PTBS als Berufskrankheit (BK), sondern es werden durch das Urteil auch ganz grundsätzliche Fragen aufgeworfen.

So stellt Dr. Andreas Kranig in seinem Aufsatz „Berufskrankheiten ohne Epidemiologie?“[11] anlässlich dieses Urteils die Frage, ob epidemiologische Erkenntnisse zur Überhäufigkeit von Erkrankungen in den betroffenen Personengruppen überhaupt noch erforderlich sind.

In einem Aufsatz zum gleichen Urteil stellen Prof. Dr. Hermann Butzer und Tim Knapp fest, dass das BSG das in der unfallversicherungsrechtlichen Praxis angewandte Kriterium der sogenannten Risikoverdopplung zuerst „zurechtstutze“ und sich dann sogar ganz davon „verabschiede“.[12]

3. Wissenschaftliche Empfehlung „Parkinson-Syndrom durch Pestizide“

Hinzu kommt schließlich die auch in der Öffentlichkeit geführte Diskussion über die wissenschaftliche Empfehlung des ÄSVB, eine BK „Parkinson-

---

8 Vgl. Kommissionsbericht sowie Beiträge von Prof. Dr. Stephan Brandenburg sowie Frau Richterin am BSG Dr. Bettina Karl in: Dt. Sozialgerichtstag (Hrsg.), *Sozialstaat in der Schieflage – bleibt die Solidarität auf der Strecke?,* 2024, S. 129–193.

9 Quelle: DGUV-Statistik, https://www.dguv.de/medien/inhalt/mediencenter/hintergrund/covid/dguv_zahlen_covid.pdf; Abrufdatum 1.3.2025

10 BSG, Urt. v. 22.6.2023 – B 2 U 11/20 R.

11 Kranig, NZS 18/2024, S. 689–700.

12 Butzer/Knapp, SGb 03/24, S. 131 ff./134.

Syndrom durch Pestizide" in die Berufskrankheitenliste (BK-Liste) aufzunehmen.

Der ÄSVB hat nach zwölf Jahren Beratung in einer 83-seitigen wissenschaftlich begründeten Empfehlung dargelegt, dass nach seiner Auffassung ein Zusammenhang zwischen der Ausbringung von Pflanzenschutzmitteln, den sogenannten Pestiziden, und einer Erkrankung am Parkinson-Syndrom gegeben ist.[13]

In den Jahren zuvor wurde das BMAS wiederholt gefragt, warum Parkinson durch Pestizide in Deutschland nicht schon längst als BK anerkannt wurde. Verwiesen wurde insbesondere auf Frankreich und Italien, wo eine Anerkennung bereits erfolgen könne. Nach der Veröffentlichung auf der Internetseite des BMAS am 20.3.2024 war somit in der Presse zu lesen:

„Parkinson-Krankheit endlich als pestizidbedingte Berufskrankheit anerkannt"[14] *oder „Es ist gut und richtig, dass Parkinson, ausgelöst durch den Umgang mit Pestiziden, nun endlich als Berufskrankheit anerkannt ist".*[15]

Im ersten Moment überraschend erscheint da die Reaktion des Deutschen Bauernverbandes. Dieser erklärte gegenüber der Badischen Bauernzeitung, dass es „bislang keine hinreichenden Nachweise für einen kausalen Zusammenhang zwischen der Exposition gegenüber den in Deutschland zugelassenen Pflanzenschutzmitteln und einem erhöhten Risiko, an Parkinson zu erkranken, gebe".[16]

Die stellvertretende Vorsitzende des ÄSVB, Professorin Rieger, sagte zu diesem Thema: „Für mich ist das eine neue Erfahrung, dass eine Berufsgruppe, deren Unfallversicherungsschutz verbessert werden soll, eine solche Verbesserung nicht begrüßt."[17]

Ein wesentlicher Grund dürfte darin liegen, dass durch die Anerkennung Leistungspflichten und damit Kosten ausgelöst werden. Diese müssen im Bereich der Landwirtschaft von den Landwirten selbst finanziert werden. Hier besteht also ganz konkret die Befürchtung, dass die Anerkennung

---

13 ÄSVB: Empfehlung für neue Berufskrankheit „Parkinson-Syndrom durch Pestizide". https://www.bmas.de/SharedDocs/Downloads/DE/Soziales/Unfallversicherung/empfehlung-parkinson-durch-pestizide.pdf?__blob=publicationFile&v=3.

14 https://pan-germany.org/pestizide/parkinson-krankheit-endlich-als-pestizidbedingte-berufs krankheit-anerkannt/; Abrufdatum: 8.3.2025

15 https://www.agrarheute.com/management/recht/fuer-landwirte-parkinson-pestizide-berufs krankheit-618324; Abrufdatum: 8.3.2025.

16 Zitiert nach: https://www.bauernstimme.de/news/details/was-ist-bauerngesundheit-wert; Abrufdatum: 8.3.2025.

17 https://www.bauernstimme.de/news/details/was-ist-bauerngesundheit-wert; Abrufdatum: 8.3.2025.

der auch in der Gesamtbevölkerung verbreiteten Parkinsonerkrankung als BK zu einer Kostenexplosion, insbesondere bei dem für die Landwirtschaft zuständigen Unfallversicherungsträger, der Sozialversicherung für Landwirtschaft Forsten und Gartenbau (SVLFG), führt.

Parkinson ist damit insgesamt ein gutes Beispiel für die Zielkonflikte, die im BK-Recht häufig auftreten. Einerseits gilt es, beruflich verursachte Krankheiten angemessen zu entschädigen. Andererseits muss das Recht den anspruchsberechtigten Personenkreis klar bestimmen, um für die Praxis rechtssicher und handhabbar zu sein.

Kritik wird aber nicht nur an der Einschätzung geübt, ob es überhaupt einen Zusammenhang zwischen einer Parkinson-Erkrankung und dem Umgang mit Pestiziden gibt. Darüber hinaus werden auch Zweifel geäußert, ob die Voraussetzungen, die in der wissenschaftlichen Empfehlung aufgeführt sind, zutreffen.

Vor diesem Hintergrund drängt sich die Frage auf, weshalb nach zwölf Jahren Beratung und einer ausführlichen Empfehlung noch solche grundsätzlichen Bedenken geäußert werden.

Ist das deutsche Verfahren zur Anerkennung einer BK daher noch zeitgemäß?

IV. Prozess im Vorfeld der Anerkennung einer BK

Der Prozess zur Aufnahme einer neuen BK in die BKV lohnt eine genauere Betrachtung. Eine zentrale Rolle kommt dabei dem ÄSVB beim BMAS zu.

1. Der ÄSVB

Der Ärztliche Sachverständigenbeirat Berufskrankheiten (ÄSVB) ist gesetzlich in § 9 Abs. 1a Satz 1 und 2 SGB VII verankert. Es handelt sich um ein internes, weisungsunabhängiges Beratungsgremium, das das BMAS in medizinisch-wissenschaftlichen Fragen zu Berufskrankheiten bei seiner Entscheidungsfindung unterstützt. Aufgabe des Beirates ist die Sichtung und Bewertung des wissenschaftlichen Erkenntnisstands im Hinblick auf die Aktualisierung bestehender oder die Aufnahme neuer Berufskrankheiten in die BKV. Der Beirat gibt gegenüber dem Ministerium auf Basis wissenschaftlicher Erkenntnisse Empfehlungen und Stellungnahmen ab. Er kann somit die Aufnahme einer Krankheit als BK in die BKV empfehlen, wie es im Fall von Parkinson durch Pestizide erfolgt ist. Er kann aber auch auf Veränderungen in der wissenschaftlichen Erkenntnislage hinweisen oder auch durch einen Abschlussvermerk feststellen, dass eine Krankheit aus seiner Sicht nicht die Anforderungen an eine BK erfüllt, wie es etwa im Jahr 2018 zum Thema „Parkinson durch Lösungsmittel“ geschehen ist.[18]

2. Die Mitglieder des ÄSVB

Während noch vor einigen Jahren nicht öffentlich gemacht wurde, wer Mitglied des ÄSVB ist, werden diese Personen heute auf der Internetseite des BMAS aufgeführt.[19] Der ÄSVB besteht aus insgesamt zwölf vom BMAS berufenen Mitgliedern, davon acht Hochschullehrende sowie je zwei Betriebs- und Gewerbeärztinnen bzw. -ärzte. Für die Auswahl der Personen des Gremiums werden die entsprechenden medizinischen Fachgesellschaften und Berufsverbände um Vorschläge gebeten. Dies sind bspw.

- für Hochschullehrende die Deutsche Gesellschaft für Arbeits- und Umweltmedizin,
- für staatl. Gewerbeärztinnen bzw. -ärzte der Verband Deutscher Staatlicher Gewerbeärzte sowie die für Arbeitsschutz zuständigen Ministerien der Länder,
- für Betriebs- und Werksärztinnen bzw. -ärzte der Verband Deutscher Betriebs- und Werksärzte und der Berufsverband selbstständiger Arbeitsmediziner und freiberuflicher Betriebsärzte.

Bei der Auswahl legt das BMAS darauf Wert, dass unterschiedliche Fachrichtungen vertreten sind. Ziel ist es verschiedene Expertisen und verschiedene Auffassungen einzubinden, um ein breites Meinungsbild im Gremium abbilden zu können.

Weiterhin sind Kriterien für die Besetzung z. B. die Berufserfahrung der vorgeschlagenen Personen, die Anzahl ihrer wissenschaftlichen Publikationen bzw. die berufliche Expertise zum Thema Berufskrankheiten und die Vernetzung in der Wissenschaft.

Auf diese Weise wird sichergestellt, dass der ÄSVB fachlich fundiert das BMAS in wissenschaftlichen Fragen des BK-Rechts berät.

---

18 https://www.baua.de/DE/Themen/Praevention/Koerperliche-Gesundheit/Berufskrankheiten/pdf/Parkinson-durch-Loesungsmittel.pdf?__blob=publicationFile&v=3; Abruf: 8.3.2025.

19 https://www.bmas.de/DE/Soziales/Gesetzliche-Unfallversicherung/Aerztlicher-Sachverstaendigenbeirat/aerztliche-sachverstaendigenbeirat.html.

3. Intensität und Dauer der Beratungen des ÄSVB

Die Dauer der Entscheidungsprozesse im ÄSVB wird von verschiedenen Seiten immer wieder kritisiert. Die zwölfjährige Beratungsdauer vor der wissenschaftlichen Empfehlung einer BK „Parkinson-Syndrom durch Pestizide“ ist hierfür ein Beispiel.

Um mögliche Verbesserungen zu identifizieren, gilt es, die Ursachen für diese langen Verfahren zu analysieren und Möglichkeiten der Beschleunigung zu prüfen.

a) Ein wesentlicher Grund für die langen Bearbeitungszeiten liegt in der zunehmenden Komplexität der Prüfverfahren. Während es in den ersten Jahrzehnten nach Einführung des BK-Rechts überwiegend um die Erfassung monokausaler Krankheitsstrukturen ging, als deren Prototypen Vergiftungen und die Silikose – eine Staublungenerkrankung – wissenschaftlich zu beurteilen waren, sind die heutigen Prüfungsfragen sehr viel schwieriger zu beantworten. Dies zeigt sich auch am Beispiel Parkinson durch Pestizide. Die Deutsche Gesellschaft für Parkinson und Bewegungsstörungen geht davon aus, dass in Deutschland etwa 400.000 Menschen an Parkinson leiden.[20] Es ist anzunehmen, dass darunter eine Vielzahl nie mit Pestiziden in Berührung gekommen sind. Die Ursachen der Erkrankung sind daher vielfältig. Deshalb sind Zusammenhänge genau zu untersuchen.

Zusätzlich erschwert die wachsende Menge an verfügbaren Informationen die Entscheidungsprozesse. Durch die fortschreitende Digitalisierung stehen heute weltweit wissenschaftliche Erkenntnisse zur Verfügung, die vor einigen Jahren in Deutschland möglicherweise unberücksichtigt geblieben wären. Dies ist zwar ein Vorteil, da neue Forschungsergebnisse schneller in die Bewertung einfließen können, erhöht aber gleichzeitig die Anforderungen an die Analyse und Bewertung der Daten. Aufgrund der vielfältigen Literaturquellen ergibt sich nämlich nicht nur die reine Notwendigkeit der Sichtung. Es muss vielmehr auch geprüft werden, ob die Arbeiten internationalen wissenschaftlichen Standards genügen und inwiefern ihre Ergebnisse auf die Bedingungen in Deutschland übertragbar sind. So ist es wenig überraschend, dass aufgrund der unterschiedlichen Lebens- und Arbeitsbedingungen Studien aus Afrika nicht unbedingt mit denen in Europa vergleichbar sein müssen.

Weiterhin ist zu berücksichtigen, dass die Qualität von Studien und anderen wissenschaftlichen Arbeiten stark variiert. So ist stets die Frage zu

---

20 https://parkinson-gesellschaft.de/fuer-betroffene/die-parkinson-krankheit; Abrufdatum: 8.3.2025.

beantworten, wie hoch die jeweils angelegten Standards waren: Welche Teilnehmer wurden für die Studie ausgewählt und nach welchen Kriterien? Wie wurden die Daten erhoben – durch Fragebögen, persönliche Gespräche oder in einem Telefonat? Die Bewertung wissenschaftlicher Arbeiten hängt maßgeblich davon ab, inwieweit systematische Fehler, sogenannte Biasfaktoren, berücksichtigt wurden. Sie entscheiden wesentlich darüber, ob und in welchem Umfang eine Studie als verlässlich gilt. Hieraus folgt, dass allein die Existenz einer vermeintlich eindeutigen Studie nicht zwingend eine taugliche Grundlage für die Anerkennung einer Erkrankung als Berufskrankheit sein muss. Die Bewertung wissenschaftlicher Erkenntnisse ist nicht immer so einfach, wie es auf den ersten Blick scheint.

Vor dem Hintergrund einer zunehmend komplexen und umfangreichen wissenschaftlichen Quellenlage ist es somit wenig überraschend, dass die vom ÄSVB geleistete Arbeit viel Zeit in Anspruch nimmt.

b) Zudem ist ebenfalls zu berücksichtigen, dass die Tätigkeit im ÄSVB ehrenamtlich erfolgt. Daher war es in der Vergangenheit mangels zeitlicher Ressourcen der Mitglieder teilweise schlicht nicht möglich, sich in kurzer Zeit mit dem wissenschaftlichen Erkenntnisstand in der gebotenen Tiefe auseinanderzusetzen.

Auf diese – für alle Seiten – unbefriedigende Situation hat der Gesetzgeber reagiert: Durch das 7. SGB IV-ÄndG[21] wurde zum 1.1.2021 bei der Bundesanstalt für Arbeitsschutz und Arbeitsmedizin (kurz BAuA) – eine wissenschaftliche Geschäftsstelle eingerichtet, die die Mitglieder des ÄSVB bei ihren Aufgaben unterstützt. Aktuell arbeiten dort acht Wissenschaftlerinnen bzw. Wissenschaftler mit unterschiedlicher Expertise.

Bisher von den Sachverständigen selbst zu leistende Arbeiten, wie etwa die Sichtung und Auswertung von Literatur oder die Durchführung von systematischen Reviews können nunmehr durch die Wissenschaftliche Geschäftsstelle unterstützt werden. Während zunächst die neuen Stellen besetzt werden mussten, nimmt die Arbeit der Wissenschaftlichen Geschäftsstelle seit einiger Zeit Fahrt auf. Hierdurch kann mit einer deutlichen Beschleunigung der Prozesse gerechnet werden.

c) An dieser Stelle ist es sinnvoll, ein Zwischenfazit zu ziehen: Auch wenn es Zeit kostet, ist es richtig und wichtig, dass der ÄSVB gründliche und wissenschaftlich belastbare Beratungsergebnisse erarbeitet. Denn diese bilden eine wichtige wissenschaftliche Grundlage für die Entscheidung der

21 BGBl. I 2020, S. 1248/1266.

Bundesregierung über die Aufnahme neuer Erkrankungen in die BK-Liste und die Anerkennung als BK im Einzelfall durch die gesetzlichen Unfallversicherungsträger. Zu erwarten ist aber, dass sich die Beratungsdauer durch die Mitarbeit der Wissenschaftlichen Geschäftsstelle deutlich verringern wird.

V. Rechtliche Wirkung der wissenschaftlichen Empfehlung

Rechtlich gesehen ist die Beschlussfassung einer wissenschaftlichen Empfehlung durch den ÄSVB eine Zäsur. Denn nach § 9 Abs. 2 SGB VII ist eine Erkrankung auch vor Aufnahme in die BK-Liste als sogenannte „Wie-BK" bereits aufgrund der Empfehlung anerkennungsfähig. Dadurch bleiben die Rechte von Betroffenen, auch vor einer Aufnahme in die BK-Liste gewahrt.

Interessant ist in diesem Zusammenhang, dass der historische Gesetzgeber die „Wie-BK" eher eng verstanden wissen wollte: Im Jahre 1963 schuf der Gesetzgeber mit dem Unfallversicherungs-Neuregelungsgesetz[22] in § 551 Abs. 2 RVO die Möglichkeit der Anerkennung als „Wie-BK". Er reagierte damit auf die Tatsache, dass eine beruflich verursachte Krankheit nicht als BK anerkannt werden konnte, weil sie – trotz neuer wissenschaftlicher Erkenntnisse – noch nicht in der BK-Liste aufgenommen war. In der damaligen Gesetzesbegründung heißt es:

„Um den Trägern der Unfallversicherung (…) die Möglichkeit zu geben, auch die nicht in der Liste erfassten Härtefälle zu entschädigen, ist ihnen das Recht zugestanden worden, auch andere berufsbedingte Erkrankungen wie eine Berufskrankheit zu entschädigen."[23]

Damit entschied er sich explizit gegen die ebenfalls diskutierte Generalklausel, wonach Berufskrankheiten alle Krankheiten sein sollten, die durch eine berufliche Beschäftigung verursacht sind.[24]

1. Berücksichtigungspflicht der Inhalte von wissenschaftlichen Beschlüssen des ÄSVB

Im Rahmen der 6. Verordnung zur Änderung der Berufskrankheiten-Verordnung, welche am 1.4.2025 in Kraft tritt, wurde – wie bereits eingangs

22 BGBl. I 1963, S. 241.
23 BT-Drs. IV/120, S. 55.
24 Z. B. Kater/Leube, SGB VII, § 9 Rn. 4.

erwähnt – eine rechtliche Klarstellung in § 1 BKV aufgenommen, dass bei der Entscheidung über das Vorliegen einer BK die veröffentlichten Ergebnisse der Beratungen des ÄSVB auf ihrem jeweils aktuellen Stand vorrangig zu berücksichtigen sind.[25] Dies gilt insbesondere in Bezug auf die Art, die Diagnostik und die Merkmale des jeweiligen Krankheitsbildes sowie hinsichtlich der Art, der Ausprägung und des Ausmaßes der ursächlichen Einwirkungen, einschließlich vorhandener Dosismaße.

In der Begründung der Verordnung wird hierzu ausgeführt:

„Die Empfehlungen und Stellungnahmen des Sachverständigenbeirates enthalten eine ausführliche wissenschaftliche Begründung. Diese ist für das Verständnis und die Prüfung des Vorliegens der Tatbestandsmerkmale der jeweiligen Berufskrankheit nach § 9 Absatz 1 SGB VII von wesentlicher Bedeutung. Zudem bilden sie bereits vor Aufnahme einer Erkrankung in die Anlage 1 zur BKV die Grundlage zur Prüfung der entsprechenden Wie-Berufskrankheiten im Sinne des § 9 Absatz 2 SGB VII.“[26]

Hier zeigt sich die Bedeutung der wissenschaftlichen Empfehlung ganz besonders. Die Prüfung des Vorliegens einer BK nach § 9 Abs. 1 oder Abs. 2 SGB VII im vom Verordnungsgeber beabsichtigten Sinne erfordert daher die Beachtung der wissenschaftlichen Empfehlungen und Stellungnahmen des Sachverständigenbeirates. Denn um eine Anerkennung vorzunehmen, ist es maßgeblich, die darin beschriebenen Voraussetzungen, wie etwa Dosis-Wirkungs-Beziehungen oder Ausführungen zum spezifischen Krankheitsbild, bei der Prüfung der jeweiligen BK vorrangig zu berücksichtigen.

Dies entbindet den Verordnungsgeber dennoch nicht davon, eine präzise und für die Praxis handhabbare Bezeichnung einer BK in Anlage 1 zur BKV aufzunehmen. Die Bezeichnung einer BK sollte dabei kurz und prägnant sein. Diese muss bereits eine Orientierung geben, welche Erkrankungen aufgrund welcher Einwirkungen grundsätzlich als BK anerkennungsfähig sind. Da sie damit nicht alle Detailinformationen enthalten kann, wird sie konkretisiert durch die wissenschaftlichen Empfehlungen und Stellungnahmen des Sachverständigenbeirates.

2. Fazit

Die BKV ist zwar 100 Jahre alt, aber insgesamt nicht in die Jahre gekommen. Die aktuellen Rahmenbedingungen des BK-Rechts sind auch für die Zukunft eine gute Grundlage. Dies gilt insbesondere für die detaillierte Prü-

---

25 BGBl. 2025 I Nr. 50.

26 BR-Drs. 614/24, S. 8 f.

fung und Beratung im ÄSVB. Vor dem Hintergrund der aktuellen Diskussionen um mögliche Kosten aufgrund von BK-Anerkennungen ist es wichtig, dass der Zusammenhang zwischen einer beruflichen Exposition und einer Erkrankung genau untersucht wird, bevor es zu einer Aufnahme in die BK-Liste kommt. Nur so ist es auch für die Beitragszahler nachvollziehbar, dass zusätzliche Kosten im System finanziert werden müssen.

Wichtig ist, die aktuellen Herausforderungen weiter genau zu verfolgen und wo erforderlich, das Recht weiterzuentwickeln. Dies gilt insbesondere dort, wo Rechtsunsicherheiten bestehen. Dabei sollten auch in Zukunft veränderte Schutzbedarfe genauso im Blick behalten werden, wie die Finanzierung des Gesamtsystems.

Aktuelle Entwicklungen des Berufskrankheitenrechts – neue Pfade oder Irrwege?

Prof. Dr. Wolfgang Römer, Hochschule der DGUV, Bad Hersfeld,
ehemals Mitglied der Geschäftsführung der BG Holz und Metall, Mainz

I. Wo begann der Pfad, wo soll er hinführen?

Es dauerte 27 Jahre, bis nach der Gründung der gesetzlichen Unfallversicherung (UV) am 6.7.1884[1] mit der Einführung der Reichsversicherungsordnung (RVO) vom 19.7.1911[2] in dessen § 547 eine rechtliche Grundlage für die Ausdehnung der gesetzlichen UV auf bestimmte gewerbliche Berufskrankheiten geschaffen wurde. Die ersten elf Berufskrankheiten wurden durch die „Verordnung über Ausdehnung der Unfallversicherung auf gewerbliche Berufskrankheiten" vom 12.5.1925[3] eingeführt, also weitere 14 Jahre später. Im Jahr 2024 verzeichnet die Liste der Berufskrankheiten 82 Einträge. Im Jahr 2025 können wir den „100. Geburtstag" der ersten Berufskrankheiten feiern.

Bei der Beurteilung dieses Weges darf nicht aus den Augen verloren werden, welche Hauptziele die gesetzliche UV seit 1884 bis heute verfolgt. Dies sind der soziale Schutz der Versicherten und – entsprechend den Wurzeln der UV im Haftungsrecht – die Ersetzung der Haftpflicht der Unternehmer (und der Arbeitskollegen) durch den gewährten Versicherungsschutz (§§ 104 ff. SGB VII). Im Gegenzug tragen die Unternehmer – anders als in den anderen Zweigen der deutschen Sozialversicherung – allein die Beiträge. Dies wiederum setzt voraus, dass die zu tragenden Lasten kausal auf die in den Unternehmen geleistete Arbeit zurückzuführen sind.

Bei einem so langen Weg lohnt sich ein Blick auf die aktuelle Entwicklung des BK-Rechts, insbesondere der letzten Jahre. Dabei geht es um die Prüfung und Bewertung, ob neue Pfade sinnvoll sind, also

- zu den genannten Zielen der UV führen und wenn ja,
- den Weg verkürzen, erleichtern oder zumindest besser erkennbar machen

oder doch Irrwege darstellen.

1 RGBl. S. 69.
2 RGBl. S. 509.
3 RGBl. I S. 69.

Für das BK-Recht bedeutet dies vor allem eine verständliche Dogmatik, die unterschiedliche Rechtsanwender sicher zu den Zielen der UV führt.

Im Folgenden soll eine kleine Auswahl an neuen Pfaden und Irrwegen vorgestellt und zusätzlich kurz auf noch zu findende Pfade eingegangen werden.

II. Bezeichnung der Berufskrankheiten

1. Vorgaben des Gesetzgebers an den Verordnungsgeber

In der Fassung des § 547 RVO aus dem Jahr 1911 stand lediglich: „*Durch Beschluss des Bundesrates kann die Unfallversicherung auf bestimmte gewerbliche Berufskrankheiten ausgedehnt werden.*“ Nähere Voraussetzungen nannte das Gesetz nicht. In späteren Fassungen der RVO bzw. des SGB VII wurde diese Ermächtigung auf die Bundesregierung übertragen und insoweit präzisiert, als nur solche Krankheiten in der Rechtsverordnung bezeichnet werden durften, die nach den Erkenntnissen der medizinischen Wissenschaft durch besondere Einwirkungen verursacht sind, denen bestimmte Personengruppen durch ihre versicherte Tätigkeit in erheblich höherem Grad als die übrige Bevölkerung ausgesetzt sind.

Das 7. SGB IV-Änderungsgesetz vom 12.6.2020[4] hat grundlegende Änderungen des Berufskrankheitenrechts gebracht. Seither ist die im früheren § 9 Abs. 1 Satz 2 SGB VII enthaltene Rechtsgrundlage für den sogenannten Unterlassungszwang als (mögliche) Voraussetzung der Anerkennung als Berufskrankheit (vgl. z. B. BK-Nr. 5101) weggefallen. Ob die zur Kompensation ergriffenen Maßnahmen zur Stärkung der Individualprävention das Ziel erreichen, Verschlimmerungen von Berufskrankheiten entgegenzuwirken, wird fünf Jahre nach dem Inkrafttreten der Änderung des § 9 SGB VII zu evaluieren sein (§ 218f SGB VII). Die Möglichkeit der Beschränkung der Anerkennung als Berufskrankheit auf bestimmte Gefährdungsbereiche (vgl. § 9 Abs. 1 Satz 2 Halbs. 2 SGB VII) hat dagegen die Zeiten überdauert.

2. Umsetzung durch den Verordnungsgeber

Mit der Aufnahme von immer mehr Krankheiten in die BK-Liste erfasst diese zunehmend auch Krankheiten, die multikausal verursacht sind, wie z. B. Krebserkrankungen. Vielfach sind die Erkrankungen auch nicht mehr

4 BGBl. I S. 1248.

typisch für bestimmte Berufe, sondern zeichnen sich dadurch aus, dass sogenannte „Volkskrankheiten" in bestimmten Berufen früher auftreten (Linksverschiebung). Beispiele hierfür sind die Muskel-Skelett-Erkrankungen. Damit einhergehen Probleme der Abgrenzung von versicherten und unversicherten Einwirkungen sowie inneren Ursachen. Dies führte bei einzelnen Berufskrankheiten, speziell bei der BK-Nr. 2108 (Erkrankungen der Lendenwirbelsäule), zu Zweifel, ob deren Aufnahme und Bezeichnung in die Liste auf gesicherten medizinisch-wissenschaftlichen Grundlagen beruhte und rechtsstaatlichen Grundsätzen entsprach. Das BSG[5] machte dies in mehreren Appellen an den Verordnungsgeber deutlich. Es wies darauf hin, dass eine gleichmäßige Rechtsanwendung nur gewährleistet ist, wenn sich die zur Definition einer Berufskrankheit verwendeten unbestimmten Rechtsbegriffe mit Hilfe des von den Gerichten feststellbaren wissenschaftlichen Erkenntnisstands hinreichend konkretisieren lassen. Der gleichzeitig vom BSG erhobenen Forderung nach der Schaffung von hierfür geeigneten Fachgremien und deren ausreichender Ausstattung hat der Gesetzgeber durch das 7. SGB IV-ÄndG mit der Institutionalisierung des Ärztlichen Sachverständigenbeirats (ÄSVB) in § 9 Abs. 1a Satz 2 SGB VII und dessen Unterstützung durch die Bundesanstalt für Arbeitsschutz und Arbeitsmedizin (BAuA) versucht, Rechnung zu tragen. Die Äußerungen im „Rettungssanitäter-Urteil" vom 22. 6. 2023, in denen Aktivitäten des BMAS bzw. des ÄSVB vermisst werden, deuten darauf hin, dass hier nach Ansicht des BSG noch „Luft nach oben ist".[6]

Gleichwohl hat der Verordnungsgeber in den letzten Jahren bei der Schaffung von neuen Berufskrankheiten erkennbar versucht, den Präzisierungsgrad bei der Beschreibung des Krankheitsbildes und der notwendigen Exposition zu erhöhen. So ist es zu begrüßen, dass der ÄSVB bei der Schaffung neuer Berufskrankheiten mit multiplen Ursachen regelmäßig anstrebt, im Tatbestand oder wenigstens in der Wissenschaftlichen Begründung hinreichende Kriterien dafür anzugeben, wann das Risiko der Entstehung einer Krankheit durch die betreffenden beruflichen Einwirkungen verdoppelt ist. Das Verdoppelungsrisiko ist zwar für die Aufnahme einer Berufskrankheit in die Liste nicht zwingend erforderlich. Ohne seine Kenntnis ist aber eine rechtssichere Entscheidung im Einzelfall oft nur schwer möglich.[7] Leider macht das BMAS trotz fundierter fachlicher Kri-

5 BSG, 13.4.2015, B 2 U 10/14 R, Rn. 29; BSG, 30.10.2007, B 2 U 4/06 R, Rn. 28 ff.
6 B 2 U 11/20 R, Rn. 40 ff.; s. a. Butzer/Knapp, SGb 2024, 131/137; Brose, NZS 2024, 701/708.
7 Römer in Hauck/Noftz, K § 9 Rn. 53; Brandenburg in jurisPK-SGB VII, § 9 Rn. 76, 80.

tik und rechtsstaatlicher Bedenken[8] keine Anstalten, ältere unpräzise gefasste BK-Tatbestände „nachzuschärfen". Auch bei einigen neuen BK-Tatbeständen ergibt sich insoweit „Optimierungsbedarf". Im Folgenden einige Beispiele:

3. Aktuelle Beispiele

a) **BK-Nr. 2112:** Gonarthrose durch eine Tätigkeit im Knien oder vergleichbare Kniebelastung mit einer kumulativen Einwirkungsdauer während des Arbeitslebens von mindestens 13.000 Stunden und einer Mindesteinwirkungsdauer von insgesamt einer Stunde pro Schicht[9]

Hier sind zwar – insbesondere in Verbindung mit der Wissenschaftlichen Begründung – das Krankheitsbild und die notwendige Exposition gut beschrieben. Inzwischen haben sich jedoch in der Wissenschaft erhebliche Zweifel ergeben, ob die angeschuldigte Einwirkung – das dauerhafte Knien – tatsächlich die Gonarthrose verursacht oder ob die Gefährdung nicht eher in den Belastungen bei Hinknien bzw. Aufstehen besteht.[10]

Gleichwohl belegen die in Kap. 5 der Wissenschaftlichen Begründung[11] zitierten Studien einen deutlichen epidemiologischen Zusammenhang zwischen den genannten Tätigkeiten und dem vermehrten Auftreten von Gonarthrosen, sodass die Berufskrankheit epidemiologisch weiter plausibel erscheint. Allerdings wäre es hilfreich, für die Prüfung der individuellen Kausalität und für die Ausgestaltung der Prävention den genauen Erkrankungsmechanismus zu kennen. Dies zeigt aber auch, dass „gut Ding Weile haben will". Beratungen für neue Berufskrankheiten brauchen Zeit, um sich einen Überblick über den geforderten aktuellen Stand der wissenschaftlichen Erkenntnisse zu verschaffen. Auch sollte nach der Veröffentlichung einer Wissenschaftlichen Begründung vor der Umsetzung des Vorschlages in die BK-Liste genügend Zeit für eine öffentliche wissenschaftliche Diskussion bleiben.

---

8 Kranig, NZS 2022, 161; Hollo, Das Verfahren zur Anerkennung von Berufskrankheiten, Diss. 2018, S. 240 ff.

9 Durch die Zweite Verordnung zur Änderung der Berufskrankheiten-Verordnung vom 11.6.2009 als BK-Nr. 2112 in die Liste der Berufskrankheiten aufgenommen; BGBl. I S. 1273.

10 Glitsch/Ditchen, ASU 2016, 122; Glitsch u. a., in: Schiltenwolf/Grosser/Thomann, Berufskrankheit Gonarthrose, 2012, S. 142; Hofmann u. a., ASU 2011, 411; Kentner, MedSach 2008, 228; Weber, DGU-Supplement 1/2007, 137; DGUV, Begutachtungsempfehlung Gonarthrose, Kap. B.1.4.

11 BMAS, BArbBl. 10/2005, 46.

b) **BK-Nr. 4116:** Lungenkrebs nach langjähriger und intensiver Passivrauchexposition am Arbeitsplatz bei Versicherten, die selbst nie oder maximal bis zu 400 Zigarettenäquivalente aktiv geraucht haben[12]

Bei dieser Berufskrankheit werden die Anerkennungsvoraussetzungen in Form der notwendigen Exposition in der Wissenschaftlichen Begründung ausführlich beschrieben. Allerdings sind diese so eng gefasst, dass bisher nur sehr wenige Fälle angezeigt wurden (2023: 25 Fälle) und noch kein einziger anerkannt wurde. Es stellt sich daher die Frage nach dem Sinn dieser Berufskrankheit, zumal Rauchen am Arbeitsplatz seit Oktober 2002 nach § 5 ArbStättV grundsätzlich verboten ist und daher kaum noch Expositionsmöglichkeiten bestehen.

c) Wie-BKen nach § 9 Abs. 2 SGB VII

Im aktuellen Urteil des BSG[13] zur Posttraumatischen Belastungsstörung (PTBS) bei einem Rettungssanitäter hat das BSG erstmals den Weg frei gemacht, psychische Erkrankungen als Berufskrankheit anzuerkennen, und gleichzeitig den Weg dorthin abgekürzt. Zwar hat es den üblichen Prüfalgorithmus eingehalten, den bisherigen Pfad aber insofern verlassen, als es den Nachweis einer Überhäufigkeit an Erkrankungsfällen ausdrücklich nicht für notwendig erachtet. § 9 Abs. 1 Satz 2 SGB VII verlange lediglich, dass eine bestimmte Personengruppe durch ihre versicherte Tätigkeit in erheblich höherem Grade als die übrige Bevölkerung besonderen Einwirkungen ausgesetzt ist, die abstrakt-generell nach den Erkenntnissen der medizinischen Wissenschaft Ursache einer Erkrankung der geltend gemachten Art sind (generelle Eignung oder genereller Ursachenzusammenhang). Dem ist grundsätzlich zuzustimmen, da es sich bereits aus dem Wortlaut des Gesetzes ergibt.[14] Ob aus dem hohen Grad der Einwirkung auch ein höheres Risiko einer Erkrankung folgt, muss gleichwohl nachgewiesen werden. Hierzu muss die von § 9 Abs. 2 Satz 2 SGB VII geforderte „generelle Eignung" der Einwirkung belegt werden. Es muss mit wissenschaftlichen Methoden und Überlegungen bewiesen werden, dass bestimmte Einwirkungen die generelle Eignung besitzen, die Krankheit zu verursachen. Entsprechende Erkenntnisse liegen nach der aktuellen Rechtsprechung des BSG in der Regel

---

12 5. BKV-ÄndV, BGBl. 2021 I S. 2245.

13 BSG, 22.6.2023, B 2 U 11/20 R; zustimmend: Butzer/Knapp, SGb 2024, 131; Dreßing/Spellbrink/Hoell, Nervenarzt 2023,1061; kritisch: Forchert, FD-SozVR 2024, 800955; Forchert, DGUV Forum 9/2024, 19; Römer, jurisPR-SozR 5/2024 Anm. 2.

14 Vgl. z.B. Brandenburg in jurisPK SGB VII, 3. Aufl. 2022, § 9 Rn. 75; Römer in Hauck/Noftz, SGB VII, K § 9 Rn. 40.

vor, wenn die Mehrheit der medizinischen Sachverständigen, die auf den jeweils in Betracht kommenden Gebieten über besondere Erfahrungen und Kenntnisse verfügen, zu derselben wissenschaftlich fundierten Meinung gelangen. Hierbei müsse es sich um gesicherte sowie im Entscheidungszeitpunkt aktuelle Erkenntnisse handeln. Der „Königsweg“ hierzu sei der Nachweis einer Überhäufigkeit der Erkrankung durch epidemiologische Erkenntnisse.[15] Fehlen diese, muss die generelle Geeignetheit der Einwirkung, die betreffende Erkrankung zu verursachen, auf anderem Weg sichergestellt werden. Ob anerkannte internationale Diagnosesysteme, wie der ICD oder das DSM, hierfür geeignet sind, ist zumindest fraglich.[16] Das BSG legt nicht offen, ob diese Diagnosesysteme tatsächlich die sonst von ihm für Anerkennungen nach § 9 Abs. 2 SGB VII geforderte Mehrheit der auf diesem Fachgebiet kompetenten Wissenschaftler hinter sich haben.[17] Hierzu wäre es notwendig, sich näher mit der Entstehung dieser Diagnosesysteme zu beschäftigen, insbesondere ob sie tauglich sind, Fragen der Kausalität im Sinne der UV zu beantworten.[18] Weiterhin wäre zu erörtern gewesen, ob die hier als Auslöser im Raum stehende bloße Wahrnehmung von Ereignissen, die in der allgemeinen Bevölkerung geeignet sind, eine PTBS hervorzurufen, ein erhöhtes Erkrankungsrisiko auch in einer Berufsgruppe erzeugen kann, die sich professionell mit dem Leiden anderer Menschen beschäftigt. Die menschliche Wahrnehmung ist komplex. Informationen gelangen nie ungefiltert bzw. unbewertet ins Bewusstsein. Es erscheint zumindest nicht ausgeschlossen, dass z. B. bei der Ausübung eines medizinischen Berufes, der gerade auf die aktive Hilfe anderer Menschen abzielt, deren Leiden anders wahrgenommen, bewertet und verarbeitet wird. So wird eine Hebamme eine Geburt als freudiges Ereignis wahrnehmen, für einen zufällig im Notfall herbeigeheilten Helfer kann dies dagegen ein traumatisches Erlebnis sein. Auch Kranig[19] weist darauf hin, dass die Prävalenz der PTBS bei unterschiedlichen Personengruppen mit unterschiedlich erlebten Traumatisierungen erheblich voneinander abweichen kann. Es überrascht daher, dass das BSG insoweit das von ihm in Auftrag gegebene Gutachten, das nicht nur die Überhäufigkeit der Einwirkung, sondern auch der Erkrankungsfälle aufzeigt, nur für den Nachweis ersterer heranzog.[20] Möglicherweise liegt dies auch daran, dass die dem Gutachten zugrunde liegende

---

15 BSG, 22.6.2024, B 2 U 11/20 R, Rn. 26 f. m. w. N.

16 Allgemein für psychische Erkrankungen: Kranig, SGb 2024, 9; speziell zur PTBS: Kranig, NZS 2024, 689/692.

17 Z. B. BSG, 18.6.2013, B 2 U 19/09, Rn. 24; Becker, SGb 2006, 449.

18 Kritisch: Forchert, DGUV Forum 9/2024, 19; Forchert, FD-SozVR 2024, 800955.

19 Kranig, NZS 2024, 689/701.

20 Römer, jurisPR-SozR 5/2024 Anm. 2.

Metaanalyse zwar ein deutlich erhöhtes Erkrankungsrisiko aufzeigt, die Autoren aber auch darauf hinweisen, dass die Analyse auf Grund der angewandten Methodik keinen Kausalitätsnachweis liefern könne.[21]

Die teilweise geäußerte grundsätzliche Kritik[22] daran, dass das BSG[23] allgemeine (generelle) medizinisch-wissenschaftliche Erkenntnisse (sog. „Rechtstatsachen") entgegen seiner früheren Rechtsprechung[24] nicht der in § 163 SGG angeordneten Bindung des Revisionsgerichts an tatrichterliche Feststellungen unterwirft und somit einer eigenen Überprüfung zugänglich sieht, teile ich nicht. Diese Rechtsprechung fördert eine einheitliche Entscheidung gleichgelagerter Fälle durch die Instanzgerichte und ist daher mit dem Zweck der Revision, die Einheit des Rechts zu wahren und eine einheitliche Rechtsprechung zu gewährleisten, grundsätzlich vereinbar.[25]

III. Dogmatik des BSG

1. Prüfschema des BSG

Hilfreich für die Prüfung der Versicherungsfälle Arbeitsunfall und Berufskrankheit ist das vom BSG entwickelte Prüfschema.[26] Es schafft für beide Versicherungsfälle, soweit möglich, einheitliche Begrifflichkeiten, definiert die für die Anerkennung zu belegenden Tatsachen, benennt die Voraussetzungen für die Beurteilung von Ursachenzusammenhängen und legt die Beweisanforderungen fest.

Nach ständiger Rechtsprechung des BSG ist für den Versicherungsfall Berufskrankheit erforderlich, dass die Verrichtung einer grundsätzlich versicherten Tätigkeit (sachlicher Zusammenhang) zu Einwirkungen von Belastungen, Schadstoffen oder Ähnlichem auf den Körper geführt hat (Einwirkungskausalität) und diese Einwirkungen eine Krankheit verursacht haben (haftungsbegründende Kausalität). Dabei müssen die versicherte Tä-

---

21 Dreßing/Spellbrink/Hoell, Nervenarzt 2023,1061.

22 Forchert, DGUV Forum 9/2024, 19.

23 BSG, 22.6.2023, B 2 U 11/20 R, Rn. 15; BSG, 27.6.2006, B 2 U 5/05 R, juris Rn. 19 = SGb 2007, 354 mit Anm. v. Rüfner; Keller, jurisPR-SozR 26/2006 Anm. 6.

24 BSG, 2.5.2001, B 2 U 16/00 R; BSG, 18.3.2003, B 2 U 13/02 R.

25 Römer in Hauck/Noftz, K § 9 Rn. 129; Keller, jurisPR-SozR 26/2006 Anm. 6; B. Schmidt in Meyer-Ladewig/Keller/Schmidt, SGG, 14. Aufl. 2023, § 163 Rn. 7 m. w. N.; kritisch: Forchert, DGUV Forum 9/2024, 19.

26 Für den Arbeitsunfall: BSG, 9.5.2006, B 2 U 1 /05 R, SGb 2007, 242 ff. mit Anmerkung Keller; für die BK: BSG, 4.4.2009, B 2 U 9/08 R; ausführlich: Becker, MedSach 2010, 145; kritisch: Ricke, SGb 2024, 582.

tigkeit, die Verrichtung, die Einwirkungen und die Krankheit im Sinne des Vollbeweises, also mit an Sicherheit grenzender Wahrscheinlichkeit, nachgewiesen sein. Für die nach der Theorie der wesentlichen Bedingung zu beurteilenden Ursachenzusammenhänge genügt indes die hinreichende Wahrscheinlichkeit, allerdings nicht die bloße Möglichkeit. Der Beweisgrad der hinreichenden Wahrscheinlichkeit ist erfüllt, wenn mehr für als gegen den Ursachenzusammenhang spricht und ernste Zweifel ausscheiden. Dass die berufsbedingte Erkrankung ggf. den Leistungsfall auslösende Folgen nach sich zieht (haftungsausfüllende Kausalität), ist keine Voraussetzung einer Listen-BK, wohl aber für eine Leistung.[27] Für Berufskrankheiten ergibt sich damit das folgende Schema:

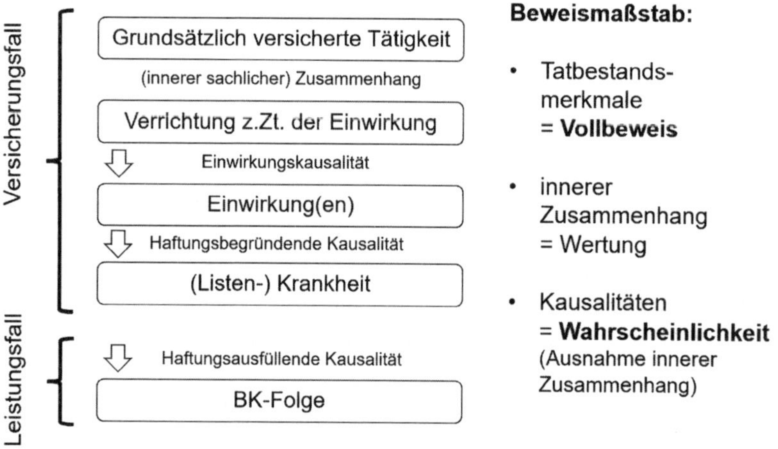

2. Funktioneller Krankheitsbegriff

Wichtige Präzisierungen dieses Prüfalgorithmus, wie der weit gefasste Begriff der Einwirkung[28] und der funktionelle Krankheitsbegriff[29] sowie dessen Kopplung an medizinische Diagnosesysteme,[30] haben sich im Wesentlichen bewährt. Allerdings sollte bei der Frage nach Funktionsstörungen als Voraussetzung für eine Erkrankung im Sinne der UV nicht nur an direkte

27 Z. B. BSG, 30.3.2023, B 2 U 2/21 R, juris Rn. 12; BSG, 27.6.2017, B 2 U 17/15 R, Rn. 13 m. w. N.
28 BSG, 27.4.2010, B 2 U 13/09 R, Rn 19; Römer in Hauck/Noftz, K § 9 Rn. 79.
29 BSG, 30.3.2023, B 2 U 2/21 R, Rn. 24; BSG, 27.6.2017, B 2 U 17/15 R, Rn. 16; Römer, jurisPR-SozR 24/2017 Anm. 3; ablehnend: Lindner, SGb 2018, 475.
30 BSG, 28.6.2022, B 2 U 9/20 R, Rn. 20.

körperliche Einschränkungen oder Schmerzen gedacht werden, sondern auch daran, ob sich aus dem regelwidrigen Körperzustand Einschränkungen auf dem Arbeitsmarkt ergeben können. Dies kann z. B. bei Virusträgern ohne körperliche Reaktionen der Fall sein, wenn sie keine medizinischen Berufe ausüben können. Gleichfalls müssen krankhafte körperliche Veränderungen, wie sie sich z. B. bei einer beginnenden Silikose oder Asbestose durch bildgebende Verfahren zeigen, bereits in diesem Stadium als Erkrankung gewertet werden, auch wenn zu diesem Zeitpunkt noch keine messbare Funktionseinschränkung der Atmung nachzuweisen ist.[31]

3. „Wirkursache"

Glücklicherweise wurde der gedoppelte Begriff der „Wirkursache",[32] als „Irrweg" offenbar wieder vom BSG aufgegeben. Er hat nur zur Verwirrung beigetragen.

4. Arbeitstechnische und arbeitsmedizinische Voraussetzungen

In regem Gebrauch sind die Begriffe „arbeitstechnische Voraussetzungen" und „arbeitsmedizinische Voraussetzungen".[33] Die arbeitstechnischen Voraussetzungen verbinden in der Anspruchsprüfung einer Berufskrankheit das Vorliegen der tatbestandlich vorausgesetzten Einwirkungen mit Teilen der Kausalitätsprüfung zwischen diesen Einwirkungen und einer Erkrankung. Die arbeitstechnischen Voraussetzungen werden als nicht erfüllt angesehen, wenn es an der vom BK-Tatbestand vorgeschriebenen Einwirkung bzw. deren dort geforderten Höhe fehlt. Wurden dem Wortlaut der betreffenden Listen-BK entsprechende Einwirkungen zwar nachgewiesen, können diese aber z. B. aufgrund ihrer niedrigen Intensität nach wissenschaftlichen Erkenntnissen keinen Gesundheitsschaden verursacht haben, soll die Anerkennung der Berufskrankheit ebenfalls wegen Fehlens der arbeitstechnischen Voraussetzungen abgelehnt werden. Auch sollen diese verneint werden, wenn das Ausmaß der Einwirkungen nicht ausreicht, um die hinreichende Wahrscheinlichkeit der Kausalität begründen zu können.[34]

---

31 Vgl. z. B. Brandenburg in jurisPK-SGB VII, 3. Auf. 2022, § 9 Rn. 63; Römer in Hauck/Noftz, K § 9 Rn. 100.

32 Z. B. BSG, 17.12.2015, B 2 U 11/14 R, Rn. 19; s. a. Spellbrink, SGb 2017, 1; Ricke, WzS 2013, 241.

33 Z. B. BSG, 27.9.2023, B 2 U 8/21 R.

34 BSG, 16.3.2021, B 2 U 11/19 R, Rn. 28 m. w. N.; Bieresborn, SGb 2016, 310/315; ders, NZS 2008, 354/359.

Damit werden die im Prüfschema des BSG ansonsten sauber getrennten Prüfpunkte Einwirkung und Krankheit sowie die diese verbindende haftungsbegründende Kausalität vermischt, obwohl für diese unterschiedliche Beweismaßstäbe gelten. Ob die vom BK-Tatbestand geforderte Einwirkung vorliegt, ist genauso wie die Diagnose der Krankheit im Vollbeweis zu sichern. Dies gilt auch für die Frage einer im Tatbestand verankerten Mindestdosis. Dagegen genügt für die Prüfung der haftungsbegründenden Kausalität die überwiegende Wahrscheinlichkeit, die regelmäßig durch medizinische Gutachten zu belegen ist. Die Begriffe können daher sinnvollerweise nur als „Abkürzung" einer Prüfung dienen, indem bei ihrem Fehlen ohne weitere Prüfungen der Versicherungsfall abgelehnt werden kann. Für eine Anerkennung muss demgegenüber die Kausalität positiv nachgewiesen werden und alle Kausalitätszeichen müssen gemeinsam gegeneinander abgewogen werden.

In seiner jüngsten Rechtsprechung verengt das BSG[35] zudem die Prüfung der arbeitsmedizinischen Voraussetzungen bei „stochastischen" Berufskrankheiten (s. unten 5.) auf die Frage, ob der Annahme der haftungsbegründenden Kausalität die positive Feststellung entgegensteht, dass die Krankheit nicht auf die beruflich bedingte Einwirkung zurückzuführen ist. Damit wird die eine Einheit bildende Prüfung der haftungsbegründenden Kausalität ohne Not in zwei Teile zerlegt, wobei noch nicht einmal klar wird, welche medizinischen Argumente im Bereich der arbeitstechnischen und arbeitsmedizinischen Voraussetzungen zu prüfen sein sollen.

Aus all diesen Gründen sollte auf die Begriffe „arbeitstechnische Voraussetzungen" und „arbeitsmedizinische Voraussetzungen" und die durch diese Begriffe vorgegebene Trennung der Prüfung der Voraussetzungen einer Berufskrankheit verzichtet werden.[36]

5. Neue Auslegung der Wahrscheinlichkeit der Verursachung?

Nach dem bewährten Prüfschema des BSG gilt:

„Für die nach der Theorie der wesentlichen Bedingung zu beurteilenden Ursachenzusammenhänge genügt indes die hinreichende Wahrscheinlichkeit, allerdings nicht die bloße Möglichkeit. Der Beweisgrad der hinreichenden Wahrscheinlichkeit ist erfüllt, wenn mehr für als gegen den Ursachenzusammenhang spricht und ernste Zweifel ausscheiden."[37]

---

35 BSG, 27.9.2023, B 2 U 8/21 R, Rn. 40.

36 So auch Becker in Krasney u. a., Gesetzliche Unfallversicherung, § 9 Rn. 51.

37 Z. B. BSG, 30.3.2023, B 2 U 2/21 R, juris Rn. 12; BSG, 27.6.2017, B 2 U 17/15 R, Rn. 13 m. w. N.

Nun postulierte das BSG[38] in seiner jüngsten Rechtsprechung eine Art „Umkehr der Beweislast“ bei BK-Tatbeständen, die lediglich die Einwirkung, aber keine Mindestdosis im BK-Tatbestand oder in einer diesem zugrunde liegenden Wissenschaftlichen Begründung nennen. Hier sieht das BSG die haftungsbegründende Kausalität als erfüllt an, es sei denn, es ist positiv feststellbar, dass die Erkrankung auf berufsfremde Einwirkungen zurückzuführen ist. Betroffen hiervon sind die vom BSG als „stochastisch“ bezeichnete Berufskrankheiten, wie z. B. Krebserkrankungen.[39] Zwar ist dem BSG darin zuzustimmen, dass bei Unkenntnis über eine „unschädliche“ Mindestdosis, die Ablehnung der Berufskrankheit allein wegen einer zu geringen Einwirkung nicht möglich ist. Gleichwohl muss daran festgehalten werden, dass das Fehlen von Alternativursachen die versicherte (naturwissenschaftliche) Ursache nicht automatisch zu einer wesentlichen Ursache macht. Die Begründung des BSG[40], dass es ohne die neuen Beweisgrundsätze des Urteils vom 27.9.2023 bei komplexem Krankheitsgeschehen regelmäßig zu einer Ablehnung der Berufskrankheit kommen würde, überzeugt nicht und steht im Widerspruch zur bisherigen Rechtsprechung des Senates.[41] Dieser Widerspruch kann in einem Fall wie demjenigen des Urteils vom 27.9.2023[42] nicht mit dem Hinweis des BSG ausgeräumt werden, es sei grundsätzlich denkbar, dass bei einem klar erkennbaren Ursache-Wirkungs-Zusammenhang zwischen Einwirkung und Erkrankung dieser allein für die Bejahung der Kausalität genüge, wenn keine Anhaltspunkte für eine alternative (innere oder äußere) Ursache der Erkrankung bestehen. In vielen derartigen Fällen – so auch in dem am 27.9.2023 entschiedenen Fall – gibt es durchaus andere mögliche Ursachen (hier Rauchen, Umweltbelastung, innere Ursachen), die eventuell im Zusammenwirken, den Grad der Wahrscheinlichkeit erreichen. Letztendlich führt die Prüfungsweise des BSG hier zu einer faktischen Beweislastumkehr ohne gesetzliche Grundlage. Die Schaffung einer solchen Beweislastumkehr wäre jedoch Aufgabe des Gesetzgebers.[43] Der Gesetzgeber hat aber eine Beweislastumkehr stets abgelehnt und sich dabei ausdrücklich auf das Kausalitätsprinzip berufen, das die gesetzliche Unfallversicherung prägt, und keinen Anlass für weiter ge-

38 BSG, 27.9.2023, B 2 U 8/21 R.

39 Vgl. zum Begriff auch Becker, SGb 2006, 449/453.

40 BSG 27.9.2023, B 2 U 8/21 R, Rn. 33 unter Hinweis auf BSG, 9.5.2006, B 2 U 1/05 R, Rn. 20; BSG, 7.9.2004, B 2 U 34/03 R, Rn. 22.

41 BSG, 17.12.2015, B 2 U 11/14 R, Rn. 31 m. w. N.

42 BSG, 27.9.2023, B 2 U 8/21 R, Rn. 33 unter Hinweis auf BSG, 17.12.2015, B 2 U 11/14 R, Rn. 31.

43 Hollo, Das Verfahren zur Anerkennung von Berufskrankheiten, Diss. 2018, S. 444 ff./465; Spellbrink, SR 2015, 15.

hende Beweiserleichterungen gesehen. Wörtlich heißt es in der Antwort der Bundesregierung an den Bundesrat aus Anlass der Ablösung der RVO durch das SGB VII:[44]

„Der Vorschlag des Bundesrates beschränkt sich nicht auf eine Regelung zur Beweiserleichterung; er schafft vielmehr eine gesetzliche Vermutung für den Ursachenzusammenhang zwischen schädigender Einwirkung und Erkrankung, die nur widerlegt werden kann, wenn die Wahrscheinlichkeit einer außerberuflichen Verursachung vom Unfallversicherungsträger nachgewiesen wird. Dies widerspricht dem Grundgedanken der gesetzlichen Unfallversicherung, die als Sonderentschädigungssystem im Rahmen der Sozialversicherung die Haftung des Unternehmers in den Fällen ablösen soll, in denen er wegen der Wahrscheinlichkeit eines Kausalzusammenhangs für einen Gesundheitsschaden einstandspflichtig ist."

Das Urteil des BSG vom 27.9.2023 wird daher in der Literatur und Rechtsprechung zu Recht deutlich kritisiert.[45]

Unabhängig hiervon ist festzuhalten, dass die Kausalitätsbeurteilung bei den sogenannten „stochastischen Berufskrankheiten" Verwaltungen und Gerichte in vielen Fällen an ihre Grenzen bringt. Hier fällt es oft schwer, insbesondere bei einem Zusammenspiel mehrerer krebserzeugender Noxen, im Einzelfall die Frage nach der Wahrscheinlichkeit der beruflichen Ursache zu beantworten. Dies bedeutet aber nicht, dass ein (noch) fehlender wissenschaftlicher Konsens, z.B. über die Wertung von bestimmten Gesichtspunkten, die für oder gegen den Ursachenzusammenhang sprechen, zur Folge haben muss, dass damit eine Anerkennung des Verursachungszusammenhangs im Einzelfall unmöglich wäre. Vielmehr ist in diesen Fällen im Rahmen der Amtsermittlung festzustellen, ob individuelle, dem aktuellen wissenschaftlichen Erkenntnisstand entsprechende Umstände vorliegen, die im konkreten Einzelfall den Ursachenzusammenhang als hinreichend wahrscheinlich erscheinen lassen.[46] Im Übrigen hat die UV auch für diese Probleme den gesetzlichen Auftrag, zu forschen und Lösungen zu entwickeln (§ 9 Abs. 8 SGB VII).

---

44 BT-Drs. 13/2333, S. 19; s.a. BT-Drs. 18/13543, S. 13.

45 LSG Hessen, 27.9.2024, L 9 U 56/23, juris Rn. 55ff.; LSG Bayern, 14.8.2024, L 2 U 438/16, juris Rn. 119ff.; Forchert, FD-SozVR 2024, 807732; Römer, jurisPR-SozR 9/2024 Anm. 2; Kranig, SGb 2024, 432; dagegen dem BSG zustimmend: Holtstraeter, ASU-Med 2024, 450; Osterland, NZS 2024, 558.

46 BSG, 23.4.2015, B 2 U 6/13 R Rn. 26; BSG, 24.7.2012, B 2 U 9/11 R Rn. 52, vgl. Römer, jurisPR-SozR 9/2024 Anm. 2.

IV. Offene Fragen der neuen Rückwirkungsregelung

§ 9 Abs. 2a Nr. 1 und 2 SGB VII[47] enthält erstmals eine gesetzliche Rückwirkungsregelung für die Einführung neuer Berufskrankheiten und für Entscheidungen nach § 9 Abs. 2 SGB VII (Wie-BK). Die Vorschrift erfasst in Sinne einer „unechten Rückwirkung" alle Versicherten, die vor der Aufnahme in die BK-Liste erkrankten. Der Versicherungsfall tritt nach § 9 Abs. 2a Nr. 1 und 2 SGB VII aber frühestens am Tage des Inkrafttretens der Aufnahme der Erkrankung in die Liste ein bzw. bei Anerkennung als Wie-BK mit dem Zeitpunkt des Vorliegens der notwendigen wissenschaftlichen Erkenntnisse bzw., wenn eine Empfehlung des ÄSVB vorliegt, mit dem Tag des betreffenden Beschlusses des ÄSVB.

1. Zeitpunkt für Höhe der Leistungen

In § 9 Abs. 2a SGB VII fehlt leider eine ausdrückliche Regelung, welcher Zeitpunkt für die Höhe von Leistungen (z. B. für den Jahresarbeitsverdienst) bei der rückwirkenden Anerkennung von Berufskrankheiten maßgebend ist. Nach § 9 Abs. 5 SGB VII ist, soweit es nach Vorschriften über Leistungen auf den Zeitpunkt des Versicherungsfalls ankommt, bei Berufskrankheiten auf den Beginn der Arbeitsunfähigkeit oder der Behandlungsbedürftigkeit oder, wenn dies für den Versicherten günstiger ist, auf den Beginn der rentenberechtigenden MdE abzustellen. Bei Anwendung von § 9 Abs. 2a SGB VII werden diese nach § 9 Abs. 5 SGB VII möglichen Zeitpunkte des Leistungsfalls meist vor dem Tag des Versicherungsfalles liegen. Rein formal betrachtet liegt es nahe, § 9 Abs. 5 SGB VII nur auf Zeitpunkte nach dem Tag des Versicherungsfalles anzuwenden. Diese formale Sichtweise entspricht m. E. aber nicht dem Sinn und Zweck des § 9 Abs. 5 SGB VII, für die Höhe von Leistungen unter Zugrundelegung des Günstigkeitsprinzips an die dort genannten Zeitpunkte anzuknüpfen. Daher sollte für die Leistungshöhe von der Regelung in § 9 Abs. 5 SGB VII ausgegangen werden, wie dies auch bereits zur Rückwirkungsvorschrift des § 6 BKV vertreten wird.[48] Damit wird die vom Gesetzgeber gewünschte Gleichstellung von Versicherten auch bezüglich der Höhe der Leistungen erreicht. Diese rechtliche Be-

---

47 Abs. 2a wurde zum 1.1.2021 durch das 7. SGB IV-ÄndG v. 12.6.2020, BGBl. I S. 1248 eingefügt.

48 Römer in Hauck/Noftz, K § 9 Rn. 220; Römer in Hauck/Noftz, K § 9 Anhang zu K § 9 – § 6 BKV, Rn. 5b.

urteilung ist im Wege der Auslegung des geltenden Rechts möglich; einer Klarstellung durch den Gesetzgeber bedarf es nicht zwingend.

2. Übergang von der Wie-BK zur neuen Berufskrankheit

Ebenfalls nicht ausdrücklich geregelt wurde bei der Neuregelung durch das 7. SGB IV-ÄndG die Frage, wie mit Fällen umzugehen ist, bei denen im Laufe der Prüfung des Versicherungsfalles als Wie-BK die neue Listen-BK in Kraft gesetzt wird. Das Problem dabei ist, dass bei einer Anerkennung als Wie-BK nach § 9 Abs. 2a Nr. 2 SGB VII eine frühere Anerkennung – regelmäßig zum Beschlusstag des ÄSVB – möglich wäre, während bei Abstellen auf die neue BK-Nr. eine Anerkennung erst mit dem Tag des Inkrafttretens der neuen Berufskrankheit möglich ist. Nach dem Wortlaut von § 9 Abs. 2 SGB VII ist für die Anerkennung als Wie-BK jedoch Grundvoraussetzung, dass ein passender BK-Tatbestand nicht existiert. Auch hier sollte auf die Grundsätze zur Auslegung des § 6 BKV zurückgegriffen werden. Das BSG[49] vertritt insoweit unter Bezug auf eine Entscheidung des BVerfG[50] die zutreffende Meinung, dass bereits nach § 9 Abs. 2 SGB VII laufende Verwaltungsverfahren trotz der zwischenzeitlich in Kraft getretenen Bezeichnung als Berufskrankheit gleichwohl noch mit einer Anerkennung als Wie-BK mit dem günstigeren Rückwirkungszeitraum abzuschließen sind. Auch hinsichtlich dieser Frage ist eine Klarstellung durch den Gesetzgeber nicht zwingend notwendig.

3. Leiden an der Krankheit?

Schließlich unterscheidet sich die neue Rückwirkungsregelung in § 9 Abs. 2a SGB VII von der Regelung in § 6 BKV dadurch, dass in letzterer ausdrücklich gefordert wird, dass Versicherte noch an der Krankheit leiden. Auch hier sollte im Hinblick auf Sinn und Zweck einer Rückwirkungsregelung an der bisherigen Handhabung festgehalten werden, weshalb folgenlos ausgeheilte Erkrankungen von der Rückwirkung ausgenommen werden sollten.[51] Zumal ausgehend von der Regelung des § 9 Abs. 2a SGB VII keine Leistungen für die Zeit vor der Einführung der neuen Berufskrankheit erbracht werden können. Soweit es um Hinterbliebenenleistungen geht, bei

49 BSG, 27.6.2006, B 2 U 5/05 R, SGb 2007, 154 mit zust. Anm. v. Rüfner.

50 BVerfG, 23.6.2005, 1 BvR 235/00, SozR 4-1100 Art. 3 Nr. 32, SGb 2006, 94 mit Anm. von Becker.

51 So auch Brandenburg in jurisPK-SGB VII, 3. Aufl. 2022, § 9 Rn. 92.

denen Leistungen erst ab dem Tod der versicherten Person in Betracht kommen, scheidet eine Anerkennung als Berufskrankheit von vornherein aus, wenn die versicherte Person vor der Aufnahme der Berufskrankheit in die Liste verstorben ist.[52]

V. Neue Probleme durch den Wegfall des Unterlassungszwangs

1. § 9 Abs. 4 SGB VII (neu)

Um einer Schwächung der Prävention nach dem Wegfall des Unterlassungszwangs entgegenzuwirken, hat der Gesetzgeber Abs. 4 des § 9 SGB VII neu gefasst. Dabei hat er nicht ausdrücklich auch Erkrankungen nach § 9 Abs. 2 SGB VII erwähnt. Entsprechend der Rechtsprechung zum insoweit vergleichbaren § 3 BKV[53] sollte § 9 Abs. 4 SGB VII aber auch auf Wie-BKen Anwendung finden.

Nach § 9 Abs. 4 SGB VII haben die Unfallversicherungsträger darauf hinzuwirken, dass die Versicherten die gefährdende Tätigkeit unterlassen, wenn durch die Fortsetzung der Tätigkeit die Gefahr einer Verschlimmerung oder des Wiederauflebens der Erkrankung droht. Nicht erwähnt wird in der Vorschrift allerdings der Fall, dass durch Präventionsmaßnahmen zwar eine Verschlimmerung verhindert, aber gleichwohl durch die Fortsetzung der Tätigkeit eine Besserung der Erkrankung unterbleibt. Hier plädiere ich – schon wegen der Pflicht des Unfallversicherungsträgers, mit allen geeigneten Mitteln den Gesundheitsschaden zu beseitigen (§ 26 Abs. 2 SGB VII) – dafür, § 9 Abs. 4 SGB VII so auszulegen, dass auch dieser Fall einbezogen ist.[54]

2. Auslegung der BK-Nr. 5101 (schwere oder wiederholt rückfällige Hauterkrankungen)

Mit dem Wegfall des Unterlassungszwangs durch das 7. SGB IV-ÄndG gewinnen in den hiervon betroffenen BK-Tatbeständen bisher weniger beachtete Einschränkungen an Bedeutung. So insbesondere bei der BK-Nr. 5101 („schwere oder wiederholt rückfällige Hauterkrankungen“).

---

52 Römer/Keller, SGb 2020, 651/655; LSG Baden-Württemberg, 23.1.2014, L 10 U 4227/12, juris Rn. 21.

53 BSG, 7.9.2004, B 2 U 1/03 R.

54 So auch Brandenburg in jurisPK-SGB VII, 3. Aufl. 2022, § 9 Rn. 174.

Da Dreh- und Angelpunkt der Prüfung dieser Berufskrankheiten vor dem Inkrafttreten des 7. SGB IV-ÄndG regelmäßig die Frage der Notwendigkeit der Aufgabe der schädigenden Tätigkeit war, gibt es nur wenig Rechtsprechung, wann eine Hauterkrankung als „schwer" oder „wiederholt rückfällig" anzusehen ist. Ein Urteil des BSG aus dem Jahr 1974[55] sieht eine Hauterkrankung als schwer an, wenn die Erkrankung zwar in einer medizinisch nicht schweren Erscheinungsform verlaufen sei, jedoch längere Zeit (grundsätzlich mindestens 6 Monate) ununterbrochen bestanden habe. Eine wiederholte Rückfälligkeit erfordere ein dreimaliges Wiederauftreten der Erkrankung nach krankheitsfreien Zwischenräumen. In der Arbeitsgruppe zur Aktualisierung der Bamberger Empfehlung zur Begutachtung der BK-Nr. 5101 herrscht Einigkeit, dass sich die Schwere initial aus dem klinischen Bild (Schädigung der Haut, Schmerzen), der Ausdehnung, der Intensität der notwendigen Behandlung (z.B. stationäre Therapie) und der Ausprägung der Allergie (starke Sensibilisierung gegen nicht meidbare Arbeitsstoffe) ergeben kann. Schwieriger ist die Frage, wann sich die Schwere allein aus dem Verlauf (über 6 Monate) ergibt. Entsprechend dem Sinn und Zweck dieses Kriteriums muss für dieses maßgebend sein, ob die Krankheit trotz effizienter leitliniengerechter Therapie nicht abheilt. Da eine effiziente Heilbehandlung regelmäßig erst sichergestellt werden kann, wenn diese vom Unfallversicherungsträger nach § 3 BKV eingeleitet wurde, wird dieser Zeitpunkt als Beginn des 6-Monatszeitraums vorgeschlagen.[56] Dies setzt allerdings eine zeitnahe Reaktion des Unfallversicherungsträgers auf die Meldung des Falles voraus.

Auch das Merkmal der wiederholten Rückfälligkeit ist klarer zu definieren. Um sicherzustellen, dass es sich um dieselbe Erkrankung handelt, wird hier vorgeschlagen, dass die Rückfälle nicht länger als 12 Monate auseinander liegen sollten.[57]

---

55 Z. B. BSG, 27.6.1974, 8/7 RU 9/72; LSG Berlin-Brandenburg, 15.3.2012, L 3 U 55/09.

56 Skudlik u.a., DBU 2021, 6.

57 Schönberger/Mehrtens/Valentin, Arbeitsunfall und Berufskrankheit, 10. Aufl., S. 941; Skudlik u.a., DBU 2021, 6.

Aktuelle Entwicklungen des Berufskrankheitenrechts – neue Pfade oder Irrwege?

Aus der Sicht eines Unfallversicherungsträgers[1]

Martin Forchert, Ass. jur., Leiter der Stabsstelle Recht und Organisation,
BG Holz und Metall, Mainz

I. Einleitung

Der Beitrag konzentriert sich auf zwei Entwicklungen des BK-Rechts. Der erste Teil wird sich der Frage widmen, wie die Theorie der wesentlichen Bedingung auf Krebserkrankungen anzuwenden ist. Diese Frage ist nicht zuletzt durch die Entscheidung des Bundessozialgerichts vom 27.9.2023[2] über den Blasenkrebs eines Rissprüfers in den Fokus gerückt. Das zweite Thema werden die sog. Rechtstatsachen oder „generellen Tatsachen" sein, also tatsächliche Feststellungen, die das Revisionsgericht trifft und die quasi im Grenzgebiet liegen zwischen Tat- und Rechtsfragen. Sie kommen bei Berufskrankheiten besonders häufig vor. Die Aktualität des zweiten Themas verdankt sich der Entscheidung zur Anerkennungsfähigkeit von posttraumatischen Belastungsstörungen (PTBS) bei Rettungssanitätern nach § 9 Abs. 2 SGB VII[3].

II. Zur Anwendung der Theorie der wesentlichen Bedingung auf Krebserkrankungen

1. Theorie der wesentlichen Bedingung als universeller Maßstab

§ 9 Abs. 1 Satz 1 SGB VII verlangt für Berufskrankheiten, dass Versicherte sie infolge versicherter Tätigkeit erleiden. Daraus leiten sich drei zentrale Prüfpunkte ab: Einwirkung, Erkrankung und der kausale Zusammenhang, der Einwirkung und Erkrankung verbindet. In den Worten des BSG:

---

1 Cave: Veröffentlichungen sind kritisch zu würdigen, wenn Autoren aktive oder ehemalige Bedienstete von Versicherungsträgern sind oder diesen in anderer Weise nahestehen (BSG, Urteil vom 9.5.2006, B 2 U 1/05 R, Rn. 26).

2 B 2 U 8/21 R.

3 Urteil vom 22.6.23, B 2 U 11/20 R.

„Nach ständiger Rechtsprechung des Senats ist für die Feststellung einer Listen-BK erforderlich, dass die Verrichtung einer grundsätzlich versicherten Tätigkeit zu Einwirkungen von Belastungen, Schadstoffen oder ähnlichem auf den Körper geführt hat und diese Einwirkungen eine Krankheit verursacht haben.“[4]

Der Ursachenzusammenhang soll nicht anders zu prüfen sein als bei Arbeitsunfällen. In der Rissprüfer-Entscheidung heißt es, es gelte *„im BK-Recht – wie auch sonst in der gesetzlichen Unfallversicherung – die Theorie der wesentlichen Bedingung, die zunächst auf der naturwissenschaftlich-philosophischen Bedingungstheorie beruht.*“[5] Die einheitliche Anwendung wird auch in der Literatur betont. So wird gesagt, die Theorie sei immer dieselbe, *„gleichgültig, ob die Anerkennung eines Arbeitsunfalles oder einer Berufskrankheit umstritten*“ sei[6].

Abb. 1 Theorie der wesentlichen Bedingung – nach dem Testfahrer-Urteil des BSG (vom 24.7.2012, B 2 U 9/11 R)

1. Stufe: **Tatsachenfrage**
(= Aufgabe von Sachverständigen)

a. War (berufliche) Einwirkung notwendige Bedingung des Gesundheitsschadens („conditio sine qua non")?
b. Wie groß sind **aus medizinischer Sicht** die „Mitwirkungsanteile" am Gesundheitsschaden von (beruflicher) Einwirkung einerseits und unversicherten Ursachen andererseits?

2. Stufe: **Rechtsfrage „Wesentlichkeit"**
(= Aufgabe von Verwaltung/Gericht)

Ist die Bedeutung der (beruflichen) Einwirkung für den Gesundheitsschaden groß genug, um ihn dem beruflichen Risiko zuzurechnen – und nicht dem allgemeinen Lebensrisiko (KK!)?

---

4 BSG, Urteil vom 27.9.2023, B 2 U 13/21 R, Rn. 28 (Urteile zitiert nach Juris).

5 B 2 U 8/21 R, Rn. 16 m. w. N.

6 Becker, P. MedSach 2007, 92/93; ders., SGb 2010, 131/132; ähnlich: Keller, SGb 2005, 205, im Ergebnis ebenso: Spellbrink, in: DGUV (Hrsg.), Erfahrungen mit der Anwendung von § 9 Abs. 2 SGB VII (6. Erfahrungsbericht), 53/58 f.

Die Theorie der wesentlichen Bedingung hat die letzten relevanten Veränderungen durch das sog. Testfahrer-Urteil[7] erfahren. Darin hat das BSG die Zuständigkeiten zwischen ärztlichen Sachverständigen und Rechtsanwendern klar voneinander abgegrenzt[8] (Abb. 1). Seit dem Testfahrer-Urteil gilt die Frage nach der rechtlichen Wesentlichkeit als *„reine Rechtsfrage"*[9], die sich ausschließlich nach dem Schutzzweck der gesetzlichen Unfallversicherung beurteilt.[10] Sie grenzt die Risikosphären von gesetzlicher Kranken- und Unfallversicherung voneinander ab[11] und ist *„keinesfalls von Sachverständigen zu beantworten"*.[12] Daneben hat das Testfahrer-Urteil die Fragen an medizinische Sachverständige präzisiert. Sie sollen neben der natürlichen Verursachung nach der Bedingungstheorie auch klären, welche tatsächlichen *„Mitwirkungsanteile"*[13] versicherte und unversicherte Ursachen an der Entstehung des Gesundheitsschadens haben[14]. Sachverständige sind also für die rechtliche Wesentlichkeit nicht mehr zuständig, müssen stattdessen Mitwirkungsanteile einschätzen[15].

2. Theorie der wesentlichen Bedingung beim Arbeitsunfall

Die Theorie der wesentlichen Bedingung ist für Arbeitsunfälle konzipiert, nicht für Berufskrankheiten. Das Reichsversicherungsamt hatte sie für Arbeitsunfälle entwickelt[16] und auch alle späteren Leitentscheidungen betrafen Arbeitsunfälle[17].

An einem typischen Beispiel, nämlich dem Sehnenriss, sei skizziert, wie sie bei Arbeitsunfällen funktioniert. Bei einem Sehnenriss trifft in aller Regel eine betriebliche Einwirkung mit einer durch Texturstörung oder Verschleiß veränderten Sehne zusammen.

---

7 Urteil vom 24.7.2012, B 2 U 9/11 R „Testfahrer".

8 Spellbrink, MedSach 2017, 51/53.

9 Inzwischen ständige Rspr. des BSG: s. Urteil vom 4.12.2014, B 2 U 18/13 R, Rn. 21; jüngst Urteil vom 21.3.2024, B 2 U 14/21 R, Rn. 30; Spellbrink, MedSach 2017, 51/55.

10 BSG, Urteil vom 24.7.2012, B 2 U 9/11 R, Rn. 33 ff.

11 LSG Sachsen-Anhalt, Urteil vom 14.4.2011, L 10 U 2/07, Rn. 60.

12 Spellbrink in: DGUV (Hrsg.), Erfahrungen mit der Anwendung von § 9 Abs. 2 SGB VII (6. Erfahrungsbericht), 53/59.

13 So die Terminologie im Urteil vom 24.7.2012 „Testfahrer", B 2 U 9/11 R, Rn. 79; ebenso Schur/Spellbrink, SGb 2014, 589/594.

14 Vgl. Urteil vom 24.7.2012, B 2 U 9/11 R „Testfahrer", Rn. 32.

15 Ausführlich zu den Aufgaben der Sachverständigen: Forchert, MedSach 2018, 102.

16 RVA AN 1892, 33; RVA AN 1912, 930; RVA AN 1914, 411.

17 Z.B. BSGE 1, 150/156 f.; BSG, Urteil vom 9.5.2006, B 2 U 1/05 R, Rn. 13 ff.; Urteil vom 24.7.2012 „Testfahrer", B 2 U 9/11 R, Rn. 30 ff.

Abb. 2 Von den Mitwirkungsanteilen zur „Wesentlichkeit": Rechtliche Wertung nach dem Schutzzweck der GUV

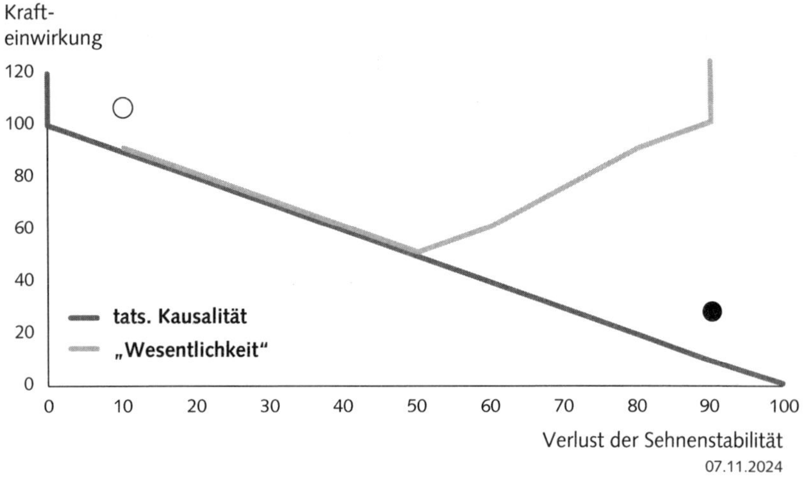

Modellhaft lässt sich die Problematik als mathematische Funktion darstellen (Abb. 2). Auf der x-Achse ist der Stabilitätsverlust der Sehne aufgetragen, der von 0 bis 100 Prozent reicht. Die y-Achse stellt das Ausmaß der Einwirkung oder Kraft dar, die auf die Sehne gewirkt hat. Für jede Sehne gibt es einen Punkt, an dem die Kraft größer wird, als die Sehne aushalten kann. Diesen Punkt der Überlastung stellt die blaue Linie dar. Unterhalb der blauen Linie ist die Kraft zu gering, um die Sehne zu zerreißen. Alle Ereignisse, die zu einem Sehnenriss führen können, sind also oberhalb der Linie angesiedelt. In jedem Einzelfall ist das Verhältnis von Einwirkung und Sehnenstabilität tatsächlich zu klären. Ist die Kraft groß und die Sehne vergleichsweise stabil, so wie es der grüne Punkt darstellt, ist der Mitwirkungsanteil der Einwirkung groß und der Anteil der Texturstörung klein. Ist die Kraft eher klein und die Vorschädigung eher groß, wie es der rote Punkt anzeigt, ist es umgekehrt. Aufgabe der Sachverständigen ist es, diese Einordnung vorzunehmen, indem sie das Ausmaß oder den Gefährdungsgrad des Ereignisses dem Grad der Verletzbarkeit der Sehne gegenüberstellen.

Sind die Mitwirkungsanteile geklärt, muss rechtlich entschieden werden, wie weit der Schutz der gesetzlichen Unfallversicherung reicht. Diese Grenze markiert in Abb. 2 die rote Linie. Natürlich können die sozialpolitischen Vorstellungen davon, was die Gesetzliche Unfallversicherung schützen soll, auseinandergehen. Aber das ist ein anderes Thema. Das Modell soll nur demonstrieren, was die Aufgaben von Sachverständigen und Rechtsanwendern sind.

Bei kritischen Arbeitsunfällen wie dem Sehnenriss steht nahezu immer die Frage der rechtlichen Wesentlichkeit, die Abwägung der Mitwirkungsanteile nach dem Schutzzweck der gesetzlichen Unfallversicherung, im Vordergrund. Weil Ereignis und Schaden typischerweise unmittelbar zusammentreffen, scheitern Ansprüche beim Arbeitsunfall nur selten an der natürlichen Kausalität auf Stufe 1.

3. Theorie der wesentlichen Bedingung bei Krebserkrankungen

Die Verhältnisse bei Krebserkrankungen sind andere. Einen engen zeitlichen Zusammenhang, der die natürliche Kausalität indiziert, gibt es nie. Oft liegen zwischen Einwirkung und Schaden Jahrzehnte. Außerdem setzt Krebs keine äußeren Einwirkungen voraus. Er tritt auch idiopathisch auf, also ohne erkennbare Ursache. Es gibt ein Grundrisiko an Krebs zu erkranken, das mit dem Alter wächst und dem praktisch alle Menschen ausgesetzt sind.

Bei Arbeitsunfällen liegen der Kausalität oft deterministische Gesetzesaussagen[18] zugrunde, beim Sehnenriss etwa die Aussage, dass eine Einwirkung einen Sehnenriss verursacht, wenn die einwirkende Kraft größer ist als die Stabilität der Sehne. Deterministische Kausalaussagen gelten wie ein Naturgesetz ohne Ausnahme. Deswegen eignen sie sich auch für Prognosen. Kennt man die Kraft, die einwirkt, und die Stabilität der Sehne, kann vorhergesagt werden, ob die Sehne reißen wird. Es kann keinen Zweifel geben, dass eine Kraft, die die Belastbarkeit der Sehne überfordert, notwendige Bedingung des Sehnenrisses ist.

Über Krebserkrankungen findet man andere Gesetzesaussagen. Sie sind nicht deterministisch, sondern statistisch[19], meinen Gefährdung oder Risikoerhöhung, nicht notwendige Bedingung, und gelten nicht ausnahmslos. Die Aussage „Rauchen verursacht Krebs" bedeutet nicht, dass Krebs bekommt, wer raucht, sondern nur, dass das Risiko steigt. Lebenslange Raucher müssen nicht an Krebs erkranken, selbst wenn sie sehr alt werden. Ex-Bundeskanzler Helmut Schmidt war das vielleicht prominenteste Beispiel.

---

18 Vgl. AK-ZPO-Rüßmann § 286 Rn. 6: „Deterministische Erfahrungssätze".

19 Zum Unterscheid von deterministischen und statistischen Gesetzen und Erklärungen: Stegmüller, Hauptströmungen der Gegenwartsphilosophie, Band 1, 7. Auflage 1989, 453 f.; AK-ZPO-Rüßmann § 286 Rn. 6 ff.; s. auch Forchert, VSSR 2017, 19 ff.

Die kausale Aussage „Rauchen verursacht Krebs“ taugt nicht zur Prognose. Ob die Gefahr, die das Rauchen schafft, sich realisiert, ist unsicher. Krebs entsteht auch ohne Rauchen, oft zufällig oder schicksalhaft. Insofern ist Rauchen weder notwendige noch hinreichende Bedingung für Krebserkrankungen.

Bei Arbeitsunfällen kommt es nur selten vor, dass der Ursachenzusammenhang davon abhängt, wie Risiken bewertet werden. Dazu folgendes Beispiel:

Ein deutsches Bauunternehmen entsendet einen 50 Jahre alten Architekten in eine wenig zivilisierte Region Südamerikas. Vom Hotel macht er sich auf den Weg zu einer Baustelle des Unternehmens, kommt dort allerdings nie an. Ohne dass eine Leiche gefunden wird, wird er für tot erklärt. Was den Tod herbeigeführt hat, bleibt unbekannt. Bekannt werden nur verschiedene Risikofaktoren, versicherte und nicht versicherte, etwa dass
- in der Region die Kriminalität vor allem bei Raub und Mord hoch ist,
- der Architekt starker Raucher und schneller Autofahrer war,
- bei ihm ein asymptomatisches Aneurysma bestand,
- und er ein gefährliches Hobby hatte, nämlich Extrem-Bergsteigen, dem er auch im Ausland in seiner Freizeit regelmäßig nachging.

Würde man in diesem Fall die haftungsbegründende Kausalität zwischen versicherter Tätigkeit und Tod für hinreichend wahrscheinlich erachten? Wohl kaum. Die Annahme, der Tod sei Folge versicherter Tätigkeit, wäre hochgradig spekulativ und nicht mehr als eine Möglichkeit. Es ist völlig unklar, wie, wo und woran der Versicherte verstorben ist und damit auch, welcher Risikofaktor sich verwirklicht hat.

Die Ausgangssituation bei Krebs ist ähnlich. Die medizinische Wissenschaft kennt zwar viele Risikofaktoren[20], ist aber nur selten in der Lage, über die Verursachung im Einzelfall Auskunft zu geben.

Der Krebsinformationsdienst des deutschen Krebsforschungszentrums in der Helmholtz-Gemeinschaft schreibt zur Frage, wie Krebs entsteht[21]:

„Krebs kann entstehen, wenn Zellen sich unkontrolliert vermehren. Grund sind meist Schäden am Erbgut dieser Zellen oder Fehler beim Ablesen der Erbinformation. Solche Schäden entstehen aus verschiedenen Gründen:
- *Viele Erbgut-Fehler entstehen zufällig bei der Zellteilung oder beim normalen Zellstoffwechsel.*

20 Siehe etwa das Schaubild des Krebsinformationsdienstes: https://www.krebsinformationsdienst.de/krebsentstehung (zuletzt abgerufen: 14.2.2025).

21 https://www.krebsinformationsdienst.de/krebsentstehung.

- *Das Risiko, an Krebs zu erkranken, wird aber auch vom persönlichen Lebensstil beeinflusst.*
- *Hinzu kommen Umweltfaktoren und Krankheitserreger, die Krebs begünstigen.*
- *Auch erbliche Veranlagungen spielen eine Rolle.*

Bei einzelnen Patientinnen und Patienten lässt sich im Nachhinein jedoch meist nicht feststellen, was genau die Ursache für ihre Krebserkrankung war. Andererseits gilt auch: Nicht jeder, der den bekannten Risikofaktoren ausgesetzt ist, erkrankt automatisch an Krebs.“

Im Nachhinein die Krebsursache festzustellen, ist also für den Einzelfall oft unmöglich. Aussagen sind nur über Risikofaktoren zu treffen. Das heißt: Auf die Frage, was „Conditio sine qua non“ einer konkreten Krebserkrankung war, wird die Antwort medizinischer Sachverständiger im Regelfall lauten müssen: Die Ursache der Erkrankung ist nicht feststellbar.

Verlangt man den Nachweis der Verursachung, wie es der Bedingungstheorie entspricht, stellt man Anforderungen an die medizinische Wissenschaft, die sie nicht erfüllen kann. Die medizinische Ausgangslage ist bei Krebs eine fundamental andere als beim Arbeitsunfall. Statt deterministischer Naturgesetze und notwendiger Bedingungen stehen regelmäßig nur statistische Erkenntnisse über Risikofaktoren zur Verfügung. Aus statistischen Daten Schlüsse für den Einzelfall abzuleiten, ist aber um ein Vielfaches unsicherer als ein Schluss, der auf einem deterministischen Naturgesetz beruht.

4. Ursachenzusammenhang bei Krebs in der Rechtsprechung

In der gerichtlichen Praxis bleibt dieser Unterschied regelmäßig unbeachtet. Bei Krebserkrankungen wird Verursachung im Sinne der Bedingungstheorie eher behauptet als nachgewiesen[22]. Auch die Rechtsprechung des BSG lässt nicht erkennen, dass sie zwischen Arbeitsunfällen und Krebserkrankungen sowie zwischen notwendigen Bedingungen und Risikoerhöhungen differenziert. Schaut man sich die wichtigsten drei Entscheidungen zu Krebserkrankungen der jüngeren Vergangenheit an, wird das Fehlen einer verständlichen dogmatischen Orientierung evident.

---

22 Siehe z. B. SG Karlsruhe, Urteil vom 25.9.2018, S 4 U 4163/16, Rn. 43; Hess. LSG, Urteil vom 14.10.2014, L 3 U 150/09, Rn. 57; LSG Baden-Württemberg, Urteil vom 2.8.2021, L 1 U 151/21, Rn. 48.

a) Synkanzerogenese-Urteil[23]

Im zweiten Synkanzerogenese-Urteil hatte das BSG über einen Lungenkrebs zu entscheiden, für den Chrom(VI), Nickel, Strahlung und Rauchen als Ursachen in Frage kamen. Auf den ersten Blick scheint sich das Urteil – dem Arbeitsunfall analog – zum Ursachenbegriff der Bedingungstheorie zu bekennen:

- Zur Anwendung der Theorie der wesentlichen Bedingung bezieht es sich auf das Urteil vom 9.5.2006[24], das zu einem Arbeitsunfall ergangen ist.
- Es betont die Bedingungstheorie als Kausalitätsanforderung und verwendet die deterministische Terminologie der notwendigen und hinreichenden Ursachen[25].
- Es verwirft die sog. Wichmannsche Formel, ein mathematisch-statistisches Modell zur Kausalitätsklärung, das durch Addition von Einzelrisiken eine Gesamtwahrscheinlichkeit bildet.

Aber quasi mit dem letzten Satz der Urteilsbegründung schwenkt der Senat dann auf einen statistischen Ursachenbegriff, auf Risikoerhöhung um, indem er „Gefährdungspotential“ und „Verursachungswahrscheinlichkeit“ zum Maßstab erklärt[26].

b) Schweißer-Urteil[27]

Das Schweißer-Urteil betraf ebenfalls einen Versicherten mit Lungenkrebs. Hier trafen Chrom(VI)-Einwirkungen und Rauchen zusammen. Im Mittelpunkt stand nicht die tatsächliche Verursachung auf Stufe 1 der Theorie der wesentlichen Bedingung, sondern die Wesentlichkeit auf Stufe 2. Das LSG hatte beide Risikofaktoren, Chrom(VI) und Rauchen, als Ursachen im Sinne der Bedingungstheorie festgestellt[28]. Den Erfahrungssatz des LSG, ein naturwissenschaftlicher Kausalzusammenhang zwischen einer Lungenkrebserkrankung und einer Einwirkung von Chrom(VI) könne bereits bei 300 Chromjahren vorliegen, hielt der Senat nicht für „offensichtlich falsch“[29]. Daher

23 Urteil vom 29.11.2011, B 2 U 26/10 R.

24 Urteil vom 29.11.2011, B 2 U 26/10 R, Rn. 32.

25 Urteil vom 29.11.2011, B 2 U 26/10 R, Rn. 32, 33, 35 und 37.

26 Urteil vom 29.11.2011, B 2 U 26/10 R, Rn. 41, letzter Satz; dazu: Forchert, VSSR 2017, 36.

27 Urteil vom 30.3.2017, B 2 U 6/15 R.

28 Hess. LSG, Urteil vom 14.10.2014, L 3 U 150/09, Rn. 57.

29 BSG, Urteil vom 30.3.2017, B 2 U 6/15 R, Rn. 21.

sah er sich nach § 163 SGG an die Feststellung gebunden, dass die Chrom(VI)-Einwirkung den Lungenkrebs tatsächlich verursacht hatte[30].

Wenn man von den Passagen absieht, die der Bindung an die Feststellung des LSG gelten, enthält das Urteil über die tatsächliche Verursachung nur einen relevanten Satz, nämlich:

„Die nummerischen Verursachungsbeiträge müssen auf der ersten (rein tatsächlichen) Prüfungsstufe festgestellt und abgewogen werden[31]."

Die „nummerischen Verursachungsbeiträge" dürften auf das verweisen, was das Testfahrer-Urteil „Mitwirkungsanteile" nennt. Der Satz des BSG betrifft damit die Stufe 1b der Theorie der wesentlichen Bedingung (s. o. Abb. 1). Vor der Quantifizierung von Mitwirkungsanteilen oder Ursachenbeiträgen steht aber die Feststellung der natürlichen Verursachung (Stufe 1a). Dazu enthält das Urteil nichts.

c) Rissprüfer-Urteil[32]

Auch das jüngste BSG-Urteil, der Blasenkrebs des Rissprüfers, wirft mehr Fragen auf als es beantwortet[33]. Streitgegenstand war die Frage, ob eine sehr geringe Einwirkung von Azofarbstoffen, die durch Stoffwechsel im Körper o-Toluidin abspalten können, eine Erkrankung an Blasenkrebs verursacht hat. Der Sachverständige im LSG-Verfahren hatte die Dosis als nicht geeignet beurteilt, eine Krebserkrankung auszulösen[34]. Weil die Einwirkung aus medizinisch-wissenschaftlicher Sicht keine Ursache der Erkrankung war, hat das BSG Verursachung fingiert. Wenn eine Einwirkung als Krankheitsursache nicht ausgeschlossen werden kann, wie es bei vielen Gefahrstoffen der Fall ist, soll der Gegenbeweis erforderlich sein, dass eine unversicherte Ursache die Erkrankung herbeigeführt hat[35].

Da die medizinische Wissenschaft die Ursachen von individuellen Krebserkrankungen nur ausnahmsweise klären kann, ist dieser Gegenbeweis in aller Regel chancenlos. Der größte Risikofaktor für Blasenkrebs ist der Zufall[36]. Wie der Nachweis zu führen sein könnte, dass eine Erkran-

---

30 BSG, Urteil vom 30.3.2017, B 2 U 6/15 R, Rn. 18.

31 BSG, Urteil vom 30.3.2017, B 2 U 6/15 R, Rn. 22.

32 BSG, Urteil vom 27.9.2023, B 2 U 8/21 R.

33 Siehe die kritischen Urteilsanmerkungen von Römer, jurisPR-SozR 9/2024 Anm. 2, Kranig, SGb 2024, 316, Forchert, FD-SozVR 2024, 807732 sowie die Urteile des LSG Bayern vom 14.8.2024, L 2 U 438/16, Rn. 67 ff. und LSG Hessen vom 27.9.2024, L 9 U 56/23, Rn. 53.

34 LSG Baden-Württemberg, Urteil vom 29.9.2020, L 9 U 488/17, Rn. 21.

35 BSG, Urteil vom 27.9.2023, B 2 U 8/21 R, Rn. 32.

36 Siehe das Schaubild des Krebsinformationsdienstes: https://www.krebsinformationsdienst.de/blasenkrebs unter „Ursachen von Blasenkrebs".

kung zufällig entstanden ist, was der Senat damit meint, „*das konkrete Schicksal benennen*" und „*im Sinne der Theorie der wesentlichen Bedingung feststellen*" [37] zu müssen, hätte man gern vom BSG erfahren. Aber dazu schweigt das Urteil.

Die Verursachungsfiktion bezeichnet der Senat euphemistisch als „Fortentwicklung"[38] seiner Rechtsprechung. Bisher galt, dass der Ursachenzusammenhang positiv festgestellt werden muss[39]. Wenn minimale Gefährdung den Beweis der Verursachung ersetzt, bleibt von einer positiven Feststellung wenig übrig. Entschädigungsgrund ist dann nicht mehr die Verursachung durch eine betriebliche Einwirkung, sondern das Unvermögen der Unfallversicherungsträger und der medizinischen Wissenschaft, eine alternative Verursachung zu beweisen. Durch Beweislastumkehr Kausalität zu fingieren, erscheint unvereinbar mit dem Schutzzweck der gesetzlichen Unfallversicherung, die sich schließlich der Ablösung der zivilrechtlichen Unternehmerhaftpflicht verdankt.

Damit bleibt die höchstrichterliche Rechtsprechung bisher eine befriedigende Antwort auf die Frage schuldig, nach welchen Kriterien die tatsächliche Verursachung bei Krebserkrankungen festzustellen ist.

d) Lösungsmöglichkeiten für den Ursachenzusammenhang bei Krebs

Weil die medizinische Wissenschaft die notwendigen Bedingungen von individuellen Krebserkrankungen nicht angeben kann, ist es nicht möglich, die Theorie der wesentlichen Bedingung in gleicher Weise auf Arbeitsunfälle und Berufskrankheiten anzuwenden. Für viele Berufskrankheiten und speziell für Krebserkrankungen brauchen wir daher neue, eigene Wege.

Als Entscheidungskriterium kommt nur Risikoerhöhung in Frage. Risiken sind Möglichkeiten, wie das Beispiel des in Südamerika verschwundenen Architekten anschaulich zeigt. Es braucht einen Konsens darüber, unter welchen Bedingungen Gefährdung oder Risikoerhöhung dem Nachweis von Verursachung adäquat sein können. Um Verursachung zu ersetzen, wird Gefährdung eine besondere Qualität haben müssen. Das Kriterium der Risikoverdoppelung erscheint dafür am besten geeignet. Arbeitsmedizinisch gilt das relative Risiko von 2 als sinnvoll, weil es eine hinreichende Unterscheidbarkeit vom Grundrisiko gewährleistet.[40] Außerdem gelten sta-

37 BSG, Urteil vom 27.9.2023, B 2 U 8/21 R, Rn. 37.
38 BSG, Urteil vom 27.9.2023, B 2 U 8/21 R, Rn. 33.
39 Z.B. BSG, Urteil vom 9.5.2006, B 2 U 1/05 R, Rn. 20.
40 Mummenhoff, Erfahrungssätze im Beweis der Kausalität (1997), 169.

tistische Wahrscheinlichkeiten als stark, wenn der Zusammenhang eine Wahrscheinlichkeit von mehr als 50 % hat[41].

In Literatur[42] und Rechtsprechung der Instanzgerichte[43] gibt es viele Stimmen, die das Verdopplungsrisiko als Entscheidungskriterium für die Einzelfallprüfung heranziehen. Die Haltung des BSG ist leider widersprüchlich. Frühere Judikate waren dem Verdopplungsrisiko aufgeschlossen. Ein älteres Urteil des achten Senats zur BK 2402[44] hatte es gebilligt, eine statistische Verursachungswahrscheinlichkeit zu berechnen, die am Maßstab der Risikoverdoppelung orientiert war. Der zweite Senat hatte im Jahr 2007 die Erfüllung des Dosisgrenzwerts der BK 4104 als „tatsächliche Vermutung" der Kausalität ausgelegt[45]. Weil die Tatbestandsvoraussetzung der 25 Faserjahre auf dem Verdopplungsrisiko basiert, hatte er die Risikoverdoppelung so indirekt zum Maßstab für die Beurteilung des Einzelfalls gemacht. Aber leider begegnen Synkanzerogenese- und Schweißerurteil dem Konzept der Risikoverdopplung mit Skepsis[46]. Eine Alternative ist zumindest für die Fälle nicht ersichtlich, in denen, wie bei Krebserkrankungen häufig, keine medizinischen Anknüpfungstatsachen zur Verfügung stehen, sondern nur epidemiologisch-statistische (Studien-)Daten.

Rechtsmethodisch könnte an die Entscheidung von 2007 angeknüpft werden. Dem Überschreiten der Verdopplungsdosis die Wirkung einer tatsächlichen Vermutung zuzuschreiben, bietet sich an. Könnte bei einem einwirkungsbedingten individuellen Risiko oberhalb der Risikoverdoppelung auf natürliche Kausalität geschlossen werden, erreichte man die zweite Stufe des Ursachenzusammenhangs. Es käme nicht mehr auf hinreichende oder überwiegende Wahrscheinlichkeit an, sondern wie beim Arbeitsunfall auf Wesentlichkeit. Das Überwiegen außerberuflicher Risiken schlösse Entschädigung dann nur bei „überragender Bedeutung"[47] aus.

Verursachung im Sinne der Bedingungstheorie durch eine tatsächliche Vermutung zu ersetzen, die auf ein individuelles Verdopplungsrisiko ge-

---

41 Mummenhoff, Erfahrungssätze im Beweis der Kausalität (1997), 14.

42 z.B. Hauck-Römer, § 9 SGB VII, Rn. 145 ff.; Keller, SGb 2005, 209; Mehrtens/Brandenburg BKV, § 9 SGB VII, Rn. 27.3; Seidler, Zbl. Arbeitsmed. 2014, 325/328.

43 LSG Sachsen-Anhalt, Urteil vom 19.3.2015, L 6 U 79/09, Rn. 26 ff.; Hess. LSG, Urteil vom 31.10.2003, 11/3 U 740/02 ZVW, zustimmend Keller, MedSach 2005, 112/114; LSG Niedersachsen-Bremen, Urteil vom 15.11.2012, L 6 U 92/07, Rn. 26; LSG NRW, Urteil vom 5.4.2006, L 17 U 202/02, Rn. 35; LSG Baden-Württemberg, Urteil vom 9.12.2004, L 7 U 217/02, Rn. 59; LSG Nds., Urteil vom 18.11.2004, L 6 U 29/00, Rn. 45; LSG Hamburg, Urteil vom 29.8.2001, III UBf 50/97, Rn. 28; SG Osnabrück, Urteil vom 28.6.2018, S 19 U 347/15, Rn. 44.

44 Urteil vom 18.8.2004, B 8 KN 1/03 U R, Rn. 32.

45 BSG,Urteil vom 30.1.2007, B 2 U 15/05 R, Rn. 24.

46 BSG, Urteile vom 29.11.2011, B 2 U 26/10 R, Rn. 29 und vom 30.03.2017 B 2 U 6/15 R, Rn. 19.

47 BSG, Urteil vom 9.5.2006, B 2 U 1/05 R, Rn. 15 m. w. N.

gründet ist, mag revolutionär wirken. Aber es ist bereits Alltag. Nahezu alle Dosiswerte, die die medizinische Wissenschaft in der jüngeren Vergangenheit vorgeschlagen hat, ob bei Benzol, Chrom (VI), Asbest oder aromatischen Aminen, basieren auf Risikoverdoppelung. Indem sich die Träger der gesetzlichen Unfallversicherung an diesen Dosiswerten orientieren, verwenden sie das Maß der Risikoverdoppelung bereits als Ersatz für den Nachweis der Verursachung.

Das Verdopplungskriterium führt zu überzeugenden Lösungen, wenn außer der schicksalhaften Entstehung keine konkurrierenden Risiken bekannt sind. Weil bei einer Überschreitung des Verdopplungsrisikos das versicherte Risiko überwiegt, lässt sich auf eine hinreichende Wahrscheinlichkeit der Verursachung schließen[48].

In der Praxis sind aber meist weitere Risikofaktoren zu bedenken, am häufigsten das Rauchen. Insofern artikuliert das BSG die Sorge, Berufskrankheitentatbestände könnten weitgehend bedeutungslos werden[49]. Das ist nicht vollständig von der Hand zu weisen. Denn Risikovergleiche werden häufig höhere außerberufliche Risiken ergeben. Bei beruflichen Risiken ist es oft schon zweifelhaft, ob sie das Verdopplungsrisiko erreichen, während die Risiken, die durch das Rauchen entstehen, nicht selten zweistellig sind. Die Anforderungen müssen deswegen aber nicht unerfüllbar werden. Eine tatsächliche Vermutung der Kausalität, wenn das individuelle Verdopplungsrisiko erreicht ist, wäre ein erster Schritt, um dies zu verhindern.

Ein weiterer könnte sein, sich über Kriterien der Risikoabwägung zu einigen. Sie sollten es einerseits zulassen, hohen außerberuflichen Risiken überragende Bedeutung zuzuweisen, ohne andererseits so hohe Hürden zu errichten, dass Anerkennungen praktisch unmöglich werden. Einen ersten Versuch hat die medizinische Wissenschaft mit der sog. BK-1301-Matrix[50] gestartet. Die Matrix bewertet verschiedene Risikofaktoren für Blasenkrebs und ermöglicht, berufliche und außerberufliche Risiken nach medizinischen Kriterien zu vergleichen. Auch für Lungenkrebs durch Chrom(VI) gibt es Vorüberlegungen, die in eine ähnliche Richtung gehen[51].

Da bei Krebserkrankungen die natürliche Verursachung vorentscheidende Bedeutung hat, gehört die Ursachenklärung in die Hände der medizinischen Wissenschaft. Daher sollte man für diese Vorschläge dankbar sein, auch wenn sie noch nicht alle Probleme lösen. Für die meisten Krebserkrankungen stehen aber bisher keine integrativen Bewertungsrichtlinien

48 Hauck-Römer, § 9 SGB VII, Rn. 145.
49 Urteil vom 30.3.2017, B 2 U 6/15 R, Rn. 26.
50 Weistenhöfer et al., ASUMed 2022, 177.
51 Pallapies et al, IPA-Journal 1/2024, 41 ff.

zur Verfügung. Daher gibt es aktuell kaum einen anderen Weg, als das berufliche Risiko zu schätzen und mit dem individuellen außerberuflichen Risiko zu vergleichen[52].

Mit einem praktischen Problem muss dabei gerechnet werden: Sachverständige geben meist Risiken für Kollektive an, die aus Studien gewonnen wurden. Das genügt aber nicht. Der Risikowert, der sich aus Studien für ein Kollektiv ergibt, berücksichtigt die Umstände des Einzelfalls nicht. Das individuelle Risiko verändert sich, wenn ein Erkrankter deutlich höher oder niedriger exponiert war als der Durchschnitt des Kollektivs oder sein Rauchverhalten signifikant abweicht. Insofern ist stets das individuelle Risiko zu schätzen. Sachverständige könnten ein solches Ansinnen als unwissenschaftlich betrachten, weil sich individuelle Risiken kaum auf gesicherte Erkenntnis stützen lassen. Das ist aber kein zwingender Hinderungsgrund. Beim Arbeitsunfall ist die Situation ähnlich. Um bei einem Sehnenriss die Mitwirkungsanteile von einwirkender Kraft und Verlust an Sehnenstabilität einzuschätzen, steht statt wissenschaftlicher Literatur ebenfalls nur ärztliche Erfahrung zur Verfügung. Das genügt der Praxis aber regelhaft.

Müsste im Einzelfall das Verdopplungsrisiko erreicht sein, um tatsächliche Verursachung nachzuweisen, mag man dies sozialpolitisch als zu hohe Hürde einstufen. Aber bei rechtlicher Betrachtung kann Verursachung nicht überwiegend wahrscheinlich sein, wenn das individuelle einwirkungsbedingte Risiko unter dem Verdopplungsrisiko liegt. Denn dann ist eine andere Entstehung der Erkrankung immer wahrscheinlicher als die berufliche und nach den üblichen Beweismaßstäben der Verursachungsnachweis zum Scheitern verurteilt.

e) Fazit zur Anwendung der Theorie der wesentlichen Bedingung auf Krebserkrankungen

- Entscheidungen zum Ursachenzusammenhang von Krebserkrankungen hängen im Unterschied zu Arbeitsunfällen davon ab, ob die tatsächliche Verursachung nachgewiesen werden kann.
- Die Bedingungstheorie ist für Krebserkrankungen so lange keine sinnvolle Tatbestandsvoraussetzung, wie die medizinische Wissenschaft die notwendigen Bedingungen individueller Krebserkrankungen nicht angeben kann.

---

52 Im Ergebnis ähnlich: jurisPK-Brandenburg SGB VII (Stand: 19.1.2022), § 9 Rn. 139: Ein konkurrierendes Erkrankungsrisiko könne die Wahrscheinlichkeit des Ursachenzusammenhangs in Frage stellen, wenn es das einwirkungsspezifische (versicherte) Risiko übersteige.

- Aktuell kann tatsächliche Verursachung nur auf der Basis von Risikoerhöhung und Risikovergleich festgestellt werden.
- Als Leitkriterium ist dabei die Risikoverdopplung sinnvoll.
- Die Frage, nach welchen Maßgaben tatsächliche Verursachung im Einzelfall anerkannt werden kann, wenn neben Gefahrstoffeinwirkung und Schicksal auch weitere unversicherte Risikofaktoren wie vor allem das Rauchen zu berücksichtigen sind, kann nur durch Konvention beantwortet werden, idealerweise im Zusammenwirken mit der medizinischen Wissenschaft.

III. „Generelle Tatsachen" in der BSG-Rechtsprechung

1. Begriff und Bedeutung „genereller Tatsachen"

Gegenstand der Revision sind primär Rechtsfragen. § 163 SGG begrenzt die Zuständigkeit der Revision im Sozialrecht ähnlich wie im Verwaltungs- oder Zivilrecht[53]. Der Vorschrift liegt die Dualität von Rechts- und Tatfragen zugrunde. Tatsachen sind von den Instanzgerichten festzustellen und binden die Revisionsinstanz, sofern sie nicht durch Verfahrensrügen erfolgreich angegriffen werden. Gleichwohl ist anerkannt, dass es tatsächliche Fragen gibt, die der Revision zugänglich sind, weil sie über den Einzelfall hinaus Bedeutung haben[54]. Sie haben regelmäßig die Form allgemeiner oder spezieller Erfahrungssätze. Allgemeine Erfahrungssätze, die ohne besondere fachliche Expertise erkannt werden können, sind als Gegenstand der Revision universell anerkannt[55]. Bei Berufskrankheiten geht es aber oft um spezielle Erfahrungssätze. Beispiele sind der Inhalt des aktuellen medizinischen Erkenntnisstands über Ursachen bestimmter Krankheiten oder Einwirkungsgrößen, die nötig sind, um Gesundheitsschäden zu verursachen. Solche Erfahrungssätze werden „Rechtstatsachen" oder „generelle Tatsachen" genannt. Der Sprachgebrauch ist aber uneinheitlich. Im Zivilrecht kennt man Ähnliches unter dem Begriff „Normtatsachen"[56].

Nicht jeder spezielle Erfahrungssatz ist als generelle Tatsache gekennzeichnet. Erfahrungssätze dienen auch der Auslegung von Rechtsvorschriften. Sie haben dann die Funktion zusätzlicher oder spezifischer Tatbestandsmerkmale. Die Feststellung genereller Tatsachen ist daher von

53 BeckOGK/Heinz, 1.8.2024, SGG § 163 Rn. 1, beck-online.
54 BeckOGK/Heinz, 1.8.2024, SGG § 163 Rn. 22, beck-online.
55 z. B. BSG, Beschluss vom 19.6.2002, B 2 U 22/01 R, Rn. 24 m. w. N.
56 Schmidt,E Festschrift für Wassermann 1985, 807.

Auslegung kaum zu trennen. So liegt der Auslegung des Tatbestandsmerkmals „langjährig“ bei der BK 2108 beispielsweise die medizinische Erfahrung zugrunde, dass in der Regel mehr als 10 Jahre vergehen, bis Bandscheibenschäden entstehen. Ob es Auslegung des Tatbestandsmerkmals „langjährig“ oder die Feststellung eines medizinischen Erfahrungssatzes ist, wenn eine gefährdende Einwirkung von mindestens zehn Jahren gefordert wird, lässt sich nicht sinnvoll unterscheiden. Daher wird im Folgenden auch nicht danach differenziert, ob das BSG einen speziellen Erfahrungssatz, den es aufgestellt hat, „generelle Tatsache“ genannt oder sich auf Auslegung berufen hat.

2. Unterscheidung von Einzelfalltatsachen

Rechtsmethodisch werden generelle Tatsachen abgegrenzt von Tatsachen des Einzelfalls. Generelle Tatsachen erlauben eine revisionsgerichtliche Überprüfung, während für Einzelfalltatsachen die Bindung nach § 163 SGG gilt.[57] Zu den Einzelfalltatsachen gehört die natürliche Kausalität nach der Bedingungstheorie. Das Testfahrer-Urteil hat sie ausdrücklich den Beweisfragen zugeordnet[58]. Das Schweißer-Urteil bestätigte diese Einordnung und bewertete die Feststellung der Vorinstanz über tatsächliche Verursachung konsequent als nicht offensichtlich falsch und damit bindend[59]. Die Rissprüfer-Entscheidung dagegen korrigiert die Feststellung der Vorinstanz über die natürliche Kausalität im Einzelfall, obwohl sie auf Beweiserhebung beruhte und Verfahrensrügen nicht erhoben waren. Sie erörtert weder § 163 SGG noch die Abweichung von früheren Entscheidungen. Daher spricht viel dafür, die Zuständigkeit der Revisionsinstanz auch für Einzelfalltatsachen, die das Rissprüfer-Urteil in Anspruch nimmt, als Irrtum und damit als Irrweg und nicht als neuen Pfad zu bewerten.

3. Zur Rechtsentwicklung bei generellen Tatsachen

Vom Rissprüfer-Urteil abgesehen hält sich das BSG nur für berechtigt, *generelle* Tatsachen selbst festzustellen. Das war nicht immer so. Erst seit knapp 20 Jahren stellt der zweite Senat spezielle Erfahrungssätze wie die Inhalte des aktuellen medizinischen Erkenntnisstands selbst fest. Davor hatte er auf die Zuständigkeit der Tatsachengerichte verwiesen. Noch in einer Ent-

57 BSG, Urteil vom 18.11.2008, B 2 U 14/08 R, Rn. 32.
58 BSG, Urteil vom 24.7.2012, B 2 U 9/11 R, Rn. 67.
59 BSG, Urteil vom 30.3.2017, B 2 U 6/15 R, Rn. 18.

scheidung vom 18. März 2003[60] hatte es geheißen, bei der Ermittlung medizinischer Erfahrungssätze handele es sich um eine Tatsachenfeststellung, die das Tatsachengericht nach seiner freien Überzeugung zu treffen habe. Der Inhalt medizinischer Erfahrungssätze könne vom Revisionsgericht nicht überprüft und auch nicht festgestellt werden.

Das änderte sich drei Jahre später. Streitgegenstand war die Expositionshöhe bei der BK 2110. Das LSG hatte ein Merkblatt zugrunde gelegt, das der Ärztliche Sachverständigenbeirat Berufskrankheiten (ÄSVB) kurz nach dem Berufungsurteil an die aktuelle Erkenntnislage anpasste. Nach dem neuen Merkblatt erfüllte der Kläger die Anforderungen an die Exposition. Indem das BSG den aktuellen medizinisch-wissenschaftlichen Erkenntnisstand selbst feststellte, konnte es dem Kläger unmittelbar zu seinem Recht verhelfen. Sein Hauptargument war der Zweck der Revision, die Einheit des Rechts zu wahren und eine einheitliche Rechtsprechung zu gewährleisten.[61]

4. Aktuelle Verfahren über generelle Tatsachen

In der Folge berief sich der zweite Senat zunächst nur vereinzelt auf dieses Urteil. Aber seit etwa 2010 häufen sich die Fälle stetig, in denen generelle Tatsachen Streitgegenstand sind. Man sehe sich nur an, was aktuell anhängig ist:

- Drei Rechtsstreitigkeiten betreffen den aktuellen medizinisch-wissenschaftlichen Erkenntnisstand als Voraussetzung des § 9 Abs. 2 SGB VII (PTBS bei Leichenumbettern[62], Rhinopathie und Hyposmie durch Ammoniak[63], Basalzell-Ca durch natürliche UV-Strahlung[64]);
- Zwei Rechtsstreitigkeiten die wissenschaftliche Gültigkeit von Feststellungen des BK-Reports über das Vorkommen von aromatischen Aminen in Schmierfetten[65],
- ein Rechtsstreit die Frage, ob es eine sichere Dosis für Quecksilber gibt[66],
- und ein weiterer den Inhalt von Aussagen der sog. Konsensempfehlung[67] zur BK 2108[68].

---

60 B 2 U 13/02 R, Rn. 19.
61 BSG, Urteil vom 27.6.2006, B 2 U 20/04 R, Rn. 24.
62 B 2 U 19/23 R.
63 B 2 U 1/24 R.
64 B 2 U 1/24 R.
65 B 2 U 9/23 R und B 2 U 10/23.
66 B 2 U 20/23 R.
67 Bolm-Audorff et al., Trauma und Berufskrankheit 2005, 211.
68 B 2 U 5/23 R.

Das sind keine klassischen Rechtsfragen. Streitgegenstand ist weder, wie weit der Schutz der Gesetzlichen Unfallversicherung reicht, noch welche sozialpolitischen Zielsetzungen das SGB VII oder die Berufskrankheiten-Verordnung (BKV) verfolgen. Stattdessen stehen arbeitstechnische oder medizinischen Anforderungen im Mittelpunkt.

Urteile über Berufskrankheiten der jüngeren Vergangenheit zeigen ein ähnliches Bild. Mehrfach waren medizinische Regeln aus den Konsensempfehlungen zur BK 2108 Thema[69]. Außerdem ging es um Dosisgrenzwerte beim Schweißen[70] oder um die medizinisch-wissenschaftliche Erkenntnislage über die PTBS bei Rettungssanitätern[71].

5. Prüfmaßstab

Wenn Revisionsgerichte über spezielle Erfahrungssätze entscheiden wie über Rechtsfragen, droht ein wichtiger Unterschied zwischen Rechtsfragen und Tatsachenfragen unterzugehen, nämlich der Richtigkeitsmaßstab. Auslegung von Recht soll gerecht sein. Leitend ist der objektive Sinn des Gesetzes. Tatsächliche Behauptungen müssen dagegen wahr sein (§ 286 Abs. 1 Satz 1 ZPO), also mit der Wirklichkeit übereinstimmen[72].

6. Generelle Tatsachen in der Praxis des zweiten Senats

Die Wahrheit von empirischen Aussagen (Erfahrungssätzen) verbürgen zumeist Sachverständige[73].

a) PTBS-Urteil

Insofern ist es verständlich, dass der zweite Senat im Rechtsstreit über die Anerkennung der PTBS als „Wie-BK“ [74] ein Gutachten über den aktuellen medizinisch-wissenschaftlichen Erkenntnisstand eingeholt hat. Schwerer begreiflich erscheint, warum er im Urteil das selbst veranlasste Gutachten als nicht entscheidungserheblich bewertet und als Grundlage der Entschei-

---

69 Z. B. BSG, Urteile vom 6.9.2018, B 2 U 10/17 R und B 2 U 13/17 R.

70 Urteil vom B 2 U 7/19 R.

71 Urteil vom 16.3.2021, B 2 U 11/20 R.

72 Schweizer, Beweiswürdigung und Beweismaß (2015), 45 m. w. N.; ähnlich: Zöller-Greger, § 286, Rn. 20; AK-ZPO-Rüßmann, § 286, Rn. 14.

73 Vgl. Musielak/Voit/Huber/Röß ZPO § 402 Rn. 1 f.; BGH NJW 1993, 1796.

74 Urteil vom 16.3.2021, B 2 U 11/20 R.

dung ausgeschlossen hat[75]. Offenkundig hat ein Meinungswandel stattgefunden. Die Gründe für diesen Umschwung bleiben dunkel. Damit drängt sich die Frage nach der außerrechtlichen Fachkompetenz auf, die den Senat plötzlich befähigt hat, den medizinischen Erkenntnisstand selbst festzustellen. Worauf sie beruht, gibt das Urteil nicht preis.

Gestützt ist die Entscheidung auf die Klassifikationssysteme ICD und DSM sowie die ärztliche Therapieleitlinie zur PTBS. Ob dies geeignete Quellen sind, um über Kausalbeziehungen Auskunft zu geben, darf bezweifelt werden[76]. Klassifikation von Diagnosen und Ätiologie von Krankheiten sind zwei sehr verschiedene Gegenstände.

Ob die Ableitungen des Senats wahr sind, beabsichtigt der ÄSVB zu klären. Er hat über die PTBS als mögliche Berufskrankheit eine Vorprüfung aufgenommen[77]. Dass medizinische und juristische Wahrheit auseinanderfallen werden, ist nicht auszuschließen. Den Trägern der gesetzlichen Unfallversicherung droht ein Dilemma. Orientierten sie sich am BSG, müssten sie Entschädigung auf Prämissen stützen, die aus medizinisch-wissenschaftlicher Sicht falsch sind. Beriefen sie sich auf den ÄSVB, wäre damit zu rechnen, vor Gericht zu unterliegen. Die Sechste Verordnung zur Änderung der BKV vom 19. Februar 2025[78] scheint dieses Problem zu adressieren. Sie enthält in § 1 Abs. 2 BKV eine Ergänzung, die den Primat für medizinische Fragen dem ÄSVB zuweist, indem dessen Veröffentlichungen bei Entscheidungen über das Vorliegen einer Berufskrankheit nach § 9 Abs. 1 Satz 2 und nach § 9 Abs. 2 SGB VII „vorrangig zu berücksichtigen“ sind.

b) Siderofibrose-Urteil

Die Feststellung des aktuellen medizinischen Erkenntnisstands über Kausalbeziehungen betrifft Erfahrungssätze, die zwar fachlich geprägt, aber trotzdem auch allgemeinerer Natur sind. Je spezieller das Erfahrungswissen ist, desto anfälliger erscheinen Feststellungen, die auf Expertenwissen verzichten. Ein Beispiel dafür ist das Urteil zur Siderofibrose (BK 4115) aus dem Jahr 2021[79]. Es legt einen Dosisgrenzwert für Schweißrauchkonzentrationen in der Atemluft fest. Ab 5,5 mg/m³ sollen Einwirkungen „extrem“

75 Urteil vom 16.3.2021, B 2 U 11/20 R, Rn. 44.

76 Ausführlich Forchert, MedSach 2021, 15/24 ff.; ders. DGUV-Forum 9/2024, 19/21; zu den Schwächen des DSM 5: Jäger, M, MedSach 2015, 158/159.

77 https://www.bmas.de/DE/Soziales/Gesetzliche-Unfallversicherung/Aerztlicher-Sachverstaendigenbeirat/aerztliche-sachverstaendigenbeirat.html#docc133d534-e257-4ab0-b5c9-e8cfe4be9efdbodyText11.

78 BGBl. 50/2025, 1.

79 BSG, Urteil vom 16.3.2021, B 2 U 7/19 R.

und damit Grundlage von Entschädigung sein. Diesen Grenzwert hat der Senat sicherheitstechnischen Messerfahrungen entnommen, die die wissenschaftliche Begründung der BK 4115 zitiert[80].

Abgesehen davon, dass es inzwischen bessere, neuere und umfangreichere Datensammlungen gibt, bemerkt der Senat nicht, dass das in der wissenschaftlichen Begründung angegebene Kollektiv vorselektiert ist und schlechte Arbeitsbedingungen ausblendet[81]. Der als „extrem" eingestufte Wert von 5,5 mg/m³ bezieht sich auf „optimal belüftete Arbeitsplätze". Das ist dem Text der wissenschaftlichen Begründung unschwer zu entnehmen[82]. Von Messwerten an „optimal belüfteten Arbeitsplätzen" kann aber nicht auf „extrem" belastende Einwirkungen geschlossen werden. Wenn man wissen will, wo in Deutschland extrem schlechter Fußball gespielt wird, schaut man nicht nach Bochum, Heidenheim oder Kiel, nicht auf die letzten Plätze der Bundesliga, sondern auf das Gebolze in den Kreisklassen.

Ähnlich unplausibel ist es, den Grenzwert von 5,5 mg/m³ auf Personen zu übertragen, die nur kurzzeitig Schweißrauche in der Atemluft ausgesetzt sind. Der Senat hat offenbar übersehen, dass der Dosiswert von 5,5 mg/m³ ein Schichtmittelwert ist, sich also auf die gesamte Schicht von 8 Stunden bezieht. Das Schichtmittel eines Arbeiters, der nur kurzzeitig Schweißrauche ausgesetzt ist, reduziert sich dadurch deutlich. So wären einer zweistündigen Exposition, um den Schichtmittelwert zu bestimmen, 6 Stunden ohne Belastung hinzuzurechnen. Bei kurzzeitigen Belastungen oberhalb von 5,5 mg/m³ wird der Schichtmittelwert den Grenzwert daher kaum überschreiten.

Die vom BSG eingeführten speziellen Erfahrungssätze zur Exposition bei der BK 4115 dürften also nicht mit der Wirklichkeit übereinstimmen. Das scheint der Grund zu sein, warum der ÄSVB zur BK 4115 eine wissenschaftliche Stellungnahme angekündigt hat[83].

c) Rumpfbeuge-Urteil

Eine Gefahr, der Juristen bei der Feststellung genereller medizinischer Tatsachen erliegen können, ist es, medizinische Texte wie Gesetzestext auszulegen. Medizinische Texte treffen vorrangig Aussagen über die Wirk-

80 BSG, Urteil vom 16.3.2021, B 2 U 7/19 R, Rn. 36.

81 Pucknat et al, ASU 2024, 115/116 f.

82 Wissenschaftliche Begründung BK 4115, BArbBl 10/2006, 46.

83 https://www.bmas.de/DE/Soziales/Gesetzliche-Unfallversicherung/Aerztlicher-Sachverstaendigenbeirat/aerztliche-sachverstaendigenbeirat.html#docc133d534-e257-4ab0-b5c9-e8cfe4be9efdbodyText11.

lichkeit. Auslegung hat, auch wenn sie nach allen Regeln juristischer Auslegungskunst erfolgt, auf diese Wirklichkeit keinen Einfluss. Dazu ein letztes Beispiel:

Extreme Rumpfbeugehaltung bei der BK 2108 definiert das Merkblatt[84] als Arbeiten in Bodenhöhe oder unter der Standfläche, bei denen es zu einer Beugung des Oberkörpers aus der aufrechten Körperhaltung um ca. 90 Grad oder mehr kommt. Die Angabe von „ca. 90 Grad" legt der Senat aus, indem er ihr die Bedeutung eines *„mittleren Schätzwerts"* zuschreibt, *„bei dem Abweichungen nach oben und unten gleich verteilt sind"*[85].

Dabei lässt der Senat nicht nur den Zusatz „oder mehr" außer Acht, sondern bedenkt auch nicht, dass beim normal gebauten Menschen die Arme kürzer sind als die Beine. Daher ist es kaum möglich, mit den Händen in Bodennähe oder sogar unter die Standfläche zu gelangen, ohne den Rumpf um 90 Grad zu beugen. Insofern ist die Angabe „ca. 90 Grad oder mehr" sicherlich kein *„mittlerer Schätzwert"*, auch wenn sie so ausgelegt werden könnte, sondern erklärt sich faktisch aus der menschlichen Anatomie.

d) Vorgaben für Richter der Tatsachengerichte

Während der zweite Senat, wie gezeigt, wenig Scheu erkennen lässt, medizinische Erfahrungssätze selbst festzustellen, wenn es opportun ist, verpflichtet er die Tatsachengerichte zur Zurückhaltung. So weist das Testfahrer-Urteil das Erfahrungswissen, das für eine objektive Kausalitätsbeurteilung gebraucht wird, ausdrücklich Sachverständigen zu und nicht Richtern[86]. Eine bloße Literaturauswertung durch auf dem einschlägigen Gebiet nicht fachgerecht ausgebildete Richter genüge zur Feststellung des aktuellen medizinisch-wissenschaftlichen Erkenntnisstands über Kausalbeziehungen nicht.[87] Auch für Berufskrankheiten hat sich der Senat schon ähnlich geäußert. Ein zur BK 2108 ergangenes Urteil von 2018 zitiert das Testfahrer-Urteil und ergänzt, bei der Bestimmung des aktuellen wissenschaftlichen Erkenntnisstands habe das Tatsachengericht Rat bei einem medizinischen Sachverständigen einzuholen[88].

---

84 BArbBl 10/2006, S 30ff.

85 BSG, Urteil vom 23.4.2015, B 2 U 20/14 R, Rn. 19.

86 BSG, Urteil vom 24.7.2012, B 2 U 8/11 R, Rn. 67.

87 BSG, Urteil vom 24.7.2012, B 2 U 8/11 R, Rn. 69.

88 BSG, Urteil vom 6.9.2018, B 2 U 10/17 R, Rn. 28.

e) Besonderheit der Revision

Bei der Kompetenz in außerrechtlichen Fragen unterscheidet der Senat insofern zwischen Richtern der Tatsachengerichte und Bundesrichtern. Die besondere Aufgabe der Revision mag dies rechtfertigen. Wenn das BSG generelle Tatsachen oder spezielle Erfahrungssätze verbindlich festlegt, begünstigt es eine einheitliche Handhabung typischer Fallgestaltungen durch die Träger der gesetzlichen Unfallversicherung und die Instanzgerichte. Indem der zweite Senat z.B. die Konsensempfehlungen zur BK 2108 nach wie vor als aktuellen medizinischen Erkenntnisstand anerkennt, sorgt er dafür, dass sie weiter zugrunde gelegt werden. Dadurch kann auf Beweiserhebung über den aktuellen medizinischen Erkenntnisstand verzichtet werden. Die höchstrichterliche Vorgabe bewirkt in den Worten des Soziologen Niklas Luhmann nicht nur eine „Reduktion der Komplexität"[89]. Nach Luhmann ist außerdem das Ergebnis durch ein rechtsstaatliches Verfahren legitimiert, und zwar unabhängig von seiner Wahrheit[90].

Dass diese „Legitimation durch Verfahren" funktioniert, belegt die BK 2108. Entscheidungen orientieren sich seit Jahren an dem nach Vorgaben des BSG modifizierten Mainz-Dortmunder-Dosismodell[91] und den Konsensempfehlungen[92]. Weil beide Grundlagen empirisch nicht validiert sind [93], darf man bei der BK 2108 getrost bezweifeln, dass die Ergebnisse von BK-Verfahren, die sich darauf gründen, auf wahren Prämissen beruhen[94]. Trotzdem ist ein einheitliches Verfahren zweifellos besser als komplette Willkür. Die Einheitlichkeit beruht auf Urteilen des BSG, die sich zu den genannten Entscheidungsgrundlagen bekannt haben. So ist zumindest Gleichbehandlung gesichert. Ob die Ergebnisse wegen des Mangels an wissenschaftlicher Evidenz als „gerecht" gelten können, ist eine andere Frage.

Das Credo „Besser falsche Maßstäbe als gar keine" kann allerdings nicht alles rechtfertigen. Wo es empirische Erkenntnis gibt, muss Wahrheit der Entscheidungsgrundlagen das Ziel sein. Urteile, die auf nachweisbar falschen Prämissen beruhen, sollten keine Bindung beanspruchen können.

---

89 Luhmann, Legitimation durch Verfahren, 5.

90 Luhmann, Legitimation durch Verfahren, 23.

91 BSG, Urteil vom 30.10.2007, B 2 U 4/06 R, Rn. 20ff.

92 Bolm-Audorff et al., Trauma und Berufskrankheit 2005, 211.

93 Der Versuch, das „BSG-MDD" mit den Daten der Deutschen Wirbelsäule nachträglich zu validieren, ist gescheitert: Seidler et al. Zbl Arbeitsmed 2014, 239/252ff.; zur Fragwürdigkeit der Konsensempfehlungen aus wissenschaftlicher Sicht: Kentner/Frank, MedSach 2010, 6/7ff.

94 Zum Mangel an Evidenz bei der BK 2108 bereits: Weber, M., MedSach 1998, 122; zu MDD und Konsensempfehlungen: Kentner/Frank, ASU 2015, 584 und MedSach 2016, 174; Kranig, SGb 2016, 504/510.

f) Vorhersehbarkeit der Entscheidung über generelle Tatsachen

Ein weiteres Problem, das mit der höchstrichterlichen Feststellung genereller Tatsachen einhergeht, ist die schwierige Vorhersehbarkeit. Ob der Senat die Feststellung einer generellen Tatsache für opportun hält oder nicht, ist kaum zu prognostizieren. Speziell bei der BK 2108 hat er Feststellungen getroffen, aber auch abgelehnt. Exemplarisch ist ein Urteil aus dem Jahr 2015. Es betont einerseits die Kompetenz, den aktuellen wissenschaftlichen Erkenntnisstand zu Verursachungszusammenhängen festzustellen und die korrekte Zuordnung des Sachverhalts unter diesen einschlägigen Erkenntnisstand zu überprüfen[95], äußert sich aber andererseits nicht verbindlich zur streitentscheidenden generellen Tatsache, ob das 2. Zusatzkriterium der Befundkonstellation B2 der Konsensempfehlung eine Dosis von 12,5 oder 25 MNh voraussetzt, sondern bescheinigt nur, dass die Annahme des Berufungsgerichts „nicht offensichtlich falsch" sei[96]. Es legt nahe, dass Opportunität davon abhängt, ob der Senat „sich den tatsächlichen aktuellen medizinisch-wissenschaftlichen Erkenntnisstand verschaffen" kann[97]. Vorhersehbar ist diese Selbsteinschätzung des Senats nicht.

g) Fazit zu generellen Tatsachen

Eine klare Grenzlinie zwischen Tatsachen- und Rechtsfragen gibt es nicht. Trifft höchstrichterliche Rechtsprechung generelle tatsächliche Festlegungen, um die Einheitlichkeit der Rechtsanwendung zu wahren, ist grundsätzlich wenig dagegen einzuwenden. Für allgemeine Erfahrungssätze ist dies ohnehin unstreitig. Aber je mehr Fachexpertise nötig ist, um die Wahrheit einer Tatsachenbehauptung zu garantieren, desto mehr sollten sich auch Bundesrichter zurückhalten. Für komplizierte arbeitstechnische oder medizinische Fragen ist ein reines Juristengremium nicht die Idealbesetzung. Zwar kann auch mit Festlegungen ohne wissenschaftliche Evidenz Einheit hergestellt werden, Gerechtigkeit aber kaum. Daher sollten empirisch nicht belegbare Tatsachenfeststellungen eine seltene Ausnahme bleiben. Ziel muss die Vereinbarkeit juristischer Entscheidungspraxis mit den Erkenntnissen der medizinischen Wissenschaft sein.

---

95 BSG, Urteil vom 23.4.2015, B 2 U 10/14 R, Rn. 23.
96 BSG, Urteil vom 23.4.2015, B 2 U 10/14 R, Rn. 26.
97 BSG, Urteil vom 23.4.2015, B 2 U 10/14 R, Rn. 29.

IV. Zusammenfassung

Die Antwort auf die Frage nach Irrwegen oder neuen Pfaden kann sowohl bei Krebserkrankungen als auch bei generellen Tatsachen nicht eindeutig ausfallen. Bei Krebserkrankungen fehlt eine nachvollziehbare Dogmatik und damit ein klar erkennbarer Weg. Der bei generellen Tatsachen eingeschlagene Weg muss nicht zwangsläufig in die Irre führen. Tatsachenfragen sollten aber nur ausnahmsweise Gegenstand der Revision sein und nur dann verbindlich beantwortet werden, wenn die Wahrheit von Erfahrungssätzen auch ohne besondere Fachexpertise verlässlich überblickt werden kann.

Klarer fällt die Antwort aus, wenn sie sich auf die jüngsten BK-Entscheidungen des Unfallsenats beschränkt. Einen speziellen Erfahrungssatz einzuführen wie die Feststellung, die medizinisch-wissenschaftliche Evidenz für die Bezeichnung einer Berufskrankheit „PTBS durch Tätigkeiten als Rettungssanitäter" sei gegeben, übernimmt nicht nur Aufgaben, die das Gesetz dem ÄSVB zuweist, sondern tangiert auch die ausschließlich der Bundesregierung zugewiesene Kompetenz, Berufskrankheiten zu bezeichnen[98]. Bei Krebserkrankungen ohne Dosismaß eine Umkehrung der Beweislast einzuführen, missachtet den erklärten Willen des Gesetzgebers[99]. Soweit der zweite Senat Rechtssetzung betreibt statt Rechtsanwendung, ist dies aus Sicht der Träger der gesetzlichen Unfallversicherung ein Irrweg.

98 Die Feststellung ist keine richterliche *Rechts*fortbildung. Sie gilt einer tatsächlichen (medizinischen) Frage, die *nicht* durch Auslegung einer Rechtsnorm beantwortbar ist.

99 Vgl. BT-Drs.18/13543, 13. Im Übrigen ist es auch zumindest umstritten, ob Beweismaßsenkung durch richterliche Rechtsfortbildung zulässig ist (ablehnend: Zöller-Greger, ZPO, Vor § 284, Rn. 28 m. w. N.).

Kommission SGB VIII

Leitung: Monika Paulat, Ehrenpräsidentin des DSGT

Auf dem Weg zu einer inklusiven Jugendhilfe – woher kommen wir?

Univ.-Prof. Dr. Dr. h. c. Reinhard Wiesner, FU Berlin

I. Einleitung

Wie junge Menschen mit Behinderung zu ihrem Recht (auf Teilhabe) kommen, darüber wird in Deutschland seit mehr als 50 Jahren immer wieder diskutiert, nachdem die „Eingliederungshilfe“ zunächst altersunspezifisch als Aufgabenbereich des Sozialhilferechts geregelt worden ist und später die Eingliederungshilfe für junge Menschen mit seelischer Behinderung (vorrangig) in das Kinder- und Jugendhilferecht eingebaut worden ist. Die Zusammenführung der Eingliederungshilfe für alle jungen Menschen mit Behinderung als Leistung der Kinder- und Jugendhilfe im SGB VIII ist bisher ausgeblieben. Im Rahmen des Kinder- und Jugendstärkungsgesetzes hat sich der Gesetzgeber im Jahre 2021 auf den Weg gemacht, um mithilfe eines Stufenplans dieses Ziel zu erreichen (Art. 10 KJSG). Zur Umsetzung der dritten Stufe (Art. 10 Abs. 3 KJSG) hat das BMFSFJ nun den Referentenentwurf für ein Gesetz zur Ausgestaltung der Inklusiven Kinder- und Jugendhilfe (IKJHG) vorgelegt. Vorausgegangen waren mehrere erfolglose Anläufe. Nachfolgend soll die Geschichte des Behindertenrechts in Deutschland mit Blick auf die Bedarfe junger Menschen mit Behinderung näher beleuchtet werden.

II. Die Entwicklung eines selbstständigen Behindertenrechts in Deutschland

Das Behindertenrecht wurde in Deutschland stufenweise entwickelt. Den Anfang bildeten landesgesetzliche Regelungen zur sog. Krüppelfürsorge – also Regelungen für Personen mit einer körperlichen Beeinträchtigung. Von diesen Gesetzen ist vor allem das preußische Krüppelfürsorgegesetz aus dem Jahre 1920 zu erwähnen. Es sah Beratungsstellen in jedem Stadt- und Landkreis vor und verpflichtete Ärzte und Hebammen, Verkrüppelungen bei Personen unter achtzehn Jahren dem Jugendamt anzuzeigen[1] – dem Jugendamt, einer Institution, die gerade im Entstehen und dann Thema des

1 Hasenclever S. 97.

Reichsjugendwohlfahrtsgesetzes von 1922 war.[2] Im Nationalsozialismus wurden Menschen mit Behinderung in Heimen und Krankenhäusern zu Versuchsobjekten degradiert und dort im Zuge des „Euthanasieprogramms" zu Hunderttausenden sterilisiert und getötet. Nach der Gründung der Bundesrepublik Deutschland war im Bundestag bereits im Jahre 1951 eine Harmonisierung des zersplitterten Landesrechts gefordert worden. Erst im Jahre 1957 wurde dann ein erstes Körperbehindertengesetz verabschiedet, das im Jahre 1961 Eingang in das Bundessozialhilfegesetz im Abschnitt „Hilfe in besonderen Lebenslagen" fand (§§ 39 ff. BSHG). Die Kooperationsverpflichtung mit dem Jugendamt wurde nicht aus dem Landesrecht übernommen[3]. In der Erstfassung des BSHG war auch von Personen „mit einer seelischen Behinderung" die Rede. Unklar blieb dabei, ob und inwieweit diesen Personen auch ein Rechtsanspruch auf Eingliederungshilfe zustand. Eine eindeutige Regelung findet sich erst in § 39 Abs. 1 Nr. 6 BSHG, der im Rahmen des Zweiten Gesetzes zur Änderung des BSHG vom 14.9.1969 (BGBl. I S. 1153) eingefügt worden ist.

III. Die „große Lösung" als Thema der Reform des Jugendhilferechts (1970 bis 1990)

Im deutschen Rechtssystem stehen sich damit von Anfang an die altersunabhängige Behindertenhilfe in Form der Eingliederungshilfe und die altersspezifische Kinder- und Jugendhilfe gegenüber. Erstere war auf der Bundesebene ursprünglich Thema des Bundessozialhilfegesetzes, das später dann als SGB XII Teil des Sozialgesetzbuches geworden ist. Mit dem Bundesteilhabegesetz ist die Eingliederungshilfe schließlich im neuen Teil 2 des SGB IX „gelandet". Auf der Seite des Kinder- und Jugendhilferechts ist die Frage der Deckung von Bedarfen der jungen Menschen mit Behinderung im Rahmen des zwanzigjährigen Prozesses zur Reform des Kinder- und Jugendhilferechts aufgegriffen worden, der zunächst bei der Ausgestaltung der Hilfe zur Erziehung im Rahmen des SGB VIII Berücksichtigung fand und schon bald darauf zur Eingliederungshilfe für junge Menschen mit seelischer Behinderung als eigenständigem Leistungstypus im SGB VIII geführt hat (dazu IV.).

Somit leben wir im Hinblick auf die Eingliederungshilfe für junge Menschen seit fast 35 Jahren mit einem Leistungssplitting zwischen SGB VIII

2 Wiesner, Jugendamt 2022, 350.

3 Hasenclever S. 189.

auf der einen und BSHG/SGB XII/SGB IX auf der anderen Seite. Damit bedarf es für junge Menschen mit Behinderung spezifischer Kriterien, nach denen die Deckung eines individuellen Bedarfs im einen oder anderen Hilfesystem erfolgt. Dabei geht es auch um das Verhältnis zwischen der auf das Eltern-Kind-System bezogenen Hilfe zur Erziehung und der personenzentrierten Eingliederungshilfe. Bis heute ist es nicht gelungen, praktikable Kriterien für eine Ausrichtung am individuellen Bedarf zu entwickeln, vielmehr ist die Praxis von Zuständigkeitsstreitigkeiten gekennzeichnet, die personelle Ressourcen vergeuden und dazu führen, dass Kinder und Jugendliche nicht rechtzeitig die zustehenden Hilfen erhalten.

Der auf die Eltern-Kind-Beziehung ausgerichtete erzieherische Bedarf und die lange Zeit als persönliche Eigenschaft – inzwischen aber als gesellschaftliche Konstruktion[4] – verstandene Behinderung können in einer Wechselwirkung zueinander stehen. Dies gilt vor allem für die Formen seelischer Behinderung. Schon im Diskussionsentwurf eines Jugendhilfegesetzes aus dem Jahre 1973 wurde dieses Thema – kontrovers – diskutiert. *„Weil bei der Habilitation und Rehabilitation behinderter junger Menschen pädagogische Hilfen im Vordergrund stehen müssen, seien diese Aufgaben als solche der Jugendhilfe anzusehen und müssten daher in ein neues Jugendhilfegesetz integriert werden*“– so argumentierten damals die Befürworter einer großen Lösung.[5] Namhafte Vertreter der Kinder- und Jugendpsychiatrie, aber auch der Kinder- und Jugendhilfe haben sich im Laufe der anschließenden fast 20-jährigen Reformdiskussion für eine neue Architektur des Kinder- und Jugendhilferechts ausgesprochen. Behinderte Kinder und Jugendliche – oder besser Kinder und Jugendliche mit Behinderung – sollten nicht länger dem Sondersystem „Behindertenrecht“ zugeordnet werden, sondern der für die Lebenslage von Kindern und Jugendlichen zuständigen Jugendhilfe.

Bis heute richtet sich im Hinblick auf junge Menschen mit Behinderung der Blick auf das *Verhältnis von Hilfe zur Erziehung und Eingliederungshilfe*. In dem Diskussionsprozess seit der Verabschiedung des KJHG sind folgende Konzepte für die Regelung im SGB VIII diskutiert worden:

A: Zuweisung der Eingliederungshilfe für junge Menschen mit seelischer Behinderung zur Kinder- und Jugendhilfe *(kleine Lösung)*:
1. Eingliederungshilfe als Bestandteil der Hilfe zur Erziehung
2. Eingliederungshilfe und Hilfe zur Erziehung als selbstständige Leistungstatbestände

4 Bielefeldt 2009 S. 8.

5 Bundesministerium für Jugend, Familie und Gesundheit 1973, S. 122.

B: Gesamtzuständigkeit der Kinder und Jugendhilfe für die Eingliederungshilfe für junge Menschen mit Behinderung *(große Lösung)*:
1. Einheitlicher Leistungstatbestand
2. Gemeinsames Dach über zwei selbstständige Leistungstatbestände
3. Eingliederungshilfe und Hilfe zur Erziehung als selbstständige Leistungstatbestände (ohne Dach)

Bis jetzt ist das Konzept A 2 geltendes Recht.

IV. Das Gesetz zur Neuordnung des Kinder- und Jugendhilferechts (KJHG) und die kleine Lösung

Im Rahmen der Neuordnung des Kinder- und Jugendhilferechts im Jahre 1990, deren Kernstück (Art. 1 KJHG) das Achte Buch Sozialgesetzbuch – Kinder- und Jugendhilfe (SGB VIII) war, wurde nur die sog. „kleine Lösung" umgesetzt, d. h. die Zuständigkeit für Kinder und Jugendliche mit seelischer Behinderung wurde (vorrangig) der Kinder- und Jugendhilfe zugewiesen und blieb damit bis heute nachrangig in der Eingliederungshilfe nach dem SGB XII bzw. Teil 2 des SGB IX. Grund für diese „kleine Lösung" war die Erkenntnis, dass die Schnittmenge zwischen seelischer Behinderung einerseits und Verhaltensauffälligkeit und Entwicklungsstörung andererseits so groß ist, dass eine praktikable Zuordnung der Symptomatik und des daraus resultierenden Hilfebedarfs zur Eingliederungshilfe (wegen der seelischen Behinderung) bzw. zur Hilfe zur Erziehung (wegen der Störung der Entwicklung) häufig nicht möglich ist[6]. Die „große Lösung" wurde wegen der damit verbundenen Vollzugsprobleme, die schon damals kontrovers diskutiert wurden, aber auch wegen der Ablehnung durch die Behindertenverbände zurückgestellt. Die Zuweisung junger Menschen mit Behinderung zum Jugendamt wurde – und wird zum Teil bis heute – dort als Stigma empfunden, da sie elterliches Versagen in der Erziehung der Kinder impliziere. Dabei wird nicht berücksichtigt, dass sich mit der Neuordnung des Kinder- und Jugendhilferechts das Aufgabenverständnis der Kinder- und Jugendhilfe im Sinne eines Perspektivenwechsels hin zu einer stärker präventiven, familienunterstützenden Funktion geändert hat.

Manche Eltern sind allerdings auch (bis heute) nicht bereit, sich auf die systemische Sichtweise der Kinder- und Jugendhilfe einzulassen, die die Beeinträchtigung des Kindes im Zusammenhang mit dem Erziehungsver-

6 Vgl. Wiesner, 1996, S. 199.

halten der Eltern sieht und damit (auch) von ihnen ggf. Verhaltensänderungen erwartet.

Die vorrangige Zuweisung zur Kinder- und Jugendhilfe geschah zunächst, indem die Hilfe zur Erziehung für Kinder und Jugendliche mit (drohender) seelischer Behinderung auch notwendige Maßnahmen der Eingliederungshilfe nach Maßgabe des § 40 BSHG und der Verordnung nach § 47 BSHG umfasste (Art. 1 § 27 Abs. 4 KJHG). Damit verwies die Vorschrift (nur) hinsichtlich der Rechtsfolgen auf den Leistungskatalog der Eingliederungshilfe im BSHG und betrachtete die *Eingliederungshilfe als Unterfall der Hilfe zur Erziehung.*

Im Rahmen des *Ersten SGB VIII-Änderungsgesetzes*, das am 1.4.1993 in Kraft getreten ist, wurde die Verknüpfung der Eingliederungshilfe für Kinder und Jugendliche mit seelischer Behinderung mit der Hilfe zur Erziehung aufgegeben. Das Konzept des einheitlichen Tatbestands, das nach Auffassung der Bundesregierung immer einen Bedarf an Hilfe zur Erziehung voraussetzen sollte (BT-Drs. 12/2866, S. 3, 17), war vom Bundesrat und den Fachverbänden „entschieden" abgelehnt worden (BT-Drs. 12/3711, S. 39, 42). Die Eingliederungshilfe wurde deshalb als eigenständiger Leistungstatbestand in § 35a SGB VIII geregelt.

V. Das SGB IX – Rehabilitation und Teilhabe behinderter Menschen

Auch die Schaffung des SGB IX als gemeinsames Dach über den verschiedenen Rehabilitationsträgern konnte diese Kluft nicht beseitigen[7]. Denn auch mit dem SGB IX wurde weder das Behindertenrecht als eigenständiger Sozialleistungsbereich geregelt noch eine neue Architektur des Kinder- und Jugendhilferechts in die Wege geleitet.

Zwar wurden im SGB IX – Rehabilitation und Teilhabe behinderter Menschen, das am 1.7.2001 in Kraft getreten ist, Leistungen zur Teilhabe in vier Leistungsgruppen zusammengefasst (§§ 4, 5 SGB IX), blieben aber verschiedenen Leistungsbereichen, insbesondere der Sozialversicherung, dem sozialen Entschädigungsrecht, der Bundesanstalt für Arbeit, der Sozialhilfe und der Kinder- und Jugendhilfe zugeordnet. Die Rede ist – bis heute – vom gegliederten System des Rehabilitationsrechts, das auch durch das BTHG nicht in Frage gestellt worden ist (BT-Drs. 18/9522, S. 4). Dem SGB IX in seiner ursprünglichen Fassung kam insofern nur die Funktion zu, allge-

7 Vgl. Wiesner 2001.

meine Grundsätze zu formulieren und über Verfahrensregelungen einen Zusammenhang zwischen den verschiedenen Leistungssystemen herzustellen.

Damit umfasst das gegliederte System der Leistungen zur Teilhabe im Hinblick auf junge Menschen bis heute nicht nur Leistungen der Eingliederungshilfe und der Kinder- und Jugendhilfe, sondern auch Leistungen der medizinischen Rehabilitation der Krankenkassen und Leistungen zur Teilhabe am Arbeitsleben der Jobcenter. Allerdings hat das SGB IX in seinem Teil 1 die Spezifika des Rehabilitationsrechts und dessen Strukturprinzipien herausgearbeitet und damit die Unterschiede zum sozialpädagogisch geprägten Kinder- und Jugendhilferecht hervorgehoben – eine Entwicklung, die durch das Bundesteilhabegesetz (dazu unten VII.) noch weiter geschärft worden ist.

VI. Die große Lösung – zurück auf der politischen Agenda

Die „kleine Lösung“ erwies sich von Anfang an als Kompromiss mit vielen Nachteilen, weil sie nach den Formen der Behinderung differenziert, keine überzeugende Antwort auf die Behandlung einer Mehrfachbehinderung gibt und im Hinblick auf Kinder und Jugendliche mit körperlicher oder geistiger Behinderung den Zusammenhang zwischen Anforderungen an die Eltern einerseits und die Beeinträchtigung des Kindes oder Jugendlichen andererseits vernachlässigt[8].

So blieb es bis zum heutigen Tag bei einer *Zweiteilung* – jungen Menschen mit einer körperlichen oder geistigen Behinderung, die der Eingliederungshilfe (inzwischen) nach dem SGB IX Teil 2 zugeordnet sind, und jungen Menschen mit einer seelischen Behinderung, die der Kinder- und Jugendhilfe zugeordnet sind.

Mit der Ratifizierung der *UN-Konvention über die Rechte von Menschen mit Behinderungen* im Jahr 2009 hat in Deutschland auch die Debatte über eine Neujustierung des Systems der Kinder- und Jugendhilfe an der Schnittstelle zur Eingliederungshilfe im SGB XII neuen Auftrieb erhalten. Mehrere Sachverständigenkommissionen haben in den von ihnen vorgelegten (Kinder- und) Jugendberichten für die „große Lösung“ votiert, so zuletzt auch die Kommission des 14. Kinder- und Jugendberichts (BT-Drs. 17/12200, S. 377). Nimmt man die Botschaft der UN-Behindertenrechtskonvention ernst, so geht es aber dort nicht um die Umsetzung der sog. großen Lösung,

8 Vgl. Fegert 2010, Meysen 2010 und 2014.

nämlich eine Verlagerung des Leistungsbereichs der Eingliederungshilfe für junge Menschen mit einer körperlichen oder geistigen Behinderung aus dem SGB XII (jetzt SGB IX Teil 2) in das SGB VIII, sondern um eine neue Architektur aller Leistungssysteme (einschließlich der Schule) – und damit „auch" um eine inklusive Ausgestaltung der Kinder- und Jugendhilfe. Dies betrifft in erster Linie Leistungen, die sich an alle Kinder und Jugendlichen sowie ihre Eltern richten, um damit den Bedarf an individueller Eingliederungshilfe zu senken[9]. Diese strukturelle Reform des Aufgabenspektrums war auch Thema des KJSG; für die Umsetzung hat der Gesetzgeber der Praxis keinen zeitlichen Spielraum gelassen, sondern sie als Stufe 1 sofort (zum 10.6.2021) gefordert – eine „mission impossible".

Das Konstrukt der *Eingliederungshilfe als Hilfetypus* hatte im Kontext der UN-Behindertenrechtskonvention in verschiedenen Strukturdebatten wieder neue fachpolitische Aufmerksamkeit erhalten. So wurde von Ländern, kommunalen Spitzenverbänden und Behindertenorganisationen eine Neuordnung des Behindertenrechts gefordert. Unter dem Stichwort „Weiterentwicklung der Sozialhilfe" wurde neben einer Stärkung von Selbstbestimmung, Eigenverantwortung und Selbsthilfepotenzialen sowie einer verbesserten Steuerung und Wirkungskontrolle die Herauslösung der Eingliederungshilfe aus der öffentlichen Fürsorge und ihre Verankerung in einem vom Bund (mit-)finanzierten Leistungssystem gefordert (Welti 2014a), was aber nicht umgesetzt wurde.

Im Rahmen dieser Grundsatzdiskussion wurde zur Prüfung von Möglichkeiten für eine Neuordnung der Zuständigkeiten zur *Sicherung der Teilhabe von Kindern und Jugendlichen mit Behinderungen* eine Interkonferenzielle Arbeitsgruppe (Arbeits- und Sozialministerkonferenz – ASMK; Jugend- und Familienministerkonferenz – JFMK; Kultusministerkonferenz – KMK; Gleichstellungs- und Frauenministerkonferenz – GFMK unter Beteiligung des Bundesministeriums für Arbeit und Soziales – BMAS – sowie des Bundesministeriums für Familie, Senioren, Frauen und Jugend – BMFSFJ) eingerichtet, die sich eindeutig für die „große Lösung" ausgesprochen hat[10].

Die Länder haben aber von Anfang an kein Hehl daraus gemacht, dass das grundsätzliche Votum für die Realisierung der „großen Lösung" von einer zufriedenstellenden Lösung verschiedener zentraler Fragen abhängt. So heißt es in dem Beschluss der Jugend- und Familienministerkonferenz (JFMK) aus dem Jahr 2013:

---

9 Wiesner Jugendhilfe 2021/5, S. 1.

10 Vgl. Koch/Porr/Struck 2010.

„Unabdingbar für die Realisierung der Großen Lösung im SGB VIII ist aus Sicht der JFMK die Klärung grundlegender Fragen struktureller und inhaltlicher Art, die die von der ASMK und der JFMK eingesetzte Arbeitsgruppe zur Inklusion von jungen Menschen mit Behinderungen aufgeworfen hat. Hierzu gehört auch, dass vor einer Zusammenführung der Eingliederungshilfen im SGB VIII die Probleme einer Zusammenführung im Hinblick auf die damit im Zusammenhang stehenden erforderlichen finanziellen, personellen, organisatorischen und strukturellen Verschiebungen zwischen Landes- und kommunaler Ebene wegen der unterschiedlichen Zuständigkeiten in den Ländern grundsätzlich erörtert und gelöst werden."

VII. Der Anlauf zur Gesamtzuständigkeit in der 18. Legislaturperiode (2013 bis 2017)

1. Die Arbeitsentwürfe des BMFSFJ zu einem Kinder- und Jugendstärkungsgesetz

Basierend auf den Ausführungen im Koalitionsvertrag vom 18.12.2013 zur Weiterentwicklung der Kinder- und Jugendhilfe zu einem „inklusiven, effizienten und dauerhaft tragfähigen und belastbaren Hilfesystem" sind im zweiten Halbjahr des Jahres 2015 erste Überlegungen aus dem BMFSFJ zur Zusammenführung der Leistungen der Eingliederungshilfe für Kinder und Jugendliche mit Behinderung (§§ 53 ff. SGB XII, § 35a SGB VIII) mit denen der Hilfe zur Erziehung (§§ 27 ff. SGB VIII) in einem Leistungstypus unter dem Begriff „inklusiver Tatbestand" bekannt geworden.

In der Folgezeit fand dieses Konstrukt Eingang in erste *Arbeitsentwürfe für ein Kinder- und Jugendstärkungsgesetz* (KJSG) und erschien dort unter der Bezeichnung „Leistungen zur Entwicklung und Teilhabe für Kinder und Jugendliche" (§ 27 SGB VIII-E). Adressiert an Kinder und Jugendliche als anspruchsberechtigte Personen wurden unter diesem Dach die Leistungen der Hilfe zur Erziehung (§ 27 Abs. 2 SGB VIII-E) und die der Eingliederungshilfe (§ 27 Abs. 3 SGB VIII-E) zusammengefasst. Davon getrennt geregelt wurde der Anspruch der Eltern auf Leistungen zur Stärkung ihrer Erziehungskompetenz (§ 29 SGB VIII-E).

Dieses Konstrukt ist in der Fachdiskussion auf erhebliche Kritik gestoßen: So wurde bemängelt, dass bei der Konstruktion eines Leistungsanspruchs des Kindes/Jugendlichen auf „Entwicklung und Teilhabe" die gerade für diese Altersgruppe spezifische Aufgabe der Erziehung (im Kontext der Erziehungsverantwortung der Eltern) verschwinde. Zum anderen fragmentiere dieses Konzept die Eltern-Kind-Beziehung in zwei öffentlich-rechtliche Leistungsverhältnisse: Sowohl das Kind als auch seine Eltern haben nach den Regelungen des Entwurfs jeweils voneinander getrennte Ansprüche gegen den Träger der Jugendhilfe, die am Ende dasselbe Erziehungsverhältnis betreffen, dessen Charakter als soziale Beziehung aber aus dem Auge verlieren[11].

Begründet wurde dieses Konstrukt, das auf die Beratungen in den Gremien der Fachministerkonferenzen zurückgeht, mit den Anforderungen an ein „inklusives System der Kinder- und Jugendhilfe". Dieses setze – so die Begründung zum Arbeitsentwurf – *„grundsätzlich eine einheitliche Betrachtung entwicklungs- und teilhaberelevanter Aspekte von Kindern und Jugendlichen mit und ohne Behinderungen und damit einen einheitlichen Leistungszugang für Kinder und Jugendliche mit und ohne Behinderungen voraus, der die Gesamtsituation des jungen Menschen in den Blick nimmt."*

Diese Betrachtungsweise verkennt, dass
- dem Tatbestand der Eingliederungshilfe als Einzelfallhilfe gerade keine einheitliche Betrachtung von (jungen) Menschen mit und ohne Behinderung zugrunde liegt, sondern er sich als „Reha-Leistung" nur an (junge) Menschen richtet, die behindert „werden", um deren spezifischen behinderungsbedingten Bedarf zu decken;
- das System der Kinder- und Jugendhilfe wiederum keinen einheitlichen Leistungszugang für alle Kinder und Jugendlichen kennt, sondern zwischen Leistungen, die sich an alle Kinder und Jugendlichen richten, und solchen, die an spezifische Bedarfe anknüpfen, unterscheidet.

Die Begründung, dass auf diese Weise nicht mehr zwischen erzieherischem und behinderungsbedingtem Bedarf unterschieden werden müsse, verkennt, dass der erzieherische Bedarf (bei der Hilfe zur Erziehung) nicht nur am Verhalten des Kindes, sondern vor allem im Hinblick auf die Potenziale der Eltern zu ermitteln ist, denen die primäre Erziehungsverantwortung zukommt.

Vor allem aber verkennt dieses Konzept, dass die „Behindertenhilfe" als „Nachteilsausgleich" mit ihrem breiten Spektrum an Leistungen (zur Teilhabe) in Bezug zu allen Leistungen der Kinder- und Jugendhilfe (§§ 11 bis 41 SGB VIII) und zur Inobhutnahme (§ 42 SGB VIII), aber auch zur Amtsvormundschaft (§§ 55, 56 SGB VIII) zu setzen ist. Stattdessen wird der Anspruch auf geeignete und notwendige Leistungen zur medizinischen Rehabilitation, zur Teilhabe an Bildung und zur sozialen Teilhabe in diesem

11 Wapler 2017, S. 162.

Konstrukt nur im Zusammenhang mit der (bisherigen) Hilfe zur Erziehung gesehen und mit dieser verknüpft (§ 27 Abs. 3 Satz 1 SGB VIII des Referatsentwurfs – Fassung vom 16.9.2016).

Die aus dem SGB XII/SGB IX importierten Leistungen zur Teilhabe dürfen deshalb nicht abstrakt-generell nur in Bezug zur Hilfe zur Erziehung gesetzt oder gar mit ihr verschmolzen werden, sondern müssen als eigenständiger Hilfetypus im Einzelfall auf alle Leistungen der Kinder- und Jugendhilfe bezogen werden[12].

2. Die Reaktion der Länder

In ihrer Stellungnahme vom 4.11.2016 zu den Änderungsbedarfen bzgl. des Arbeitsentwurfs des BMFSJ für eine SGB VIII-Reform vom 23.8.2016 weisen die Länder auf den bereits zitierten Beschluss der Jugend- und Familienministerkonferenz aus dem Jahre 2013 hin, wonach vor einer Zusammenführung der Eingliederungshilfe im SGB VIII die Probleme einer Zusammenführung im Hinblick auf die damit im Zusammenhang stehenden erforderlichen finanziellen, personellen, organisatorischen und strukturellen Verschiebungen zwischen Landes- und kommunaler Ebene grundsätzlich erörtert und gelöst werden müssen. Dies sei bisher noch nicht gelungen[13].

In dem *Referentenentwurf* für ein Kinder- und Jugendstärkungsgesetz, den das Ministerium am 17.3.2017 vorgelegt hat, wird das Konzept eines inklusiven Tatbestands nicht mehr weiterverfolgt. Damit wurde das Thema auf die nächste Legislaturperiode vertagt.

3. Der Zwischenruf der Fachverbände

Bereits im Vorfeld haben die Fachverbände für Menschen mit Behinderung ihre Vorstellungen zu einer inklusiven Lösung innerhalb der Reform des SGB VIII in einem Diskussionspapier (Stand 15.5.2017) dargelegt. Dabei formulierten sie nicht nur Erwartungen an das weitere Verfahren, sondern benannten Grundbedingungen für eine inklusive Lösung im SGB VIII und nahmen detailliert zu Einzelfragen der Reform Stellung. Deutlich wurde damit, dass es noch einen erheblichen Klärungsbedarf auf der fachpolitischen Ebene gibt, bevor die Zeit reif für neue Gesetzentwürfe ist, und die

12 Wiesner, RdJB 2018, S. 129; Wiesner, gemeinsam leben 3/2018, S. 179, 184.
13 Länderstellungnahme 2016

Erfolgsaussichten für ein Bundesgesetz sehr stark von der Haltung der Länder abhängen.

In der Folgezeit wurde die „große Lösung“ auch von den Verbänden der Behindertenhilfe gefordert[14] und hat zuletzt im August 2019 in einem breiten Bündnis von Akteuren aus der Kinder- und Jugendhilfe, Behindertenhilfe, Kinder- und Jugendpsychiatrie, Pädiatrie sowie aus Wissenschaft, Praxis und Politik ihren Ausdruck gefunden[15].

VIII. Das Bundesteilhabegesetz

Während die Arbeiten an der „großen Lösung“ damit ins Stocken geraten waren, wurde die Generaldebatte um die Weiterentwicklung der Eingliederungshilfe für Menschen mit Behinderungen mit der Verabschiedung des Bundesteilhabegesetzes, das stufenweise in Kraft getreten ist, abgeschlossen. Zum 1.1.2020 löste das Gesetz die Eingliederungshilfe (SGB XII, Kap. 6) aus der Sozialhilfe heraus und ersetzte sie durch den neuen zweiten Teil des SGB IX. Die Struktur des Rechts der Teilhabeleistungen bleibt dabei aber erhalten: Wie bislang werden den unterschiedlichen Rehabilitationsträgern Leistungsgesetze bzw. Rechtsgrundlagen für Leistungen der Teilhabe zugeordnet, zu denen neben der Eingliederungshilfe als neuem Teil 2 des SGB IX und als Nachfolger der §§ 53 ff. SGB XII auch die Eingliederungshilfe nach § 35a SGB VIII gehört. Unmittelbare rechtliche Auswirkungen auf die Kinder- und Jugendhilfe haben diejenigen Vorschriften im Teil 1 des SGB IX, die (seit dem 1.1.2018) den Regelungen des SGB VIII vorgehen (§ 7 Abs. 2 SGB IX). Dazu zählen insbesondere die Vorschriften über die Instrumente zur Ermittlung des Rehabilitationsbedarfs (§ 13 SGB IX) und die Zuständigkeitsklärung (§ 14 SGB IX), über die Leistungsverantwortung bei der Mehrheit von Rehabilitationsträgern (§ 15 SGB IX) und den Teilhabeplan (§ 19 SGB IX) – komplexe Regelungen, die noch längst nicht überall umgesetzt werden.

Nachdem der Prozess der „großen Lösung“ von der Verabschiedung des Bundesteilhabegesetzes entkoppelt und einem eigenständigen Gesetzgebungsverfahren zugewiesen worden war, finden sich zu diesem Thema im Bundesteilhabegesetz keinerlei Aussagen. Die Begründung zum Regie-

14 Die Fachverbände 2017; Coester/Müller-Fehling, 2017, 476

15 https://www.jugendhilfeportal.de/fokus/inklusion/artikel/breites-buendnis-fordert-exklusion-beenden-kinder-und-jugendhilfe-fuer-alle-jungen-menschen-und-ih/

rungsentwurf des BTHG enthält nur an einer versteckten Stelle den Hinweis, dass die Diskussion zur Reform des SGB VIII von der Neuordnung der Eingliederungshilfe (im SGB IX) unberührt bleibt (BT-Drs. 18/9522, S. 200).

IX. Der zweite Anlauf in der 19. Legislaturperiode (2017 bis 2021)

1. Der Dialogprozess

Wie die Vorgänger, so enthält auch der Koalitionsvertrag für die 19. Legislaturperiode Aussagen zur Weiterentwicklung der Kinder- und Jugendhilfe. Dabei taucht das Thema „große" bzw. „inklusive Lösung" nicht explizit auf. Allerdings ist im Zusammenhang mit der Ankündigung einer neuen Gesetzesinitiative zur Weiterentwicklung des Kinder- und Jugendhilferechts die Rede von einem *„breiten Dialog mit Akteuren aus Wissenschaft und Praxis der Kinder- und Jugendhilfe sowie der Behindertenhilfe und den Ländern und Kommunen"*.[16]

In der Folgezeit wurde das Thema in dem *Beteiligungsprozess „Mitreden – Mitgestalten"* als einer der Themenschwerpunkte diskutiert (Mehr Inklusion/wirksames Hilfesystem/weniger Schnittstellen; siehe dazu den Abschlussbericht vom 10.12.2019, S. 40 ff.). Weiterhin strittig war dabei die konkrete Ausgestaltung der inklusiven Lösung innerhalb des Leistungsspektrums des SGB VIII, genauer die (alte) Frage, ob es sinnvoll ist „bei dieser Gelegenheit" die Hilfe zur Erziehung und die Eingliederungshilfe für junge Menschen mit Behinderung in einen einheitlichen Leistungstatbestand zusammenzufassen.

2. Die Gesamtzuständigkeit als Thema des Kinder- und Jugendstärkungsgesetzes

Unter dem Stichwort „Hilfen aus einer Hand für Kinder mit und ohne Behinderungen" befasst sich das KJSG 2021 mit diesem Thema und sieht dafür ein Stufenmodell zur Umsetzung der inklusiven Lösung vor (BT-Drs. 19/26107, S. 51 f.[17], überlässt damit aber die nähere Ausgestaltung einer großen Lösung einem neuen Gesetzesvorhaben, das auf Grundlage einer

16 Koalitionsvertrag 2018, S. 21.

17 Siehe dazu Wiesner in Wiesner/Wapler, vor § 35a Rn. 11c und § 107 Rn. 8 ff.

prospektiven Gesetzesevaluation bis zum 1.1.2027 zum Abschluss gekommen sein muss (Art. 1 Nr. 12 und Nr. 69 i. V. m. Art. 10 Abs. 3 KJSG[18]).

Im Rahmen einer Übergangsregelung (§ 107 SGB VIII) hat der Bundesgesetzgeber bereits ein Programm für die Ausgestaltung der Gesamtzuständigkeit entwickelt. Die Regelung sieht vor, dass das BMFSFJ prospektiv die Übernahme der vorrangigen Zuständigkeit des Trägers der öffentlichen Jugendhilfe für Leistungen der Eingliederungshilfe auch an junge Menschen mit (drohenden) körperlichen oder geistigen Behinderungen untersucht (Abs. 2 Satz 1). Mit den Ergebnissen der Untersuchung soll eine wissenschaftliche Grundlage geschaffen werden, die Inhalte des Bundesgesetzes passgenau zu bestimmen, um sicherzustellen, dass der leistungsberechtigte Personenkreis, Art und Umfang der Leistungen sowie der Umfang der Kostenbeteiligung für die hierzu Verpflichteten nach dem am 1.1.2023 für die Eingliederungshilfe nach SGB VIII und SGB IX geltenden Recht mit den noch zu bestimmenden Inhalten des Bundesgesetzes zur Umsetzung der großen Lösung beibehalten werden (RegBegr. BT-Drs. 19/26107, S. 120).

Mit dieser prospektiven Gesetzesfolgenabschätzung ist nach dem Willen der Bundesregierung die Vorgabe der *Kostenneutralität* verbunden: So sollen weder Verschlechterungen für die leistungsberechtigten und die kostenbeitragspflichtigen Personen eintreten noch Ausweitungen des Kreises der leistungsberechtigten Personen sowie des Leistungsumfangs im Vergleich zur Rechtslage am 1.1.2023 (vierte Stufe des Inkrafttretens des BTHG) bewirkt werden. Entscheidend sei somit einerseits die Absicherung von Standards aber auch der Ausschluss einer Beschränkung des Leistungsumfangs. Gegenstand der Untersuchung sollen auch Fragen der jugendhilfespezifischen Ausgestaltung des Verfahrens zur Bestimmung des zuständigen Leistungsträgers, des Verfahrens bei der Leistungsverantwortung mehrerer Rehabilitationsträger sowie des Teilhabe- und Gesamtplanverfahrens sein (BT-Drs. 19/26107, S. 120). Die Vorgabe der Kostenneutralität wurde von Sachverständigen und Fachverbänden zu Recht kritisch betrachtet (siehe dazu Wiesner in Wiesner/Wapler, § 107 Rn. 13). Die Kritik hat den Bundestag im Rahmen der Beratungen des KJSG dazu veranlasst, durch die Einfügung von Satz 3 in § 107 Abs. 2 SGB VIII klarzustellen, dass die Untersuchung zur prospektiven Gesetzesfolgenabschätzung im Hinblick auf das Bundesgesetz nach § 10 Abs. 4 Satz 3 SGB VIII auch mögliche finanzielle Auswirkungen gesetzlicher Gestaltungsoptionen umfasst (BT-Drs. 19/28870, S. 75, 112).

18 Siehe dazu Wiesner in Wiesner/Wapler, § 107 Rn. 3.

X. Die Umsetzung im Kinder- und Jugendhilfeinklusionsgesetz – IKJHG

Im *Koalitionsvertrag von 2021* findet sich dazu folgende Aussage: „In einem Beteiligungsprozess mit Ländern, Kommunen und Verbänden sollen notwendige Anpassungen zur Umsetzung der inklusiven Jugendhilfe im SGB VIII erarbeitet und in dieser Legislatur gesetzlich geregelt und fortlaufend evaluiert werden. Wir werden dafür Modellprogramme auf den Weg bringen und die Verfahrenslotsen schneller und unbefristet einsetzen." In Umsetzung dieser Vereinbarung hat das BMFSFJ den breiten Beteiligungsprozess „Gemeinsam zum Ziel: Wir gestalten die Inklusive Kinder- und Jugendhilfe!" von Juni 2022 bis Dezember 2023 durchgeführt.

Seit dem 16.9.2024 liegt nun der *Referatsentwurf für das Kinder- und Jugendhilfeinklusionsgesetz – IKJHG* vor, nachdem ein Vorentwurf bereits seit dem 20.8.2024 in der Fachöffentlichkeit kursierte[19].

Im allgemeinen Teil der Begründung (S. 38) heißt es dazu:

„Die Auswertung der Ergebnisse des Beteiligungsprozesses bekräftigt das klare Bekenntnis zu einer Inklusiven Kinder- und Jugendhilfe. Über die Übernahme der Zuständigkeit für Leistungen der Eingliederungshilfe für alle Kinder und Jugendlichen mit Behinderungen durch die Kinder- und Jugendhilfe hinaus soll es um Verbesserungen bei der Leistungsgewährung und -erbringung durch die besondere Berücksichtigung der Spezifika der Lebensphase ‚Kindheit und Jugend' und der Subjektstellung der Adressatinnen und Adressaten der Kinder- und Jugendhilfe gehen.

Dabei gilt es, die an den Träger der öffentlichen Jugendhilfe als Rehabilitationsträger im Neunten Buch Sozialgesetzbuch Teil 1 gerichteten Anforderungen nicht nur zu sichern, sondern mit der Ausgestaltung der Inklusiven Lösung weiter zu stärken. Eine Verbesserung für Kinder und Jugendliche mit Behinderungen und ihre Familie lässt sich nur verwirklichen, wenn die Inklusive Lösung für die Praxis der Kinder- und Jugendhilfe rechtssicher und rechtsanwenderfreundlich umsetzbar ist, ihre Gestaltung kompatibel mit dem Recht der Eingliederungshilfe im SGB IX ist und keinen der beteiligten Akteure überfordert." Damit legt das zuständige Bundesministerium die Latte sehr hoch.

Nach der langen Debatte um die *rechtssystematische Ausgestaltung der Eingliederungshilfe für junge Menschen mit Behinderung* hat sich das

19 Der Referatsentwurf ist online unter dem folgenden Link abrufbar: https://www.bmfsfj.de/resource/blob/245688/6886fbb47899b5f57a23aff9729403d4/entwurf-ikjhg-gesetz-data.pdf.

BMFSFJ für einen Zwitter entschieden: Es hält zwar nicht mehr – wie in den Arbeitsentwürfen 2016 – an einem einheitlichen Leistungstatbestand fest, aber versucht, ein gemeinsames Dach über zwei selbstständige Leistungstatbestände zu ziehen (Art. 1 § 27 IKJHG-E). Es sieht sich zu diesem Konstrukt durch die Vorgaben der UN-BRK verpflichtet. Diese verlangt, alle staatlichen Maßnahmen an einer Inklusionsperspektive auszurichten, die keine Aussonderung akzeptiert. Diese impliziere, so die Begründung, eine Umgestaltung des Leistungssystems des SGB VIII dahingehend, dass eine individuelle, ganzheitliche Förderung aller Kinder und Jugendlichen ermöglicht wird, ohne dabei an die Kategorisierung von Kindern und Jugendlichen mit Behinderungen, ohne Behinderungen oder die Form der Beeinträchtigung anzuknüpfen[20].

Daraus wird deutlich, dass das Ministerium den Unterschied zwischen Inklusion als Thema der UN-BRK und der Integration als Aufgabe der Eingliederungshilfe als individuelle Hilfe für Menschen mit Behinderung nicht versteht. Bei der Eingliederungshilfe geht es um eine Leistung, die der (junge) Mensch mit Behinderung braucht, weil die Inklusion scheitert und er deshalb eine spezifische Leistung zur Überwindung der bestehenden Barrieren benötigt, um an der Gesellschaft teilhaben zu können. Die Frage der einzelstaatlichen Ausgestaltung der Eingliederungshilfe als spezifisch nationalstaatliches Thema wird in der UN-BRK gar nicht thematisiert.

Abgesehen von diesem unzutreffenden Rekurs auf die UN-KRK ist auch die rechtssystematische Ausgestaltung des „gemeinsamen Daches" in Art. 1 § 27 IKJHG-E nicht überzeugend, weil sich die beiden Leistungen hinsichtlich ihrer Systemfunktion sowie im Hinblick auf die Voraussetzungen, aber auch die Rechtsfolgen voneinander unterscheiden, weshalb zu Recht dafür zwei Unterabschnitte (Art. §§ 27a bis 35 bzw. §§ 35a bis 35i IKHJG-E) vorgesehen sind. Die Differenz wird auch deutlich im Hinblick auf die für die Eingliederungshilfe maßgeblichen Spezifika des Rehabilitationsrechts, das unter anderem spezifische Vorschriften zur Hilfe- und Leistungsplanung bei Leistungen der Eingliederungshilfe für Kinder und Jugendliche mit Behinderungen verlangt (Art. 1 §§ 38 bis 38d IKJHG-E), sowie im Hinblick auf das vorgesehene Splitting des Rechtswegs (Art. 3 IKJHG-E). Zudem enthält das Dach (Art. 1 § 27 Abs. 1 IKJHG-E) keine spezifischen materiellrechtlichen Regelungen, weil die dortigen Aussagen bereits in der Programmatik des § 1 SGB VIII enthalten sind und damit für alle Aufgaben der Kinder- und Jugendhilfe gelten.

---

20 Referatsentwurf, S. 1.

Andererseits werden aber „bei dieser Gelegenheit“ Vorschriften aus dem SGB IX in das gemeinsame Dach übernommen, die mit den Strukturprinzipien des Kinder- und Jugendhilferechts nicht vereinbar sind wie zum Beispiel

- § 27 Abs. 4: Konkretisierung der Leistungsberechtigung (auch) im Hinblick auf die Hilfe zur Erziehung durch Rechtsverordnung,
- § 36b: Hilfe- und Leistungsplankonferenz im Ermessen des Jugendamts.

So entpuppt sich das gemeinsame Dach als Fiktion bzw. als Instrument zur Verletzung von Strukturprinzipien des Kinder- und Jugendhilferechts. Im Interesse der Rechtsklarheit, aber auch aus Respekt vor den Strukturprinzipien des Kinder- und Jugendhilferechts sollte auf dieses Konstrukt, also einen eigenständigen § 27, verzichtet werden und es sollte bei der klaren Zweiteilung der beiden Leistungstypen nach dem Muster des geltenden Rechts in zwei Unterabschnitten bleiben anstatt vorab in einer Norm unterschiedliche Leistungsvoraussetzungen (Art. 1 § 27 Abs. 2 bzw. Abs. 3 IKJHG-E) und in den nachfolgenden Vorschriften dann die jeweiligen unterschiedlichen Rechtsfolgen zu regeln (Art. 1 §§ 27a bis 35 bzw. Art. 1 §§ 35a bis 35i IKJHG-E). Dasselbe gilt für die Verfahrensregelungen, von denen entgegen der Überschrift vor Art. 1 § 36 IKJHG-E die meisten keine gemeinsamen Regelungen darstellen.

Die Nähe der beiden Leistungstatbestände ist nicht abstrakt generell in einem gemeinsamen materiell-rechtlichen Rahmen zu regeln, sondern eine Frage des Verfahrens, nämlich ein Thema bei der Bedarfsfeststellung im Einzelfall, wie sie in § 10a SGB VIII bzw. §§ 9, 12 SGB IX zum Ausdruck kommt und dann ggf. – wie bereits nach geltendem Recht in § 35a Abs. 4 SGB VIII – zu einer Komplexleistung führen kann.

Nachtrag

Der am 27.11.2024 vorgelegte Regierungsentwurf des IKJHG (BR-Drs. 590/24 vom 28.11.2024), der an verschieden Stellen Änderungen gegenüber dem Referentenentwurf enthält[21] wurde zwar in der laufenden Legislaturperiode noch im Bundesrat, aber nicht mehr im Bundestag beraten und verfiel damit der Diskontinuität. Es bedarf daher eines neuen Anlaufs in der 21. Legislaturperiode.

---

21 Siehe dazu DIJuF, Was ist anders im Vergleich zum Referentenentwurf vom 16.9.2024?, Heidelberg 29.11.2024; https://dijuf.de/fileadmin/Redaktion/Hinweise/DIJuF-Uebersicht_Aenderungen_RegE_IKJHG_Stand_29.11.2024_01.pdf.

Literatur

ASMK/JFMK (2013): Bericht der von der Arbeits- und Sozialministerkonferenz (ASMK) und der Jugend- und Familienministerkonferenz (JFMK) eingesetzten Arbeitsgruppe „Inklusion von jungen Menschen mit Behinderung“ vom 5.3.2013, http://msagd.rlp.de/fileadmin/masgff/Aktuelles/asmk/Ergebnisse/Abschlussbericht_Endfassung.pdf;

Bielefeldt, H. (2009): Zum Innovationspotential der Behindertenrechtskonvention, 3. Aufl. (www.institut-fuer-menschenrechte.de);

Bundesministerium für Jugend, Familie und Gesundheit (1973): Diskussionsentwurf eines Jugendhilfegesetzes, Bonn;

Coester, R./Müller-Fehling, N.: Ein neuer Anlauf für die Inklusive Lösung, in: Jugendamt 90 (2017) H. 10, S. 476 bis 480;

Deutscher Bundestag (2013): 14. Kinder- und Jugendbericht, BT-Drs. 17/12200 v. 30.1.2013;

Deutscher Verein für öffentliche und private Fürsorge (1973): Thesen des Deutschen Vereins zu einem neuen Jugendhilferecht, Frankfurt;

Fachverbände für Menschen mit Behinderung: Diskussionspapier Vorstellungen der Fachverbände für Menschen mit Behinderung zu einer Inklusiven Lösung innerhalb der Reform des SGB VIII (Stand 15.5.2017), http://www.diefachverbaende.de/files/stellungnahmen/2017-05-18-VorstellungenFV-Inklusive-Loesung-final.pdf;

Fegert, J. (2010): Kinder und Jugendliche mit Behinderung, in: Gemeinsames Sonderheft Jugendamt/Zeitschrift für Kindschaftsrecht und Jugendhilfe, S. 13–14;

Hasenclever, Jugendhilfe und Jugendgesetzgebung seit 1900, Göttingen 1978;

Jugend- und Familienministerkonferenz: JFMK-Beschluss TOP 5.5 am 6./7.6.2013 in Fulda, https://www.jfmk.de;

Koch, J./Porr, C./Struck, N. (2010): Zeit lassen … aber ganz schnell anfangen! Zur aktuellen Debatte um die große Lösung, in: Forum Erziehungshilfen 16, S. 196–201;

Länderstellungnahme (2016): Stellungnahme der Obersten Landesjugendbehörden zu den Änderungsbedarfen bzgl. des Arbeitsentwurfs des Bundesfamilienministeriums für eine SGB VIII-Reform vom 23.8.2016, http://kijup-sgbviii-reform.de/wp-content/uploads/2016/07/Länder-Stellungnahme-zur-SGB-VIII-Reform-2.pdf;

Meysen, T. (2010): Kinder- und Jugendhilfe an allen Schnittstellen: zentrale Anlaufstelle, Ausfallbürge, Netzeknüpfer, in: Gemeinsames Sonderheft Jugendamt/Zeitschrift für Kindschaftsrecht und Jugendhilfe, S. 21–24;

Meysen, T. (2014): Gesamtzuständigkeit im SGB VIII, neue praxis 44/ Heft 3, S. 1–13.

Wapler, F.: Jugendhilfe für Eltern UND Kinder oder für Eltern ODER Kinder? In: Jugendamt 2017, S. 162–168.

Welti, F. (2014a): Rehabilitations- und Teilhaberecht: die aktuelle Reformdiskussion, Archiv für Wissenschaft und Praxis der sozialen Arbeit Heft 3, S. 4–17.

Wiesner, R. (1996): Eingliederungshilfe für seelisch behinderte junge Menschen als Aufgabe der Jugendhilfe, in: Zentralblatt für Jugendrecht, 83, S. 199–203 und 278–282.

Wiesner R. (2001): Die Bedeutung des Neunten Buches Sozialgesetzbuch – Rehabilitation und Teilhabe behinderter Menschen – für die Kinder- und Jugendhilfe, in: Zentralblatt für Jugendrecht, 88, S. 281–287.

Wiesner R. (2012): Von der Integration zur Inklusion: Die „große Lösung“ – Eine Jugendhilfe für alle Kinder und Jugendlichen, in: Jugendhilfe 50, S. 257–265.

Wiesner R. (2022): Perspektiven für die Gesamtzuständigkeit der Kinder- und Jugendhilfe für alle jungen Menschen, in: Jugendhilfe 2022, Heft 1, S. 39–47.

Wiesner, R./Wapler, F., SGB VIII Kinder- und Jugendhilfe, Kommentar, 6. Aufl. 2022.

Auf dem Weg zur inklusiven Kinder- und Jugendhilfe – in welchem Rahmen bewegen wir uns?

Andreas Hilliger, Ministerium für Bildung, Jugend und Sport des Landes Brandenburg, Abteilungsleiter a. D., Potsdam

Nach den Fragen „Woher kommen wir und wo stehen wir?“ (Herr Wiesner), „Wo wollen wir hin?“ (Herr Kepert) folgt nun ein weiterer Input zu der Frage „In welchem Rahmen bewegen wir uns?“

Dabei werde ich mich nicht vorrangig auf die aktuelle Diskussion um die inklusive Kinder- und Jugendhilfe und die Übertragung der Zuständigkeit für die Eingliederungshilfe auf das Jugendamt beziehen, vielmehr nehme ich einen Strang der Diskussion in der SGB VIII Kommission auf, der anlässlich des 30. Jahrestags des Inkrafttretens des SGB VIII die Frage in den Mittelpunkt gestellt hatte, von welchen sozialen, familiären und pädagogischen Rahmenbedingungen Ende der 1980er Jahre die gesetzlichen Regelungen für die Kinder- und Jugendhilfe ausgingen und inwieweit die seitdem festzustellenden gesellschaftlichen Veränderungen, aber auch die Weiterentwicklungen des pädagogischen Denkens eine Diskussion und ggf. Überprüfung dieser – wie wir es in unserer Kommission genannt haben – Verfasstheit der Jugendhilfe erforderlich machen.

Die umfangreichen und sehr anspruchsvollen Reformen der Kinder- und Jugendhilfe, die wir jetzt erleben und die die inklusive Jugendhilfe in den Mittelpunkt stellt, ist aus meiner Sicht ein guter Zeitpunkt für eine derartige Betrachtung, auch wenn daraus unmittelbar nichts Konkretes für die gegenwärtigen gesetzlichen Änderungen folgt. Es handelt sich eher um Anregungen für weitere Diskussionen über die gesellschaftlichen Bedingungen und ihre Bedeutung für rechtliche Kodifizierungen. Zugleich wird aber deutlich werden, was die Besonderheiten des Hilfesystems der Kinder- und Jugendhilfe auch für die jetzt neu auf sie zukommende Zuständigkeit für Kinder und Jugendliche mit Behinderungen und für die Entwicklung eines insgesamt inklusiven Systems bedeuten.

Auf folgende Punkte möchte ich eingehen, bei denen im Vergleich zu der 2. Hälfte der 1980er Jahre in der alten BRD gesellschaftliche Veränderung und strukturelle Weiterentwicklungen festzustellen sind und dabei besonders die Lebenssituation von Kindern, Jugendlichen und ihren Familien in den Blick nehmen:

- Verhältnis von Aufgaben der Familie zu den Aufgaben der öffentlichen Hand
- Änderungen der Frauenrolle – Änderungen der Familienkonstellationen
- Soziale Desintegrationstendenzen vs. einheitliche Lebensverhältnisse
- Rechte der Kinder und stärkere Beachtung ihrer Partizipation
- Rolle der Leistungserbringer im Sozialsystem
- Aufgabenteilung zwischen den öffentlichen Ebenen (Bund, Land, Kreis, kreisangehörige Gemeinde)
- Gesellschaftliche Herausforderungen für das Aufwachsen der nachwachsenden Generation

Daran anschließend möchte ich zum Abschluss einige Gedanken zu drei zentralen Aspekten um die Perspektiven der Kinder- und Jugendhilfe zur Diskussion stellen.

1. Verhältnis von Aufgaben der Familie zu den Aufgaben der öffentlichen Hand

In der alten Bundesrepublik herrschten noch „geordnete" Verhältnisse: Für das Aufwachsen der Kinder in den frühen Jahren war die Familie zuständig. Ihre Aufgabe war es, die Grundfertigkeiten und basalen Fähigkeiten der Kinder zu entwickeln, damit sie dann die Voraussetzungen für die schulischen Bildungsprozesse mitbringen. Zentrale staatliche bzw. öffentliche Aufgabe bezogen auf das Aufwachsen der jungen Generation war damit die schulische Bildung. Daneben stand der Schutz der Kinder vor Gefährdungen und – wie man damals sagte – vor Verwahrlosung. Letzteres bezog sich aber primär auf den sogenannten unteren Rand der Gesellschaft. Für diesen öffentlichen Leistungsbereich der Fürsorge lag die Zuständigkeit im Rahmen der konkurrierenden Gesetzgebung beim Bund.

Die Diskussion um die Aufgaben der Kinder- und Jugendhilfe war damals zumeist von dem Denken geprägt, dass die Familien bei der Kindererziehung vor staatlichen Eingriffen geschützt werden müssten. Mit Blick auf den Nationalsozialismus war das mit Sicherheit ein richtiger Gedanke. Im realen Leben wahrscheinlich der meisten Familien dominiert jedoch heutzutage weniger die Furcht vor einem Eingriff, als der Mangel an Unterstützung. Der Wunsch nach mehr Unterstützung dürfte dabei auch auf das Schwinden der Möglichkeiten zurückzuführen sein, soziale und vor allem über die Kleinfamilie hinausgehende familiäre Ressourcen (Geschwister der Eltern, Großeltern etc.) für das Aufwachsen der Kinder nutzen zu können, die eine Folge der zunehmenden Mobilität ist.

Das Verhältnis zwischen Familienerziehung und öffentlicher Verantwortung wird aus meiner Sicht zu wenig diskutiert, obwohl es vor mehreren Legislaturperioden sogar das Thema eines Bundesjugendberichts war. Vor allem im politischen Raum scheint die Vorstellung nach wie vor dominant, die Familien verfügten in der Regel über hinreichende Ressourcen und es gelinge ihnen, die primären Sozialisationsaufgaben sachgerecht so zu erfüllen, dass in der Schule daran dann mit einem formalisierten Bildungsangebot angeknüpft werden kann. Nicht nur die Berichte aus den Grundschulen zeigen, dass dies eine nicht hinreichend begründete Annahme ist. Zugespitzt kann man formulieren: Viele Familien leisten nicht mehr das, was bezogen auf die Kindererziehung von ihnen gesellschaftlich erwartet wird. Die Balance zwischen familiärer Bildung und Erziehung und den staatlichen Leistungen zur Bildung und Erziehung sollte daher unabhängig von dem Fürsorgedanken neu gewichtet und dem Wunsch nach mehr Unterstützung Rechnung getragen werden.

2. Änderungen der Frauenrolle – Änderungen der Familienkonstellationen

Von zentraler Bedeutung bei der Veränderung der Familienkonstellationen in den letzten 30 Jahren ist die Änderung der Rolle der Frauen. In den 1980er Jahren war es für einen relativ großen Teil der Familien noch selbstverständlich, dass die Mütter nicht oder nur in sehr geringem Umfang erwerbstätig waren und die Verbindung der Rollen von Mutter und Hausfrau war sehr eng. Die Frauenbewegung, der Bedarf an Arbeitskräften und nicht zuletzt der Beitritt der DDR zur BRD mit einem ganz anderen Rollenverständnis der Frauen haben hier zu einer drastischen Erhöhung der Erwerbstätigkeitsquote der Frauen und damit zu sehr elementaren Veränderungen der Familienkonstellationen geführt. Erwerbstätigkeit wird von den meisten Frauen nicht mehr als Zuverdienst, sondern als eigenständiges Lebensziel angesehen. Damit kann zur Gewährleistung der grundlegenden Sozialisationsanforderungen in den ersten Lebensjahren nicht mehr auf die unentgeltliche Carearbeit der Frauen zurückgegriffen werden. Es erwachsen daraus ganz wesentliche öffentliche Aufgaben, denen das Jugendhilfesystem mit den Rechtsansprüchen auf Kindertagesbetreuung und in Kürze auch auf Ganztagsbetreuung in den Grundschulen Rechnung trägt. In der

Verfasstheit der Jugendhilfe dominieren entsprechend der Fürsorgeorientierung jedoch immer noch die Regelungen für einzelne Hilfen, demgegenüber erscheint der wohl bedeutendste Bereich, die Kindertagesbetreuung, eher nachrangig. Dies zeigt sich auch bei den rechtlichen Änderungen auf dem Weg zu einer inklusiven Kinder- und Jugendhilfe. Darauf komme ich noch zurück.

3. Soziale Desintegrationstendenzen vs. einheitliche Lebensverhältnisse

Inwiefern die These zutrifft, dass die soziale Differenzierung der Gesellschaft, ihre Spaltung in unterschiedliche Gruppierungen und damit ihre Desintegrationstendenzen zunimmt, möchte ich nicht differenzierter erörtern. Es spricht allerdings einiges dafür, dass sich die gesellschaftlichen Entwicklungen in den letzten Jahrzehnten so ausgewirkt haben, und dies wirkt sich auf die Handlungsbedingungen der örtlichen Träger der öffentlichen Jugendhilfe unmittelbar aus. Ein Kriterium für die Qualität eines staatlichen bzw. öffentlichen Leistungssystems und damit auch für die Jugendhilfe zeigt sich darin, dass es zur Schaffung gleichwertiger Lebensverhältnisse beiträgt. Mit der primären Leistungsverantwortung für die öffentliche Jugendhilfe auf kommunaler Ebene ergibt sich unmittelbar die Abhängigkeit von der Finanzkraft der Kommunen. Der grundgesetzliche Anspruch auf Schaffung einheitlicher Lebensverhältnisse ist schon von daher schwer einzulösen.

Zugleich zeigt ein Blick auf die umfangreiche Jugendhilfestatistik die erheblichen Unterschiede in den Ländern und bei den örtlichen Trägern der öffentlichen Jugendhilfe, für die es mit Sicherheit auch sozialstrukturelle Gründe gibt. Eine Korrelation zu den jeweiligen Sozialdaten zeigt jedoch, dass die soziale Lage der Kinder, Jugendlichen und ihrer Familien in den jeweils statistisch erfassten Gebieten kaum eine hinreichende Erklärung für die Unterschiede in den Leistungen und den Aufwänden bieten. Wie angesichts der Abhängigkeit der Jugendhilfeleistungen von der kommunalen Finanzierung und eines Auseinanderdriftens der qualitativen und quantitativen Dimensionen der Jugendhilfeleistungen für die Schaffung gleichwertiger Lebensverhältnisse für Kinder, Jugendliche und ihre Familien gesorgt werden kann, ist eine offene Frage, die weiterer Diskussion bedarf.

4. Rechte der Kinder und stärkere Beachtung ihrer Partizipation

Aus meiner Sicht gibt es Grund zu der Vermutung, dass das Kinder- und Jugendhilferecht einem Verständnis der Erziehungsaufgaben folgt, das noch relativ stark von elterlicher Verantwortung im Rahmen der Personensorge und von der rechtlichen Abhängigkeit der Kinder geprägt war. Die Diskussionen darüber, wer den Rechtsanspruch auf eine Leistung zur Hilfe auf Erziehung innehaben soll, sind dafür symptomatisch. Mit der Integration der Aufgaben der Eingliederungshilfe in das Jugendhilfesystem und die Verortung des Anspruchs auf diese Leistungen bei den Minderjährigen sowie bei dem Rechtsanspruch auf Kindertagesbetreuung bei dem Kind zeigt sich, dass diese Frage nicht konsistent gestaltet ist. Dazu kommt noch, dass in der pädagogischen Diskussion die Betonung der Rechte der Kinder und ihres Anspruchs auf Beteiligung wachsende Bedeutung erhalten. Beides könnte – und aus meiner Sicht sollte es auch – zu einer stärkeren Betrachtung der Familie als System führen. Ein systemischer Blick auf das Aufwachsen der Kinder würde es, diese Anmerkung zur gegenwärtigen Diskussion um die Eingliederungshilfe in der Jugendhilfe sei mir gestattet, ermöglichen, die bisher praktizierte Trennung zwischen den behinderungsspezifischen Hilfen und der allgemeineren Unterstützung der Erziehungsaufgaben in den Familien tendenziell zu überwinden und stärker ganzheitlich vorzugehen. Diese Betrachtungsweise hat sich interessanterweise in der Gestaltung der Frühförderung in den letzten Jahren durchgesetzt, jedoch leider keine Berücksichtigung bei der Integration der Eingliederungshilfe in das Jugendhilfesystem gefunden.

5. Rolle der Leistungserbringer im Jugendhilfesystem

Zu den Qualitäten der Jugendhilfe gehört, dass sie von einer Partnerschaft der öffentlichen und freien Träger bei der Erbringung der Leistungen ausgeht. Auffallend ist jedoch, dass immer mehr Fragen, die sich auf dieses Verhältnis beziehen sollten, zu den Themen Dienstleistung, Öffnung für wirtschaftlich agierende Akteure, Ausschreibung und Ähnliches gestellt werden. Hier ist die Jugendhilfe mit Sicherheit kein Vorreiter, die Diskussionen in anderen Sozialleistungssystemen, wie bspw. bei der Gesundheitsversorgung oder bei der Pflege, wirken sich allerdings auch auf die Jugendhilfe aus. Das hat vermutlich auch damit zu tun, dass das Finanzvolumen, das für Jugendhilfeleistungen aufgewendet wird, überproportional gewachsen ist und dass damit Fragen nach monetären Steuerungen bzw. nach der Geltung üblicher wirtschaftlicher Prozesse relevant werden.

Ob die Bedeutung eines partnerschaftlichen Verhältnisses beibehalten werden kann oder ob sich zunehmend ein Dienstleistungsverhältnis entwickelt, ist meines Erachtens eine offene Frage, die diskutiert werden sollte. Dabei wird es auch darum gehen, nicht mehr zeitgemäße Besitzstände infrage zu stellen. Dies berührt zum Beispiel auch die Gestaltung der Partizipation in den Jugendhilfeausschüssen. Grundsätzlich gilt: Partizipationsstrukturen gewährleisten durch die Beteiligung Betroffener die Ausgestaltung der Leistungen in Übereinstimmung mit den Bedarfslagen der Leistungsempfänger. Hier hat die Jugendhilfe mit ihren Jugendhilfeausschüssen bereits eine lange Tradition. Auffallend ist jedoch, dass deren Zusammensetzung von dem Grundgedanken geprägt ist, dass die freien Träger als Repräsentanten der Zivilgesellschaft die Interessen der Kinder, Jugendlichen und ihrer Familien vertreten. Das mag in einem fürsorgeorientierten Leistungssystem noch akzeptabel sein, stößt aber an Grenzen, wenn sich die freien Träger immer mehr zu öffentlich finanzierten Dienstleistern entwickeln. In einem Verständnis von Jugendhilfe als ein Unterstützungssystem für alle Familien müssen die Beteiligungsstrukturen deutlich verändert werden und sowohl Minderjährige als auch ihre Eltern müssten in den Partizipationsstrukturen berücksichtigt werden.

6. Aufgabenteilung zwischen den öffentlichen Ebenen (Bund, Land, Kreis, kreisangehörige Gemeinde)

Kennzeichnend für das System der Jugendhilfe ist, wie bereits erwähnt, der Bezug auf die Fürsorge. Der Fürsorgebegriff ist zwar erweitert um präventive Angebote und würde heute für den für die meisten Familien zentralen Bereich der Jugendhilfe, also die Kindertagesbetreuung, wahrscheinlich kaum mehr als systemprägend wahrgenommen werden. Verfassungsrechtlich ist er aber für die Bundeskompetenz zur Regelung zentral und prägt damit den Ausgangspunkt des Gesamtsystems mit dem Ansatz einer Hilfe bei einem nicht ausreichenden „Funktionieren" der Eltern bzw. der Familien. Bei der Betrachtung der Regelungstiefe im SGB VIII und der verschiedenen Leistungsbereiche der Jugendhilfe fällt das unmittelbar ins Auge. Dies wird durch die Übertragung der Eingliederungshilfeaufgaben für Minderjährige auf die Jugendhilfe noch verstärkt, wenn man die Regelungstiefe dieses Bereichs und der Hilfen zur Erziehung mit den Bestimmungen vergleicht, die die Kindertagesbetreuung regeln.

Mit der zunehmenden Bedeutung der Kindertagesbetreuung wächst auch auf allen öffentlichen Ebenen das politische Interesse daran. Mit dem Gute-Kitagesetz bzw. dem Kita-Qualitätsgesetz zeigt der Bund sein Interesse an der Ausgestaltung des Bereichs, die Frage der Mitverantwortung und damit auch der Mitfinanzierung bleibt jedoch strittig und führt zu zeitlich nur befristeten Zuschüssen und damit zu insgesamt unbefriedigenden Lösungen.

Ein weiterer Aspekt kommt hinzu, der wahrscheinlich in einigen Ländern auch zu Irritationen im Zusammenhang mit der Integration der Eingliederungshilfe für Minderjährige in das Jugendhilfesystem führen wird: Mit der zentralen Stellung der örtlichen Träger der öffentlichen Jugendhilfe ist nicht nur die Einheitlichkeit der Lebensverhältnisse nur schwierig sicherzustellen, sie verursacht auch einen erheblichen Verwaltungsaufwand. Es müssen auf der Ebene der örtlichen Träger der öffentlichen Jugendhilfe viele Regelungen getroffen werden, ohne dass es einen unmittelbaren Bezug zur örtlichen Gemeinschaft gibt. Aus meiner Sicht wäre hier eine offene Diskussion über die Vorteile zentraler Regelungen, seien sie auf Landes- oder auf Bundesebene, erforderlich. Dass dadurch die kommunale Selbstverwaltung gefährdet werden würde, sollte dabei nicht als Totschlagsargument herangezogen werden. Vielmehr geht es auch um einen Beitrag zur Entbürokratisierung, dadurch dass nicht jeder örtliche Träger komplexe Fragen für sich selbst entscheidet, und dies würde auch der Akzeptanz des Systems dienen, wenn gleiche Umstände bundesweit oder wenigsten in dem jeweiligen Land auch gleichbehandelt werden würden. Ganz markant zeigt sich dies bei dem Thema Kostenbeteiligung für die Kindertagesbetreuung.

7. Gesellschaftliche Herausforderungen für das Aufwachsen der nachwachsenden Generation

Schulbildung ist schon seit Langem eine wichtige staatliche Aufgabe. In den letzten 20 Jahren kann aber eine deutliche Verschiebung dahingehend wahrgenommen werden, dass die Bedeutung der Bildung für die Zukunftsfähigkeit dieser Gesellschaft deutlicher wahrgenommen und diskutiert wird. Es wäre an der Zeit, dass bisher bestehende weitgehende Nebeneinander der Systeme, die das Aufwachsen der nachwachsenden Generation unterstützen (Schule und Kinder- und Jugendhilfe), stärker aufeinander zu beziehen. Die Frage nach der Unterstützung von Kindern und Jugendlichen mit besonderen Schwierigkeiten oder Problemen innerhalb des Schulsystems ist nur sehr unzureichend geregelt und leider auch im Zusammenhang mit der Überführung der Eingliederungshilfe nicht hinreichend thematisiert worden.

Um die Komplexität noch etwas zu erweitern, möchte ich noch einige weitere Punkte nennen, die für das öffentliche System der Unterstützung des Aufwachsens der nachwachsenden Generation relevant wären, jedoch aus meiner Sicht nicht hinreichend diskutiert werden:

- Deutschland als Einwanderungsland und der Umgang mit migrantisch geprägten Stadtteilen bzw. Kiezen,
- Verfestigte Armutslagen als Folge des Auseinanderklaffens der sozialen Schere,
- Veränderungen in der Zivilgesellschaft und Erkundung neuer Möglichkeiten ihrer Aktivierung für Kinder, Jugendliche und ihre Familien,
- Umgang der Kinder und Jugendlichen mit den neuen gesellschaftlichen Bedrohungen, zu denen im Wesentlichen die Pandemie, die Kriegsgefahr und der Klimawandel gehören,
- Medien als zentraler Teil der Erfahrungswelt der Kinder und Jugendlichen.

8. Zentrale Punkte künftiger Diskussionen

Hier möchte ich jetzt nicht den Versuch machen, die genannten Themen zusammenzufassen. Ich werde vielmehr zum Abschluss drei zentrale Themenbereiche benennen, die aus meiner Sicht für die Diskussion um die Verfasstheit der Kinder- und Jugendhilfe relevant sind.

Da ist erstens der Punkt, dass ein auf die Fürsorgezuständigkeit des Bundes ausgerichtetes Hilfesystem an seine Grenzen stößt. Die Unterstützung der Familien bei ihren Erziehungs-, Betreuung- und Bildungsaufgaben erfordert ein neues Herangehen und Gestalten der öffentlichen Aufgaben. Die Fürsorgeorientierung ist nicht zuletzt aus Gründen des Schutzes der Kinder nach wie vor von zentraler Bedeutung; für die Unterstützungsbedarfe aller Familien reicht es aber nicht, die Fürsorge unter dem Aspekt der Prävention zu erweitern. Zentral dabei ist es auch, die Familien als ein Gesamtsystem zu betrachten und die Unterstützungsleistungen nicht mehr nur als Ergänzungen, sondern umfassender zu verstehen. Das bedeutet, den systemischen Blick auf die Familie in allen Leistungsbereichen in den Vordergrund zu stellen (Kindertagesbetreuung und Elternbildung, Eingliederungshilfe auch als Erziehungsaufgabe, Individualhilfen auch unter Beachtung des familiären Gesamtsystems).

Zweitens halte ich es für zentral, das Verhältnis von Einzelleistungen und Infrastruktur neu zu gewichten. Nicht die einzelne Familie steht im Mittelpunkt der öffentlichen Verantwortung für das Aufwachsen der Kinder und Jugendlichen, sondern die Bereitstellung einer die Kinder, Jugendlichen und ihre Familien fördernde Infrastruktur. Dies könnte als zentraler Kern moderner Jugendhilfe ausgestaltet und müsste mit subjektiven Rechtsansprüchen kombiniert werden. Daraus ergäbe sich ein über die Jugendhilfe hinausgehendes Sozialplanungsverständnis, das die Gesamtheit der öffentlichen Leistungen für Kinder, Jugendliche und ihre Familien in den Blick nimmt. Dazu gehören Schulen, Kindertagesbetreuung, Freizeitangebote, Sport, kulturell-musische Angebote, Erholungsflächen (z. B. Parks), Spielplätze, Beratungsangebote und sicher noch einiges mehr.

Drittens glaube ich, es lohnt sich, die Diskussionen über die Kinder- und Jugendhilfe mit Fragen der Familienpolitik zu verbinden. Bundesseitig wird Familienpolitik primär als monetäre Leistung an die Familien ausgestaltet. Eine stärkere Verantwortung des Bundes auch für die Infrastrukturen, die erforderlich sind, um gute Bedingungen des Aufwachsens der jungen Generation zu schaffen, wirft zwar einige verfassungsrechtliche Fragen auf, dies sollte uns aber nicht daran hindern, das Thema auf die Tagesordnung zu setzen, zumal es, wie bereits erwähnt, bei der Finanzierung der Kindertagesbetreuung sehr aktuell ist.

Kommission SGB IX

Leitung: Prof. Dr. Torsten Schaumberg, Hochschule Nordhausen, Wirtschafts- und Sozialwissenschaften

Reform des Rechts der Werkstätten für behinderte Menschen – Notwendigkeit oder Scheindiskussion?

Überlegungen an der Schnittstelle zwischen Arbeits- und Sozialrecht

Prof. Dr. Jens M. Schubert[1], Cottbus

Auf dem 9. Deutschen Sozialgerichtstag mit dem Titel „Neue Zeiten – Neues Sozialrecht" hat sich die SGB IX-Kommission mit der Frage „Reform des Rechts der Werkstätten für behinderte Menschen – Notwendigkeit oder Scheindiskussion?" beschäftigt. Der Verfasser hat Thesen vorgelegt, die sich an der Schnittstelle zwischen Arbeits- und Sozialrecht bewegen. Eines kann dabei vorweggenommen werden: Eine Scheindiskussion liegt nicht vor. Es gibt einen echten Bedarf, Werkstätten für Menschen mit Behinderungen neu, wenn man so will, zeitgemäß/modern zu betrachten und im Recht entsprechend zu behandeln.

1. Vorüberlegungen zur Einordnung

Ob Werkstätten für Menschen mit Behinderungen[2] ihren Auftrag – Teilhabe von Menschen mit Behinderung am Arbeitsleben – nachhaltig erfüllen, ist umstritten. Dabei geht es um Tatsächliches, aber auch darum, ob das Recht die richtigen Vorgaben für dieses Ziel bereithält bzw. die wichtigen Ansätze zu einer echten Inklusion zutreffend umsetzt. Diesbezüglich werden auch Ansichten von wichtigen völkerrechtlichen Institutionen herangezogen. Für den Verfasser, der auch in der Schulung von Schwerbehindertenvertretungen aktiv ist, kommen Einschätzungen von Praktiker:innen hinzu, die durchaus überraschend sein können. Folgende, zugegeben nur als anek-

1 Lehrstuhl „Recht der Sozialen Arbeit" an der BTU Cottbus-Senftenberg, vormals ver.di-Bundesverwaltung und AWO-Bundesverband sowie apl. Professor an der Leuphana Universität Lüneburg.

2 Für einen ersten Zugang bieten sich die Internetseiten der BAG WfbM (www.bagwfbm.de) sowie der Beitrag von Berg/Fischer, Fachlexikon der Sozialen Arbeit, 9. Aufl., S. 988, an. Vgl. auch Körtek in Knittel, SGB IX, 12. Aufl. § 219 Rn. 8 ff.

dotische Evidenz nutzbare, aber gleichwohl erhellende Einschätzungen aus solchen Schulungen sollen einmal vorangestellt werden:

- „Vieles von den sozialrechtlichen Expert:innen ist sicher juristisch gut vertretbar und auch gut gemeint, die Wirklichkeit in Werkstätten für behinderte Menschen ist aber sehr vielfältig."
- „Der Weg in Richtung allgemeiner Arbeitsmarkt (§ 219 Abs. 1 Satz 2 Nr. 2, Satz 3 SGB IX, § 5 Abs. 4 WVO) ist oftmals illusorisch. Nicht selten kommt es insbesondere zu einer Rückkehr in Richtung Fördergruppen, § 219 Abs. 3 SGB IX."
- „Nicht immer bestehen eindeutige Zugänge und Rollenklarheit zwischen Werkstattrat, Schwerbehindertenvertretung, § 52 SGB IX und Betriebsrat."[3]
- „Gesamt-Einnahmen in der Werkstatt sind attraktiv genug, um Arbeit auf dem allgemeinen Arbeitsmarkt abzulehnen (zu § 221 Abs. 2 SGB IX). Ängste vor diesem sind dabei aber auch relevant."
- „Den gesetzlichen Mindestlohn anzusetzen, ist ‚moralisch' sicherlich richtig, wird aber dem Erfordernis des § 219 Abs. 2 Satz 1 SGB IX nicht gerecht."
- „Der Berufsbildungsbereich wird überschätzt. ‚Reine' Beschäftigung ist bereits *die Aufgabe*."

Die wenigen Einschätzungen geben einen Hinweis darauf, dass das Recht durchaus als gut gemeint begriffen wird, den tatsächlichen Herausforderungen und Gegebenheiten aber nicht gänzlich gerecht wird (Wirklichkeitstest). Klar ist damit aber sogleich auch: Allein wegen solcher Einschätzungen lohnt und rechtfertigt sich die Diskussion. Für diese ist es wichtig, sich immer wieder zu fragen, an welcher Stelle der Teilhabe wir stehen. Nicht selten wird unsere Einschätzung einer bereits bestehenden Inklusion nicht geteilt.[4] Wir gehen von folgenden Stadien aus:

---

3 Z. B. bei einem ausgelagerten Arbeitsplatz, bei dem man vom Status her Werkstattbeschäftigter bleibt, s. hierzu Joussen, NZA 2024, 1236 ff.

4 Quelle der folgenden Abbildung: Bundeszentrale für politische Bildung, Behinderungen: Teilhabe und Inklusion (Dieter Kulke).

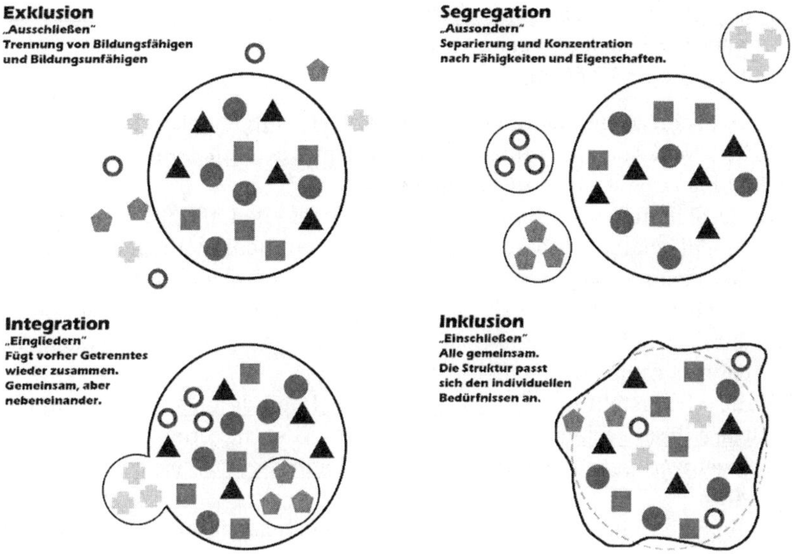

Während wir aber sicherlich jedenfalls oftmals das Stadium der Inklusion für erreicht halten, sagt uns der Staatenbericht des zuständigen UN-Ausschusses für die Rechte von Menschen mit Behinderungen (CRPD) etwas Anderes:[5]

Zu Arbeit und Beschäftigung (Art. 27)
Der Ausschuss ist besorgt über

(a) *Segregation* auf dem Arbeitsmarkt des Vertragsstaates;
(b) finanzielle Fehlanreize, die Menschen mit Behinderungen am Eintritt oder Übergang in den allgemeinen Arbeitsmarkt hindern;

---

5 Aus den Staatenberichten des Ausschusses (2015), CRPD/C/DEU/CO/1. Auch im Staatenbericht 2023, CRPD/C/DEU/CO/2-3 zeigt sich der Ausschuss an verschiedenen Stellen des Berichts besorgt hinsichtlich der Situation von Menschen in Werkstätten. Er fordert: „62. Unter Hinweis auf seine Allgemeine Bemerkung Nr. 8 (2022) und die Empfehlungen des Ausschusses für wirtschaftliche, soziale und kulturelle Rechte empfiehlt der Ausschuss dem Vertragsstaat, a) in enger Konsultation und unter aktiver Mitwirkung von Organisationen von Menschen mit Behinderungen in allen Bundesländern einen Aktionsplan zur Förderung des Übergangs von Menschen mit Behinderungen aus Werkstätten für behinderte Menschen in den offenen Arbeitsmarkt zu erarbeiten, der eine angemessene Zuweisung von Ressourcen und einen konkreten Zeitrahmen vorsieht …"

(c) den Umstand, dass *segregierte Werkstätten* für behinderte Menschen weder auf den Übergang zum allgemeinen Arbeitsmarkt vorbereiten noch diesen Übergang fördern.

Der Ausschuss empfiehlt dem Vertragsstaat, durch entsprechende Vorschriften wirksam einen inklusiven, mit dem Übereinkommen in Einklang stehenden Arbeitsmarkt zu schaffen, durch

(a) die Schaffung von Beschäftigungsmöglichkeiten an zugänglichen Arbeitsplätzen ..., insbesondere für Frauen mit Behinderungen;

(b) die schrittweise Abschaffung der Werkstätten für behinderte Menschen durch sofort durchsetzbare Ausstiegsstrategien und Zeitpläne sowie durch Anreize für die Beschäftigung bei öffentlichen und privaten Arbeitgebern im allgemeinen Arbeitsmarkt;

(c) die Sicherstellung, dass Menschen mit Behinderungen keine Minderung ihres sozialen Schutzes bzw. der Alterssicherung erfahren, die gegenwärtig an die Werkstätten für behinderte Menschen geknüpft sind;

(d) die Sammlung von Daten über die Zugänglichkeit von Arbeitsplätzen auf dem allgemeinen Arbeitsmarkt.

[Hervorhebungen durch den Verfasser]

Im Schnittbereich zwischen Arbeits- und Sozialrecht (Rehabilitationsrecht) gibt es ebenfalls inklusionshemmende Elemente, die die Frage stellen, ob die bisherigen Ansätze denn zwingend sind. So bestimmt § 221 Abs. 1 SGB IX, dass im Regelfall in Werkstätten kein Arbeitsverhältnis, sondern ein arbeitnehmerähnliches Rechtsverhältnis mit dem Auftrag der Rehabilitation entsteht. Was dann an arbeitsrechtlichen Schutzbestimmungen zur Anwendung gelangt, zeigt als Merkposten § 4 Abs. 1 Nr. 1a WMVO.[6] Andererseits ist vieles auch gerade nicht einschlägig als Folge der rechtlichen Einordnung. So gilt nicht das BetrVG, das doch eigentlich Demokratie und Teilhabe in Betrieben vermitteln soll. Nebenbei, für die übrigen Beschäftigten in Werkstätten für Menschen mit Behinderung soll ebenfalls das BetrVG nicht vollständig wirken. Der Tendenzschutz des § 118 BetrVG wird hier angeführt und lässt einengende Ergebnisse entstehen.[7] Auch das MiLoG soll nicht wirken. Zu diesem Bereich dürften die stärksten Bedenken vor-

6 Prozessual ist an § 2 Abs. 1 Nr. 10 ArbGG zu erinnern. Es gilt also im Grundsatz die ZPO und keine Amtsermittlung wie im Prozess vor der Sozialgerichtsbarkeit. Ab dem LAG gilt zudem eine Anwaltspflicht.

7 Betrachtung des Wissenschaftlichen Dienstes des Bundestags: WD BT WD 6 – 3000 – 064/20.

liegen.[8] Das ArbZG (wohl aber das ArbSchG), das (neue) NachwG und das EntgTranspG wirken nicht. Letzteres mutet komisch an, wenn man an §§ 222 Abs. 5 SGB IX, 39a WMVO denkt und zukünftig an Art. 2 Abs. 2 RL 2023/970 (EU), wenn diese Richtlinie vom EuGH bestätigt werden sollte.[9] Insgesamt hat die gegenwärtige Einordnung massive Folgen. Bei alledem darf schließlich nicht vergessen werden, dass das Unionsrecht (s)einen autonomen Arbeitnehmerbegriff zugrunde legt. Dort können daher arbeitnehmerähnliche Personen durchaus Arbeitnehmer i. S. einer unionalen Rechtsquelle sein.[10]

2. Thesen

Das Spannungsfeld zwischen realitätsgerechten Maßnahmen und mutiger Inklusion ist nicht leicht aufzulösen. Das Recht ist dabei (nur) ein Instrument. Zu den weiteren gehören die Maßnahmen der Sozialen Arbeit zur Vorbereitung auf den Übergang in den allgemeinen Arbeitsmarkt (§ 219 Abs. 1 Satz 3 SGB IX) sowie strukturell Ausstattungsfragen. Auf letzteres – was oft wenig betrachtet wird – hat die Gewerkschaft ver.di hingewiesen.[11] Dabei wird auch das Thema Personalschlüssel aufgemacht – Inklusion kostet Geld. Schließlich sind Belegschaften ein Faktor dafür, ob ein Unternehmen zu einem inklusiven Unternehmen wird (vor allem bezüglich der Unternehmen mit den ausgelagerten Arbeitsplätzen).[12] Bleibt man aber beim Recht, so gibt es doch ein paar Schalter. Einer ist sicher die rechtliche Einordnung von Menschen in Werkstätten als arbeitnehmerähnliche Personen, ein anderer die „Vielfalt" von Interessenvertretungen. Zwar ist es gut und richtig, Werkstatträten gut zuzuhören, da hier nicht über Menschen gespro-

---

8 Vgl. die Begutachtung von Welti/von Drygalski/Treffurth, Das Entgelt von WfbM-Beschäftigten – Lösungen in einem komplexen Mehrebenensystem, AuR 2024, 50 ff.; ausführlich: Studie zu einem transparenten, nachhaltigen und zukunftsfähigen Entgeltsystem für Menschen mit Behinderungen in Werkstätten für behinderte Menschen und deren Perspektiven auf dem allgemeinen Arbeitsmarkt, Forschungsbericht 626, BMAS, Sept. 2023; Stellungnahme der BAG WfbMB zum Aktionsplan des BMAS, 4.10.2023; bereits HK-MiLoG/Schubert/Jerchel, 2. Aufl., § 22 Rn. 11; dagegen LAG Kiel 11.1.2016, 1 Sa 224/15.

9 Franzen, Die Schlussanträge des Generalanwalts Emiliou vom 14.1.2025 im Rahmen der Nichtigkeitsklage des Königreichs Dänemark gegen die EU-Mindestlohnrichtlinie 2022/2041, ZfA 2025, (im Erscheinen); Thüsing, Editorial NZA 3/2025

10 Vgl. z. B. EuGH 26.3.2015, C-316/13, Fenoll; grds. HK-ArbR/Schubert, 5. Aufl., AEUV Rn. 55.

11 ver.di (Nov. 2023) „Wie weiter mit den Werkstätten für Menschen mit Behinderungen? – Diskussionspapier zur Zukunft der WfbM aus Perspektive der Fachkräfte"

12 Körtek in Knittel, SGB IX, § 219 Rn. 24 ff.

chen wird, sondern mit den Personen um die es geht. Trotz § 5 WMVO genügt dies aber nicht, weil dies im Kosmos der Werkstatt verbleibt. Folgende Überlegungen seien angestellt:

Die Einstellung muss sich ändern

Auch bei den Werkstätten für behinderte Menschen muss sich deren Arbeit an dem Ziel echter Inklusion ausrichten. Vorgaben kommen vor allem aus dem Völkerrecht, dessen Verlautbarungen stärker zu beachten sind.

Was können Werkstätten leisten – was sollen sie leisten?

Es bedarf einer (andauernden) ehrlichen Evaluation der „Landschaft“ Werkstatt (orts- und trägerübergreifend sowie Art und Schwere der Behinderung berücksichtigend) über einen längeren Zeitraum hinweg. Dies ist auch wichtig, um den Bedenken aus der Praxis zu begegnen.

Brauchen wir einen anderen Ansatz?

Es gibt Felder, die als Anleihen für einen anderen Ansatz denkbar wären. Anstelle der Einordnung einer arbeitnehmerähnlichen Person könnte § 10 Abs. 2 BBiG Modell für die individualrechtliche Situation sein. Auch Auszubildende sind keine Arbeitnehmer, sie werden aber deutlich breiter diesen gleichgesetzt und nur dort, wo die Ausbildung und die besondere Situation (das besondere Schutzbedürfnis) es verlangen, gibt es Abweichungen. Dies ist milder, als § 221 Abs. 1 SGB IX. Und so wie § 22 Abs. 2 MiLoG über eine abgeschlossene Berufsausbildung differenziert, könnte auch in Werkstätten nach den Einsatzformen differenziert werden – Tätigkeiten in einem privatwirtschaftlichen Unternehmen auf einem ausgelagerten Arbeitsplatz sind z. B. anders als solche nach § 219 Abs. 3 SGB IX zu behandeln.[13] Bleibt man bei dem Rechtsgebiet Ausbildung, könnte auch kollektivrechtlich etwas zur Inklusion getan werden: JAV sind Teil der Betriebsverfassung (§§ 60 ff. BetrVG) und wirken über den Betriebsrat, manchmal aber auch autonom.[14] Auch Werkstatträte könnten Teil der gesamten Interessenvertretung sein und so deutlich integrierter wirken (man denke ferner an § 182 SGB IX). Denkbar wäre alternativ ein Ansatz des Personalvertretungsrechts mit seinen Gruppen (z. B. § 5 BPersVG). Jedenfalls lässt sich einer Separierung des Werkstattrates entgegenwirken. Werkstatträte dürften im Übrigen

---

13 Auch im Gutachten (FN 8) wird differenziert, um zu einer Anwendung des gesetzlichen Mindestlohns jedenfalls für Teilbereiche einer Tätigkeit zu gelangen.

14 Schaumberg/Schubert, BRuR 2025, 19.

unter die RL 2002/14/EG fallen.[15] Ist man weiter auf einem ausgelagerten Arbeitsplatz tätig (man bleibt aber weiter Beschäftigter der Werkstatt), so könnte für eine dortige Inklusion § 14 AÜG Modell sein. Schließlich könnte das Urteil vom LAG Hessen vom November 2023[16] weitergedacht werden. Hier hat das LAG entschieden, dass die Werkstattbeschäftigten bei der Wahl der SBV stimmberechtigt sind. Anders als § 5 BetrVG knüpfe § 177 Abs. 2 SGB IX nicht an den Arbeitnehmerbegriff, sondern an den Begriff des „Beschäftigten" an. Eine Beschäftigung setzt ein Arbeitsverhältnis nicht zwingend voraus (Rechtsbeschwerde wurde vom BAG zurückgewiesen). Diesen Gedanken könnten man ausschöpfen, in den anderen Fällen kann, wenn man ein Arbeitsverhältnis partout nicht will, § 10 Abs. 2 BBiG analog eine Lösung sein. Jedenfalls wäre die Position der betroffenen Menschen mit diesen Ansätzen gestärkt, was bereits Übergänge erleichtern dürfte, sind doch Abläufe von Anfang an bekannt, zudem wären sie auch mit einer höheren Wertschätzung verbunden: Man ist Teil von etwas (Inklusion) und nicht ein abgeschiedenes System, um das sich gekümmert wird (Segregation).

Wenn wir alles so lassen …

dann bleibt es bei der fehlenden Klarheit bei den Interessenvertretungen (Zugang und Kompetenzen) und bei den Widersprüchen zum unionalen Arbeitnehmerbegriff. Unionsrechtlich wäre die Einordnung des § 219 Abs. 2 Satz 1 SGB IX nicht zwingend, je nach Schutzkonzept und Schutzbedürfnis wären Werkstattbeschäftigte Arbeitnehmer. Ökonomisch blieben viele Beschäftigte in Werkstätten auch weiterhin auf Sozialhilfe angewiesen. Dem kann der Mindestlohn jedenfalls teilweise entgegenwirken.

Noch einmal zum gesetzlichen Mindestlohn

Dieser entstammt gerade auch aus dem Würdeschutz (Art. 1 Abs. 1 GG) und kann deshalb Menschen mit Behinderungen in Werkstätten nicht ohne Weiteres (nur wegen des Status) entzogen werden.

Strukturelles

Übergänge zwischen Beschäftigungsstätten müssen noch flexibler sein. Ein Beitrag könnte sein, in § 63 Abs. 2 SGB IX die Bundesagentur für Arbeit ergänzend aufzunehmen bzw. im Bereich der rechtlich nachrangigen, aber in

15 Vgl. für die SBV bezüglich der Massenentlassungs-RL LAG Berlin-Brandenburg 11.7.2019, 21 Sa 2100/18, Rn. 130 ff.

16 16 TaBV 72/23.

der Praxis häufigen Eingliederungshilfe die Zusammenarbeit nach § 96 SGB IX gerade um eine mit der BA hervorzuheben. Weiter sind Integrationsfachdienste (§ 192 SGB IX) zu stärken sowie zu öffnen nach dem Modell § 185 Abs. 2 Satz 4 SGB IX.

Noch nicht vollständig ausgeleuchtet ist der Weg über § 12a TVG, auch für Beschäftigte in Werkstätten Tarifverträge zu vereinbaren. Das Werkstattverhältnis hat seinen Schwerpunkt in der Rehabilitation, es gibt aber auch Elemente eines Dienstvertrages. Teilhabe über Tarifvertrag kann auch ein Weg zur Erfüllung der völkerrechtlichen Vorgaben sein. Art. 9 Abs. 3 GG gilt auch für Werkstattbeschäftigte.

3. Kurzes Fazit

Inklusion ist kein statischer Auftrag. Seine Erfüllung fordert Anpassungen. Solche haben in der Gesellschaft insgesamt, aber auch im Recht stattzufinden. Die sehr unterschiedlichen Menschen mit Behinderung in Werkstätten bedürfen besonderer (jeweils passgenauer) Förderung. Ob dies nur gewährleistet werden kann, indem man Rechte reduziert bzw. Alternativstrukturen schafft, ist doch sehr fraglich.

Die Diskussion um eine Reform ist notwendig und nicht etwa eine Scheindebatte. Letzteres würde auch gar nicht zum BMAS-Aktionsplan und den Reaktionen zu diesem passen. Die Diskussion ist aber nicht nur in juristischen Zirkeln zu führen.

Kommission SGB XI

Leitung: Dr. med. Joachim Dimmek, Sendenhorst

Menschen- und Grundrechte in der Pflege

Die Sicherstellung einer menschenwürdigen Pflege – Herausforderungen für Praxis, Gesetzgeber und Rechtsanwender

Prof. Dr. Ursula Waßer, Universität Halle-Wittenberg, Richterin am BSG, Kassel

I. Einleitung

Der demografische Wandel trifft die Pflege doppelt: Einerseits steigt die Zahl der Pflegebedürftigen – andererseits ist auch der Pflegebereich vom Fachkräftemangel betroffen.

Nach Angaben des Statistischen Bundesamtes[1] wird die Zahl der pflegebedürftigen Menschen in Deutschland allein durch die zunehmende Alterung von rund 5 Millionen Ende 2021 auf etwa 6,8 Millionen im Jahr 2055 ansteigen. Das ist eine Zunahme von 37 % oder 1,8 Millionen Menschen. Schon 2035 wird es etwa 5,6 Millionen Pflegebedürftige in Deutschland geben, also 0,6 Millionen oder 14 % mehr als 2021. Nach 2055 sind allerdings keine starken Veränderungen mehr zu erwarten. Bei diesen Berechnungen ist noch nicht berücksichtigt, dass die Einführung des neuen Pflegebedürftigkeitsbegriffs zu einem deutlichen Anstieg der Pflegequote geführt hat und damit zu rechnen ist, dass sich dieser Anstieg gedämpft auch noch weiter fortsetzt.

Infolge der Alterung der Gesellschaft werden in Deutschland bis zum Jahr 2049 voraussichtlich zwischen 280.000 und 690.000 Pflegekräfte fehlen. Der Bedarf an erwerbstätigen Pflegekräften wird ausgehend von 1,62 Millionen im Vor-Corona-Jahr 2019 voraussichtlich um ein Drittel (+33 %) auf 2,15 Millionen im Jahr 2049 steigen. [2]

Da wächst die Sorge, ob angesichts dieser Zahlen auch zukünftig noch eine menschenwürdige Pflege sichergestellt werden kann. Neue Technolo-

---

1 Pressemitteilung des Statistischen Bundesamtes vom 30.3.2023, veröffentlicht unter: https://www.destatis.de/DE/Presse/Pressemitteilungen/2023/03/PD23_124_12.html. Inzwischen liegen aktuellere Zahlen vor. Danach waren im Dezember 2023 bereits knapp 5,7 Mio. Menschen pflegebedürftig. Die Zahlen steigen damit noch stärker als erwartet. Vgl. Pressemitteilung des Statistischen Bundesamtes vom 18.12.2024, veröffentlicht unter: https://www.destatis.de/DE/Presse/Pressemitteilungen/2024/12/PD24_478_224.html.

2 Pressemitteilung des Statistischen Bundesamtes vom 24.1.2020, veröffentlicht unter: https://www.destatis.de/DE/Presse/Pressemitteilungen/2024/01/PD24_033_23_12.html.

gien, mit denen die Pflegetätigkeit erleichtert und unterstützt werden kann, rücken in den Fokus. Informations- und Kommunikationstechnologien finden bereits breite Verwendung in der Pflege und ihre Bedeutung wird zunehmen. Ein Anspruch auf digitale Pflegeanwendungen einschließlich Unterstützung bei der Anwendung ist bereits ins SGB XI implementiert worden (vgl. §§ 39a, 40a, 40b SGB XI).[3] Dabei handelt es sich im Wesentlichen um Apps oder ähnliche Software, die auf vorhandene Geräte aufgespielt werden. Technische Assistenzsysteme können inzwischen nicht nur zur Entlastung von körperlichen Anforderungen beitragen (z. B. durch innovative Hebe- und Tragehilfen) oder einfache Pflegeleistungen unterstützen (z. B. bei der Mobilisierung der Pflegebedürftigen). In der Erprobung und teilweise in der Pilotierung befinden sich derzeit auch robotische Assistenten, die Hol- und Bringdienste verrichten oder z. B. zur Personenortung eingesetzt werden. Als Haushaltshelfer sind uns Roboter schon länger bekannt und die Entwicklung in diesem Bereich ist rasant.

Mit künstlicher Intelligenz ausgestattete robotische Assistenten können auch bei der kognitiven Aktivierung eingesetzt werden und zumindest perspektivisch ist mit dem Einsatz von Emotionsrobotik zu rechnen. Roboter, die so gestaltet sind, dass sie äußerlich Menschen möglichst ähnlich sehen, werden als humanoide Roboter bezeichnet. Sie können so programmiert werden, dass sie Unterhaltung bieten und emotionale Reaktionen hervorrufen oder zur emotionalen Aktivierung beitragen.[4]

Das wirft die Frage auf: „Wie viel Menschlichkeit braucht die Pflege?“

Pflegebedürftigkeit äußert sich nicht nur in einem Bedarf an Hilfestellungen bei Handgriffen des täglichen Lebens. Bedarfe bestehen auch an persönlicher Zuwendung, an zwischenmenschlichen Beziehungen und gesellschaftlicher Partizipation. Pflegearbeit wird daher unter arbeits- und pflegewissenschaftlichen Gesichtspunkten als Beziehungsarbeit beschrieben. Häufig findet diese Beziehungsarbeit im Kontext einer körperlichen Pflegesituation statt.[5] Darf diese körperliche, mentale und emotionale Beziehungsarbeit einfach Robotern überlassen werden oder gibt es ein Recht auf menschliche Fürsorge? Gibt es insoweit Grenzen – also Grenzen für den Einsatz von robotischen Assistenten oder ein Mindestmaß an menschlicher

3 Eingeführt mit dem Gesetz zur digitalen Modernisierung von Versorgung und Pflege (Digitale-Versorgung-und-Pflege-Modernisierungs-Gesetz – DVPMG) vom 3.6.2021, BGBl. I S. 1309.

4 Hülsken-Giesler, Vorteile und Grenzen der Technisierung in der Pflege, in: Dabrowski/Wolf (Hrsg.), Menschenwürde und Gerechtigkeit in der Pflege, 2016, S. 159/167 f.

5 Hülsken-Giesler, Vorteile und Grenzen der Technisierung in der Pflege, in: Dabrowski/Wolf (Hrsg.), Menschenwürde und Gerechtigkeit in der Pflege, 2016, S. 159/164 f.

Pflege? Und wenn es Grenzen gibt, wo sind diese zu ziehen, von wem sind sie zu ziehen und nach welchen Maßstäben richtet sich das? Anders ausgedrückt: Gibt es ein aus den Grund- oder Menschenrechten abzuleitendes pflegerisches Existenzminimum?

II. Die Sicherstellung des pflegerischen Existenzminimums

Das BVerfG hat sich inzwischen in verschiedenen Entscheidungen umfangreich zu dem für den Lebensunterhalt notwendigen Existenzminimum und zu den Anforderungen an die Ermittlung des Anspruchsumfangs geäußert. Es liegt nahe, zur Beantwortung der Frage nach einem pflegerischen Existenzminimum diese Rechtsprechung heranzuziehen.

1. Existenzminimum und Menschenwürde

Das BVerfG spricht ausdrücklich von dem menschwürdigen Existenzminimum und stützt den Anspruch direkt auf Art. 1 Abs. 1 GG i.V.m. dem Sozialstaatsprinzip des Art. 20 Abs. 1 GG. Die bisherigen Entscheidungen betreffen ausschließlich die Hilfen zum Lebensunterhalt. Zum menschenwürdigen Existenzminimum gehören daneben aber auch Hilfen zur Gesundheit und Hilfe zur Pflege. Die Entscheidungsgründe enthalten daher auch wesentliche Vorgaben für ein pflegerisches Existenzminimum.

Nach der Rechtsprechung des BVerfG begründet Art. 1 Abs. 1 GG einen Anspruch auf Gewährleistung eines menschenwürdigen Existenzminimums. Art. 1 Abs. 1 GG erklärt die Würde des Menschen für unantastbar und verpflichtet alle staatliche Gewalt, sie zu achten und zu schützen. Als Grundrecht ist die Norm nicht nur Abwehrrecht gegen Eingriffe des Staates. Der Staat muss die Menschenwürde auch positiv schützen. Die Achtung der Würde jedes Einzelnen hat eigenständige Bedeutung und ist dem Grunde nach unverfügbar. Deshalb muss der Anspruch eingelöst werden. Der Staat hat dafür Sorge zu tragen, dass jedem Hilfebedürftigen die zur Gewährleistung eines menschenwürdigen Daseins notwendigen Mittel zur Verfügung stehen. Mit dieser objektiven Verpflichtung des Staates aus Art. 1 Abs. 1 GG korrespondiert einerseits ein Leistungsanspruch des hilfebedürftigen Grundrechtsträgers,[6] andererseits erteilt das Sozialstaatsgebot aus

6 BVerfG, Urteil vom 9.2.2010 – 1 BvL 1/09 – BVerfGE 125, 175, Rn. 134 m.w.N.

Art. 20 Abs. 1 GG dem Gesetzgeber den Auftrag, jedem ein menschenwürdiges Existenzminimum zu sichern.

Die Bestimmung von Inhalt, Umfang und Grenzen des absolut wirkenden Anspruchs auf Sicherung des menschenwürdigen Existenzminimums ist unausweichlich mit Wertungen verbunden. Es ist Aufgabe des gewählten parlamentarischen Gesetzgebers, wertend zu bestimmen, was zur Aufrechterhaltung eines menschenwürdigen Daseins unbedingt erforderlich ist. Denn nur auf die dazu erforderlichen Mittel erstreckt sich der Leistungsanspruch. Bei der Festlegung von Inhalt und Grenzen des menschenwürdigen Existenzminimums kommt dem Gesetzgeber ein erheblicher Gestaltungsspielraum zu. Es bleibt grundsätzlich ihm überlassen, ob er das Existenzminimum durch Geld-, Sach- oder Dienstleistungen sichert.

Das durch eine einheitliche grundrechtliche Garantie gewährleistete Existenzminimum umfasst sowohl die physische Existenz des Menschen, also Nahrung, Kleidung, Hausrat, Unterkunft, Heizung, Hygiene und Gesundheit, als auch die Sicherung der Möglichkeit zur Pflege zwischenmenschlicher Beziehungen und ein Mindestmaß an Teilhabe am gesellschaftlichen, kulturellen und politischen Leben. Denn – so das BVerfG – der Mensch als Person existiert notwendig in sozialen Bezügen.[7] Der Gestaltungsspielraum des Gesetzgebers ist enger, soweit die physische Existenz betroffen ist; er ist weiter bei der Pflege zwischenmenschlicher Beziehungen und der Teilhabe an der Gesellschaft.

Zur Vorgabe macht das BVerfG eine Ausrichtung der zu erbringenden Leistungen an dem jeweiligen Entwicklungsstand des Gemeinwesens und den bestehenden Lebensbedingungen.[8] Deshalb bedarf der Anspruch der stetigen Aktualisierung durch den Gesetzgeber.

Inhalt und Umfang des Existenzminimums hängen von den gesellschaftlichen Anschauungen über das für ein menschenwürdiges Dasein Erforderliche, der konkreten Lebenssituation des Hilfebedürftigen sowie den jeweiligen wirtschaftlichen und technischen Gegebenheiten ab. Konkrete Vorgaben oder Grenzen, bei deren Unterschreiten die Menschenwürde verletzt wäre, lassen sich demgegenüber aus der Verfassung selbst kaum ableiten. Das Sozialstaatsgebot des Art. 20 Abs. 1 GG hält den Gesetzgeber an, die soziale Wirklichkeit zeit- und realitätsgerecht im Hinblick auf die Gewährleistung des menschenwürdigen Existenzminimums zu erfassen, die sich etwa in einer technisierten Informationsgesellschaft anders als früher darstellt.

---

7 BVerfG, Urteil vom 9.2.2010 – 1 BvL 1/09 – BVerfGE 125, 175, Rn. 135 m. w. N.

8 BVerfG, Urteil vom 9.2.2010 – 1 BvL 1/09 – BVerfGE 125, 175, Rn. 133 m. w. N.

2. Das allgemeine Persönlichkeitsrecht und das Recht auf Leben und körperliche Unversehrtheit

Die Grundrechte bilden in ihrer Gesamtheit eine materielle Werteordnung unserer Gesellschaft. Die Menschenwürde wird daher auch durch die weiteren Grundrechte materiell konkretisiert. Dies gilt im Besonderen für das allgemeine Persönlichkeitsrecht (Art. 2 Abs. 1 GG) und das Recht auf Leben und körperliche Unversehrtheit (Art. 2 Abs. 2 Satz 1 GG). Die enge Verbindung dieser Grundrechte zur Menschenwürde zeigt sich nicht nur im Falle einer Verletzung durch staatliche Stellen. Vielmehr ergeben sich auch aus Art. 2 GG besondere staatliche Schutz- und Leistungspflichten. Trotz des weiten Wertungs- und Gestaltungsspielraums des Gesetzgebers zieht das BVerfG zumindest durch das Untermaßverbot eine Grenze. Eine Schutzpflichtverletzung kann festzustellen sein, wenn Schutzvorkehrungen entweder überhaupt nicht getroffen sind, wenn die getroffenen Regelungen und Maßnahmen offensichtlich ungeeignet oder völlig unzulänglich sind, das gebotene Schutzziel zu erreichen, oder wenn sie erheblich hinter dem Schutzziel zurückbleiben.[9]

Im Rahmen der Pflege ist ganz konkret die physische Existenz der Pflegebedürftigen – Ernährung, Kleidung, Unterkunft, einschließlich hauswirtschaftlicher Versorgung und Heizung, Hygiene und Gesundheit – sicherzustellen. Diese Bereiche fallen unmittelbar in den Schutzbereich von Art. 2 Abs. 2 Satz 1 GG, das Recht auf Leben und körperliche Unversehrtheit. Darüber hinaus kann im Bereich der Pflege auch der Schutzbereich des allgemeinen Persönlichkeitsrechts (Art. 2 Abs. 1 GG) in besonderer Weise berührt sein, z.B. wenn Pflegebedürftigen demenzbedingt die jederzeitige Unterscheidung zwischen Menschen und zur Pflege eingesetzten Robotern nicht hinlänglich bewusst ist und auf diese Weise ihre freie Willensbildung manipuliert wird, beim Einsatz von Emotionsrobotik vielleicht sogar gezielt zur Pflegeerleichterung manipuliert werden soll.

3. Verfahrensvorgaben an den Gesetzgeber

a) Realitätsgerechte Erfassung der sozialen Wirklichkeit

Die Rechtsprechung des BVerfG zeigt eine deutliche Zurückhaltung bei den materiellen Vorgaben zum Existenzminimum. Der Gesetzgeber hat vor allem die soziale Wirklichkeit zeit- und realitätsgerecht zu erfassen und zu

---

9 BVerfG, Beschluss vom 26.7.2016 – 1 BvL 8/15 – BVerfGE 142, 313, Rn. 70 m. w. N.

bewerten. Damit setzt das BVerfG darauf, materielle Gerechtigkeit vor allem durch ein demokratisches und transparentes Verfahren zu gewährleisten. Neben dem parlamentarischen Aushandlungsprozess als solchem verpflichtet das BVerfG den Gesetzgeber zur Konkretisierung des Anspruchs, alle existenznotwendigen Aufwendungen folgerichtig in einem transparenten und sachgerechten Verfahren nach dem tatsächlichen Bedarf, also realitätsgerecht, zu bemessen.[10] Der Gesetzgeber muss der Wahl und Ausgestaltung seines Konzepts eine verfassungsrechtlich tragfähige Einschätzung zugrunde legen. Soweit er sich auf Prognosen über tatsächliche Entwicklungen und insbesondere über die Wirkungen seiner Regelung stützt, müssen diese hinreichend verlässlich sein.[11]

Das gilt unmittelbar auch für die Ausgestaltung einer grundrechtskonformen Pflege, deren Sicherstellung im Rahmen des Existenzminimums zu gewährleisten ist. Erst wenn die tatsächlichen Verhältnisse und Bedarfe von Menschen mit unterschiedlichen Einschränkungen realitätsgerecht in einem transparenten und sachgerechten Verfahren ermittelt sind, kann der Gesetzgeber hierzu sachgerechte Beurteilungen vornehmen und daran anschließend wertende Einschätzungen zu Inhalt und Umfang des notwendigen Bedarfs treffen. Dabei ist der gesetzgeberische Beurteilungsspielraum enger, soweit der Gesetzgeber das zur Sicherung der physischen Existenz eines Menschen Notwendige konkretisiert; er ist weiter, wo es um Art und Umfang der Möglichkeit zur Teilhabe am gesellschaftlichen Leben geht.[12]

b) Folgenabschätzung, Beobachtungs- und Evaluierungspflichten

Weitere verfahrensrechtliche Anforderungen stellt das BVerfG insbesondere an die gesetzliche Ausgestaltung grund- und menschenrechtssensibler Bereiche. Eine der Menschenwürde sowie den Rechten auf Autonomie, Selbstbestimmung und körperliche Unversehrtheit gerecht werdende Pflege betrifft dies in besonderem Maße. Der Gesetzgeber trägt für den Schutz und die Verwirklichung dieser hochrangigen Rechtsgüter eine besondere Verantwortung. Ihm obliegen daher in besonderem Maße gesetzgeberische Sorgfaltspflichten. Zu diesen Pflichten gehört es auch, für die betroffenen Schutzgüter die Folgen der Gesetzgebung ständig im Blick zu behalten, um auf der Basis neuer Erkenntnisse und Erfahrungen möglichst zeitnah nachträgliche Anpassungen vornehmen zu können. Der Gesetzgeber muss also nicht nur bei Erlass einer Regelung prognostisch einschätzen, ob sich damit

10 BVerfG, Urteil vom 9.2.2010 – 1 BvL 1/09 – BVerfGE 125, 175, Rn. 139 m. w. N.
11 BVerfG, Urteil vom 5.11.2019 – 1 BvL 7/16 – BVerfGE 152, 68, Rn. 134 m. w. N.
12 BVerfG, Urteil vom 9.2.2010 – 1 BvL 1/09 – BVerfGE 125, 175, Rn. 138 m. w. N.

die gewünschte Gestaltung der Lebensverhältnisse verwirklichen lässt.[13] Ihn trifft auch nach Erlass des Gesetzes eine stetige Beobachtungspflicht,[14] insbesondere wenn – wie regelmäßig bei Vorschriften zur Pflege – von der Regelungswirkung besonders bedeutende Rechtsgüter betroffen sind,[15] oder wenn der Gesetzgeber seine Prognose auf einer ungesicherten oder sich schnell ändernden Tatsachenbasis treffen musste oder wenn – z. B. aufgrund rasanter technischer Fortschritte – wenig Erfahrungswissen vorhanden ist. Werden Regelungen auf einer wenig gesicherten Erkenntnislage erlassen, treffen den Normgeber darüber hinaus Evaluationspflichten. Das BVerfG hat im Hinblick auf Sanktionsvorschriften im Bereich der existenzsichernden Leistungen ausgeführt: „Je länger eine Minderungsregel in Kraft ist und der Gesetzgeber damit in der Lage, fundierte Einschätzungen zu erlangen, umso weniger genügt es, sich auf plausible Annahmen zur Wirkung der Durchsetzungsmaßnahmen zu stützen. Umso tragfähigerer Erkenntnisse bedarf es dann, um die Eignung, Erforderlichkeit und Angemessenheit dieser Sanktionen zu belegen."[16]

III. Die Rechte von Menschen mit Behinderung nach dem Übereinkommen der Vereinten Nationen

Mit der Ratifizierung des Übereinkommens der Vereinten Nationen über die Rechte von Menschen mit Behinderungen (UN-Behindertenrechtskonvention – UN-BRK) hat sich Deutschland ab deren Inkrafttreten am 3.5.2008 zur Einhaltung der dort aufgeführten Gewährleistungen verpflichtet. Diese enthalten wesentliche Vorgaben, die auch bei der Festlegung von Pflegestandards nicht unterschritten werden dürfen.

Neben der Betonung der Würde der Menschen bereits in Art. 1 UN-BRK, finden sich weitere Vorgaben für die materiell-rechtliche Ausformung von Pflegestandards. Zu den Grundsätzen des Abkommens gehören nach Art. 3

13 Vgl. hierzu ausführlich z. B. BVerfG v. 19.9.2018 – 2 BvF 1/15, juris, Rn. 170 ff. m. w. N. = NVwZ 2018, 1703 ff.

14 Zu den Beobachtungspflichten des Gesetzgebers vgl auch Waßer, KrV 2019, 89.

15 So bereits ausführlich BVerfG v. 28.5.1993 – 2 BvF 2/90, 2 BvF 4/92, 2 BvF 5/92, BVerfGE 88, 203 (310), bei juris Rn. 307 ff., insbes. Rn. 310; BVerfG, Urteil vom 5.11.2019 – 1 BvL 7/16 – BVerfGE 152, 68, Rn. 134 m. w. N.; zur Beurteilung komplexer Gefährdungslagen vgl BVerfG v. 16.3.2004 – 1 BvR 1778/01, BVerfGE 110, 141 ff., bei juris Rn. 67; vgl auch Nagel, DÖV 2010, 268 ff.

16 BVerfG, Urteil vom 5.11.2019 – 1 BvL 7/16 – BVerfGE 152, 68, Rn. 134; zur abnehmenden Einschätzungsprärogative des Gesetzgebers: BVerfGE 143, 216 <245 Rn. 71>

UN-BRK u. a. die Achtung der dem Menschen innewohnenden Würde, seiner individuellen Autonomie, einschließlich der Freiheit, eigene Entscheidungen zu treffen, sowie seiner Unabhängigkeit (Lit. a)) und die volle und wirksame Teilhabe an der Gesellschaft und Einbeziehung in die Gesellschaft (Lit c)). Nach Art. 19 UN-BRK treffen die Vertragsstaaten wirksame und geeignete Maßnahmen, um Menschen mit Behinderungen Wahlmöglichkeiten zum Leben in der Gemeinschaft sowie ihre volle Einbeziehung in die Gemeinschaft und Teilhabe an der Gemeinschaft zu erleichtern. Hierzu gewährleisten sie u. a., dass

a) Menschen mit Behinderungen gleichberechtigt die Möglichkeit haben, ihren Aufenthaltsort zu wählen und zu entscheiden, wo und mit wem sie leben, und nicht verpflichtet sind, in besonderen Wohnformen zu leben;
b) Menschen mit Behinderungen Zugang zu einer Reihe von gemeindenahen Unterstützungsdiensten zu Hause und in Einrichtungen sowie zu sonstigen gemeindenahen Unterstützungsdiensten haben, einschließlich der persönlichen Assistenz, die zur Unterstützung des Lebens in der Gemeinschaft und der Einbeziehung in die Gemeinschaft sowie zur Verhinderung von Isolation und Absonderung von der Gemeinschaft notwendig ist;
c) gemeindenahe Dienstleistungen und Einrichtungen für die Allgemeinheit Menschen mit Behinderungen auf der Grundlage der Gleichberechtigung zur Verfügung stehen und ihren Bedürfnissen Rechnung tragen.

Menschen mit Behinderungen dürfen nach Art. 22 Abs. 1 UN-BRK unabhängig von ihrem Aufenthaltsort oder der Wohnform, in der sie leben, keinen willkürlichen oder rechtswidrigen Eingriffen z. B. in ihr Privatleben oder ihre Wohnung ausgesetzt werden. Nach Art. 25 UN-BRK stellen die Vertragsparteien Menschen mit Behinderungen eine unentgeltliche oder erschwingliche Gesundheitsversorgung in derselben Bandbreite, von derselben Qualität und auf demselben Standard zur Verfügung wie anderen Menschen. In diesem Zusammenhang haben die Vertragsstaaten u. a. durch Schulungen und den Erlass ethischer Normen für die staatliche und private Gesundheitsversorgung das Bewusstsein für die Menschenrechte, die Würde, die Autonomie und die Bedürfnisse von Menschen mit Behinderungen zu schärfen (Art. 25 d) UN-BRK).

Es gibt zahlreiche weitere Gewährleistungspflichten, deren Aufführung im Einzelnen den Rahmen ebenso sprengen würde, wie ein näheres Eingehen auf die Europäische Sozialcharta und die Charta der Grundrechte der EU. Um den daraus insgesamt resultierenden Pflichten nachzukommen, hat das Bundesministerium für Familie, Senioren, Frauen und Jugend eine Pflege-Charta entwickelt. Sie hat selbst keinen Gesetzesrang, bietet aber eine Orientierungshilfe, indem sie der Gesetzgebung als Grundlage und ambulanten und stationären Pflegeeinrichtungen als Leitfaden dienen kann.[17]

IV. Die Umsetzung auf einfachgesetzlicher Ebene

1. Allgemeine Vorschriften des SGB XI

Der Gesetzgeber hat eine der Menschenwürde entsprechende Pflege unter Erhaltung und Förderung von Autonomie und Selbstbestimmung der Pflegebedürftigen als zentrale Ziele der Pflegeversicherung formuliert. Nach § 2 Abs. 1 Satz 1 SGB XI sollen die Leistungen der Pflegeversicherung den Pflegebedürftigen helfen, trotz ihres Hilfebedarfs ein möglichst selbstständiges und selbstbestimmtes Leben zu führen, das der Würde des Menschen entspricht. Angemessenen Wünschen, religiösen Bedürfnissen, geschlechtsspezifischen Unterschieden und Bedürfnissen nach einer kultursensiblen Pflege soll Rechnung getragen werden (§ 2 Abs. 2 und 3, § 1 Abs. 5 SGB XI). Der Vorrang der häuslichen Pflege (§ 3 SGB XI) ermöglicht es Pflegebedürftigen, möglichst lange in ihrer häuslichen Umgebung bleiben zu können. Der Vorrang von Prävention und Rehabilitation (§ 5 SGB XI) sowie der Grundsatz aktivierender Pflege (§ 2 Abs. 1 Satz 2 SGB XI) schließen eine bloße Verwahrung aus.

Damit werden die in der Verfassung sowie in den genannten zwischenstaatlichen Vereinbarungen vorgegebenen materiellen Wertentscheidungen im Recht der sozialen Pflegeversicherung verankert. Der Vorrang der häuslichen Pflege stellt sicher, dass Pflegebedürftige nicht verpflichtet sind, in besonderen Wohnformen zu leben – wie es insbesondere die UN-BRK vorgibt. Die große Mehrheit der Pflegebedürftigen möchte so lange wie möglich in der eigenen Häuslichkeit bleiben. Mit der Pflegebereitschaft der Angehörigen und Nachbarn wird zugleich eine wichtige Ressource zur Begegnung des Fachkräftemangels mobilisiert. Die vorrangige Unterstützung der häuslichen Pflege liegt mithin nicht nur im Interesse vieler Pflegebedürftiger sondern auch im allgemeinen öffentlichen Interesse. Allerdings darf das Recht zur Wahl des Aufenthaltsortes auch dann nicht über Gebühr eingeschränkt werden, wenn die Wahl auf eine andere Wohnform als die eigene Häuslichkeit fällt. Denn die Sicherstellung einer grundrechtskonformen

17 Siehe hierzu: https://www.wege-zur-pflege.de/pflege-charta/umsetzung-in-der-praxis.

Pflege trifft auf besondere Schwierigkeiten, wenn die Pflege durch nicht entsprechend ausgebildete Angehörige oder Nachbarn in der eigenen Wohnung erfolgt. Vorgaben und Kontrollen sind aufgrund der ebenfalls grundrechtlich geschützten Unverletzlichkeit der Wohnung (Art. 13 Abs. 1 GG) sowie der Privatsphäre der Pflegebedürftigen und der eigenen Rechte der Pflegepersonen nur eingeschränkt möglich.[18]

2. Gleiche Pflegestandards nach dem SGB XI und dem SGB XII

Die Pflegeversicherung ist nicht als Vollversicherung konzipiert, sondern lediglich als Ergänzung familiärer oder ehrenamtlicher Pflege und Betreuung bei häuslicher und teilstationärer Pflege sowie als Entlastung bei teil- und vollstationärer Pflege (§ 4 Abs. 2 SGB XI). Das Existenzminimum wird auch im Pflegebereich erst durch das Sozialhilferecht nach dem SGB XII gewährleistet. Dieses bietet Hilfe zur Pflege, wenn und soweit das eigene Einkommen oder Vermögen für die notwendige Pflege nicht ausreicht (§§ 61 ff. SGB XII), sei es für nicht pflegeversicherte Personen oder für solche, bei denen die gedeckelten Leistungen der Pflegeversicherung nicht ausreichen. Das zentrale Anliegen, die Führung eines Lebens zu ermöglichen, das der Würde des Menschen entspricht, wird für diese Leistungen in § 1 SGB XII betont.

Obwohl die Pflegeversicherung also schon ihrer Konzeption nach nicht auf die Sicherung des Existenznotwendigen angelegt ist, übernimmt der Staat durch die Anordnung von Zwangsmitgliedschaft und Beitragspflicht in der sozialen Pflegeversicherung nicht nur Verantwortung für eine (teilweise) finanzielle Entlastung der Versicherten im Falle von Pflegebedürftigkeit, sondern auch für die Sicherstellung der Qualität der zu erbringenden Leistungen.[19] Die Leistungen der Pflegeversicherung sind ganz überwiegend als Sachleistungen gestaltet und mit dem Pflegegeld hat der Pflegebedürftige seine Pflege selbst in geeigneter Weise sicherzustellen (§ 37 Abs. 1 Satz 2 SGB XI). Mit diesem System legt der Gesetzgeber die Sicherstellung der pflegerischen Versorgung in die Verantwortung der Pflegekassen.[20]

Dabei spielt es keine Rolle, dass die Pflegeversicherung keine vollständige Absicherung des Risikos der Pflegebedürftigkeit umfasst – und verfassungsrechtlich auch nicht umfassen muss.[21] Zwangsmitgliedschaft und

---

18 Vgl auch Udsching/Wilcken, KrV 2014, 181 (185).

19 So im Ergebnis auch Axer, GesR 2015, 193, 199 f.

20 Dass der Gesetzgeber dies ebenso sieht ergibt sich aus §§ 12, 69 SGB XI.

21 Vgl. BVerfG vom 22.5.2003 – 1 BvR 452/99 – juris Rn. 18; BVerfG vom 3.4.2001 – 1 BvR 1629/94 – BVerfGE 103, 242 (244).

Beitragspflicht in einer öffentlich-rechtlichen Sozialversicherung beschränken die allgemeine Betätigungsfreiheit des Einzelnen auch, wenn die Beiträge zur Pflegeversicherung (noch) nicht die in anderen Zweigen der Sozialversicherung angesetzte Beitragshöhe erreichen. Ein solcher Eingriff bedarf der Rechtfertigung durch eine entsprechende Ausgestaltung der solidarischen Versorgung.

Daraus lassen sich folgende Schlussfolgerungen ziehen:
- Der verantwortungsvolle Umgang mit Pflichtbeiträgen erfordert grundsätzlich die Beschränkung der Leistungen auf das Maß des Notwendigen. Dies sieht § 29 Abs. 1 SGB XI für die Pflegeversicherung auch so vor. Pflichtbeiträge dürfen nicht für Luxus aufgewandt werden.
- Pflichtbeiträge dürfen nur für Leistungen im Rahmen des Sicherungszwecks des Systems verwendet werden.[22] Sicherungszweck der Pflegeversicherung ist die Unterstützung von Menschen, die in ihrer selbstständigen und selbstbestimmten Lebensführung beeinträchtigt sind (§ 1 i. V. m. § 14 SGB XI). Art und Qualität der gewährten Sach- und Dienstleistungen müssen daher zur Führung eines möglichst selbstständigen, selbstbestimmten und der Menschenwürde entsprechenden Lebens (§ 2 Abs. 1 SGB XI) beitragen.
- Pflichtbeiträge dürfen nicht für Leistungen verwendet werden, die den Maßstäben einer der Menschenwürde entsprechenden Pflege sowie den Mindestanforderungen an die Erhaltung von Autonomie und Selbstbestimmung der Pflegebedürftigen nicht gerecht werden.[23] Insoweit betrifft das sich aus der Verfassung ergebende Untermaßverbot auch das Qualitätsgebot des Pflegeversicherungsrechts.
- Auch wenn die Pflegeversicherung nur einen Teil der Kosten der notwendigen Leistungen trägt, entspricht der Qualitätsmaßstab der von der Pflegeversicherung zu erbringenden Leistungen dem für Leistungen der Hilfe zur Pflege nach dem SGB XII.[24]

Dürfen schon die Leistungen nach dem SGB XI das Maß des Notwendigen nicht übersteigen (§ 29 Abs. 1 SGB XI), kann im Bereich der Existenzsicherung kein weiter abgesenkter Qualitätsmaßstab gelten. Wie bei der Kran-

---

22 BVerfG, Beschluss vom 6.12.2005 – 1 BvR 347/98 –, BVerfGE 115, 25, juris Rn. 50.

23 Vgl. Udsching/Wilcken, KrV 2014, 181 (183); so im Ergebnis auch Axer, GesR 2015, 193, 200.

24 So im Ergebnis auch Axer, GesR 2015, 193, 199, der jedoch zur Sicherstellung des pflegerischen Existenzminimums ausdrücklich allein den Sozialhilfeträger für zuständig erachtet. Das gilt m. E. aber nur für die Frage, wer die Kosten trägt; die Ausgestaltung und die Einhaltung des Untermaßverbots der notwendigen Leistungen sind im Pflegeversicherungsrecht zu regeln.

kenbehandlung gilt auch in der Pflege grundsätzlich ein einheitlicher Qualitätsmaßstab für Versicherungsleistungen und die Leistungen zur Existenzsicherung.

Die Verantwortung hierfür geht ersichtlich über die Verantwortung der Länder für das Heimrecht (Art. 74 Abs. 1 Nr. 7 GG) hinaus, das in erster Linie der Gefahrenabwehr dient, auch wenn inzwischen auch die Landesheimgesetze umfassende Qualitätsanforderungen nicht nur zur Prozess- und Strukturqualität, sondern darüber hinaus auch zur Ergebnisqualität normieren. Unabhängig von der Pflicht der engen Zusammenarbeit bei der gesamtgesellschaftlichen Aufgabe der pflegerischen Versorgung (§ 8 Abs. 1, Abs. 2 SGB XI), ist es grundsätzlich Aufgabe der Länder ausreichende pflegerische Versorgungsstrukturen vorzuhalten (§ 9 SGB XI), während die Pflegekassen für die Sicherstellung der individuellen pflegerischen Versorgung verantwortlich sind (§ 12 Abs. 1 Satz 1 SGB XI).

3. Die Bedeutung der Entwicklung allgemein anerkannter medizinisch-pflegerischer Erkenntnisse und wissenschaftlicher Evidenz

Seit Einführung der Pflegeversicherung mit dem Gesetz zur sozialen Absicherung des Risikos der Pflegebedürftigkeit (Pflege-Versicherungsgesetz – PflegeVG) vom 26.5.1994 (BGBl. I S. 1014) waren die Pflegekassen mit dem Auftrag betraut, die Pflege nach dem allgemein anerkannten Stand medizinisch-pflegerischer Erkenntnisse sicherzustellen (§ 69 Satz 1 SGB XI). Anfangs sollte der Sicherstellungsauftrag vor allem über die Versorgungsverträge und Vergütungsvereinbarungen mit den Pflegeeinrichtungen und sonstigen Leistungserbringern gewährleistet werden. Die Pflegeeinrichtungen sind ihrerseits verpflichtet, die Pflegebedürftigen, die ihre Leistungen in Anspruch nehmen, entsprechend dem allgemein anerkannten Stand medizinisch-pflegerischer Erkenntnisse zu pflegen, zu versorgen und zu betreuen. Inhalt und Organisation der Leistungen haben eine humane und aktivierende Pflege unter Achtung der Menschenwürde zu gewährleisten (§ 11 Abs. 1 Satz 1 und 2 SGB XI). Bei Einführung der Pflegeversicherung gab es allerdings kaum evidenzbasierte medizinisch-pflegerische Erkenntnisse, und es ist bis heute eine große Herausforderung, wissenschaftliche Evidenz für Pflegequalität zu gewinnen. Die Änderungshistorie des SGB XI belegt eindrucksvoll das Bemühen des Gesetzgebers, die Entwicklung von Expertenstandards und Evidenz in der Pflege voranzutreiben.

Dem Bemühen, Pflegequalitätskriterien an wissenschaftlicher Evidenz auszurichten, kommt erhebliche Bedeutung zu. Denn das BVerfG legt insbesondere bei der Bestimmung des menschenwürdigen Existenzminimums größten Wert darauf, dass die Leistungen nach dem tatsächlichen Bedarf bemessen werden und dass dieser Bedarf in einem transparenten und sachgerechten Verfahren realitätsgerecht ermittelt wird. Auf der Grundlage solcher Ermittlungen kann der Gesetzgeber sachgerechte Beurteilungen vornehmen und daran anschließend wertende Einschätzungen zu Inhalt und Umfang notwendiger Leistungen treffen. Im Bereich der Pflegeversicherung trifft den Gesetzgeber neben dem Untermaßverbot bei der Gewährleistung des existenziell Notwendigen auch das Übermaßverbot, weil Pflichtbeiträge grundsätzlich nur für Leistungen herangezogen werden dürfen, die das Maß des Notwendigen nicht übersteigen. Der gesetzgeberische Beurteilungsspielraum ist daher von beiden Seiten begrenzt. Eine weitere Begrenzung ergibt sich aus den eigenen Rechten der Leistungserbringer, in ihrer Berufsausübung und ihrer wirtschaftlichen Betätigung nicht übermäßig durch gesetzliche Vorgaben eingeschränkt zu werden.

In all diesen Feldern befindet sich der Gesetzgeber insbesondere dann auf verfassungsrechtlich gesichertem Terrain, wenn er sich bei der Bestimmung der gesetzlich vorgesehenen Leistungen sowie der verpflichtend einzuhaltenden Qualitätsstandards einschließlich von Personalvorgaben nachvollziehbar auf einen mit wissenschaftlicher Evidenz gesicherten allgemein anerkannten Stand medizinisch-pflegerischer Erkenntnisse berufen kann. Die Leistungserbringer haben die mit Qualitätsvorgaben regelmäßig verbundenen Belastungen grundsätzlich hinzunehmen, wenn sie auf einem wissenschaftlich mit hinreichender Evidenz abgesicherten Erkenntnisstand beruhen.[25] Beauftragt der Gesetzgeber Organisationen der Selbstverwaltung mit der Normsetzung, kann die für eine hinreichende demokratische Legitimation zur Rechtsetzung erforderliche normdichte Anleitung[26] regelmäßig mit einer am aktuellen und möglichst evidenzbasierten Stand der medizinisch-pflegerischen Erkenntnisse auszurichtenden Qualitätssicherung für ausreichend erachtet werden.

Fehlt es an wissenschaftlicher Evidenz können Qualitätsvorgaben zwar grundsätzlich anhand der best verfügbaren pflege-wissenschaftlichen Er-

---

25 Zu dem abgesenkten Evidenzlevel bei Qualitätsvorgaben, nach dem es grundsätzlich ausreicht, wenn eine Studienlage besteht, die nach wissenschaftlichen Maßstäben die angestrebte Qualitätsverbesserung wahrscheinlich macht vgl. BSG, Urteil vom 12.9.2012 – B 3 KR 10/12 R – BSGE 112, 15 = SozR 4-2500 § 137 Nr 1, Rn. 43 ff. – zu Mindestmengen; BSG, Urteil vom 17.11.2015 – B 1 KR 15/15 R – SozR 4-2500 § 137 Nr 6, Rn. 28 m. w. N. – zu Mindestmengen; vgl auch Terminbericht Nr. 50/24 des BSG zu Entscheidungen vom 19.12.2024 – B 1 KR 14/23 R, B 1 KR 15/23 R, B 1 KR 16/23 R, B 1 KR 17/23 R, B 1 KR 19/23 R, B 1 KR 26/23 R – zu Mindestpersonalvorgaben. Die Urteilsgründe sind noch nicht veröffentlicht.

26 Vgl. hierzu BVerfG, Beschluss vom 10.11.2015 – 1 BvR 2056/12 – BVerfGE 140, 229 ff., juris Rn. 22.

kenntnisse ermittelt werden,[27] den Gesetzgeber treffen dann aber – auch mit Rücksicht auf die Rechte der Leistungserbringer – besondere Sorgfaltspflichten. Diese können über die Pflichten zur Beobachtung der Wirkungen des Rechts hinausgehen und etwa auch eine gesetzgeberische Verantwortung bei der Generierung von Wissen und Evidenz umfassen, beispielsweise durch stetige Evaluation der Wirkungen bereits auf unsicherer Erkenntnisbasis erlassener Vorschriften.[28]

V. Ergebnisse

Zusammenfassend ergeben sich danach aus den Grund- und Menschenrechten folgende Vorgaben für das pflegerische Existenzminimum:

1. Der Staat hat dafür Sorge zu tragen, dass die Befriedigung der körperlichen Belange der Pflege, also vor allem die Nahrungsaufnahme, Körperpflege, angemessene Unterkunft und Gesundheit sichergestellt ist. Bei der Bestimmung der zur Gewährleistung eines menschenwürdigen Daseins notwendigen Mittel zur Pflege zwischenmenschlicher Beziehungen und gesellschaftlicher Teilhabe kommt ihm ein weiter Wertungsspielraum zu. Inhalt, Umfang und Grenzen des Notwendigen sind nach dem jeweiligen Entwicklungsstand des Gemeinwesens und den aktuell bestehenden Lebensbedingungen festzulegen. Es gibt also kein a priori aus der Verfassung ableitbares Mindestmaß an menschlicher Pflege. Der Gesetzgeber kann und muss gegebenenfalls auch die gesellschaftlichen Ressourcen und Fragen der Generationengerechtigkeit berücksichtigen. Es ist aber dafür zu sorgen, dass die Mittel den Pflegebedürftigen ein möglichst hohes Maß an Autonomie und Selbstbestimmung ermöglichen. Das betrifft insbesondere die Wohnform und den Wohnort. Die Bewertung des Einsatzes von humanoiden Robotern zur Befriedigung von mentalen und emotionalen Bedürfnissen unterliegt ebenfalls den jeweiligen gesellschaftlichen Anschauungen und fällt möglicherweise anders aus, wenn die Mehrheit der Gesellschaft selbst schon mit Tamagotchis[29] aufgewachsen ist.

---

27 Vgl. Fn. 25.

28 BVerfG, Urteil vom 5.11.2019 – 1 BvL 7/16 – BVerfGE 152, 68, Rn. 134 m. w. N.; so auch BSG, Urteil vom 18.12.2012 – B 1 KR 34/12 R – BSGE 112, 257 = SozR 4-2500 § 137 Nr. 2; ausführlich bereits BVerfG v. 28.5.1993 – 2 BvF 2/90, 2 BvF 4/92, 2 BvF 5/92 – BVerfGE 88, 203 (310), bei juris Rn. 307 ff., insb. 310; vgl. auch Waßer, KrV 2019, 89, 94.

29 Bei Wikipedia wird das Tamagotchi als ein aus Japan stammendes, seit 1997 weltweit populäres Elektronikspielzeug beschrieben. Es basiert auf der Spielidee eines virtuellen Tieres, um das man sich wie um ein echtes Haustier kümmern muss. Es hat Bedürfnisse wie schlafen,

2. Können aus der Verfassung kaum konkrete materielle Untergrenzen für die zur menschwürdigen Existenz notwendige Pflege abgeleitet werden, ist es umso wichtiger, dass der Gesetzgeber die ihm dabei offenstehenden Spielräume durch ein demokratisches und transparentes Verfahren gestaltet, bei dem er zunächst die soziale Wirklichkeit zeit- und realitätsgerecht zu erfassen hat, bevor er die Sachlage nachvollziehbaren Wertungen zuführen kann. Das ist kein abgeschlossener, sondern ein ständiger, an der aktuellen wissenschaftlich ermittelten Erkenntnislage orientierter Beobachtungsprozess. Die soziale Wirklichkeit wird zeit- und realitätsgerecht anhand des allgemein anerkannten Stands der medizinisch-pflegerischen Erkenntnisse erfasst. Ist die Bedarfslage zu bestimmten Qualitätsmaßnahmen z.B. zum Personalbedarf[30] im Pflegebereich noch wenig wissenschaftlich aufbereitet und gibt es hierzu auch keinen allgemeinen Expertenkonsens, dann trifft den Normgeber in besonderem Maße die Pflicht, normative Vorgaben ständig an einen neuen Erkenntnisstand anzupassen und darüber hinaus auch für eine möglichst wissenschaftliche Erkenntnisbasis zu sorgen. Alle pflegerischen Maßnahmen, auch der Einsatz neuer Technologien, bedürfen einer stetigen Evaluation ihrer Wirksamkeit.

3. Der Qualitätsmaßstab der Leistungen der Hilfe zur Pflege nach dem SGB XII entspricht grundsätzlich dem der Pflegeleistungen nach dem SGB XI. Denn schon die Leistungen nach dem SGB XI dürfen das Maß des Notwendigen nicht übersteigen (§ 29 Abs. 1 SGB XI), um einem verantwortungsvollen Umgang mit den Pflichtbeiträgen gerecht zu werden. Es ist daher nur konsequent, dass in beiden Gesetzbüchern die Leistungen nach einem einheitlichen Qualitätsmaßstab gewährt und Sachleistungen der Hilfe zur Pflege nach dem SGB XII regelmäßig nur durch zugelassene Pflegeeinrichtungen nach dem SGB XI erbracht werden.

4. Alle zugelassenen Pflegeeinrichtungen und -dienste (stationäre, teilstationäre oder ambulante) nach dem SGB XI müssen eine grund- und menschenrechtskonforme Pflege gewährleisten. Bei der Qualität der Leistungen darf kein Abstrich erfolgen, auch wenn die Kosten für die Leistung nur teilweise von der Pflegeversicherung gedeckt sind und ansonsten aus Eigenmitteln oder aus Mitteln der Sozialhilfe finanziert werden. Das ver-

---

essen, trinken, Zuneigung und entwickelt auch eine eigene Persönlichkeit. Zu unterschiedlichen Zeitpunkten meldet sich das Tamagotchi und verlangt nach der Zuwendung des Besitzers. Bei Vernachlässigung stirbt es, kann jedoch durch Drücken eines Reset-Schalters zurückgesetzt werden.

30 Zu Mindestpersonalvorgaben vgl auch Terminbericht Nr. 50/24 des BSG zu Entscheidungen vom 19.12.2024 – B 1 KR 14/23 R, B 1 KR 15/23 R, B 1 KR 16/23 R, B 1 KR 17/23 R, B 1 KR 19/23 R, B 1 KR 26/23 R. Die Urteilsgründe sind noch nicht veröffentlicht.

pflichtet den Gesetzgeber im SGB XI, einen entsprechenden Qualitätsmaßstab zu normieren.

5. Bei häuslicher Pflege trifft die Qualitätssicherung auf besondere Schwierigkeiten. Die verfassungsrechtlichen Anforderungen an die Sicherstellung einer hinreichenden Leistungsqualität unterscheiden aber grundsätzlich nicht zwischen häuslicher Pflege und solcher in Einrichtungen. Auch unter Beachtung der Unverletzlichkeit der Wohnung und der Privatsphäre sind durchaus weitergehende Schutz- und Qualitätssicherungsvorkehrungen zugunsten der Pflegebedürftigen, aber auch mit Rücksicht auf die Rechte der Pflegepersonen in der häuslichen Pflege denkbar und möglicherweise verfassungsrechtlich sogar geboten. Mit der wertvollen Ressource nichtprofessioneller Pflegekräfte, wie Angehörige, Nachbarn und Freunde, ist ein sorgsamer Umgang geboten und das nicht nur wegen des Fachkräftemangels. Die im allgemeinen Interesse liegende Sicherung der Qualität der häuslichen Pflege sowie der Ausbau entsprechender Sicherungsstrukturen bleibt jedenfalls deutlich hinter den Qualitätsvorkehrungen für zugelassene Pflegeeinrichtungen zurück.

Die Pflegepolitik der Bundesregierung in der 20. Legislaturperiode

Dr. Martin Schölkopf, Bundesministerium für Gesundheit, Berlin[1]

I. Einleitung

Im Koalitionsvertrag für die 20. Legislaturperiode haben pflegepolitische Reformvorhaben breiten Raum eingenommen – es waren von den die „Ampel" bildenden Regierungsparteien sowohl umfassende Leistungsverbesserungen für Pflegebedürftige und ihre An- und Zugehörigen als auch weitreichende Finanzierungsvorschläge in Aussicht gestellt worden. Der Koalitionsvertrag enthielt darüber hinaus Vorschläge zur weiteren Modernisierung des Berufsbildes in der Pflege. Bekanntermaßen konnten nicht alle diese Vorschläge am Ende umgesetzt werden. Dafür gibt es mehrere Gründe: Zum einen hat sich angesichts der finanziellen Folgen der Pandemie und des Ukrainekrieges bereits früh abgezeichnet, dass die erhofften finanziellen Spielräume für die Umsetzung weitergehender Leistungsausweitungen nicht mehr gegeben waren. Und zum anderen hat das vorzeitige Ende der 20. Legislaturperiode dazu geführt, dass bereits ausgearbeitete Gesetzentwürfe der Diskontinuität unterfielen bzw. bereits konzipierte Regelungsentwürfe gar nicht mehr in die weiteren Verfahren eingebracht werden konnten.

Der folgende Beitrag gibt vor diesem Hintergrund einen konzentrierten Überblick über die zentralen Maßnahmen der Pflegepolitik der Bundesregierung in der 20. Legislaturperiode; er bezieht dazu auch die Inhalte jener Gesetzgebungsvorhaben mit ein, die angesichts des vorzeitigen Endes der Legislaturperiode nicht mehr realisiert werden konnten – in der Erwartung, dass die entsprechenden Reformvorschläge aufgrund des unstrittigen Lösungsbedarfs und der großen politischen Zustimmung zu diesen Vorschlägen nach der Konstituierung einer neuen Bundesregierung zeitnah wieder aufgegriffen und in ähnlicher Form bzw. mit ähnlichen Inhalten wieder weiterverfolgt und beschlossen werden können.

---

1 Der Autor ist Leiter der Abteilung 4 (Pflegeversicherung und -stärkung); die Ausführungen geben ausschließlich seine persönliche Auffassung wieder.

II. Pflegepolitische Maßnahmen in der 20. Legislaturperiode

1. Bewältigung der Coronapandemie in der Pflege und „learned lessons"

Die ersten Monate der 20. Legislaturperiode standen noch ganz im Zeichen der Coronapandemie; dies galt gerade auch für die Pflege. Die Aufrechterhaltung des Umfangs und der Qualität der pflegerischen Versorgung während der Pandemie gestaltete sich dabei als Herausforderung sowohl für die Betroffenen und ihre Angehörigen als auch für die Pflegeeinrichtungen und die dort Beschäftigten.[2] So mussten sich die Pflegeeinrichtungen mit fehlenden materiellen Ressourcen wie dem anfänglichen Mangel an persönlicher Schutzausrüstung befassen und waren mit Personalausfällen sowie mit dem Management von Krankheitsausbrüchen konfrontiert. Vielfach mussten ganze Einrichtungen, vor allem in der Tagespflege, vorübergehend geschlossen werden.

Um die pflegerische Versorgung sicherzustellen, sorgten kurzfristig verabschiedete gesetzliche Regelungen bereits ab dem Frühjahr 2020 dafür, dass zugelassene Pflegeeinrichtungen sich mithilfe einer großzügigen Kostenerstattungsregelung pandemiebedingte Mehrausgaben und Mindereinnahmen aus Mitteln der sozialen Pflegeversicherung und der gesetzlichen Krankenversicherung schnell erstatten lassen konnten; Gleiches galt für die Kosten von Testungen und ihrer Durchführung. Die Maßnahmen dieses Pflege-Schutzschirms wurden in der 20. Legislaturperiode zunächst fortgeführt; sie wurden im weiteren Verlauf und angesichts der Abschwächung der Pandemie sukzessive beendet. Bis Ende 2023 beliefen sich die Bruttoausgaben der sozialen Pflegeversicherung für entsprechende Maßnahmen insgesamt auf rund 13,2 Mrd. Euro. Zudem wurde die ersatzweise Übernahme der pflegerischen Versorgung von Pflegebedürftigen durch stationäre medizinische Vorsorge- oder Rehabilitationseinrichtungen ermöglicht. Auch für die nach Landesrecht anerkannten Angebote zur Unterstützung im Alltag im Sinne des § 45a SGB XI gab es zur Kompensation der Pandemiefolgen Kostenerstattungsregelungen.

Im Bereich der häuslichen Pflege wurden ebenfalls Maßnahmen ergriffen, um pandemiebedingten Versorgungsengpässen entgegenzuwirken und die Pflegebedürftigen und ihre pflegenden An- und Zugehörigen zu entlasten. Zu nennen sind hier die Möglichkeit der Kostenerstattung in Höhe des am-

---

2 Vgl. dazu Schölkopf, Martin, 2021: Pflege und Pflegepolitik in und nach der Coronavirus-Pandemie, in: Knieps, Franz/Pfaff, Holger (Hrsg.): Krise – Wandel – Aufbruch. BKK-Gesundheitsreport 2021, Berlin: MWV, S. 356–361.

bulanten Sachleistungsbetrags im Falle wegfallender Unterstützung durch einen ambulanten Pflegedienst, der flexible Einsatz und die zeitliche Erweiterung der Ansparmöglichkeit des Entlastungsbetrags, ein erhöhter Leistungsbetrag für zum Verbrauch bestimmte Pflegehilfsmittel, die Ausweitung der kurzzeitigen Arbeitsverhinderung und des Pflegeunterstützungsgeldes und die Flexibilisierung des Beratungseinsatzes nach § 37 Abs. 3 SGB XI.

Die Pandemie hat die Stärken, aber auch strukturelle Defizite in der Langzeitpflege deutlich gemacht. Hierauf aufbauend waren in der 20. Legislaturperiode Ansatzpunkte für die Förderung der Resilienz des pflegerischen Versorgungssystems zu definieren, mit denen eine bedarfsgerechte und qualitativ hochwertige Versorgung pflegebedürftiger Menschen nachhaltig sichergestellt werden kann. Es galt und gilt, eine Verbindung zwischen den Lehren aus der Pandemie und einer verbesserten Krisenresilienz herzustellen. Das Bundesministerium für Gesundheit (BMG) hat hierzu in der 20. Legislaturperiode für die Pflege eine strukturierte Aufarbeitung angestoßen; dieser Lessons-Learned-Prozess wird kontinuierlich weitergeführt. Zur Vorbereitung auf Katastrophensituationen war und ist es z. B. wichtig, dass Pflegeeinrichtungen Vorkehrungen wie die Bevorratung von Sachmitteln (z. B. Atemschutzmasken für Infektionslagen) und die Etablierung und Einübung von Verfahren (Krisenpläne, Evakuierungspläne) treffen. Der Qualitätsausschuss Pflege wurde daher dazu verpflichtet, die Maßstäbe und Grundsätze (MuG) für die Pflegequalität in der ambulanten, teil- und vollstationären Pflege sowie in der Kurzzeitpflege um flexible Maßnahmen zur Qualitätssicherung in Krisensituationen zu ergänzen. Dies konnte zwischenzeitlich erfolgreich umgesetzt werden.[3]

2. Bewältigung der Energiepreiskrise in der Pflege

Kaum begann sich eine moderatere Entwicklung des Pandemieverlaufs abzuzeichnen, war auch die Pflege einer weiteren Krise ausgesetzt: Mit dem Beginn des völkerrechtswidrigen Angriffskrieges Russlands auf die Ukraine kam es zu einem massiven Anstieg der Energiekosten, der sich auch auf die Pflegeeinrichtungen auswirkte. Letztere haben im regulär geltenden Recht nur begrenzte Möglichkeiten, unterjährig steigende Preise zu refinanzieren. Ohne weitere Unterstützung hätten zahlreiche Einrichtungsträger ggf. sogar die Insolvenz befürchten müssen, mit entsprechenden Auswir-

3 Vgl. https://www.gkv-spitzenverband.de/media/dokumente/pflegeversicherung/richtlinien_vereinbarungen_formulare/richtlinien_und_grundsaetze_zur_qualitaetssicherung/mug_stat_2023/20230405_MuG-vollstationar_Vereinbarungstext-2.pdf.

kungen auf die pflegerische Versorgung. Vom 1. Oktober 2022 bis zum 30. April 2024 wurden den stationären Pflegeeinrichtungen daher Bundesmittel im Umfang von bis zu zwei Milliarden Euro als Ergänzungshilfen zum Ausgleich steigender Preise für leitungsgebundenes Erdgas, leitungsgebundene Wärme und leitungsgebundenen Strom zur Verfügung gestellt, die über die Pflegekassen ausgezahlt wurden (§ 154 SGB XI). Im Ergebnis wurden in diesem Zeitraum insgesamt rd. 450 Mio. Euro in Anspruch genommen. Mit der Auszahlung dieser Mittel hat die Bundesregierung sichergestellt, dass die Versorgungssicherheit nicht durch steigende Energiepreise beeinträchtigt wurde und die Pflegebedürftigen nicht mit den energiepreisbedingten Mehrkosten belastet werden mussten.

3. Maßnahmen zum Hitzeschutz in der Pflege

Neben Extremwetterereignissen wie Hochwasser und Starkniederschlägen stellt insbesondere die Hitze eine Gefahr für die Versorgung Pflegebedürftiger dar. Das BMG hat das Thema in der 20. Legislaturperiode mit einem „Hitzeschutzplan für Gesundheit“ aktiv aufgegriffen und gemeinsam mit zahlreichen Akteurinnen und Akteuren unterschiedliche unterstützende Schritte, wie Aufklärungs- und Informationsmaßnahmen zum Schutz vulnerabler Risikogruppen gerade auch in der Pflege, eingeleitet. Darüber hinaus hat das BMG den Qualitätsausschuss Pflege gemäß § 113b Abs. 4 Satz 3 SGB XI gebeten, „Bundeseinheitliche Empfehlungen zum Einsatz von Hitzeschutzplänen in der Pflege“ zu entwickeln. Diese wurden im Mai 2024 vom Qualitätsausschuss Pflege veröffentlicht;[4] damit liegen nun zum ersten Mal entsprechende Empfehlungen für die gesamte Langzeitpflege vor.

4. Leistungsverbesserungen vor und mit dem Pflegeunterstützungs- und Entlastungsgesetz

Trotz enger finanzieller Rahmenbedingungen konnten in der 20. Legislaturperiode auch spürbare Leistungsverbesserungen zugunsten der Pflegebedürftigen und ihrer An- und Zugehörigen umgesetzt werden. So wurde zum 1. Januar 2022 – beschlossen allerdings noch in der 19. Legislaturperiode – der Leistungszuschlag des neuen § 43c SGB XI eingeführt: Seither übernimmt die Pflegeversicherung einen prozentualen Anteil des – nach

---

4 Vgl. https://www.gs-qsa-pflege.de/wp-content/uploads/2024/05/Bundeseinheitliche-Empfehlung-zum-Einsatz-von-Hitzeschutzplaenen-gem.-%C2%A7113b-Abs.-4-Satz-3-SGB-XI.pdf.

Berücksichtigung des pflegegradabhängigen Leistungsbetrags noch verbleibenden – pflegebedingten Eigenanteils in vollstationären Pflegeeinrichtungen. Je nach Verweildauer der pflegebedürftigen Person in der vollstationären Versorgung gibt es gestaffelte Zuschüsse, wodurch die Eigenanteile an den pflegebedingten Aufwendungen spürbar gemindert und die Leistungsbeziehenden finanziell entlastet werden. Gleichzeitig wurden die ambulanten Sachleistungsbeträge um 5 Prozent und der Leistungsbetrag für die Kurzzeitpflege um 10 Prozent angehoben.

Mit dem Pflegeunterstützungs- und -entlastungsgesetz (PUEG)[5] wurden die Zuschläge gemäß § 43c SGB XI zum 1. Januar 2024 angesichts stark steigender Pflegesätze der Einrichtungen nochmals erhöht, außerdem wurden auch die Beträge für die ambulante Geld- und Sachleistung um 5 Prozent angehoben, um so auch die häusliche Pflege zu stärken. Gemäß § 30 SGB XI wurden in einem weiteren Schritt mit Wirkung zum 1. Januar 2025 zudem sämtliche Leistungsbeträge der Pflegeversicherung um weitere 4,5 Prozent erhöht; die konkreten Euro-Beträge finden sich hier nicht im SGB XI, sondern wurden gemäß der gesetzlichen Vorgabe im Bundesanzeiger veröffentlicht (Bundesanzeiger, Ausgabe vom 12. Dezember 2024).

Um die häusliche Pflege weiter zu verbessern und An- und Zugehörige stärker zu entlasten, wurde mit dem PUEG ferner die Einführung eines Gemeinsamen Jahresbetrags für Verhinderungspflege und Kurzzeitpflege auf den Weg gebracht, die in zwei Stufen erfolgt: Bereits seit dem 1. Januar 2024 gilt diese wesentliche Verbesserung für junge Schwerstpflegebedürftige der Pflegegrade 4 und 5, die das 25. Lebensjahr noch nicht vollendet haben. Ab dem 1. Juli 2025 wird dann für alle häuslich versorgten Pflegebedürftigen ab dem Pflegegrad 2 der Gemeinsame Jahresbetrag eingeführt, der flexibel für beide Leistungsarten eingesetzt werden kann und eine Reihe von Vereinfachungen und Verbesserungen mit sich bringt. So wurde insbesondere die sog. Vorpflegezeit von sechs Monaten als Voraussetzung vor der Inanspruchnahme von Verhinderungspflege abgeschafft.

Mit dem PUEG wurde außerdem ein neuer Leistungsanspruch eingeführt, der es pflegenden An- und Zugehörigen erleichtern soll, eine stationäre Vorsorge- oder Rehabilitationsmaßnahme in Anspruch zu nehmen, wenn die pflegebedürftige Person in dieser Zeit eine vollstationäre Versorgung benötigt. Der neue, eigenständige Anspruch auf Versorgung Pflegebedürftiger während der Zeit, in der ihre Pflegeperson eine stationäre Vorsorge- oder Rehabilitationsmaßnahme in Anspruch nimmt, besteht seit dem 1. Juli 2024 bereits ab Pflegegrad 1 (§ 42b SGB XI).

5 Vgl. https://www.bundesgesundheitsministerium.de/service/gesetze-und-verordnungen/detail/pflegeunterstuetzungs-und-entlastungsgesetz-pueg.html.

5. Stärkung der Pflege vor Ort

Angesichts des wachsenden Bedarfs an Pflege bedarf es absehbar auch einer weiteren Optimierung der Versorgungsstrukturen und einer besseren Abstimmung der für die pflegerische Versorgung verantwortlichen Akteure. Naturgemäß kommt dabei den Kommunen eine wichtige Rolle zu, denn Pflege wird vor Ort erbracht: Dort zeigt sich der Bedarf, und dort zeigen sich auch konkrete Versorgungslücken. Die pflegerische Versorgung wird in Zukunft daher nur sichergestellt werden können, wenn die Kommunen ihre Rolle in der Pflege aktiver als heute wahrnehmen. Um dies zu befördern, hat der Gesetzgeber in der 20. Legislaturperiode einige wichtige Maßnahmen umsetzen können.

Bereits mit dem Gesundheitsversorgungsweiterentwicklungsgesetz (GVWG) beschlossen, konnte so z. B. die Förderung regionaler Netzwerke in der Pflege nach § 45c Abs. 9 SGB XI ab dem Jahr 2022 weiter ausgebaut werden. Pro Landkreis oder kreisfreier Stadt können seitdem zwei regionale Netzwerke, pro Landkreis oder kreisfreier Stadt ab 500.000 Einwohnern bis zu vier regionale Netzwerke mit jeweils bis zu 25.000 Euro pro Kalenderjahr gefördert werden.

Zudem haben die Kommunen mit dem PUEG ein dauerhaftes Initiativrecht zur Einrichtung von Pflegestützpunkten zur Beratung von Pflegebedürftigen und ihren Angehörigen erhalten. Dies hat auch in einigen Ländern bereits zum weiteren Auf- und Ausbau dieses gemeinsamen Beratungsangebots von Kommunen und Kranken- und Pflegekassen geführt. Mit § 123 SGB XI wurde darüber hinaus ein neues Förderbudget eingeführt, über das der Spitzenverband Bund der Pflegekassen gemeinsam mit Bundesländern und/oder Kommunen im Zeitraum von 2025 bis 2028 regionalspezifische Modellvorhaben für innovative Unterstützungsmaßnahmen und -strukturen für Pflegebedürftige, ihre Angehörigen und vergleichbar Nahestehende vor Ort und im Quartier fördert. Details zu den Rahmenbedingungen und der Durchführung der Gemeinsamen Modellvorhaben nach § 123 SGB XI wurden gemäß der gesetzlichen Vorgaben vom Spitzenverband Bund der Pflegekassen gemeinsam mit dem Verband der privaten Krankenversicherung e. V. und den Ländern in einer Empfehlung festgelegt.

6. Stärkung der Attraktivität des Pflegeberufs und Maßnahmen zur Personalgewinnung

Nachdem in der 19. Legislaturperiode die Konzertierte Aktion Pflege (KAP) ein umfangreiches Maßnahmenbündel zur Stärkung der Attraktivität der

Ausbildung und der Verbesserung der Arbeitsbedingungen in der Pflege erarbeitet hatte[6], haben Bundesregierung und Gesetzgeber in der 20. Legislaturperiode zahlreiche gesetzliche und untergesetzliche Initiativen auf den Weg gebracht, um die in der KAP beschlossenen Maßnahmen umzusetzen.

Mit der Einführung einer Verpflichtung zur Entlohnung der Beschäftigten mindestens in Höhe von Tarif durch das GVWG und ihrer Konkretisierung durch das 2022 beschlossene Pflegebonusgesetz sind seit dem 1. September 2022 die Tarifabschlüsse in der Pflege der Maßstab für die Entlohnung aller zugelassenen Pflegeeinrichtungen geworden – auch der nicht tarifgebundenen Pflegeeinrichtungen (§§ 72 Abs. 3b ff. und 82c SGB XI). Diese Regelungen wirken: Nach Angaben einer Sonderauswertung der Statistik der Bundesagentur für Arbeit betrug der Anstieg gegenüber 2021 zum Jahresende 2023 rund 16 Prozent in der vollstationären Pflege bei vollzeitbeschäftigten Pflegefachpersonen – bei vollzeitbeschäftigten Hilfskräften sogar rund 22 Prozent. Die Verdienste von Pflegefachkräften lagen 2023 damit bei rund 4.000 Euro im Monat und damit höher als bei anderen Beschäftigten auf Fachkraftniveau.[7] Die gesetzlich vorgesehene Evaluation der Einführung der sog. „Tariftreueregelung" wird derzeit gemäß § 72 Abs. 3f SGB XI durch das BMG evaluiert.

Eine ausreichende Personalausstattung ist ein wesentlicher Baustein für eine gute Qualität der Pflege und zur Bindung des Personals. Mit dieser Zielsetzung wurde für vollstationäre Pflegeeinrichtungen zum 1. Juli 2023 ein bundesweit einheitliches Personalbemessungsverfahren gesetzlich eingeführt (§ 113c SGB XI; gleichzeitig wurden mit begleitenden Regelungen Anreize für Weiterqualifizierungen und zur Reduzierung von Leiharbeit geschaffen). Das BMG hat mittlerweile gemäß § 113c Abs. 8 SGB XI auf Basis des erforderlichen Beteiligungsverfahrens auch Zielwerte für eine bundeseinheitliche, mindestens zu vereinbarende personelle Ausstattung mit Pflege- und Betreuungspersonal für vollstationäre Pflegeeinrichtungen veröffentlicht.[8]

Die Zielwerte sind Grundlage der Berichterstattung des Spitzenverbands Bund der Pflegekassen nach § 113c Abs. 8 Satz 3 SGB XI. Die Evaluation soll unter anderem Aufschluss darüber geben, wie viele Einrichtungen bereits eine Mehrpersonalisierung nach den nunmehr geltenden Personalanhaltswerten anwenden und wie viele Einrichtungen die Zielwerte bereits

---

6 Vgl. https://www.bundesgesundheitsministerium.de/konzertierte-aktion-pflege.html.

7 Vgl. https://doku.iab.de/arbeitsmarktdaten/Entgelte_von_Pflegekraeften_2023.pdf.

8 Vgl. https://www.bundesanzeiger.de/pub/publication/PdnOKpu3rxcXnXbkqmq/content/PdnOKpu3rxcXnXbkqmq/BAnz%20AT%2013.08.2024%20B4.pdf?inline.

erreichen könnten. Die Zielwerte dienen insofern auch für ein Monitoring, wie sich seit dem 1. Juli 2023 die vereinbarte Personalausstattung in vollstationären Pflegeeinrichtungen entwickelt hat und inwieweit die Vorgaben zur personellen Ausstattung weiterzuentwickeln sind.

Eine Stärkung und Modernisierung des Berufsbildes der Pflege konnte in der 20. Legislaturperiode zudem durch eine Verbesserung der Attraktivität der hochschulischen Pflegeausbildung mit dem Pflegestudiumstärkungsgesetz (PflStudStG) erreicht werden.[9] Mit diesem Gesetz wurde insbesondere sichergestellt, dass auch für Studierende eine Zahlung einer Ausbildungsvergütung erfolgt. Darüber hinaus wurden weitere – heilkundliche – Kompetenzen, konkret aus den Bereichen diabetische Stoffwechsellage, chronische Wunden und Demenz, in die hochschulische Pflegeausbildung integriert. Entsprechend ausgebildete Pflegefachkräfte werden damit zukünftig eigenverantwortlicher und unabhängiger von ärztlicher Delegation arbeiten können.

Den steigenden Bedarf an professioneller Pflege wird Deutschland angesichts des mit der demografischen Entwicklung nur mit ergänzender Anwerbung von Pflegekräften aus dem Ausland decken können. Die faire und ethische Anwerbung von Pflegefachkräften nach Deutschland wird u.a. durch das vom BMG eingeführte Gütesiegel „Faire Anwerbung Pflege Deutschland“ und die mit dem PUEG geschaffene Möglichkeit, den Aufwand für die Anwerbung von Pflegefachkräften aus dem Ausland in den Vergütungsverhandlungen mit den Kostenträgern zu berücksichtigen, deutlich besser gefördert. Die Rahmenbedingungen für die Gewinnung von Pflegefachkräften aus dem Ausland wurden in der 20. Legislaturperiode zudem weiter verbessert, unter anderem durch den Arbeitsmarktzugang auch für Pflegehilfskräfte, die Ermöglichung von Anerkennungspartnerschaften und Regelungen zur Beschleunigung der Anerkennung der Pflegeausbildung durch die Länderbehörden mit dem o.g. PflStudStG. Ausländische Pflegefachkräfte können damit z.B. auf Antrag auf die aufwendige, sonst verlangte Gleichwertigkeitsprüfung verzichten und stattdessen direkt eine Kenntnisprüfung oder einen Anpassungslehrgang absolvieren. Dadurch lässt sich die Dauer des Anerkennungsverfahrens erheblich reduzieren.

---

9 Vgl. https://www.bundesgesundheitsministerium.de/service/gesetze-und-verordnungen/detail/pflegestudiumstaerkungsgesetz-pflstudstg.html.

7. Anbindung der Pflege an die Telematik-Infrastruktur

Die Digitalisierung bietet auch in der Pflege erhebliche Chancen zur Steigerung der Effizienz der Versorgung. Mit dem Digitale-Versorgung-Gesetz (DVG), dem Patientendaten-Schutz-Gesetz (PDSG), dem Digitale-Versorgung-und-Pflege-Modernisierungs-Gesetz (DVPMG), dem PUEG sowie dem Digital-Gesetz (DigiG) wurden daher umfassende gesetzliche Regelungen zur Einbindung der Pflege in die Telematikinfrastruktur (TI) auf den Weg gebracht: Der Pflegebereich hat als erste Gruppe der nicht-approbierten Gesundheitsberufe die Möglichkeit erhalten, die TI umfassend zu nutzen. Dabei wurde der Pflegebereich sowohl bei der Nutzung der medizinischen Anwendungen als auch bei der Finanzierung weitgehend der Ärzteschaft gleichgestellt. Für ambulante und stationäre Pflegeeinrichtungen nach § 71 SGB XI, die ausschließlich einen Versorgungsvertrag nach § 72 SGB XI haben, ist die Anbindung bislang freiwillig. Bis zum 1. Juli 2025 haben sie aber alle Voraussetzungen zu erfüllen, um den Zugriff auf die elektronische Patientenakte und den Anschluss an die Telematikinfrastruktur umzusetzen (§ 341 Abs. 8 SGB V). Aktuell besteht in der Pflege für Erbringer von Leistungen der häuslichen Krankenpflege nach § 37 SGB V sowie der außerklinischen Intensivpflege nach § 37c SGB V gemäß § 360 Abs. 8 SGB V eine Verpflichtung zum Anschluss an die Telematikinfrastruktur bis zum 1. Januar 2026.

Das vorgeschaltete Modellprogramm nach § 125 SGB XI zur Anbindung der Pflegeeinrichtungen an die Telematikinfrastruktur ist Ende des Jahres 2024 ausgelaufen; die dort gemachten Erfahrungen haben wichtige Erkenntnisse zur weiteren Anbindung aller Einrichtungen geliefert. Im Oktober 2024 hatten etwa 5.900 Pflegeeinrichtungen einen Antrag auf eine SMC-B Institutionskarte und etwa 9.400 Pflegekräfte einen elektronischen Heilberufsausweis beim elektronischen Gesundheitsberuferegister (eGBR) beantragt. Auch über das Modellvorhaben hinaus und im Hinblick auf die anstehende Anbindungsverpflichtung binden sich Pflegeeinrichtungen in zunehmendem Umfang an. Mit dem DVG wurde in § 106b SGB XI geregelt, dass die ambulanten und stationären Pflegeeinrichtungen die gleiche Finanzierung für die Ausstattung und den Betrieb der TI erhalten wie die Ärzteschaft.

8. Sicherstellung der Finanzierung der Pflegeversicherung

Die finanzielle Lage der sozialen Pflegeversicherung (SPV) ist seit Jahren angespannt. Das strukturelle Defizit der SPV ergibt sich nicht allein aus dem demografischen Wandel und den damit einhergehenden steigenden Ausgaben, sondern wird durch pandemiebedingte Sonderbelastungen und überproportional steigende Ausgaben bereits bestehender gesetzlicher Leistungsversprechen verschärft. Die schwierig gewordene Finanzsituation der SPV konnte in der 20. Legislaturperiode kurzfristig durch die Erhöhung des allgemeinen Beitragssatzes um 0,35 Prozentpunkte mit dem PUEG, den Bundeszuschuss in den Jahren 2022 und 2023 in Höhe von jeweils einer Milliarde Euro, ein vom Bund gewährtes Darlehen in Höhe von einer Milliarde Euro (Ende 2023 hälftig zurückgezahlt) und eine zeitliche Verschiebung der Mittelzuführung an den Pflegevorsorgefonds stabilisiert werden. Während der Corona-Pandemie wurden aus dem Bundeshaushalt zudem erhebliche finanzielle Mittel bereitgestellt, um die SPV zu stützen. So wurden in den Jahren 2020 bis 2022 für „Leistungen des Bundes an den Ausgleichsfonds der Pflegeversicherung für SARS-CoV-2-Pandemie verursachte Belastungen" insgesamt 5,5 Mrd Euro ausgezahlt (inkl. Prämien für Beschäftigte in der Langzeitpflege mit 0,5 Mrd. Euro; rund 2,4 Mrd. Euro wurden durch die gesetzliche Krankenversicherung sowie die private Pflege-Pflichtversicherung erstattet). Allerdings bleibt auch festzuhalten, dass der Bund der SPV bei Weitem nicht alle pandemiebedingten Kosten erstattet hat, obwohl diese unzweifelhaft als gesamtgesellschaftliche Aufgaben zu betrachten sind; er ist der SPV damit bislang mehr als 5 Mrd. Euro schuldig geblieben. Diese ausgebliebene Erstattung sowie die weiter stark steigenden Leistungsausgaben haben im Jahr 2024 zu einem erneuten Defizit der SPV in Höhe von rd. 1,5 Mrd. Euro geführt und für das Jahr 2025 zusätzlichen Finanzbedarf erzeugt.

Mit dem PUEG hatte der Gesetzgeber die Bundesregierung beauftragt, Vorschläge für die langfristige Leistungsdynamisierung zu erarbeiten und bis zum 31. Mai 2024 Empfehlungen für eine stabile und dauerhafte Finanzierung der sozialen Pflegeversicherung vorzulegen. Hierbei sollte insbesondere auch die Ausgabenseite der sozialen Pflegeversicherung betrachtet werden. Zur Umsetzung dieses gesetzlichen Auftrags hat die Bundesregierung eine interministerielle Arbeitsgruppe unter Federführung des BMG eingesetzt, in der weitere Bundesressorts, aber auch Ländervertreter einbezogen waren. Die Arbeitsgruppe hat auch den Auftrag aus dem Koalitionsvertrag für die 20. Legislaturperiode aufgegriffen und den Vorschlag für eine die SPV ergänzende freiwillige, paritätisch finanzierte Pflegevollversicherung geprüft. Als Grundlage für die Arbeiten wurden zwei Studien in Auftrag gegeben, die durch das IGES Institut erarbeitet wurden. Darüber hinaus wurden Expertenanhörungen durchgeführt, deren Ergebnisse in den Bericht eingeflossen sind. Die interministerielle Arbeitsgruppe hatte ihre

Arbeit im Juni 2023 aufgenommen und hat diese am 31. Mai 2024 beendet. Mit dem im Juli 2024 vom Bundeskabinett beschlossenen Bericht „Zukunftssichere Finanzierung der sozialen Pflegeversicherung – Darstellung von Szenarien und Stellschrauben möglicher Reformen“[10] liegen datengestützte Darstellungen möglicher Szenarien für eine systemische Weiterentwicklung der SPV, die damit verbundenen Langfristprojektionen zu ihrem Finanzierungsbedarf bis zum Jahr 2060 sowie mögliche Stellschrauben auf der Ausgaben- wie auch der Einnahmenseite mit entsprechenden Finanzwirkungen vor.

Ursprünglich war geplant, die in diesem Bericht enthaltenen Vorschläge als Grundlage für eine große Pflegereform zu nutzen, in deren Rahmen auch der kurzfristig entstandene Finanzbedarf der Pflegeversicherung gelöst werden sollte. Da es zu dieser Pflegereform aufgrund des Koalitionsbruchs und des vorzeitigen Endes der Legislaturperiode nicht mehr kommen konnte, musste die Bundesregierung auf Basis der Ermächtigungsgrundlage des § 55 Abs. 1, 1a SGB XI kurzfristig eine Rechtsverordnung beschließen, mit der der Beitragssatz der SPV zum 1. Januar 2025 um 0,2 Prozentpunkte angehoben worden ist[11].

9. Unvollendet: Gesetzespaket zur Stärkung der Pflegeberufe

Der Pflegeberuf ist ein Heilberuf mit eigenen beruflichen Kompetenzen, der bei einer entsprechenden Gestaltung der Rahmenbedingungen und Entwicklungsmöglichkeiten für Menschen mit unterschiedlichen schulischen Abschlüssen und beruflichen Hintergründen sehr attraktiv sein kann. Für die Sicherstellung einer qualitativ hochwertigen pflegerischen Versorgung sind daher die Kompetenzen der Pflegeberufe und ihre Aufgaben und Befugnisse in der Versorgung auf allen Qualifikationsniveaus – von der Pflegefachassistenzperson bis zur Pflegefachperson mit Masterabschluss – zu betrachten. Ein wichtiges pflegepolitisches Ziel der 20. Legislaturperiode war es daher, den Pflegeberuf in all diesen Qualifikationsstufen umfassend zu modernisieren. Die Arbeiten daran waren bereits weit fortgeschritten, als es zum Koalitionsbruch gekommen ist.

---

10 Vgl. https://www.bundesgesundheitsministerium.de/service/publikationen/details/bericht-breg-zukunftssichere-finanzierung-soziale-pflegeversicherung.html.

11 Vgl. Pflege-Beitragssatz-Anpassungsverordnung 2025 – PBAV 2025, in: BGBl. 2024 I Nr. 446 vom 30.12.2024.

a) Entwurf eines Pflegefachassistenzeinführungsgesetzes

Mit dem von BMFSFJ und BMG gemeinsam erarbeiteten und noch in erster Lesung im Dezember 2024 im Bundestag beratenen Entwurf eines Pflegefachassistenzeinführungsgesetzes sollten die rechtlichen Rahmenbedingungen der Pflegefachassistenzausbildung an moderne Ausbildungen der Gesundheitsfachberufe angepasst werden[12]. Der Gesetzentwurf sieht die Vereinheitlichung der derzeit 27 Regelungen mit verschiedenen landesrechtlichen Ausbildungen in der Pflegehilfe und Pflegeassistenz vor. Die Ausbildung eröffnet Chancen für Menschen, die keine Ausbildung zur Fachkraft absolvieren können oder wollen. Sie soll die Kompetenzen vermitteln, die nötig sind, um Pflegemaßnahmen in nicht komplexen Pflegesituationen selbstständig durchzuführen und Pflegefachkräfte von Aufgaben zu entlasten. Der Entwurf sieht im Wesentlichen folgende Regelungen vor:

- Es soll ein modernes, eigenständiges und einheitliches Berufsbild als Heilberuf i. S. d. Art. 74 Abs. 1 Nr. 19 GG mit klaren Kompetenzen geschaffen werden. Die generalistisch konzipierte Ausbildung führt zur Berufsbezeichnung „Pflegefachassistentin“, „Pflegefachassistent“ oder „Pflegefachassistenzperson“. Die Ausbildung dauert 18 Monate (in Teilzeit bis zu 36 Monate), mit Verkürzungsmöglichkeiten auf 12 Monate oder weniger bei beruflichen Vorerfahrungen.
- Als Voraussetzung für die Ausbildung ist grundsätzlich ein Hauptschulabschluss vorgesehen. Eine Zulassung ohne Schulabschluss soll aber bei positiver Prognose der Pflegeschule zum erfolgreichen Abschluss der Ausbildung ebenfalls möglich sein.
- Die Ausbildung umfasst Pflichteinsätze in den drei großen Versorgungsbereichen stationäre Langzeitpflege, ambulante Langzeitpflege, stationäre Akutpflege. Der Aufbau der Ausbildung folgt dem Vorbild des Pflegeberufegesetzes und macht eine verkürzte Qualifizierung zur Pflegefachperson möglich.
- Auszubildende erhalten einen Anspruch auf eine angemessene Ausbildungsvergütung. Bisher erhielt nur rund die Hälfte der Auszubildenden eine Vergütung.
- Die Finanzierung soll wie im Pflegeberufegesetz geregelt werden, d. h. durch Ausbildungsfonds auf Landesebene und eine Umlagefinanzierung mit Länderbeteiligung.

---

12 Vgl. https://www.bundesgesundheitsministerium.de/service/gesetze-und-verordnungen/detail/pflegefachassistenzeinfuehrungsgesetz.html.

- Die Ausbildung sollte ursprünglich zum 1. Januar 2027 starten, das Finanzierungsverfahren sollte aufgrund des notwendigen Vorlaufs schon zum 1. Januar 2026 beginnen. Übergangsregelungen sollten sicherstellen, dass auf landesrechtlicher Grundlage begonnene Pflegehilfe- oder Pflegeassistenzausbildungen abgeschlossen werden können.

Obwohl der Entwurf weitaus überwiegend auf große Zustimmung gestoßen ist, konnte er leider aufgrund des vorzeitigen Endes der 20. Legislaturperiode nicht mehr abschließend beraten und beschlossen werden. Es ist zu hoffen, dass die entsprechenden Regelungen nun sehr zeitnah nach Konstituierung der neuen Bundesregierung in der 21. Legislaturperiode wieder aufgegriffen werden und dann schnell in Kraft treten können.

b) Pflegekompetenzgesetz und „Advanced Practice Nurse-Gesetz"

Im Dezember 2024 konnte als nächster Schritt noch der Entwurf des sog. Pflegekompetenzgesetzes vom Bundeskabinett beschlossen werden.[13] Zentral darin ist die Ausweitung der Befugnisse in der professionellen Pflege. Damit sollten die fachlichen Potenziale von Pflegefachpersonen für die Versorgung besser genutzt werden. Pflegefachpersonen sollen neben Ärztinnen und Ärzten künftig eigenverantwortlich weitergehende Leistungen als bisher und insbesondere auch heilkundliche Leistungen erbringen dürfen. Neben der Erhöhung der Attraktivität des Pflegeberufs soll damit die Versorgung, zum Beispiel beim Management chronischer Erkrankungen, verbessert und effizienter gestaltet, Pflegefachpersonen entlastet und die Versorgung in der Fläche sichergestellt werden. Im Einzelnen sieht der Gesetzentwurf hierzu u. a. folgende Regelungen vor:

- Pflegefachpersonen sollen künftig neben Ärztinnen und Ärzten eigenverantwortlich weitergehende Leistungen als bisher und insbesondere – abgestuft nach der jeweils vorhandenen Qualifikation – bestimmte, bisher Ärztinnen und Ärzten vorbehaltene Leistungen in der Versorgung erbringen dürfen, insbesondere beim Wundmanagement sowie beim Management von Diabetes und Demenz, aber auch durch Folge-Verordnungen und erweiterte Möglichkeiten, über Hilfsmittel fachlich zu entscheiden.
- Im Pflegeberufegesetz – PflBG soll klargestellt werden, dass Pflegefachpersonen unter bestimmten Voraussetzungen heilkundliche Aufgaben ausüben dürfen.

---

13 Vgl. https://www.bundesgesundheitsministerium.de/service/gesetze-und-verordnungen/detail/pflegekompetenzgesetz-pkg.html.

- Die Aufgaben von Pflegefachpersonen in der Versorgung sollen in einem Projekt gemeinsam mit den Pflegeberufsorganisationen differenziert beschrieben werden (sogenannte Muster-Scope of Practice); diese Beschreibung soll die Grundlage von weiteren Entwicklungsschritten hinsichtlich der leistungsrechtlichen Befugnisse von Pflegefachpersonen werden.
- Die Organisationen der Pflegeberufe auf Bundesebene sollen gestärkt und systematisch an den sie betreffenden gesetzlichen Aufgaben des SGB V und des SGB XI beteiligt werden. Pflege soll dort mitreden dürfen, wo sie betroffen ist.

Mit dem Pflegekompetenzgesetz wird zudem das Ziel verfolgt, die Pflegestrukturen und niedrigschwelligen Angebote vor Ort zu stärken und mehr Anreize für innovative Versorgungsformen im Quartier zu setzen[14]. Weiterhin sollen die Kommunen in ihrer Rolle und Verantwortung im Hinblick auf eine bedarfsgerechte und regional abgestimmte Versorgung pflegebedürftiger Menschen gestärkt und die Zusammenarbeit von Pflegekassen und Kommunen mit Blick auf die Sicherstellung der pflegerischen Versorgung verbessert werden. Zudem sollen weitere Verbesserungen und Vereinfachungen im Pflegeversicherungsrecht und wichtige Schritte in Richtung einer Stärkung der präventiven Ausrichtung des Versorgungssystems unternommen werden.

In den Eckpunkten zum Pflegekompetenzgesetz vom 19. Dezember 2023[15] hatte Bundesgesundheitsminister Prof. Dr. Karl Lauterbach zudem angekündigt, das Berufsbild der Advanced Practice Nurse (APN) unter Einbeziehung des Berufsbildes der Community Health Nurse (CHN) noch in der 20. Legislaturperiode gesetzlich zu etablieren. Dies sollte – aufbauend auf den Regelungen des Pflegekompetenzgesetzes – in einem eigenen Gesetzgebungsverfahren erfolgen. Die zur Vorbereitung erforderlichen unterschiedlichen fachlichen Perspektiven wurden dazu in einem gemeinsamen Prozess des BMG und des BMFSFJ mit den zuständigen Akteurinnen und Akteuren im Berufsfeld Pflege erörtert; Vorarbeiten für ein entsprechendes Gesetz liegen daher bereits vor.

---

14 Vgl. zum Aspekt der neuen Wohnformen auch: Schölkopf, Martin, 2024: Neue Wohnformen in der Langzeitpflege – Entwicklung und Berücksichtigung im SGB XI, in: Schwinger, Antje u. a. (Hrsg.): Pflege-Report 2024. Ankunft der Babyboomer: Herausforderungen für die Pflege, Berlin: Springer, S. 77–86.

15 Vgl. https://www.bundesgesundheitsministerium.de/fileadmin/Dateien/3_Downloads/P/Pflegekompetenzreform/Kurzpapier_Vorlaeufige_Eckpunkte_PflegekompetenzG.pdf.

III. Ausblick: Pflegepolitik in der 21. Legislaturperiode

Die vorstehenden Ausführungen sollten deutlich gemacht haben, dass in der Pflegepolitik trotz der finanziellen und zeitlichen Limitationen, denen politische Gestaltungsprozesse ausgesetzt waren, auch in der 20. Legislaturperiode Vieles erreicht oder zumindest gesichert werden konnte. Gleichwohl wird die Pflege auch in der 21. Legislaturperiode wieder weit oben auf der politischen Agenda stehen müssen. Dabei wird es zum einen um das große Thema „Sicherstellung der Versorgung“ gehen müssen. Dazu gehört aus Sicht des Autors zwingend, die bereits weit gediehenen gesetzlichen Vorarbeiten zur umfassenden Modernisierung des Pflegeberufs, wie sie hier aufgeführt wurden, schnellstmöglich erfolgreich abzuschließen. Ebenso ist es zwingend, die existierenden Versorgungsstrukturen in der Langzeitpflege umfassend auf den Prüfstand zu stellen und sie dann effizienter und unbürokratischer auszugestalten und weitere Hilfe- und Unterstützungspotenziale zu heben. Der Entwurf des Pflegekompetenzgesetzes enthält dazu wichtige Ansätze, aber diese werden noch ausgeweitet werden, wenn den absehbaren Herausforderungen durch die erhebliche Zunahme der Zahl der Pflegebedürftigen erfolgreich begegnet werden soll. Mindestens die gleiche politische Priorität wie das Versorgungsthema wird zum anderen aber die mittel- und langfristige Sicherstellung der Finanzierungsgrundlagen der Pflegeversicherung haben müssen. Auch hierzu liegen mit dem o. g. Bericht der Bundesregierung die notwendigen Vorarbeiten und Instrumente vor.

Kommission SGB XIV

Leitung: Dr. Reinhard Gelhausen, Präsident des Nds. Landesamtes für Soziales, Jugend und Familie a. D., Hannover

Kommissionsbericht SGB XIV

Die Kommission SGB XIV hatte sich ein umfangreiches Programm vorgenommen, dessen Schwerpunkt auf den Herausforderungen bei der Anwendung des SGB XIV lag, das vollumfänglich zum 1. Januar 2024 in Kraft trat.

Den Auftakt bildete der Vortrag von *Dr. Reinhard Gelhausen* mit dem Thema „Vom OEG zum SGB XIV – Neue Zeiten – Neues Recht?". Er zeichnete die historische Entwicklung des Opferentschädigungsrechts von den Anfängen des OEG bis hin zum SGB XIV nach und verdeutlichte eindrucksvoll, dass viele zentrale Diskussionen die Zeiten überdauern und über Jahrzehnte fortbestehen. Dies zeigt sich beispielsweise an der fortwährenden Debatte, welche Straftaten in den Schutz des Opferentschädigungsgesetzes einbezogen werden sollten. Sie setzt sich mit Blick auf die nunmehr von § 13 Abs. 1 Nr. 2 SGB XIV erfasste psychische Gewalt fort.

Einen wichtigen Gesichtspunkt griff danach *Dr. Jörn Biesenbach* mit seinem Vortrag „ICD 10, ICD 11 und DSM 5 – Unterschiede der einzelnen Klassifikationssysteme und ihre Auswirkungen für die Beurteilung psychischer Gesundheitsstörungen im neuen Sozialen Entschädigungsrecht des SGB XIV" auf. Dabei wurde deutlich, dass die Wahl des Diagnosesystems einen Einfluss auf die Bewertung einer psychischen Gesundheitsstörung haben kann. Die uneinheitlichen Hinweise und Vorgaben in den Versorgungsmedizinischen Grundsätzen und der Rechtsprechung verdeutlichen die Notwendigkeit einer einheitlichen Einführung und Anwendung des Klassifikationssystems ICD-11 in Deutschland.

Ein weiteres zentrales Thema der Sitzung war die Vermutungsregelung in § 4 Abs. 5 SGB XIV. Dr. Jörn Hökendorf zeigte im Vortrag „Die Wahrscheinlichkeit des ursächlichen Zusammenhangs bei psychischen Gesundheitsstörungen nach § 4 Abs. 5 SGB XIV aus ärztlicher und rechtlicher Sicht" zunächst die hohen Anforderungen der Tatbestandsmerkmale der Regelung auf, die auf der älteren Rechtsprechung des BSG beruht. Er analysierte kritisch die bisherigen Konkretisierungsversuche durch das Rundschreiben des Bundesministeriums für Arbeit und Soziales (BMAS) und die Versorgungsmedizinischen Hinweise, die seiner Einschätzung nach noch nicht gelungen sind. Die Herausforderung hat jedoch auch die Chance, den Zugang für die Betroffenen zu erleichtern. Hierfür ist es unerlässlich, die beschränkten Kenntnisse über mögliche Kausalursachen und den Tatbestand in Einklang zu bringen. In diesem Zusammenhang erläuterte Dr. Deike Dominok im Anschluss anhand von Fällen aus der Praxis sowie aus medizinischer Sicht, in welchen Konstellationen die Vermutungsregelung zum Tragen kommt und wo die Grenzen der medizinischen Wissenschaft liegen.

Mit den Herausforderungen der Praxis wurde die Sitzung fortgeführt. Frau *Katrin Inga Kirstein* zeigte in ihrem Vortrag „Psychische Gewalttat nach § 13 Abs. 1 Nr. 2 SGB XIV – die Entschädigung Betroffener von Menschenhandel“ anhand konkreter Fälle aus der eigenen Beratung auf, dass der Menschenhandel in Deutschland ein erhebliches Problem ist und Betroffene vor großen Herausforderungen stehen. Trotz der vielen rechtlichen Vorgaben im internationalen Recht ist die Unterstützung für die Betroffenen aufgrund der schwierigen Rechtslage nicht leicht, da Zugangsbarrieren bestehen, insbesondere aufgrund unsicherer aufenthaltsrechtlicher Situationen. Die Möglichkeit der Sicherung des Lebensunterhalts könnte über die vorläufigen Leistungen nach dem SGB XIV eine pragmatische Lösung darstellen. Hierzu ergab sich am Ende der Veranstaltung ein Ansatz für weitere Diskussion und Forschung.

Die Teilnehmenden diskutierten zu jedem Thema sehr intensiv, sodass die Kommission das vorgesehene Zeitlimit deutlich überschritt und im Anschluss die Teilnehmenden gemeinsam schnell zur Abendveranstaltung übergingen.

Insgesamt gelang es der Kommission SGB XIV auf dem 9. Deutschen Sozialgerichtstag, wertvolle Impulse für die zukünftige wissenschaftliche und praxisorientierte Auseinandersetzung mit dem SGB XIV zu setzen.

Vom OEG zum SGB XIV: Neue Zeiten – Neues Sozialrecht?

Dr. Reinhard Gelhausen, Präsident des Nds. Landesamtes für Soziales, Jugend und Familie a. D., Hannover

1. Einleitung

Die Überschrift zu unserem diesjährigen Sozialgerichtstag lautet „Neue Zeiten – neues Sozialrecht“. Daraus abgeleitet haben wir für unsere Kommission das erste Thema unseres Nachmittags. Dieses Thema liegt besonders nah, weil das SGB XIV als neues Gesetz zum 1.1.2024 in Kraft getreten ist.

Auf der Homepage des DSGT wird zu dem diesjährigen Motto des Sozialgerichtstages ausgeführt, dass der Fokus der Veranstaltung auf den gesellschaftlichen Entwicklungen unserer Zeit und ihre Bedeutung für den Sozialstaat liegen soll. Professor Andreas Reckwitz wollte dazu heute Morgen in seiner Festrede die gesellschaftlichen Entwicklungen in unserem Land aus soziologischer und kulturwissenschaftlicher Sicht darstellen. Er bezeichnet unsere Gesellschaft als eine Gesellschaft der Singularitäten. Seine These lautet: In der Spätmoderne findet ein gesellschaftlicher Strukturwandel statt, der darin besteht, dass die soziale Logik des Allgemeinen ihre Vorherrschaft verliert an die Logik des Besonderen. Als moderne bezeichnen die Soziologen das Zeitalter seit der Industrialisierung im 19. Jahrhundert. Nach Professor Reckwitz beginnt in den 70er Jahren die Spätmoderne, die unser Leben noch heute prägt. In den 70er Jahren findet die Wirtschaftswunderphase der Bundesrepublik Deutschland mit der ersten Ölkrise ihr Ende. Gleichzeitig wird das Weltwährungssystem von festen Wechselkursen auf schwankende Wechselkurse umgestellt, was eine neue Phase der wirtschaftlichen Entwicklung der Bundesrepublik einleitet. Ich kann hier den Vortrag von Professor Reckwitz nicht ersetzen, für unser Thema ist aber wichtig, dass in der Moderne das Recht zur Etablierung sozialstaatlicher Standards, zur Minimierung individueller Risiken und Verringerung sozialer Ungleichheit geführt hat.[1] Der Staat erschien als der legitime Ort des gesellschaftlichen Allgemeinen und wurde als zentrale Planungs- und Steuerungsinstanz der Nationalgesellschaft modelliert.[2] Im Gegensatz zu dieser Kultur des Allgemeinen steht die Kultur des Besonderen, die sich in

1 Reckwitz, S. 35, 36.
2 Reckwitz, S. 347.

der Spätmoderne, durch die Hervorbringung von Singularitäten auszeichnet. Singularitäten sind bei Reckwitz Entitäten (Einheiten), die innerhalb von sozialen Praktiken als besondere wahrgenommen, bewertet, fabriziert und behandelt werden. Singularitäten sind das Ergebnis von sozial-kulturellen Prozessen. Sie kommen innerhalb einer sozialen Logik des Besonderen zur Geltung. In einer solchen Logik werden Objekte, Subjekte, Räumlichkeiten, Zeitlichkeiten und kollektive Praktiken der Beobachtung, der Bewertung, der Hervorbringung und der Aneignung zu Singularitäten gemacht, zum Beispiel in der Eventkultur[3]. Dieses Hervorheben von Besonderheiten wirkt sich in unserer postmodernen Gesellschaft nach Reckwitz auch auf den juristischen Bereich aus und fördert subjektive wie gruppenspezifische Rechte und Werte in ihrer Verschiedenartigkeit. Fragen der Nichtdiskriminierung und Lebensqualität werden besonders angesprochen.

Die Gesellschaft der Singularitäten hat – so Reckwitz – in bestimmten Milieus, insbesondere in der gut qualifizierten und mobilen Mittelklasse zu beträchtlichen Autonomie- und Befriedigungsgewinnen geführt. Sie hat einen grundsätzlich libertären Charakter, der soziale Begrenzung des Möglichen niederreißt und sie ermöglicht die Selbstentfaltung der Individuen in einer Breite und Intensität, wie sie die klassische Moderne nicht kannte. Zugleich aber ist die postindustrielle Ökonomie der Singularitäten für die eklatante Spreizung zwischen den Arbeitsformen einer hochqualifizierten Wissenschafts- und Kulturökonomie auf der einen Seite und einer deindustrialisierten Dienstleistungsklasse auf der anderen Seite verantwortlich, aus der eine neue soziale und kulturelle Polarisierung und Ungleichheit der Klassen und Lebensstile entstanden ist.[4] Nutznießer sei die Akademikerklasse, die von der singularistischen Lebensführung profitiert und Verlierer sei eine neue Mittelklasse mit einem mittleren Bildungsniveau, die wirtschaftlich und kulturell abgehängt werde.

Dies sehen Professor Mau, der sich morgen zu seinen Thesen äußern wird, und seine beiden Mitautoren anders. In seinem Werk Triggerpunkte, das er zusammen mit Thomas Lux und Linus Westhäuser geschrieben hat, vertritt er die Auffassung, dass es eine Spaltung in neue Akademikerklasse, die von der singularistischen Lebensführung profitiert, und eine neue Mittelklasse mit einem mittleren Bildungsniveau, die Verlierer dieser Entwicklung sei, so nicht gäbe.[5]

Die drei Autoren sehen eine intensive Diskussion über die Ungleichheiten in unserer Gesellschaft zu verschiedenen Themen, wie zum Beispiel

3 Reckwitz, S. 51.
4 Reckwitz, S. 22.
5 Mau, S. 9ff.

Vermögenskonzentration oder Migration, und kommen nach Untersuchungen dazu zu dem Ergebnis, dass unterschiedliche Auffassungen zu diesen Themen sich nicht mit den klassischen Klassengrenzen decken. Besonders heftig kann die Diskussion werden, wenn sogenannte Triggerpunkte in den Mittelpunkt treten, deren Diskussion von Ungleichbehandlungen, Normalitätsverstößen, Entgrenzungsbefürchtungen und Verhaltenszumutungen geprägt sind. Auch hier gebe es beim Pro und Contra keine Einteilung nach dem gängigen Klassensystem. Für den Bereich des Sozialrechts stellen die Autoren fest, dass der Staat zwar als zentraler Adressat für die Herstellung sozialer Sicherheit angesehen wird, nicht aber als Gleichmacher in einem umfassenden Sinne.[6]

Jenseits der Vorstellungen von Professor Reckwitz, dass die Spätmoderne neues Recht hervorbringt, war die Forderung, das Recht den neuen Zeiten und Entwicklungen anzupassen, seit jeher präsent.

Wulfhorst hat in seinem Werk „Soziale Entschädigung-Politik und Gesellschaft“ dazu ausgeführt:

„Die in einer Epoche maßgebenden Wertvorstellungen und Überzeugungen weltanschaulicher und moralischer Art, der Zeitgeist, bestimmen auch das individuelle und das kollektive Bewusstsein und Verhalten bei der Rechtsgestaltung. Allgemein gestalten solche Idealfaktoren ebenso wie Realfaktoren (wie finanzielle Ressourcen) das Recht. In einer freiheitlichen Demokratie gilt grundsätzlich nur als Recht, was in Auseinandersetzung mit dauernd gültigen Rechtsgrundsätzen als dem Zeitgeist entsprechend anerkannt ist.“[7]

Für unsere künftige Arbeit mit dem SGB XIV ist es deshalb interessant, einmal kurz zu schauen, woher kommt das Soziale Entschädigungsrecht, insbesondere das Opferentschädigungsrecht, welche Konfliktlinien hat es bei seiner Einführung gegeben und wie hat es sich bis zum SGB XIV entwickelt. Und stimmt diese Entwicklung mit den Thesen der Soziologen überein.

2. Das OEG

Das Opferentschädigungsgesetz (OEG) ist im Jahre 1976 in Kraft getreten. Ausgangspunkt für die Überzeugung, dass die Opfer von Straftaten besser geschützt werden müssten, waren Feststellungen, dass durch die Straf-

6 Mau, S. 510.

7 Wulfhorst, S. 50.

rechtsreformen der späten 60er und frühen 70er Jahre der Fokus auf dem Täter gelegen habe und die Opfer alleingelassen und auf sich gestellt bleiben würden. Der Schutz der Opfer stand in der öffentlichen Debatte dabei nicht wirklich im Vordergrund. Als Reaktion auf diese Situation gründete der damalige Moderator der Fernsehsendung Aktenzeichen XY, Eduard Zimmermann, den Weißen Ring, der Verbrechensopfern helfen wollte und geholfen hat. Die Forderung nach Entschädigung der Opfer von Gewalttaten war damals eher ein konservatives Projekt und an die Soziallberale Koalition von SPD und FDP gerichtet.

Ob man die Zeit von 1976 als Zeitenwende bezeichnen muss, bleibt dahingestellt, unzweifelhaft ist jedoch, dass im Zuge des Aufbruchsgeists der frühen 1970-er Jahre auch das Opferentschädigungsgesetz entstanden ist.

Ich möchte und kann hier nicht auf alle Details eingehen, aber bei der Arbeit am Gesetz gab es von Anfang an Konfliktlinien, die sich bis heute gehalten haben. Ich möchte hier nur auf sechs wichtige Bereiche eingehen.

- Es war strittig, welche Straftaten in den Schutz des OEG einbezogen werden sollten.
- Umstritten war auch die Frage, auf welche Art und Weise selbst verschuldete Opfer einer Straftat von der Versorgung des Gesetzes ausgeschlossen werden sollten.
- Ausländer sollten nach dem Willen des Gesetzgebers nur bei vorliegender Gegenseitigkeit in den Schutz des OEG einbezogen werden.
- Nach intensiven Diskussionen wurden die Beweiserleichterungen des Rechts der Kriegsopferversorgung für das Opferentschädigungsgesetz übernommen.
- Bezüglich des Leistungsspektrums des Opferentschädigungsgesetzes wurde auf den umfangreichen Leistungskatalog des Bundesversorgungsgesetzes – einschließlich einer einkommensunabhängigen Grundrente – verwiesen, obwohl auch Vorschläge, das Recht der gesetzlichen Unfallversicherung anzuwenden, gemacht worden waren.
- Einigkeit wurde bald darüber erzielt, dass eine Entschädigung für Opfer von Gewalttaten nur gewährt werden sollte, wenn sie auf dem Staatsgebiet der Bundesrepublik Deutschland geschädigt worden waren.

Aus den damaligen Diskussionen war auch zu entnehmen, dass eine große Unsicherheit bestand, welche finanziellen Belastungen durch ein Opferentschädigungsgesetz entstehen würden. Diese Sorge war nicht ganz unberechtigt, da trotz der kleinen Weltwirtschaftskrise[8] der siebziger Jahre die

8 Abelshauser, S. 392.

Sozialausgaben stark angestiegen waren. 1969 betrugen sie 25 Mrd. DM, 1974 waren es bereits 38 Mrd. DM. Andererseits war die Verschuldung stark angestiegen[9]. Die Auffassung, dass das Gesetz finanzierbar bleiben müsse, hat auch bei der Frage, welche Opfer von Straftaten in den Schutz des Gesetzes einbezogen werden sollten, eine wichtige Rolle gespielt.[10]

Trotz der aufgezählten unterschiedlichen Sichtweisen auf den Inhalt eines Opferentschädigungsgesetzes gab es eine große Mehrheit für die Ansicht, dass ein solches Gesetz notwendig sei.[11] Zur Erinnerung, 1976 saßen im Bundestag drei Parteien. In den Siebzigerjahren war der Höhepunkt der Volksparteien CDU und SPD die in vier aufeinander folgenden Wahlen bis 1983 zusammen 90% der Stimmen der Wahlberechtigten erhielten.[12] Am Ende des Diskussionsprozesses hatten wir ein Gesetz mit folgenden Schwerpunkten:

- Hinsichtlich der Anspruchsgrundlagen bestimmte § 1 Folgendes:
  Wer infolge eines vorsätzlichen, rechtswidrigen tätlichen Angriffs gegen seine oder eine andere Person oder durch dessen rechtmäßige Abwehr eine gesundheitliche Schädigung erlitten hat, erhielt wegen der gesundheitlichen und wirtschaftlichen Folgen auf Antrag Versorgung. Einer Versorgung stand nicht entgegen, dass der Angreifer in der irrtümlichen Annahme von Voraussetzungen eines Rechtfertigungsgrundes gehandelt hat. Einem tätlichen Angriff wurde die vorsätzliche Beibringung von Gift oder die wenigstens fahrlässige Herbeiführung einer Gefahr für Leib und Leben eines anderen durch ein mit gemeingefährlichen Mitteln begangenes Verbrechen gleichgestellt.
- Leistungen waren zu versagen, wenn der Geschädigte die Schädigung verursacht hatte oder wenn es aus sonstigen, insbesondere in dem eigenen Verhalten des Anspruchsstellers liegenden Gründen, unbillig wäre, Entschädigung zu gewähren
- Ausländer hatten nach § 1 Abs. 4 nur dann einen Anspruch auf Versorgung, wenn die Gegenseitigkeit gewährleistet ist.
- Hinterbliebene wurden in den Schutz des Gesetzes einbezogen.
- Die Leistungen richteten sich nach den Bestimmungen des Bundesversorgungsgesetzes.

---

9 Abelshauser, S. 400.

10 BT-Drs. 7/2506 S. 13.

11 Heinz, S. 10.

12 Geppert, S. 56.

3. Das BVG

Um die unten dargestellte Komplexität des neuen SGB XIV zu erfassen, muss man kurz die Leistungen beschreiben, die das Bundesversorgungsgesetz geboten hat.

Das Gesetz bot den Opfern der beiden Weltkriege eine weitreichende Versorgung in allen Lebenslagen.

An erster Stelle stand die Heil- und Krankenbehandlung, die sich grundsätzlich an den Leistungen der gesetzlichen Krankenversicherung orientierte, aber weitergehende Leistung enthielt, wenn diese schädigungsbedingt erforderlich waren. Ebenfalls einbezogen waren rehabilitative Leistungen, wie Badekuren, aber auch fürsorgerische Leistungen für den Kriegsbeschädigten und seine Familie, die allerdings nur einkommensabhängig gewährt wurden. Gezahlt wurde eine einkommensunabhängige Grundrente, die den immateriellen Schaden ausgleichen sollte und deren Höhe nach der Höhe der Minderung der Erwerbsfähigkeit (MdE) bemessen wurde.

Die einkommensabhängige Ausgleichsrente sollte ein Absinken in die Sozialhilfebedürftigkeit verhindern. Die Leistungen waren deshalb höher als die der Sozialhilfe. Zusätzlich wurde ein Berufsschadensausgleich gezahlt, der den beruflichen Schaden ausgleichen sollte. Dazu wurde in einem ausdifferenzierten System das Einkommen, das der Geschädigte erzielte, mit einem Einkommen verglichen, das er ohne die Schädigungsfolgen hätte erzielen können. Zugrunde gelegt wurde dabei das jeweilige Bruttoeinkommen.

Eine wichtige Bedeutung hatte auch die Pflegezulage, die in ihrer Höhe von der Intensität der erforderlichen Pflege abhing.

An Hinterbliebene wurden Sterbe- und Bestattungsgeld gezahlt. Ebenso eine Witwengrundrente, eine Witwenausgleichsrente und ein Witwenschadensausgleich. Auch eine Heiratsabfindung bei Wiederverheiratung war vorgesehen. Eltern wurden, wenn sie von den Geschädigten unterhalten worden waren, in den Schutz des Gesetzes einbezogen.

Durch diesen Verweis auf die Leistungen des Bundesversorgungsgesetzes konnte das OEG mit nur zwölf Paragraphen auskommen.

Nur von dieser Ausgangsbasis, kann man die Entwicklung des Opferentschädigungsgesetzes zum SGB XIV verstehen und beurteilen.

Zusammengefasst: Die Zeiten nach den Studentenunruhen Ende der sechziger Jahre, heute für alle erkennbar eine neue Zeit in der Geschichte der Bundesrepublik Deutschland, hatte auch zu einem Opferentschädigungsrecht geführt, das es bis dahin nicht gegeben hatte. In der Sprache von Professor Reckwitz gehörte das OEG mit seiner Verweisung auf das Bundesversorgungsgesetz zu einem typischen Gesetz der organisierten Allgemeinheit.[13] Es stand als Teil des Sozialgesetzbuches (§ 68 Satz 1 Nr. 7f SGB I) gleichberechtigt neben der Rentenversicherung, der Krankenversicherung, der Unfallversicherung und der Arbeitslosenversicherung. Erste Ansätze einer Singularisierung sind vielleicht im Begriff des unschuldigen Opfers[14] zu sehen, wie er in der Gesetzesbegründung verwendet wird.

Nachdem das Gesetz in Kraft getreten war, wurde sehr schnell deutlich, dass die Befürchtung, das Gesetz könne den finanziellen Rahmen sprengen, nicht eintreten würde. Die Anzahl der Anträge und die finanziellen Leistungen die Bund und Länder für das Gesetz aufzubringen hatten, hatten einen bescheidenen Rahmen. 1978 wurden von den Ländern und dem Bund lediglich 1,5 Mio. DM für das OEG verausgabt. 2021 waren es immerhin 375 Mio. Euro[15].

Es wurde auch besonders deutlich, dass die Antragszahlen nach dem OEG nicht vergleichbar waren mit den Zahlen über Gewaltverbrechen in der Kriminalstatistik.

Durch die moderne Medizin wurden, anders als noch bei den Kriegsopfern, Verletzungen nach Gewalttaten so geheilt, dass keine bleibenden Schäden zurückblieben und nur Heilbehandlungskosten anfielen. In den Augen vieler Betrachter war es daher ein Krankenkassenentschädigungsgesetz, da die Krankenkassen die Heilbehandlungskosten, die sie in den meisten Fällen früher selbst getragen hatten, erstattet bekamen. Allerdings gab es immer eine beachtliche Anzahl von Gewaltopfern mit schwersten Schäden, die mit einem Grad der Schädigung von 50 bis 100 zu bewerten waren.

4. Gesetzliche Änderungen

Es dauerte 8 Jahre, bis das Opferentschädigungsgesetz zum ersten Mal geändert wurde. Mit dem ersten Gesetz zur Änderung des Gesetzes über die Entschädigung für Opfer von Gewalttaten vom 20.12.1984 wurde eine Härteregelung eingeführt, die Personen einbezog, die die Schädigung in der Zeit vor dem 23.5.1949 (Gründung der Bundesrepublik) erlitten hatten, eine Entschädigung zugesprochen wurde. Voraussetzungen für das Eintreten der Härteregelung waren unter anderem das Vorliegen eines Grades

13 Reckwitz, S. 429.

14 BT-Drs. 7/2509 S. 6.

15 Rundschreiben des BMAS zur Sozialen Entschädigung v. 28.6.2022

der Entschädigung von 50 und das Nichtüberschreiten einer Einkommenshöchstgrenze.

Auch die Diskussion über die Einbeziehung von Ausländern nahm Fahrt auf, nachdem die EU-Kommission ein Vertragsverletzungsverfahren gegen die Bundesrepublik Deutschland angestrengt hatte. Daraufhin wurden EU-Ausländer in den Schutz des OEG einbezogen. Nach einer Welle von ausländerfeindlichen Übergriffen in den Jahren nach 1990, besonders aber nach dem Brandanschlag auf ein Haus in Solingen, bei denen es mehrere Tote gab, kam eine neue gesellschaftliche Diskussion über die Ausdehnung des Opferschutzes auch auf Ausländer in Gang.[16] Mit dem zweiten Gesetz zur Änderung des Gesetzes über die Entschädigung für Opfer von Gewalttaten vom 21.7.1993[17] wurden Ausländer wiederum nicht voll in den Schutz des OEG einbezogen, sondern es wurden die, die schon längere Zeit in der Bundesrepublik lebten, privilegiert. Mit dem dritten Gesetz zur Änderung des Opferentschädigungsgesetzes vom 25.6.2009[18] wurde der anspruchsberechtigte Personenkreis von Ausländern noch einmal erweitert.

Stand zunächst nur der Schutz von EU-Ausländern zur Diskussion, so stellte sich vor allen Dingen nach den großen Einwanderungswellen Anfang der 90er und nach 2015 die Frage, ob bei einem so hohen Ausländeranteil unter der Bevölkerung der Bundesrepublik eine Restriktion oder ein Ausschluss noch gerechtfertigt sei. Mich persönlich hatte die Gegenseitigkeitsklausel mit ihrem Ziel, andere Länder zu veranlassen für Deutsche auch eine Opferentschädigung vorzusehen, überzeugt. Nachdem die Gegenseitigkeitsklausel für EU-Länder gefallen war, hatte sie nach meiner Auffassung keine Überzeugungskraft mehr und hätte gestrichen werden sollen.

Die grundsätzliche Orientierung des Leistungsrechts der Heilbehandlung an den Leistungen der gesetzlichen Krankenkassen setzt zwar einen hohen Standard, führt aber in Einzelfällen zu einem Defizit, vor allem bei der Behandlung von Kindern, sodass mit dem Gesetz zur Änderung des Opferentschädigungsgesetzes und anderer Gesetze vom 6.12.2000[19] ein Anspruch auf heilpädagogische Behandlung sowie heilgymnastische und bewegungstherapeutische Übungen eingefügt wurde.

Im Zuge der deutschen Einheit 1990, die zweifellos eine Zeitenwende dargestellt hat, wurde mit dem Einigungsvertrag[20] das OEG mit den dort

16 BT-Drs. 12/4889.
17 BGBl. I S. 1262.
18 BGBl. I S. 1580.
19 BT-Drs. 13/1777 S. 8.
20 Art. 8 i. V. m. Anl. 1 Kap. VIII Sachgebiet K Abschnitt 3 Nr. 18.

genannten Maßgaben ab 3.10.1990 auch in den neuen Bundesländern eingeführt. Die Härteregelung gilt in der Weise, dass Schäden durch Gewalttaten, die in der Zeit vom 7.10.1949 (Gründung der DDR) bis zum 2.10.1990 auf dem Gebiet der ehemaligen DDR begangen worden waren, in den Versorgungsschutz einbezogen wurden.

Unter dem Gesichtspunkt neue gesellschaftliche Realitäten, neues Recht muss die Umsetzung eines Urteils des Bundesverfassungsgerichts vom 9.11.2004[21] gesehen werden, mit der die Partner einer ehelichen Lebensgemeinschaft, die ein gemeinsames Kind betreuen, Ehepartnern gleichgestellt werden.

5. Richterliche Rechtsfortbildung

Das OEG wurde jedoch nicht nur durch den Gesetzgeber verändert, sondern die Rechtsprechung hat maßgeblich zur Weiterentwicklung des Gesetzes beigetragen. Hatten viele Abgeordnete, die das OEG beschlossen haben, das „unschuldige“ Opfer im Blick, das geschützt werden müsse[22], so stellte sich in der Praxis sehr schnell heraus, dass es Grauzonen gibt, in denen die Frage der Schuld unterschiedlich beurteilt werden kann. Dies spielte besonders bei der Prüfung der Unbilligkeit nach § 2 OEG eine Rolle, bei der sich selten ein Schwarzweißbild einstellt. Außerdem wurde auch sehr schnell deutlich, dass gesellschaftlich nicht akzeptiertes Verhalten oder ein unangepasster Lebenswandel nicht zu einem Ausschluss der Entschädigung führen dürfen. Das BSG hat im Ingrid van Bergen Fall, der damals durch die Presse ging, entschieden, dass ein in den Augen eines Teils der Bevölkerung unsolider Lebenswandel nicht zum Ausschluss für Leistungen nach dem OEG führt.[23]

Mit der Rechtsprechung des BSG zur Entschädigung von Kindern nach sexuellem Missbrauch hat der Begriff des täglichen Angriffs eine erweiterte Auslegung erfahren.[24] Für den tätlichen Angriff im OEG sei nicht Voraussetzung, dass der Täter dem Opfer gegenüber feindlich gesinnt ist. Entscheidend ist die Rechtsfeindlichkeit. Was rechtsfeindlich ist, sagt das Strafgesetzbuch.

---

21 Gesetz zur Änderung von Vorschriften des sozialen Entschädigungsrechts und des Gesetzes über einen Ausgleich für Dienstbeschädigungen im Beitrittsgebiet vom 19.6.2006.

22 Vgl. BT-Drs. 7/2506 S. 9.

23 BSG v. 7.11.1979 BSGE 49 S. 104.

24 BSGE 77 S. 1 und S. 7.

6. Das SGB XIV

Es gab lange Zeit eine Zurückhaltung des Gesetzgebers, sich der schwierigen Aufgabe einer Überführung des OEG in das Sozialgesetzbuch anzunehmen. Dies ist verständlich, weil der anspruchsberechtigte Personenkreis trotz der Einbeziehung der Anhangsgesetze im Jahre 2020 nur noch etwa 73000 Berechtigte umfasste. Gerade aber dieser Schrumpfungsprozess hat letztlich Anlass gegeben, das Soziale Entschädigungsrecht neu zu gestalten und als SGB XIV in das Sozialgesetzbuch zu übernehmen. In der Begründung zum Gesetzentwurf[25] wird dazu ausgeführt, dass das beschriebene System des BVG bei einem künftig noch kleiner werdenden Personenkreis auf Dauer nicht vorgehalten werden könne. Das den Leistungen zugrunde liegende Recht nach dem BVG sei für die Bürgerinnen und Bürger zurzeit schwer verständlich und für die Verwaltung in der Umsetzung schwer durchführbar Das neue Recht solle einen bürgernahen Zugang zu den Leistungen der sozialen Entschädigung eröffnen und damit auch bekannter werden.

Mit dem Rückgang des Personenkreises der Kriegsopfer und der zunehmenden Bedeutung des Opferentschädigungsgesetzes wurde von den die Interessen der Opfer vertretenden Verbänden bemängelt, dass sich das Recht der Sozialen Entschädigung zu einseitig an den Opfern der beiden Weltkriege orientiere und damit den Zugang zu Leistungen für Gewaltopfer unnötig erschwere.[26] Hier wurden besonders Kausalitätsfragen, Beweislastprobleme und Fragen nach dem schnellen Zugang zu psychologischen Hilfen genannt. Außerdem wurde geltend gemacht, dass der Gewaltbegriff des OEG zu eng sei. Auch müssten Ausländer voll in den Schutz des OEG einbezogen werden. Die Länder, die für die Durchführung des BVG und OEG zuständig sind, drängten auf ein schlankeres Gesetz mit einer geringeren Regelungstiefe und pauschalierten Leistungen.

Im Gesetzgebungsverfahren war, vor allem vonseiten der für die Durchführung zuständigen Länder gefordert worden, möglichst viele Bestimmungen aus dem bisherigen Recht in das neue SGB XIV zu übernehmen, soweit sie sich bewährt hätten. Hintergrund war die Befürchtung, dass durch die Einführung neuer unbestimmter Rechtsbegriffe neue Unklarheiten auftreten könnten, die erst nach zeitaufwendiger Rechtsprechung geklärt werden könnten. Dem ist der Gesetzgeber nur zum Teil gefolgt, besonders aber beim Berufsschadensausgleich (§ 80 SGB XIV), der komplett aus dem Bundesver-

25 BR-Drs. 357/191.

26 Vgl. Knickrehm, LPK-SGB XIV, 2. Aufl. 2024, vor § 1 Rn. 8.

sorgungsgesetz (§ 30) übernommen wurde. Andererseits wurden gesetzliche Neuerungen eingeführt, die eine erhebliche Verbesserung gegenüber der bisherigen Rechtslage darstellen.

Nach breiter Diskussion des Regierungsentwurfes wurde das Gesetz zur Regelung des Sozialen Entschädigungsrechts am 12.12.2019 abgeschlossen. Das Gesetz wurde mit großer Mehrheit im Bundestag verabschiedet.[27] Dies verdeutlicht, dass im Bereich des Opferschutzes immer noch ein großer Konsens der gesellschaftlichen Gruppen besteht, die Opfer angemessen zu entschädigen. Dies stimmt mit der These von Professor Mau überein, dass in einer erheblichen Anzahl von grundlegenden Fragen unsere Gesellschaft noch einen großen Konsens findet.[28]

Aus dem ersten Referentenentwurf eines Gesetzes zur Einführung des SGB XIV[29] wird deutlich, dass von Seiten des BMAS eine Verschlankung des Gesetzes angestrebt wurde. Die Leistungen sollten in erheblichem Maße pauschalisiert und damit keine oder nur wenige Dauerleistungen gezahlt werden. Die Idee dahinter war, gerade bei psychischen Schäden, den Schaden durch eine Einmalzahlung in erheblichem Umfang auszugleichen und das Opfer nicht immer damit zu konfrontieren, dass Zahlungen nach dem SGB XIV verringert oder eingestellt werden, wenn sich eine Besserung der gesundheitlichen Schädigung ergibt.

Dieser Standpunkt konnte sich nicht durchsetzen. Er hat sich aber niedergeschlagen in erheblich erhöhten Grundrenten und, in Möglichkeiten Rentenzahlungen für 5 Jahre abfinden zu lassen. Auch endgültige Abfindungen für Witwenrenten sind möglich. Im Übrigen wurde vor allen Dingen, auf die Forderung der Opferverbände eingehend, der Leistungskatalog des Bundesversorgungsgesetzes fast komplett übernommen.

Mit dem SGB-XIV sollte das Recht dem medizinischen Fortschritt angepasst werden. Dies bezieht sich besonders auf neue medizinisch-wissenschaftliche Erkenntnisse, die mögliche psychische Folgen von Gewalttaten betreffen. Aber auch Veränderungen der gesellschaftlichen Sichtweise auf Gewalttaten, wie zum Beispiel die Ausübung von Gewalt ohne tätlichen Angriff sollten berücksichtigt werden.[30]

Eine wirkliche Verbesserung gegenüber dem Bundesversorgungsgesetz stellt die Gewährung der sogenannten „Schnellen Hilfen“ dar, die in den §§ 29-40 geregelt sind. Mit den schnellen Hilfen soll ein unbürokratischer

27 Vgl. Knickrehm, LPK-SGB XIV, 2. Aufl. 2024, vor § 1 Rn. 12.

28 Mau, S. 9 ff.

29 BT-Drs. 7/2506 S. 9.

30 Siehe Knickrehm, LPK-SGB XIV, 2. Aufl. 2024, vor § 1 Rn. 8.

Zugang zu Leistungen der Psychotherapie ermöglicht werden, die besonders in den Fällen von Traumatisierungen zur schnellen Gesundung von Patientinnen und Patienten beiträgt. In der Ausgestaltung dieser Leistungen hat der Gesetzgeber es in Kauf genommen, dass Leistungen der schnellen Hilfen in Anspruch genommen werden können, auch wenn sich später herausstellt, dass die Grundvoraussetzungen nach dem SGB XIV für den Leistungsbezug nicht vorliegen.[31] Außerdem werden Leistungen eines Fallmanagements eingeführt, indem die Berechtigten von einer Fallmanagerin oder einem Fallmanager aktivierend und koordinierend durch das Antrags- und Leistungsverfahren begleitet werden.

Zurückkommend auf Prof. Reckwitz kann man bei diesen Regelungen, nach meiner Auffassung jedoch nicht von Singularitäten sprechen, sondern es handelt sich um eine Regelung, die er dem Bereich des Allgemeinen zuordnet, der auch in der Gesellschaft der Singularitäten als Hintergrund für die neuen Aktivitäten vorhanden ist.[32]

Im Übrigen findet sich der Leistungskatalog des Bundesversorgungsgesetzes, den ich oben beschrieben habe, im SGB XIV im Großen und Ganzen wieder. So gibt es eine Krankenbehandlung der sozialen Entschädigung, Leistungen zur Teilhabe, Leistungen bei Pflegebedürftigkeit, Leistungen bei hochgradiger Sehbehinderung, Blindheit und Taubblindheit, Entschädigungszahlungen, Berufsschadensausgleich und besondere Leistungen im Einzelfall. Weggefallen gegenüber den bisherigen Regelungen sind nur die Ausgleichsrente, die Witwenausgleichsrente, der Witwenschadensausgleich und eine Heiratsabfindung bei Wiederverheiratung einer Witwe oder eines Witwers. Eine Straffung des Gesetzes gegenüber der bisherigen Rechtslage konnte damit insgesamt nicht erreicht werden. Auf die komplizierte Übergangsregelung für Altfälle (§§ 142 ff.) kann ich hier aus Zeitgründen nicht eingehen.

7. Kausalitäts- und Beweisfragen

Die Fragen, wie die Antragstellerin oder der Antragsteller das schädigende Ereignis und die daraus entstandene Gesundheitsstörung nachweisen können, spielen bei der Durchsetzung des Rechts eine große Rolle. Der Gesetzgeber hat sich für eine Kontinuität auch für das soziale Entschädigungsrecht entschieden, weil so die Kausalität und Beweiserleichterungen und

31 Vgl. dazu Wersig/ Härtel in Gelhausen/Weiner SGB XIV, 8. Aufl. 2024, § 34 Rn. 6 und 7.
32 Reckwitz, S. 46, 47.

die Theorie der wesentlichen Bedingung des Sozialrechts zum Tragen kamen. Anspruchsvoraussetzungen müssen danach wie in anderen Rechtsgebieten zur Überzeugung des Entscheidenden bewiesen sein. Da es sich bei der Feststellung von Tatsachen um eine Aufklärung historischer Vorgänge handelt, wird sich eine absolute Gewissheit in der Überzeugung des Entscheidenden häufig nicht herstellen lassen. Eine Tatsache gilt aber auch dann bereits als bewiesen, wenn ein so hoher Grad an Wahrscheinlichkeit vorliegt, dass vernünftige Zweifel nicht bleiben. Diesen sogenannten Vollbeweis setzen das BVG, das OEG und das SGB XIV grundsätzlich für alle Tatbestandsmerkmale voraus.[33]

An bestimmten Stellen des Gesetzes hat der Gesetzgeber zugunsten der Antragstellerinnen und Antragsteller jedoch Beweiserleichterungen eingeführt. Als wichtigste Ausnahme muss der § 4 Abs. 4 SGB XIV angesehen werden. Er bestimmt, dass zur Anerkennung einer Gesundheitsstörung als Folge einer Schädigung die Wahrscheinlichkeit des ursächlichen Zusammenhangs genügt. Wahrscheinlichkeit in diesem Sinne liegt vor, wenn mehr für als gegen das Vorliegen einer Tatsache spricht. Allerdings reicht die bloße Möglichkeit eines ursächlichen Zusammenhangs nicht aus. Ohne das Vorliegen dieser Beweiserleichterung wäre es oft nicht möglich, den Zusammenhang zwischen dem schädigenden Ereignis und der Gesundheitsstörung zu beweisen.[34]

Besondere Probleme bereitet die Beweiserhebung dann, wenn, wie bei psychischen Schäden, eine umfangreiche Beweiserhebung zu einer Retraumatisierung des Opfers führen kann. Die Frage der Beweiserleichterungen war gerade in den letzten Jahren der Existenz des OEG stets aktuell.[35] Der Gesetzgeber hat jedoch immer an den Grundprinzipien zu den Beweiserhebungs- und Kausalitätsfragen festgehalten. Das BSG hat in Fällen, in denen die Tatsachen vorliegen, die nach der Versorgungsmedizinverordnung Teil C Nr. 3 für die ärztliche Gutachtertätigkeit im Sozialen Entschädigungsrecht oder nach dem Schwerbehindertenrecht geeignet sind, einen Ursachenzusammenhang zwischen einem belastenden Ereignis und dem Auftreten einer psychischen Erkrankung zu begründen, eine bestärkte Wahrscheinlichkeit angenommen, die nur durch einen sicheren anderen Kausalverlauf widerlegt werden kann. Diese Rechtsprechung hat der Gesetzgeber im SGB XIV aufgenommen und in § 4 Abs. 5 eine neue Beweiserleichterung eingefügt.

---

33 Vgl. Gelhausen, Soziales Entschädigungsrecht, S. 18 Rn. 57 f.

34 Gelhausen, Soziales Entschädigungsrecht, S. 18 Rn. 60.

35 Vgl. Döring Striening § 4 Rn. 83 ff.

Eine weitere Neuregelung gegenüber dem bisherigen Recht enthält § 13 Abs. 1 Nr. 2, der auch psychische Gewalttaten unter den Schutz des SGB XIV stellt. Mit diesem Thema werden wir uns im Verlaufe des Tages beschäftigen, sodass ich dazu keine weiteren Ausführungen machen möchte.

8. Zusammenfassung

Das Opferentschädigungsrecht ist seit 1976 an die jeweils entstandene gesellschaftliche Situation angepasst worden. Die entsprechenden Anpassungsgesetze sind jeweils mit großer Mehrheit und in einem großen gesellschaftlichen Konsens verabschiedet worden. Auch mit dem SGB XIV wird das Soziale Entschädigungsrecht weiterentwickelt. Dies ist ein Charakteristikum des SGB XIV, es enthält Weiterentwicklungen, aber keine großen Brüche gegenüber der bisherigen Tradition.

Literatur

Abelshauser, Werner, Deutsche Wirtschaftsgeschichte, Beck'sche Reihe 2011.

Döring-Striening, Gudrun, Opferrechte, Nomos-Anwalt, 2013.

Gelhausen, Reinhard, Soz. Entschädigungsrecht, Luchterhand, 2. Auflage 1994.

Geppert, Dominik, Geschichte der Bundesrepublik Deutschland, Beck-Wissen 2021.

Heinz, Dirk, Opferentschädigungsgesetz (OEG), Kohlhammer 2007.

Mau, Steffen, Lux, Thomas, Westhäuser, Linus, Triggerpunkte, edition suhrkamp, 8. Auflage 2024.

Reckwitz, Andreas, Die Gesellschaft der Singularitäten, Suhrkamp 2017.

Wulfhorst, Traugott, Soziale Entschädigung – Politik und Gesellschaft, Nomos 1994.

Die Vermutungsregelung nach § 4 Abs. 5 SGB XIV – (noch) ein stumpfes Schwert?

Jörn Hökendorf, Richter am LSG Berlin-Brandenburg, Potsdam*

Die Regelung in § 4 Abs. 5 SGB XIV – Vermutung eines kausalen Zusammenhangs bei psychischen Gesundheitsstörungen – geht zurück auf die Rechtsprechung des Bundessozialgerichts, welche ihren Abschluss bereits im Juni 2003 gefunden hat. Hieran wollte der Gesetzgeber im neuen SGB XIV anschließen und weckte mit der Neuregelung große Erwartungen auf eine Vereinfachung des Kausalitätsnachweises. Bereits vor dem Inkrafttreten zum 1.1.2024 wies das *BMAS* auf seine Auffassung zur Anwendung mit Schreiben vom 13.11.2023 hin. Ebenfalls seit dem 1.1.2024 enthalten die Versorgungsmedizinischen Grundsätze (VMG) umfangreiche Hinweise. Die Bemühungen um eine Klarstellung der Neuregelung geben Anlass, hierauf einen Blick zu werfen und aufzuzeigen, dass die Erwartungen noch nicht erfüllt werden. Es bedarf dringend einer weiteren Klarstellung in den VMG, um die Vermutungsregelung mit Leben zu erfüllen.

Einleitend stelle ich die Struktur des Entschädigungsfalles dar und werfe einen Blick auf die notwendige Prüfung der Kausalität, um dann zum eigentlichen Problem überzugehen. Die Rechtsprechung des *BSG* als Grundlage für die Neuregelung möchte ich nur kurz nachvollziehen, bevor ich auf die Vermutungsregelung eingehe, wobei mein Schwerpunkt die Möglichkeit bzw. Notwendigkeit für eine untergesetzliche Konkretisierung des Tatbestandes ist.

I. Grundstruktur des Entschädigungsfalls

Die Grundstruktur eines Entschädigungsfalls ist sehr übersichtlich. Es handelt sich um eine dreigliedrige Kette, nämlich schädigendes Ereignis (1), Schädigung (2) und Schädigungsfolge (3). Im Rahmen einer medizinischen Begutachtung werden auch die neutralen Begriffe verwendet: Ereignis, pri-

* Jörn Hökendorf ist ebenfalls Lehrbeauftragter der Hochschule Fulda und zzt. im Ministerium der Justiz des Landes Brandenburg in Potsdam tätig. Der Beitrag wurde vorab in der NZS veröffentlicht.

märe Gesundheitsstörung und sekundäre Gesundheitsstörung.[1] Die einzelnen Glieder der Kette sind wiederum verbunden durch die Kausalität, welche sprachlich differenziert wird als haftungsbegründende und haftungsausfüllende Kausalität. Es ergibt sich das folgende Schema:

Schädigendes Ereignis ——→ Schädigung ——→ Schädigungsfolge

haftungsbegründende Kausalität | haftungsausfüllende Kausalität

Die drei Glieder der Kette, nämlich das schädigende Ereignis, die Gesundheitsstörung und die Schädigungsfolge sind im Vollbeweis im Rahmen des behördlichen oder des gerichtlichen Verfahrens nachzuweisen. Nach diesem Maßstab ist eine Tatsache bewiesen, wenn sie in so hohem Grade wahrscheinlich ist, dass die Umstände nach vernünftiger Abwägung des Gesamtergebnisses des Verfahrens und nach allgemeiner Lebenserfahrung geeignet sind, die volle richterliche Überzeugung zu begründen.[2] Eine an Gewissheit grenzende Wahrscheinlichkeit ist ausreichend. Hierbei handelt es sich um den strengsten der vorhandenen drei Beweismaßstäbe: nämlich Vollbeweis, Wahrscheinlichkeit und Glaubhaftmachung.

Die drei Kettenglieder sind verbunden durch die Kausalität, deren Beurteilung sich im Bereich des Sozialrechts nach der Kausalitätstheorie der „wesentlichen Bedingung" richtet. Hiernach ist kausal und eine wesentliche Bedingung, was wesentlich zum Erfolg beigetragen hat. Aus der Fülle aller Ursachen im naturwissenschaftlich-philosophischen Sinne sind diejenigen Ursachen rechtlich erheblich, die bei wertender Betrachtung wegen ihrer besonderen Beziehung zu dem Erfolg bei dessen Eintritt wesentlich mitgewirkt haben. Als wesentlich sind diejenigen Ursachen anzusehen, die unter Abwägen ihres verschiedenen Wertes zu dem Erfolg in besonders enger Beziehung stehen, wobei Alleinursächlichkeit nicht erforderlich ist.[3]

Die Kausalitätstheorie ist zwar im Sozialen Entschädigungsrecht und in der Gesetzlichen Unfallversicherung gleich, jedoch ergibt sich bei der Beurteilung von mehreren Ursachen ein wichtiger Unterschied. Wenn mehrere Umstände für den Eintritt einer Schädigungsfolge mitursächlich wa-

1 Vgl. Teil C Nr. 2 VMG. Die AWMF-Leitlinie, Teil III, Begutachtung bei Kausalitätsfragen im Sozial-, Zivil- und Verwaltungsrecht, Stand 2019, benutzt die Terminologie: Entschädigungspflichtiges Ereignis, Erstschaden und Folgeschaden (S. 7) – https://register.awmf.org/de/leitlinien/detail/051-029 (Abruf: 9.11.2024).

2 AWMF-Leitlinie: „Subjektive Gewissheit mit einem für das praktische Leben brauchbaren Grad an Gewissheit, ohne verbleibende Zweifel völlig auszuschließen."

3 So zuletzt *LSG Sachsen-Anhalt*, 14.4.2023, L 4 VE 10/14, BeckRS 2023, 27154 und *BSG*, 7.4.2011, B 9 VJ 1/10 R, BeckRS 2011, 73176; 16.12.2014, B 9 V 6/13 R, BeckRS 2015, 67385.

ren, liegt eine versorgungsrechtlich wesentliche Ursache nur vor, wenn sie in ihrer Bedeutung und Tragweite für den Eintritt des Erfolgs – verglichen mit den übrigen Umständen in ihrer Gesamtheit – mindestens annähernd gleichwertig ist.[4] Im Bereich der Gesetzlichen Unfallversicherung kann nach der Rechtsprechung des *BSG*[5] auch eine nicht annähernd gleichwertige Ursache für den Erfolg rechtlich wesentlich sein, wenn die weiteren Ursachen keine überragende Bedeutung haben.

Die Kausalitätsprüfung kann wiederum in zwei Stufen strukturiert werden[6], wobei die Fragen der ersten Stufe eine besondere Sachkunde erfordern (Tatsachenebene) und in der Regel nur von Sachverständigen beantwortet werden können. Hingegen ist die Prüfung auf der zweiten Stufe den Juristen (Wertungsebene) vorbehalten, da es sich hierbei um eine juristische Wertungsfrage handelt. Die bzw. der Sachverständige[7] muss auf der ersten Stufe Erfahrungssätze nach dem neuesten aktuellen und anerkannten Stand in der einschlägigen Wissenschaft zur generellen Geeignetheit eines Ereignisses für den Eintritt des Erfolges darlegen. Hierbei handelt es sich nicht um eine reine Anwendung der „conditio sine qua non"-Formel, da sie nur den Beginn der Prüfung darstellt und nur Aussagen erlaubt über bekannte Kausalbeziehungen. Im Weiteren müssen dann die Erfahrungssätze auf den konkreten Fall angewendet werden, wobei das Für und Wider umfangreich unter Beachtung der Besonderheiten des Einzelfalls dargestellt werden müssen. Jetzt kommt auf einer zweiten Stufe eine juristische Wertungsentscheidung, wobei kein Automatismus zwischen den beiden Stufen besteht und die Wertungsentscheidung sich jeglicher schematischen Antworten entzieht. Die Juristin bzw. der Jurist muss entscheiden, ob das Ereignis als wesentlich angesehen werden kann, wobei insbesondere alle einzelnen Aspekte und die Besonderheiten des Falles berücksichtigen werden müssen.

Unter Beachtung der dargelegten Prüfung ist sofort erkennbar, dass Fragen der Kausalität sehr schwer zu beurteilen sind und so kommt es nach § 4 Abs. 4 SGB XIV zu einer Absenkung der Anforderungen im Beweismaßstab, da ein Vollbeweis bei Kausalitätsfragen nur in wenigen Fällen möglich sein dürfte. Die Kausalität muss daher „nur" wahrscheinlich sein. Sie ist gegeben, wenn nach dem aktuellen Stand der medizinischen Wissenschaft mehr für als gegen einen ursächlichen Zusammenhang spricht.

---

4 *BSG*, 20.7.2005, B 9a V 1/05 R, BeckRS 2005, 42940 und 16.12.2014, B 9 V 6/13 R, BeckRS 2015, 67385 mit Anm. *Keller*, SGb 2016, 232.

5 *BSG*, 9.5.2006, B 2 U 1/05 R, NZS 2007, 212.

6 *Bultmann*, SGb 2016, 143/143 f.

7 Zur Begutachtung s. Themenheft: Trauma & Gewalt, Begutachtung psychisch reaktiver Traumafolgen, Mai 2021.

II. Rechtsprechung des BSG zur „bestärkten" (bzw. „verdichteten") Wahrscheinlichkeit

Das *BSG*[8] hat schon vor vielen Jahren gut nachvollziehbar dargelegt, dass die Bewertung der Kausalität bei psychischen Gesundheitsstörungen sehr schwierig ist und auch die Aussagen der Sachverständigen in vielen Fällen sehr stark voneinander abweichen. Für diesen Bereich hat es die Rechtsfigur der „bestärkten" Wahrscheinlichkeit entwickelt. Hiernach wird bei psychischen Gesundheitsstörungen die Wahrscheinlichkeit des ursächlichen Zusammenhangs im Einzelfall vermutet, wenn diejenigen medizinischen Tatsachen vorliegen, die nach den Erfahrungen der medizinischen Wissenschaft geeignet sind, einen Ursachenzusammenhang zwischen einem nach Art und Schwere geeigneten schädigenden Ereignis und der gesundheitlichen Schädigung und der Schädigungsfolge zu begründen und diese Vermutung nicht durch einen anderen Kausalverlauf widerlegt wird.

„Liegen diejenigen Tatsachen vor, die nach den Anhaltspunkten für die ärztliche Gutachtertätigkeit (…) geeignet sind, einen Ursachenzusammenhang zwischen einem belastenden Ereignis und dem Auftreten einer psychischen Erkrankung zu begründen, so ist eine bestärkte Wahrscheinlichkeit anzunehmen, die nur durch einen sicheren anderen Kausalverlauf widerlegt werden kann (Bestätigung und Fortführung von BSG vom 18.10.1995 – 9/9a RVg 4/92; Leitsatz Nr. 3)."[9]

Die Intention der damaligen Entscheidung könnte darin gelegen haben, psychische Gesundheitsstörungen überhaupt als eine Folge eines schädigenden Ereignisses anzuerkennen. Der Sachverhalt und die Entscheidungsgründe lassen nämlich erkennen, dass trotz eines geeigneten Traumas und dem Vorliegen einer möglichen Traumafolgestörung wohl nach möglichen weiteren Ursachen in der Biografie des Betroffenen gesucht wurde. Hierin könnte sich eine Skepsis der Sachverständigen gegenüber dem Konzept von Gesundheitsstörungen als Folgen von Traumen ausgedrückt haben. Diese generelle Skepsis könnte einer der wesentlichen Gründe für das Urteil sein. Bei dieser Intention würde das Gericht dann jedoch nur gesagt haben, dass beim Vorliegen einer gut nachvollziehbaren Erklärung für die psychische Gesundheitsstörung in der Vorgeschichte nicht nach weiteren Ursachen zu forschen ist, insbesondere würden weitere biografische Fakto-

8 *BSG*, 12.6.2003, B 9 VG 1/02 R, NJW 2004, 1476.
9 *BSG*, 12.6.2003, B 9 VG 1/02 R, NJW 2004, 1476.

ren bei einem geeigneten Trauma keine beachtenswerte Rolle mehr spielen. Ein solches Verständnis der Entscheidungshintergründe gäbe dann wenig Anlass dafür, die Rechtsprechung in eine Norm zu überführen, da der Aussagegehalt sehr beschränkt ist.[10]

Die Rechtsfigur der „bestärkten" Wahrscheinlichkeit wurde nach einer eigenen Recherche in juris nur von sehr wenigen Entscheidungen[11] aufgegriffen, was ebenfalls für einen beschränkten Aussagegehalt sprechen könnte. Die Grundsätze des *BSG* wurden als Regelungen zur Beweiswürdigung verstanden.[12] Das bedeutet, dass die gerichtliche Praxis die „bestärkte" Wahrscheinlichkeit als ein Argument unter anderen Argumenten im Rahmen der freien Beweiswürdigung nach § 128 SGG würdigte. Eine strenge Orientierung an den Leitsätzen im Sinne eines konditionalen Zusammenhangs erfolgte nicht und war unter Berücksichtigung der Entscheidung auch nicht geboten. In seiner Begründung ermöglichte nämlich das *BSG* einen freieren Umgang mit der Rechtsfigur der „bestärkten" Wahrscheinlichkeit gerade, indem es ausführte, dass ein größerer zeitlicher Abstand zum schädigenden Ereignis – insbesondere gegen Ende der nach wissenschaftlichen Erkenntnissen möglichen Latenzzeit – den Grad der Wahrscheinlichkeit mindern kann.[13] Dieser Gedanke lässt sich nur in einer Prüfung aufgreifen, wenn mit der Rechtsfigur flexibel umgegangen wird, da sonst Schwierigkeiten mit Blick auf eine geminderte „bestärkte" Wahrscheinlichkeit entstehen könnten.

Diese Flexibilität nutzten die Gerichte in den veröffentlichten Entscheidungen auch für die jeweils passende Argumentation in der Beweiswürdigung, indem die bestärkte Wahrscheinlichkeit in einigen Entscheidungen nicht ausreichte, um eine Kausalität zu begründen[14], oder in anderen Entscheidungen eine nach umfangreicher Prüfung begründete Kausalität auch unter dem Gesichtspunkt der bestärkten Wahrscheinlichkeit anzunehmen war[15].

Mit Rundschreiben vom 9.5.2006 (IVc 2 – 47035/3) hat das *BMAS* darauf hingewiesen, dass unter Beachtung der Entscheidung des BSG, eine „be-

---

10 Zur beschränkten Aussagekraft s. auch BeckOGK/*Karl*, 1.11.2024, SGB XIV § 4 Rn. 59.

11 Die Begrifflichkeit „bestärkte" bzw. „verdichtete" Wahrscheinlichkeit wird mit einem Bezug zur hier interessierenden Frage in nur ca. 15 Entscheidungen verwendet.

12 So auch BeckOGK/*Karl*, 1.11.2024, SGB XIV § 4 Rn. 59.

13 *BSG*, 12.6.2003, B 9 VG 1/02 R, NJW 2004,1476.

14 *LSG Berlin-Brandenburg*, 29.6.2010, L 11 VK 5/09, BeckRS 2010, 73137.

15 *LSG Hessen*, 18.8.2022, L 1 VE 1/20, BeckRS 2022, 56619; *LSG Berlin-Brandenburg*,28.1.2016, L 11 VU 37/14, BeckRS 2016, 67562.

stärkte“ Wahrscheinlichkeit des ursächlichen Zusammenhangs unterstellt werden muss, wenn im Einzelfall nach Maßgabe der AHP festgestellten allgemeinen medizinischen Erkenntnisse Tatsachen einen derartigen Kausalzusammenhang begründen.

III. Übernahme der „bestärkten“ Wahrscheinlichkeit in § 4 Abs. 5 SGB XIV

Die Grundsätze der Rechtsprechung zur „bestärkten“ Wahrscheinlichkeit wurden in § 4 Abs. 5 SGB XIV übernommen. „Bei psychischen Gesundheitsstörungen wird die Wahrscheinlichkeit des ursächlichen Zusammenhangs im Einzelfall vermutet, wenn diejenigen medizinischen Tatsachen vorliegen, die nach den Erfahrungen der medizinischen Wissenschaft geeignet sind, einen Ursachenzusammenhang zwischen einem nach Art und Schwere geeigneten schädigenden Ereignis und der gesundheitlichen Schädigung und der Schädigungsfolge zu begründen und diese Vermutung nicht durch einen anderen Kausalverlauf widerlegt wird.“ Die Formulierung in Absatz 5 geht unstreitig auf die grundlegende Entscheidung des *BSG* zurück.[16] Nach der Gesetzesbegründung[17] sollte der wesentliche Inhalt des Urteils in den Gesetzestext übernommen werden und die widerlegbare gesetzliche Vermutung der Kausalität an die Stelle der „bestärkten“ Wahrscheinlichkeit treten.

In den weiteren Gesetzen mit Entschädigungstatbeständen wurden vergleichbare Regelungen eingeführt: § 4 Abs. 6 HHG, § 21 StrRehaG und § 3 Abs. 6 VwRehaG. Einen anderen Weg geht man im Bereich der Soldatenversorgung für den Bereich der Auslandseinsätze.[18] Nach § 87 Abs. 3 SVG kann durch Rechtsverordnung bestimmt werden, unter welchen Voraussetzungen vermutet wird, dass eine psychische Störung durch einen Einsatzunfall verursacht worden ist. Die Einzelheiten zur hierauf fußenden Einsatzunfallverordnung sollen unten dargestellt werden.

---

16 LPK-SGB XIV/*Knickrehm*, 2. Aufl. 2024, § 4 Rn. 28 und Gelhausen/Weiner/*Hökendorf*, 8. Aufl. 2024, SGB XIV § 4 Rn. 35.

17 BT-Drucks. 19, 13824, S. 171 f.

18 JurisPK-SGB XIV/*Bittner*, 13.6.2024, § 4 Rn. 57.1 und Gelhausen/Weiner/*Hökendorf*, 8. Aufl. 2024, SGB XIV § 4 Rn. 38.

IV. Tatbestandsmerkmale von § 4 Abs. 5 SGB XIV

Die Voraussetzungen für die Vermutung[19] nach § 4 Abs. 5 SGB XIV sind alles andere als banal[20] und sollen jetzt im Einzelnen dargestellt werden. Von der Regelung erfasst werden nur psychische Gesundheitsstörungen (1). Es müssen weiterhin geeignete Tatsachen im Sinne von § 4 Abs. 5 SGB XIV vorliegen (2). Zuletzt ist eine Widerlegung der Vermutung möglich (3).

1. Psychische Gesundheitsstörungen

Grundsätzlich dürfte auch im SGB XIV auf den allgemeinen Krankheitsbegriff (= Gesundheitsstörung) zurückgegriffen werden. Hiernach ist eine Krankheit ein regelwidriger körperlicher, geistiger oder seelischer Zustand eines Menschen.[21] Nach den aktuellen Vorstellungen von Gesundheit und Krankheit ist von einem integrativen Ansatz auszugehen, der eine Krankheit als Störung der Interaktion von körperlichen, psychischen und sozialen Faktoren versteht. Diese Faktoren stehen nicht allein, sondern sind Teile eines verflochtenen Ganzen. Die psychischen Gesundheitsstörungen sind die Erscheinungen, welche unter ein modernes Diagnosesystem (ICD-10 bzw. ICD-11 oder DSM 5) gefasst werden können, wie sich aus Nr. 3.4.4 VMG ergibt. Nach dem ICD-10 dürften die psychischen Gesundheitsstörungen im Fünften Kapitel unter F00 bis F99 verschlüsselt sein – psychische und Verhaltensstörungen.

2. Geeignete medizinische Tatsachen

Nach der gesetzlichen Regelung ist der Schluss von einem abstrakt geeigneten Ereignis auf die konkrete Wahrscheinlichkeit eines ursächlichen Zusammenhangs zwischen einem Ereignis und der Schädigung bzw. Schädigungsfolge möglich, da dieser Gedanke hinter der komplexen Regelung über die geeigneten Tatsachen stehen dürfte. Diese Vorstellung knüpft an die Struktur einer zweiteiligen Kausalitätsprüfung an[22], die ich noch ein-

---

19 JurisPK-SGB XIV/*Bittner*, 13.6.2024, § 4 Rn. 54; LPK-SGB XIV/*Knickrehm*, 2. Aufl. 2024, § 4 Rn. 29 und Hauck/Noftz/*Bindig*, Stand: Januar 2024, SGB XIV § 4 Rn. 28.

20 LPK-SGB XIV/*Knickrehm*, 2. Aufl. 2024, § 4 Rn. 29 und Gelhausen/Weiner/*Hökendorf*, 8. Aufl. 2024, SGB XIV § 4 Rn. 36.

21 JurisPK-SGB VII/*Brandenburg*, 19.1.2022, § 9 Rn. 61.

22 *Bultmann*, SGb 2016, 143/144 und *BSG*. 24.7. 2012, B 2 U 9/11 R, BeckRS 2013, 66070; zuletzt *LSG Bayern*, 26.6.2024, L 2 U 461/15, BeckRS 2024, 16439.

mal ausführlicher (a) darlege. Die große Hürde ist dann jedoch die Feststellung solcher generell geeigneten Tatsachen, welche dem aktuellen und anerkannten Stand in der Medizin entsprechen. Ein Blick auf die aktuelle AWMF-Leitlinie (b) und zu den Konkretisierungsversuchen in den VMG (c) sowie im Rundschreiben des BMAS (d) wird die Einschätzung bestätigen.

a) Abstrakt-generell geeignete Tatsachen im Sinne einer zweistufigen Kausalitätsprüfung

Die Anforderungen an den Sachverständigen auf der ersten Stufe der Kausalitätsprüfung könnten ein Ansatzpunkt für die Konkretisierung des Tatbestandes von § 4 Abs. 5 SGB XIV sein. Auf der ersten Stufe (naturwissenschaftlicher Zusammenhang[23]) müssen die Sachverständigen u. a. Erfahrungssätze nach dem neuesten aktuellen und anerkannten Stand in der einschlägigen Wissenschaft zur generellen Geeignetheit eines Ereignisses für den Eintritt des Erfolges darlegen.[24] Mit Blick auf die geforderten Erfahrungssätze hat das *BSG*[25] für den Bereich der Gesetzlichen Unfallversicherung ausgeführt, dass nicht immer deterministische Erfahrungssätze vorhanden oder anerkannt sind. In vielen Fällen werden nur wissenschaftlich begründete Wahrscheinlichkeitssätze vorliegen. Häufig werden solche Annahmen allein durch tradierte Erfahrung im jeweiligen Fachkreis mit geringer Überprüfungsdichte gelehrt und/oder bloß unausgesprochen in der Praxis vorausgesetzt (begründete Vermutungen).

Es könnte jetzt für den Bereich der psychischen Gesundheitsstörungen die Kausalitätsprüfung hieran anknüpfen und auf das Erfahrungswissen in der jeweiligen Wissenschaft abgestellt werden. Sobald eine generelle Geeignetheit im Sinne einer begründeten Vermutung durch die Sachverständigen festgestellt werden kann, könnten alle weiteren Ausführungen zur Prüfung im konkreten Einzelfall vorerst entbehrlich sein. Dann bliebe nur die Möglichkeit der Widerlegung. Dieses Verständnis der geeigneten Tatsachen dürfte sehr geringe Anforderungen darstellen, da auch begründete Vermutungen als ausreichend angesehen werden.

23 Vgl. *BSG* 9.5.2006, B 2 U 1/05 R, NZS 2007, 212; 16.3.2021, B 2 U 11/19 R, BeckRS 2021, 13925.

24 *LSG Bayern*, 26.6.2024, L 2 U 461/15, BeckRS 2024, 16439 – mit Anm. *Römer*, jurisPR-SozR 17/2024 Anm. 3.

25 *BSG*, 24.7.2012 – B 2 U 9/11 R, BeckRS 2013, 66070.

b) AWMF Leitlinie zur Begutachtung bei Kausalitätsfragen im Sozial-, Zivil- und Verwaltungsrecht (Stand: 2019)[26]

Die geringen Anforderungen im Sinne einer begründeten Vermutung sollen auch auf die Empfehlungen in der AWMF-Leitlinie gestützt werden können.[27] Nach diesem Verständnis ergibt sich z. B. aus der Leitlinie (S. 42), dass ein Schädigungsereignis mit einem beliebig stark ausgeprägten Belastungsfaktor eine depressive Episode auslösen könne.[28] Die Darlegungen in der Leitlinie sollen ausreichend sein, um eine Geeignetheit im Sinne von § 4 Abs. 5 SGB XIV zu bejahen. Ich verstehe die Empfehlungen der Leitlinie nicht in diesem Sinne, da die Prüfungsvorgaben zu einzelnen Störungen sehr umfangreich sind und das Herausgreifen einzelner Punkte nicht möglich sein dürfte. Ein Blick auf den Wortlaut der gesamten Empfehlung für eine Anpassungsstörung soll dies verdeutlichen.

Empfehlung III.5: „Anknüpfungstatsachen für die Anerkennung einer Anpassungsstörung als Folge des Erlebens eines einmaligen traumatisierenden Ereignisses sind
- *das Vorliegen eines psychisch belastenden Ereignisses,*
- *der Nachweis einer psychopathologischen Reaktion (‚Erstschaden') in geeignetem zeitlichem Zusammenhang zu dem Ereignis, die über ‚normales' Erschrecken hinausgeht,*
- *der Nachweis charakteristischer Symptome einer depressiven und/oder ängstlichen Störung von Krankheitswert,*
- *ein nach wissenschaftlichem Erkenntnisstand plausibler klinischer Verlauf der Symptomatik,*
- *keine konkurrierenden Faktoren, die für die Symptomatik maßgeblich sind oder diese unterhalten,*
- *Vorliegen einer authentischen Beschwerdendarstellung."*

Nach meinem Verständnis der Ausführungen kann der Empfehlung III.5 gerade nicht entnommen werden, dass ein psychisch belastendes Ereignis generell geeignet ist, eine Anpassungsstörung auszulösen – ohne Berücksichtigung der weiteren dargestellten Kriterien. Der in der Leitlinie dargestellte „geeignete Schweregrad" muss im Kontext der weiteren Ausführungen gesehen werden, da die Leitlinie sich unter Berücksichtigung der Ausführungen zum Beweismaßstab auf S. 8 nicht zur Vermutungsregelung in § 4 Abs. 5 SGB XIV verhält und auch die Rechtsprechung zur „bestärk-

---

26 https://register.awmf.org/de/leitlinien/detail/051-029 (Abruf: 9.11.2024).
27 JurisPK-SGB XIV/*Bittner*, 13.6.2024, § 4 Rn. 58.
28 JurisPK-SGB XIV/*Bittner*, 13.6.2024, § 4 Rn. 59.

ten" Kausalität nicht aufgegriffen hat. Es dürfte dem Sinn der Empfehlungen nicht entsprechen, die Schwere eines Ereignisses als Grundlage für die Vermutungsregelung isoliert herauszugreifen, um die weiteren Aspekte im Rahmen der Widerlegung zu erörtern.[29] Die Leitlinie dürfte sich daher als Argumentationsgrundlage nicht eignen.

c) Ausführungen in den Versorgungsmedizinischen Grundsätzen (VMG)

Die VMG enthielten ursprünglich keine Hinweise für die Kausalitätsbeurteilung nach § 4 Abs. 5 SGB XIV. Der frühere § 30 Abs. 16 BVG enthielt keine derartige Ermächtigungsgrundlage und konnte auch eine solche mit Blick auf das damals zukünftige Recht in § 4 Abs. 5 SGB XIV nicht enthalten. Die Rechtsprechung[30] behalf sich für andere Fragen der Kausalitätsbeurteilung mit einer Weiterwirkung der AHP, welche auch der Gesetzgeber vorsah.[31] Seit dem 1.1.2024 liegt für die Regelungen in Teil C der VMG zur Konkretisierung von § 4 Abs. 5 SGB XIV eine Ermächtigungsgrundlage in § 5 Abs. 2 Nr. 2 SGB XIV vor und auch die VMG enthalten seit dem 1.1.2024 entsprechende Hinweise. Da der Erlass der Änderung[32] dem Inkrafttreten der Ermächtigungsgrundlage zeitlich vorgriff, dürfte es an der Verordnungsermächtigung gefehlt haben und die Änderungen nichtig sein.[33]

In Nr. 3.4.4 bis 3.4.6 von Teil C der VMG werden Einzelheiten zur Vermutungsregelung nach § 4 Abs. 5 SGB XIV dargelegt, um die Voraussetzungen für eine einheitliche Durchführung der Neuregelung zu schaffen.[34] Der Inhalt ist überraschend, da nunmehr gerade keine Ausführungen zu geeigneten Ereignissen bzw. bestimmten Gesundheitsstörungen erfolgen. Es wird allein gefordert, dass die Gesundheitsstörung nach einer international anerkannten Klassifikation durch behandelnde Ärzte und Fachärzte diagnostiziert worden ist. Hingegen werden in Nr. 3.4.6 Umstände dargelegt, welche Anhaltspunkte für einen anderen Kausalverlauf begründen können

---

29 JurisPK-SGB XIV/*Bittner*, 13.6.2024, § 4 Rn. 59.

30 *BSG*, 16.12.2014 – B 9 V 6/13 R, BeckRS 2015, 67385; *LSG Hessen*, 18.8.2022, L 1 VE 1/20, BeckRS 2022, 56619.

31 BR-Drs. 767/08, 4 und Rundschreiben des BMAS, 15.12.2008, Az. IVc3 – 48021-6.

32 Verordnung zur Änderung der Werkstätten-Mitwirkungsverordnung und der Versorgungsmedizin-Verordnung vom 19.6.2023, BGBl. 2023 I Nr. 158.

33 JurisPK-SGB XIV/*Bittner*, 13.6.2024, § 4 Rn 53.2 und BeckOGK/*Karl*, 1.11.2024, SGB XIV § 4 Rn. 15; dagegen wohl LPK-SGB XIV/*Knickrehm*, 2. Aufl. 2024, § 4 Rn. 28. Hier dürfte sich die Nichtigkeit jedoch zumindest aus einem Verstoß gegen das Zitiergebot ergeben und eine spätere Heilung dürfte ausgeschlossen sein.

34 Begründung: BR-Drs. 185/23, 7 ff.

und damit lediglich zu einer Prüfung der Kausalität nach dem üblichen Vorgehen begründen sollen.

Der Verordnungsgeber scheint hier von dem folgenden Konzept auszugehen: Beim Vorliegen von psychischen Gesundheitsstörungen, welche durch den behandelnden Arzt bzw. Facharzt im Nachgang zu einem geeigneten Ereignis diagnostiziert wurden, wird der ursächliche Zusammenhang vermutet. Wenn Anhaltspunkte nach Nr. 3.4.6 vorliegen, muss eine Prüfung des ursächlichen Zusammenhangs nach Nr. 3.4.1 bis 3.4.3 erfolgen, ohne Berücksichtigung der Vermutungsregelung. Dieses Verständnis vernachlässigt die Struktur von § 4 Abs. 5 SGB XIV, welche für den Eintritt der Vermutung das Vorliegen einer generellen Geeignetheit vorsieht und auch das Widerlegen der Vermutung an bestimmten Umständen festmacht. Der Verordnungsgeber scheint die Vermutungsregelung weiterhin als eine Frage der Beweiswürdigung anzusehen und orientiert sich mit den Anwendungshinweisen an der oben dargestellten Rechtsprechung zur „bestärkten" Wahrscheinlichkeit.

d) Rundschreiben des BMAS

Mit Rundschreiben vom 13.11.2023 reagiert das *BMAS* auf Diskussionen in der Fachöffentlichkeit und im Deutschen Bundestag zur Vermutungsregelung in § 4 Abs. 5 SGB XIV. Die einheitliche Anwendung der Regelung soll damit sichergestellt werden, wobei das Konzept aus Teil C Nr. 3.4.4 bis 3.4.6 übernommen wird. Hierin sind zwei Punkte hervorzuheben, welche nach meinem Verständnis selbst über die Ausführungen in Teil C der VMG hinausgehen:

„Der Sinn einer Vermutung besteht darin, dass im Regelfall keine Prüfung der Voraussetzungen mehr vorgenommen wird. Das bedeutet: Im Regelfall ist die Kausalität ohne weitere Prüfung zu bejahen.

(...) Im Ergebnis bin ich deshalb der Auffassung, dass bei der Versorgungsmedizinischen Begutachtung von psychischen Störungen nach dem Sozialen Entschädigungsrecht im Regelfall gemäß § 4 Abs. 5 SGB XIV die Kausalität als vorliegend anzunehmen ist und eine Prüfung nur dann durchgeführt wird, wenn sich die Unrichtigkeit der Vermutung aufdrängt."

Diese Aussagen finden in Vermutungsregelung nach § 4 Abs. 5 SGB XIV keine Grundlage, da die Prüfung einer generellen Geeignetheit in jedem Einzelfall erforderlich ist. Wie oben dargestellt, sind die Voraussetzungen für das Eingreifen der Vermutungsregelung mitnichten banal. Darüber hinaus ist eine korrekte Diagnosestellung als erster Schritt für eine Begutachtung notwendig, welche wiederum eine umfassende Aufklärung und Bewertung erfordert. Es scheint, dass hier weitgehend auf das Kausalitätsprinzip verzichtet werden soll, ohne dass das Gesetz eine solche Regelung trifft. Die rechtliche Vermutung der Kausalität, welche hier für möglich gesehen wird, erinnert an die Regelungen in der Einsatzunfallverordnung.

e) Einsatzunfallverordnung (EinsatzUV) vom 24.9.2012, BGBl. I 2092

Die EinsatzUV schafft eine Regelung mit einer gesetzlichen Vermutung der Kausalität bei psychischen Störungen in der zeitlichen Folge zu Einsatzunfällen von Soldaten. Hierin wird mit Blick auf psychische Störungen auf das Kausalitätsprinzip weitgehend verzichtet. Für bestimmte psychische Störungen (§ 1 Abs. 1 Satz 2 EinsatzUV), z. B. die PTBS oder auch somatoforme Störungen, wird eine Verursachung unter zwei Bedingungen vermutet. Eine Fachärztin oder ein Facharzt für Psychiatrie und Psychotherapie der Bundeswehr muss festgestellt haben, dass die psychische Störung nach Beendigung einer besonderen Auslandsverwendung aufgetreten ist (§ 1 Abs. 1 Satz 1 Nr. 1 EinsatzUV) und die betroffene Person muss der Gefahr einer psychischen Störung in besondere Weise ausgesetzt gewesen sein (§ 1 Abs. 1 Satz 1 Nr. 2 EinsatzUV). Diese Gefährdungen werden dann wiederum in § 1 Abs. 2 und § 2 EinsatzUV konkretisiert, z. B. bei der Betroffenheit an bewaffneten Auseinandersetzungen.

Zusammenfassend wird ein bestimmtes Ereignis und im Nachgang hierzu die Diagnose einer bestimmten psychischen Erkrankung für das Eingreifen der Vermutungsregelung verlangt. Diese Regelung verzichtet auf eine Widerlegungsmöglichkeit und greift nicht zurück auf medizinische Erkenntnisse zum Ursachenzusammenhang – eine Kausalität wird aus Rechtsgründen vermutet[35]. Ein zeitlicher Zusammenhang ist hiernach ausreichend. Eine Recherche in den großen juristischen Datenbanken erbrachte, dass nur ein Urteil[36] zu dieser Regelung bisher veröffentlicht wurde, was für wenige streitige Entscheidungen der Bundeswehrverwaltung und eine umfangreiche Versorgung der betroffenen Personen spricht.[37] Im Ergebnis liegen im Vergleich zu § 4 Abs. 5 SGB XIV erhebliche Unterschiede vor.

35 *LSG Rheinland-Pfalz*, 27.1.2016, L 4 VS 6/14, BeckRS 2016, 66887.

36 *LSG Rheinland-Pfalz*, 27.1.2016, L 4 VS 6/14, BeckRS 2016, 66887.

37 Gelhausen/Weiner/*Hökendorf*, 8. Aufl. 2024, SGB XIV § 4 Rn. 38.

3. Widerlegung durch anderen Kausalverlauf

Wenn die Voraussetzungen für eine Vermutung vorliegen, kann diese nach dem Wortlaut von § 4 Abs. 5 SGB XIV widerlegt werden – widerlegbare gesetzliche Vermutung.[38] Hierfür muss ein anderer Kausalverlauf vorliegen. Der Referentenentwurf verlangte noch einen „sicheren anderen Kausalverlauf".[39] Der verabschiedete Gesetzestext löste sich dann jedoch hiervon. Auch die Kriterien für die Widerlegung sind umstritten, wobei für die Sachverständigen sich hier erhebliche Schwierigkeiten in der Bewertung ergeben dürften.

Die Anforderungen für die Widerlegung sind mit Blick auf den erforderlichen Beweismaßstab nicht leicht zu bestimmen, da im Rahmen der Auslegung sowohl für die Vermutung als auch für die Widerlegung ein Anwendungsbereich verbleiben muss. Für konkurrierende Ursachen muss das Ereignis selbst im Vollbeweis nachgewiesen sein. Gleiches gilt für das Vorliegen einer bereits bestehenden Gesundheitsstörung, welche auch im Vollbeweis nachgewiesen werden muss. Hingegen sind bei der Kausalitätsprüfung die besonderen Schwierigkeiten bei der Beurteilung zu berücksichtigen, die sich im Bereich der psychischen Gesundheitsstörungen besonders deutlich zeigen. Der Maßstab der Wahrscheinlichkeit eines anderen Kausalverlaufs (vgl. § 4 Abs. 4 SGB XIV) würde die Vermutungsregelung entkräften.[40] Der Nachweis eines Vollbeweises für den anderen Kausalverlauf[41] hingegen erscheint überzogen, da im Rahmen der Kausalität ein solcher Nachweis nur in sehr wenigen Fällen möglich sein wird. Ein anderer Kausalverlauf muss jedoch *festgestellt* werden[42], wobei die Anforderungen an diese Feststellung zu klären sind. Überzeugend wird es für notwendig angesehen, dass eine überragende Wahrscheinlichkeit für den anderen Kausalverlauf vorliegt – vermittelnde Lösung.[43] Dem anderen Kausalverlauf muss mit Blick auf die Wahrscheinlichkeit ein deutliches Übergewicht gegenüber dem vermuteten zukommen, wobei ein Gleichstand oder eine geringfügig höhere Wahrscheinlichkeit nicht ausreichend sind.[44] Mit dieser Relation der Wertung der Wahrscheinlichkeit ergibt sich eine sehr anspruchsvolle

---

38 BeckOGK/*Karl*, 1.11.2024, SGB XIV § 4 Rn. 58.

39 BeckOGK/*Karl*, 1.11.2024, SGB XIV § 4 Rn. 60.

40 Hauck/Noftz/*Bindig*, Stand: Januar 2024, SGB XIV § 4 Rn. 29.

41 BeckOGK/*Karl*, 1.11.2024, SGB XIV § 4 Rn. 60 und wohl BeckOK/*Rasch*, Stand: 1.6.2024, SGB XIV § 4 Rn. 42.

42 Hauck/Noftz/*Bindig*, Januar 2024, SGB XIV § 4 Rn. 29.

43 JurisPK-SGB XIV/*Bittner*, 13.6.2024, § 4 Rn. 62, *Bittner*, MedSach 2024, 112/114 und LPK-SGB XIV/*Knickrehm*, 2. Aufl. 2024, § 4 Rn. 29.

44 LPK-SGB XIV/*Knickrehm*, 2. Aufl. 2024, § 4 Rn. 29 und *Bittner*, MedSach 2024, 112/114.

Aufgabe für die Sachverständigen im konkreten Einzelfall. Jedoch kann nur dieses Ergebnis überzeugen, da immer zu berücksichtigen ist, dass die Vermutung nicht entwertet wird.

Zur Widerlegungsmöglichkeit enthalten auch die VMG in Nr. 3.4.5 ff. Ausführungen. Der Wortlaut ist nicht gelungen, da in Nr. 3.4.5 auf Anhaltspunkte für einen anderen Kausalverlauf abgestellt wird. Allein Anhaltspunkte für einen anderen Kausalverlauf dürften nicht ausreichen, um die Vermutung zu widerlegen und eine Prüfung der Kausalität ohne Berücksichtigung von § 4 Abs. 5 SGB XIV zu ermöglichen.[45] Ein solches Verständnis führt im Ergebnis zu einer weitgehenden Entwertung, da die Formulierung zu schwach ist. Auch die folgende Aufzählung in Nr. 3.4.6 führt zu keiner weiteren Konkretisierung. In Nr. 3.4.6 a) werden Umstände aufgezählt, welche häufig bereits für die korrekte Diagnosestellung erforderlich sind, so dürfte die Diagnose einer PTBS ausgeschlossen sein, wenn das Ereignis keinen geeigneten Schweregrad hat. Ähnlich ist die Konkretisierung in Nr. 3.4.6 d) zu bewerten, da beim Fehlen von geeigneten medizinischen Tatsachen bereits die Grundlage für eine Vermutung fehlt. Eine Widerlegung ist in einem solchen Fall nicht erforderlich. Aufgrund des Verstoßes gegen die oben dargestellten gesetzlichen Anforderungen an den anderen bzw. alternativen Kausalverlauf ist auf den vorrangigen Gesetzeswortlaut zurückzugreifen – Teilnichtigkeit der VMG.[46]

V. Fazit

Die Vermutungsregelung in § 4 Abs. 5 SGB XIV ist ohne Festlegungen über die geltenden medizinischen Erkenntnisse für mögliche Ursachen einer psychischen Gesundheitsstörung ein stumpfes Schwert, da dann doch im Wesentlichen auf die Wertung der oder des jeweiligen Sachverständigen abgestellt werden muss. Es kann gerade nicht die Aufgabe des konkreten Sachverständigen im Einzelfall sein diese Erkenntnisse darzulegen, da dann der Sinn der Regelung, nämlich gerade die großen Unterschiede in der Bewertung zu verhindern, sich nicht entfalten kann. Es käme in Betracht, die Anforderungen an die geeigneten Tatsachen sehr weit abzusenken und die Vermutung über einen Kausalzusammenhang, wenn sie den aktuellen Stand der medizinischen Wissenschaft entspricht, ausreichen zu

45 LPK-SGB XIV/*Knickrehm*, 2. Aufl. 2024, § 4 Rn. 29 und kritisch BeckOGK/*Karl*, 1.11.2024, SGB XIV § 4 Rn. 61.

46 LPK-SGB XIV/*Knickrehm*, 2. Aufl. 2024, § 4 Rn. 29.

lassen. Hiermit wäre zwar für die Vermutungsregelung ein erheblicher Anwendungsbereich eröffnet, jedoch immer noch in jedem Gutachten der aktuelle Stand der Wissenschaft darzulegen.

Die Anwendungshinweise des *BMAS* schießen im Ergebnis über das Ziel hinaus, da sie sich weitgehend von den gesetzlichen Vorgaben in § 4 Abs. 5 SGB XIV lösen. Die Voraussetzungen der Vermutungsregelung sind nämlich komplexer als dort dargestellt. Ebenfalls mit Blick auf das weitgehende Abweichen von den gesetzlichen Vorgaben sind die VMG keine Hilfe bei der Konkretisierung. Sie stehen mit Blick auf die Widerlegung der Vermutung im Widerspruch zu den gesetzlichen Vorgaben.

Die Widerlegung der Vermutung stellt an die Sachverständigen erhebliche Anforderungen, da nach der hier vertretenen Auffassung die Gewichtung unterschiedlicher Kausalverläufe verlangt wird. Ob solche Aussagen mit den Mitteln der medizinischen Wissenschaft überhaupt möglich sind, erscheint fraglich.

Psychische Gewalttat nach § 13 Abs. 1 Nr. 2 SGB XIV – die Entschädigung Betroffener von Menschenhandel: Herausforderungen im Recht und in der Praxis

Katrin Inga Kirstein, Rechtsanwältin, Hamburg

Betroffene von Gewalt sollten Leistungen schneller und zielgerichteter erhalten und das Soziale Entschädigungsrecht (SER) sich an den heutigen Bedarfen der Betroffenen ausrichten, lautet das formulierte Ziel der Reform.[1] Welche Bedeutung hat dies im Hinblick auf Betroffene von Menschenhandel?

Nach Art. 4 des Übereinkommens des Europarats zur Bekämpfung des Menschenhandels[2] (Europaratskonvention gegen Menschenhandel) wird Menschenhandel wie folgt definiert:

Im Sinne dieses Übereinkommens

a) bezeichnet der Ausdruck „Menschenhandel" die ***Anwerbung, Beförderung, Verbringung, Beherbergung oder Aufnahme*** *von* ***Personen durch die Androhung oder Anwendung von Gewalt oder anderen Formen der Nötigung, durch Entführung, Betrug, Täuschung, Missbrauch von Macht oder Ausnutzung besonderer Hilflosigkeit*** *oder durch Gewährung oder Entgegennahme von Zahlungen oder Vorteilen zur Erlangung des Einverständnisses einer Person, die Gewalt über eine andere Person hat, zum Zweck der Ausbeutung.* ***Ausbeutung umfasst mindestens die Ausnutzung der Prostitution anderer oder andere Formen sexueller Ausbeutung, Zwangsarbeit oder Zwangsdienstbarkeit, Sklaverei oder sklavereiähnliche Praktiken, Leibeigenschaft oder die Entnahme von Organen****;*

b) ist die ***Einwilligung*** *eines Opfers des Menschenhandels* ***in die unter Buchstabe a1 genannte beabsichtigte Ausbeutung unerheblich, wenn eines der unter Buchstabe a genannten Mittel angewendet wurde;***

c) gilt die Anwerbung, Beförderung, Verbringung, Beherbergung oder Aufnahme eines Kindes zum Zweck der Ausbeutung auch dann als Menschen-

---

1 Vgl. BT-Drs. 19/13824, S. 1.

2 Übereinkommens des Europarats zur Bekämpfung des Menschenhandels Council of Europe Treaty Series – No.197, nicht amtliche Übersetzung abrufbar unter: https://www.institut-fuer-menschenrechte.de/fileadmin/Redaktion/PDF/DB_Menschenrechtsschutz/Menschenhandel/Konvention_gegen_Menschenhandel.pdf, zuletzt abgerufen am 13.12.2024.

handel, wenn dabei keines der unter Buchstabe a genannten Mittel angewendet wurde;

d) bezeichnet der Ausdruck „Kind" eine Person unter achtzehn Jahren;

e) bezeichnet der Ausdruck „Opfer" eine natürliche Person, die dem Menschenhandel nach der Begriffsbestimmung in diesem Artikel ausgesetzt ist.

(Hervorhebung durch Autorin)

Die EU-Richtlinie gegen Menschenhandel (RiLi 2011/36 EU) geht noch weiter. Sie wurde zum 14. Juli 2024 erweitert und umfasst nun in der aktuell geltenden Fassung auch die Ausbeutung von Leihmutterschaft, von Zwangsheirat und von illegaler Adoption.[3]
Die europäischen Vorgaben verpflichten die Mitgliedsstaaten sicherzustellen, dass Betroffene von Menschenhandel Zugang zu bestehenden Regelungen für die Entschädigung der Opfer von vorsätzlich begangenen Gewalttaten erhalten.[4] Daneben werden Betroffenen umfangreiche Rechte auf Unterstützung gewährt, auf die ich weiter unten genauer eingehen werde. Des Weiteren werden die Mitgliedsstaaten über die sog. Opferschutzrichtlinie[5] verpflichtet sicherzustellen, dass Opfern ab der ersten Kontaktaufnahme mit einer zuständigen Behörde Informationen u. a. darüber zur Verfügung gestellt werden, wie und unter welchen Voraussetzungen sie eine Entschädigung erhalten können.[6]

In der Praxis ist jedoch bereits die Identifizierung der Betroffenen von Menschenhandel häufig eine Herausforderung, obwohl es für die Gewährung der genannten Rechte maßgeblich darauf ankommt, dass Betroffene von Menschenhandel auch in ihrer Opfereigenschaft erkannt und damit als Trägerinnen dieser Rechte identifiziert werden. Um Menschenhandel zu erkennen und Betroffenen die ihnen zugesicherten Rechte zu gewähren, ist es notwendig, medial kreierte Bilder von Betroffenen zu hinterfragen. Da-

---

3 Vgl. Art. 1 Abs. 1 lit. a Richtlinie (EU) 2024/1712 des Europäischen Parlaments und des Rates, vom 13.6.2024, zur Änderung der Richtlinie 2011/36/EU zur Verhütung und Bekämpfung des Menschenhandels und zum Schutz seiner Opfer (ABl. L 2024/1712, 24.6.2024).

4 Vgl. Art. 17 RiLi 2011/36 EU und Art. 15 Abs. 4 der Europaratskonvention gegen Menschenhandel.

5 Richtlinie 2012/29/EU des Europäischen Parlaments und des Rates vom 25.10.2012 über Mindeststandards für die Rechte, die Unterstützung und den Schutz von Opfern von Straftaten sowie zur Ersetzung des Rahmenbeschlusses 2001/220/JI (ABl. L 315 vom 14.11.2012, S. 57–73).

6 Art. 4 Abs. 1 e) RiLi 2012/29/EU.

her möchte ich mit den Lebensgeschichten dreier Menschen beginnen, denen ich in meiner Arbeit als Mitarbeiterin einer Fachberatungsstelle für Betroffene von Menschenhandel und als Rechtsanwältin begegnet bin:

Sergei, ein junger Mann Anfang zwanzig, stammt aus einem osteuropäischen Drittstaat und hat versucht, sich dort eine Existenz aufzubauen. Nach dem Abschluss der höheren Schule arbeitet er für eine internationale Hilfsorganisation als Lastwagenfahrer in Afghanistan. Nach seiner Rückkehr in die Heimat versuchte er, mit einer kleinen Bio-Käseproduktion sein Studium zu finanzieren, was jedoch keinen Erfolg hatte. Sergei wird auf ein Angebot aufmerksam, das ein Arbeitsvisum für Deutschland sowie Tätigkeit in der Gastronomie und Sicherheitsbranche verspricht. Die Anzeige wirkt seriös und vertrauenswürdig. Nach erfolgreicher Bewerbung tritt Sergei die Reise nach Deutschland an. Bereits während der Anreise kommen ihm erste Zweifel, und bei seiner Ankunft in einer ländlichen Region Deutschlands wird ihm schlagartig bewusst, dass er in eine Falle geraten ist. Der vermeintliche Arbeitgeber legt eine scharfe Waffe vor sich auf den Tisch und fordert Sergei auf, ihm seinen Pass zu übergeben. Sergei, sich der Gefahr bewusst, übergibt ihm seinen Pass und erhält einen gefälschten Pass, der ihn als EU-Bürger ausweist. Der Arbeitgeber eröffnet für ihn ein Bankkonto in einer Sparkasse, auf welches Sergeis Lohn überwiesen werden soll. Doch sämtliche Zugangsdaten sowie die Bankkarte verbleiben beim Arbeitgeber. Bis zu unserem ersten Treffen arbeitet Sergei rund 15 bis 20 Stunden pro Tag unter extrem ausbeuterischen Bedingungen: Reinigungstätigkeiten im Restaurant, Paketlieferungen und zusätzlich Sicherheitsdienste. Er erhält nur etwa 300 bis 400 Euro monatlich und lebt in einem 12 Quadratmeter großen Zimmer, das er sich mit vier weiteren Personen teilt, die in einer ähnlichen Zwangslage sind. Zudem werden die Menschen regelmäßig mit einem Kampfhund eingeschüchtert. Eines Tages, als er aufgrund extremer Übermüdung auf der Autobahn Schlangenlinien fährt, wird er von der Polizei angehalten. Bevor die Beamtin etwas fragen kann, übergibt Sergei den falschen Pass und erklärt auf Englisch: „Bitte helfen Sie mir. Der Pass ist falsch. Ich musste ihn annehmen. Mein Chef zwingt mich dazu." Die Polizei beschlagnahmt den Pass und händigt ihm eine Meldeaufforderung für die kommende Woche aus, kommt aber nicht auf die Idee, Sergei genauer zu den Hintergründen zu vernehmen. Sergei kann seine Fahrt fortsetzen.

Lena ist 13 Jahre alt, als sie in einem kleinen rumänischen Dorf von einem Ehepaar aus Deutschland angeworben wird. Lena ist Romnja, für ihr Alter sehr erwachsen. Seit dem Tod ihrer Eltern lebt sie bei ihrer kranken Großmutter. Lena entscheidet, ihrer Großmutter nicht länger zur Last zu fallen und unterschreibt einen „Au-Pair-Vertrag“. Sie reist mit ihren neuen Arbeitgebern nach Deutschland. Dort arbeitet sie von früh bis spät im Haushalt des Paares. Nachts muss sie Reinigungsarbeiten in Schulen übernehmen. Lena wird schließlich von einem Paar aufgegriffen, das sie gegen drei Uhr morgens allein auf der Straße antrifft. Eine Mitarbeiterin des Jugendamtes erkennt Anzeichen von Menschenhandel und informiert die zuständige Fachberatungsstelle. Diese nimmt Kontakt zu den Strafverfolgungsbehörden auf. Es dauert jedoch sechs Wochen, bis entschieden wird, ob die Polizei oder der Zoll (die Finanzkontrolle Schwarzarbeit) zuständig für das Ermittlungsverfahren ist.

Anna, 20 Jahre alt, kommt aus einem osteuropäischen Drittstaat und sucht nach einer Möglichkeit, nach einem Besuch bei ihrer in Deutschland lebenden Schwester, in Deutschland zu bleiben. Sie findet eine Au-Pair-Stelle, bei der sie sich gegen Kost, Logis und ein kleines Taschengeld um ein Kind mit Behinderung kümmern soll. Die künftige Arbeitgeberin ist Landsfrau von Anna und kennt die Kleinstadt, aus der Anna stammt. Es gibt sogar gemeinsame Bekannte, das weckt Vertrauen. Nach einigen Monaten stellt sich heraus, dass die Arbeit weit von der ursprünglich beschriebenen Tätigkeit entfernt ist: Die Arbeitgeberin vermittelt sexuelle Dienstleistungen und Anna wird schon bald zum Telefonkontakt für Kundenanfragen gezwungen. Nur wenig später wird sie aufgefordert, selbst sexuelle Dienstleistungen anzubieten. Als Anna sich weigert, wird ihr von der Arbeitgeberin gedroht: mit dem als gewalttätig bekanntem Sohn, mit der Polizei und damit, dass Anna für viele Jahre in Haft gehen wird, weil sie keinen regulären Aufenthalt hat und weil sie ohne Erlaubnis gearbeitet hat. Anna hat sehr große Angst vor der Haft, da in ihrem Herkunftsland die Haftbedingungen menschenunwürdig sind. So beugt sie sich. Sie sieht keine andere Chance, zumal die Arbeitgeberin auch Drohungen gegen ihre Familie im Herkunftsland ausspricht und sagt, sie würde Anna in ihrer Heimatstadt und vor ihrer Familie als Prostituierte outen. Anna hat einen Kunden, der besonders sadistische Praktiken an ihr ausübt. Trotz ihres Bettelns, diesen Kunden nicht mehr bedienen zu müssen, wird sie immer wieder an ihn vermittelt. Nur durch einen unterstützenden Freier kann sie dem Gewalt- und Ausbeutungsverhältnis entkommen. Bei Anna werden später Hepatitis und HIV diagnostiziert. Sie trägt schwere psychische Folgen davon. Anna ist auch Jahre später nicht in der Lage, zu berichten, was genau ihr widerfahren ist.

Die Geschichten dieser Menschen sind Musterfälle für psychische Gewalttaten. Fälle, an die bei der Einführung von psychischer Gewalt als anspruchsberechtigendem Ereignis nach dem SGB XIV gedacht wurde, wie ich annehme. So nennt § 13 Abs. 2 SGB XIV explizit Straftaten gegen die persönliche Freiheit, wie Menschenhandel, Zwangsprostitution, Zwangsarbeit bis hin zur Ausbeutung der Arbeitskraft nach den §§ 232 bis 233a StGB als Beispiele für „sonstiges, vorsätzliches, rechtswidriges, unmittelbar gegen die freie Willensentscheidung einer Person gerichtetes Verhalten", die psychische Gewalttat nach § 13 Abs. 1 Nr. 1 SGB XIV.

Zunächst setzt § 13 SGB XIV jedoch keine konkrete Prüfung voraus, ob in den einzelnen Sachverhalten die Tatbestandsvoraussetzungen des Menschenhandels erfüllt sind. Die Aufzählung der Straftatbestände in § 13 Abs. 2 SGB XIV ist nach der Gesetzesbegründung nicht abschließend und nach meinem Verständnis ist es insofern ausreichend zu prüfen, ob das jeweilige Verhalten als schwerwiegende, psychische Gewalt zu bewerten ist, unabhängig davon, welche Straftatbestände im Einzelfall genau verwirklicht sein könnten. Dennoch hat die Frage, ob im konkreten Fall Anhaltspunkte für Menschenhandel bestehen, in der Praxis und auch im SGB XIV eine besondere Relevanz. Dabei ist es entscheidend zu berücksichtigen, dass Betroffene, wenn sie sich offenbaren, nicht nur erheblichen Risiken, sondern auch alltäglichen, aber existenziellen Fragen ausgesetzt sind. Betroffene von Menschenhandel stehen vor der Herausforderung, sich aus einem manchmal mehrjährigen Ausbeutungs- und Gewaltverhältnis zu befreien. Sie haben keine Wohnung, keine Möglichkeit, den Lebensunterhalt zu decken, häufig keinerlei Identitätsnachweis und wenn sie aus dem Ausland stammen, verfügen sie nur selten über einen regulären Aufenthaltstitel. Viele sind zutiefst erschöpft, leiden unter körperlichen Krankheiten und/oder sind psychisch hoch belastet. Die Mehrheit der Betroffenen, die ich kennenlernen durfte, war zunächst nicht in der Lage zu arbeiten, obwohl alle dies wünschten. Betroffene benötigen Sicherheit, Zeit, medizinische Versorgung und eine Unterkunft, in der sie vor dem Zugriff der Täterinnen und Täter geschützt sind. Sie müssen sich überzeugen können, dass ihre Angehörigen nicht in Gefahr sind. Sie benötigen Unterstützung beim Lebensunterhalt. Diese Formen der Unterstützung sind – auch nach meiner Erfahrung – unabdingbar, wenn Betroffene den Mut aufbringen sollen, in einem Strafverfahren auszusagen.

Vor diesem Hintergrund verpflichten die Europaratskonvention gegen Menschenhandel sowie die RiLi 2011/36/EU die Mitgliedsstaaten, Betroffenen weitreichende Rechte zum Schutz, zur Unterstützung und Betreuung zu gewähren. Um die Beachtung dieser Rechte wird es künftig auch im

SER gehen (müssen), wenn Betroffene Leistungen nach dem SGB XIV beantragen.

Beachtenswert ist dabei insbesondere, dass die Rechte für Betroffene von Menschenhandel nach den europäischen Vorgaben nicht erst zu gewähren sind, wenn Menschenhandel in einem Strafverfahren nachgewiesen wurde, eine strafrechtliche Verurteilung ergangen ist, sondern bereits dann, wenn **berechtigte Gründe** für die Annahme sprechen, dass die jeweilige Person von Menschenhandel **betroffen sein könnte**, vgl. § 11 Abs. 2 der RiLi 2011/36/EU und Art. 10 Abs. 2 der Europaratskonvention gegen Menschenhandel. Weiter gilt, dass die Unterstützung nicht von der Bereitschaft der Betroffenen abhängig gemacht werden darf, als Zeuge oder Zeugin in einem Strafverfahren auszusagen.[7] Als mindestens zu gewährende Unterstützung werden genannt: Mittel zur Sicherstellung des Lebensunterhalts, notwendige medizinische Behandlung einschließlich psychologischer Hilfe, Beratung und Information über die gesetzlichen Rechte sowie bei Bedarf auch Übersetzungs- und Dolmetschleistungen.[8] Bekanntermaßen sind die genannten Unterstützungsleistungen zum überwiegenden Teil auch Bestandteil des Leistungskatalogs des SGB XIV.

Die Umsetzung im deutschen Recht ist durch eine komplexe Verflechtung von Straf-, Migrations- und Sozialrecht geprägt, die in der Praxis erhebliche Schwierigkeiten mit sich bringt. So ist die Alimentierung von Personen ohne deutsche Staatsbürgerschaft in Deutschland weitestgehend an ihre aufenthaltsrechtliche Situation gekoppelt. Spezifisch in Bezug auf ausländische Betroffene von Menschenhandel gelten im Bereich des Aufenthaltsrechts jedoch besondere Regeln, die aus den europarechtlichen Vorgaben erwachsen, wie die Bedenk- und Stabilisierungsfrist[9] und ein unter bestimmten Voraussetzungen zu erteilender humanitärer Aufenthaltstitel[10]. Mit der sog. Bedenk- und Stabilisierungsfrist[11] sollen Betroffene in die Lage versetzt werden, sich dem Einfluss der Täter und Täterinnen

7 Vgl. Art. 11 Abs. 3 RiLi 2011/36 EU und Art. 12 Abs. 6 der Europaratskonvention gegen Menschenhandel.

8 Vgl. Art. 11 Abs. 2 RiLi 2011/36 EU und Art. 12 der Europaratskonvention gegen Menschenhandel.

9 § 59 Abs. 7 AufenthG.

10 § 25 Abs. 4a AufenthG.

11 Vgl. Art. 6 der Richtlinie 2004/81/EG des Rates vom 29.4.2004 über die Erteilung von Aufenthaltstiteln für Drittstaatsangehörige, die Opfer des Menschenhandels sind oder denen Beihilfe zur illegalen Einwanderung geleistet wurde und die mit den zuständigen Behörden kooperieren (ABl. L 261 vom 6.8.2004, S. 19–23), abrufbar unter: https://shorturl.at/aDUtf, zuletzt abgerufen am 13.12.2024; und Art. 13 der Europaratskonvention gegen Menschenhandel.

entziehen und erholen zu können. Sie sollen alle Informationen erhalten, um zu entscheiden, ob sie mit den zuständigen Behörden kooperieren können oder wollen. Entscheiden sich Betroffene nach Ablauf dieser Zeit für eine Kooperation, so sollen sie unter bestimmten Voraussetzungen einen verlängerbaren Aufenthaltstitel erhalten.[12] Betroffenen ist dabei der Zugang zu Mitteln zum Lebensunterhalt und zu psychologischer Behandlung sowohl während der Bedenk-und Stabilisierungsfrist, als auch nach Erteilung des Aufenthaltstitels zu gewähren und die speziellen Bedürfnisse besonders schutzbedürftiger Personen sind zu beachten.[13]

Die Bedenkzeit ist für drittstaatsangehörige Betroffene in § 59 Abs. 7 AufenthG normiert. Danach ist die Abschiebung (mindestens drei Monate) auszusetzen, wenn **konkrete Anhaltspunkte** dafürsprechen, dass die Person Opfer einer Straftat nach § 25 Abs. 4a Satz 1 oder § 4b Satz 1 AufenthG wurde. § 25 Abs. 4a AufenthG benennt die Straftaten des Menschenhandels nach §§ 232 bis 233a StGB.

Für das Bestehen konkreter Anhaltspunkte ist nach Ziff. 50.2a.1.2 AVV AufenthG die „plausible" Aussage des Ausländers, er sei Opfer einer in § 25 Abs. 4a Satz 1 genannten Straftat, grundsätzlich ausreichend. Bei der Entscheidung ist insbesondere zu berücksichtigen, dass Ausländer, bei denen aus polizeilicher Sicht Anhaltspunkte dafür bestehen, dass sie Opfer von Menschenhandel sind, anfangs häufig (noch) nicht in der Lage sind, ihre Situation als Menschenhandelsopfer darzulegen. In jedem Fall ist es daher ausreichend, wenn Polizei oder Staatsanwaltschaft sich dahingehend äußern, dass ihnen entsprechende konkrete Anhaltspunkte bekannt sind. Neben einer Benennung der Anhaltspunkte durch den Ausländer oder durch eine Strafverfolgungsbehörde können auch Anhaltspunkte berücksichtigt werden, die durch eine Fachberatungsstelle für Opfer von Menschenhandel benannt werden.[14]

Soweit mir bekannt, gibt es nur in einem Bundesland, nämlich in Niedersachsen, einen Runderlass, der es Fachberatungsstellen unmittelbar erlaubt, konkrete Anhaltspunkte für Menschenhandel zu bestätigen. In anderen Bundesländern variiert die Praxis. Häufig wird sie durch Erlass oder Kooperationsvereinbarungen geregelt.[15] Eine Vernehmung als Zeuge oder

12 Vgl. Art. 8 der RiLi 2004/81 EG.

13 Vgl. Art. 7 der RiLi 2011/36 EU.

14 Allgemeine Verwaltungsvorschrift zum Aufenthaltsgesetz, BR-Drs. 669/09, S. 335 f., abrufbar unter: https://dserver.bundestag.de/brd/2009/0669-09.pdf, zuletzt abgerufen am 13.12.2024.

15 Die jeweils geltenden Vorgaben sind auf der Seite mit den Bundesländer-Informationen der Servicestelle gegen Arbeitsausbeutung, Zwangsarbeit und Menschenhandel abrufbar unter: https://www.servicestelle-gegen-zwangsarbeit.de/bundesland-uebersicht/, zuletzt abgerufen am 13.12.2024.

Zeugin durch die Strafverfolgungsbehörden soll theoretisch während der Bedenk- und Stabilisierungsfrist nicht erfolgen, da es gerade deren Zweck ist, den Betroffenen Zeit zu geben, sich zu erholen und ohne Druck eine Entscheidung über eine Kooperation mit den Strafverfolgungsbehörden zu treffen.

Im Anschluss an die Bedenkzeit oder wenn Betroffene bereits vorher zur Aussage entschlossen sind, können sie einen humanitären Aufenthaltstitel gemäß § 25 Abs. 4a AufenthG erhalten. Voraussetzung ist, dass Betroffene den Kontakt zu den Täterinnen abgebrochen haben und bereit sind, mit den Strafverfolgungsbehörden zusammenzuarbeiten. Zusätzlich müssen jedoch Staatsanwaltschaft oder Gericht bestätigen, dass die Anwesenheit der Betroffenen im Bundesgebiet notwendig ist, um die Aufklärung des Sachverhalts nicht zu gefährden. In der Praxis ist die enge Bindung des Aufenthaltstitels an das Strafverfahren eine große Herausforderung, da regelmäßig die Staatsanwaltschaft ohne bzw. vor einer Aussage nicht entscheiden kann oder möchte, ob sie Zeugen und Zeuginnen für ein Strafverfahren benötigt. Der Titel wird meist erst erteilt, wenn die Betroffenen bereits vernommen wurden. So wird die Aussage im Strafverfahren – entgegen der europäischen Vorgaben – zur Bedingung für eine Erteilung des Aufenthaltstitels nach § 25 Abs. 4a AufenthG.

Die Staatsanwaltschaften legen § 25 Abs. 4a AufenthG zudem häufig dergestalt aus, dass es für die Erteilung des Titels nicht nur auf die Erforschung des Sachverhalts ankommt, sondern vielmehr, ob die Aussage eine Verurteilung wahrscheinlich erscheinen lässt. Wenn Betroffene keine ausreichend konkreten Angaben zu den Tätern und Täterinnen machen können, wird der Aufenthaltstitel nicht erteilt. Dies stellt sich insbesondere bei professionell organisierten Netzwerken als problematisch heraus, da die Betroffenen bei Fällen der organisierten Kriminalität oft nur begrenzte Informationen haben und manches Mal daher eine Identifizierung der Täter und Täterinnen verunmöglicht wird. Auch in diesen Fällen bleiben dann Betroffene ohne Aufenthaltstitel.

Eine weitere Schwierigkeit liegt darin, dass die Delikte des Menschenhandels im Rahmen des Strafverfahrens, außer bei Betroffenen unter 21 Jahren – der Schutzaltersgrenze im StGB – sehr schwer nachweisbar sind. Viele Verfahren werden daher nicht wegen Menschenhandels eröffnet, sondern es wird bereits im Ermittlungsverfahren auf leichter nachweisbare Delikte ausgewichen, wie der Ausbeutung von Prostituierten (§ 180a StGB), Zuhälterei (§ 181a StGB), des Einschleusens von Ausländern (§ 96 AufenthG), des Vorenthaltens und Veruntreuens von Arbeitsentgelt (§ 266a StGB) oder auf einer der Strafvorschriften des Schwarzarbeitsbekämpfungsgesetzes (SchwarzArbG). Wird das Ermittlungsverfahren jedoch nicht wegen Menschenhandels geführt, kommt auch die Erteilung eines Aufenthaltstitels nicht in Betracht. Ohne Aufenthaltstitel sind die Betroffenen in ihrem Herkunftsland gefährdet und es können ihnen auch weitergehende Rechte nicht gewährt werden.

Hinsichtlich der lebensunterhaltssichernden Leistungen nach dem Ende des Ausbeutungsverhältnisses ergibt sich aus dem oben Stehenden Folgendes:

Drittstaatsangehörige, bei denen der Eintritt der Bedenkzeit durch eine Duldung oder durch Festsetzung der Ausreisefrist und Erteilung einer Grenzübertrittsbescheinigung nach § 59 Abs. 7 AufenthG bescheinigt wird, sind leistungsberechtigt nach dem Asylbewerberleistungsgesetz, vgl. § 1 Abs. 1 Nr. 4 oder Nr. 5 AsylbLG. Ausländische Betroffene, die im Besitz eines Aufenthaltstitels gemäß § 25 Abs. 4a AufenthG sind, haben Anspruch auf Leistungen nach dem SGB II, da für sie die Ausnahme vom Leistungsausschluss des § 7 Abs. 1 Satz 2 SGB II für ausländische Staatsangehörige greift, der sich aus § 7 Abs. 1 Satz 3 SGB II ergibt.

Ein Problem stellt sich jedoch für Staatsangehörige der EU, bei denen der Bezug von Leistungen zum Lebensunterhalt aufgrund einer in meinen Augen unzureichenden Regelung in § 7 Abs. 1 Satz 3 SGB II erheblich erschwert ist.

EU-Bürger und EU-Bürgerinnen wird während der Bedenkfrist regelmäßig die Gewährung von Leistungen nach dem SGB II verweigert. Hiermit einher geht eine existenzielle Notlage, die den Zwecken der Bedenk- und Stabilisierungsfrist entgegensteht. Für eine rechtliche Auseinandersetzung mit den Jobcentern fehlt den Betroffenen häufig der Mut und die Kraft, so dass ihre Perspektive in Bezug auf die notwendige (faktische und finanzielle) Sicherheit in Frage gestellt ist. Nach meiner Erfahrung entscheiden sich daher nicht wenige dafür, entweder in ihr Herkunftsland zurückzukehren oder sich in neue prekäre Arbeitsverhältnisse zu begeben. Einige kehren in das Ausbeutungsverhältnis zurück. Diese Personen sind in aller Regel nicht mehr bereit, das Risiko der Aussage gegen die Täter und Täterinnen einzugehen.

Eine Regelung zur Leistungsberechtigung während der Bedenk- und Stabilisierungsfrist fehlt im SGB II. Selbst in Fällen, in denen sie bereits als Zeugen und Zeuginnen vor den Strafverfolgungsbehörden oder dem Gericht ausgesagt haben, kommt es häufig zu Ablehnungen. Die Jobcenter verweisen in ihrer Argumentation wiederkehrend auf den Leistungsausschluss nach § 7 Abs. 1 Satz 2 SGB II mit der Annahme, das Aufenthaltsrecht der Betroffenen würde sich allein aus der Arbeitssuche ergeben. Gestützt wird diese Praxis auf den Wortlaut des § 7 Abs. 1 Satz 3 SGB II: „[…], *die sich mit einem Aufenthaltstitel nach Kapitel 2 Abschnitt 5 des Aufenthaltsgesetzes in der Bundesrepublik Deutschland aufhalten.*“ Nach der Argumentation der Jobcenter wird nach § 7 Abs. 1 Satz 3 SGB II vorausgesetzt, dass ausländische Staatsangehörige über den entsprechenden Aufenthaltstitels auch tatsächlich verfügen, also im Besitz des Aufenthaltstitels nach § 25 Abs. 4a AufenthG sein müssten.

EU-Staatsangehörige dürfen wegen des Schlechterstellungsverbots nicht gegenüber Drittstaatsangehörigen benachteiligt werden. Jedoch haben sie regelmäßig große Schwierigkeit, ihre Opfereigenschaft bzw. das Eintreten der Bedenk- und Stabilisierungsfrist und damit auch die Leistungsberechtigung nach dem SGB II gegenüber den Jobcentern nachzuweisen.[16] Selbst entsprechende Bescheinigungen der Strafverfolgungsbehörden wurden in der Vergangenheit von Seiten der Jobcenter nicht akzeptiert. Die vom BSG geforderte fiktive Prüfung, ob sich das Aufenthaltsrecht allein aus der Arbeitssuche ergibt oder ob daneben auch andere Aufenthaltsrechte in Frage kommen[17], wird von den Jobcentern in der Praxis regelmäßig nicht vorgenommen.

Die Lösung für die bestehende Problematik der Alimentierung von Betroffenen des Menschenhandels liegt meines Erachtens in der Möglichkeit der vorzeitigen und vorläufigen Leistungen nach § 119 SGB XIV, sofern das dort eingeräumte Ermessen vor dem Hintergrund der europarechtlichen Vorgaben ausgelegt wird. § 119 SGB XIV regelt, dass die dort genannten Leistungen, darunter auch die Leistungen zum Lebensunterhalt, § 93 SGB XIV, vorzeitig erbracht werden können, **noch bevor die einzelnen Tatbestandsmerkmale aus § 4 Abs. 1 Satz 1 SGB XIV und der Kausalzusammenhang nach § 4 Abs. 4 SGB XIV** festgestellt sind. Der Tatbestand des § 119 Abs. 1 SGB XIV enthält – jedenfalls dem Wortlaut nach – keine weiteren Voraussetzungen.

Selbst wenn die Prüfung von Ausschluss- oder Versagungsgründen im Sinne von §§ 16 und 17 SGB XIV hier für erforderlich gehalten wird, muss man unter Berücksichtigung der EU-RiLi und der Europaratskonvention gegen Menschenhandel hier in die Erwägungen mit einbeziehen, dass

– nach Art. 2 Abs. 4 der RiLi 2011/36 EU das Einverständnis eines Opfers von Menschenhandel zur beabsichtigten oder tatsächlich vorliegenden

16 Leider hat auch die diesbezügliche Fachliche Weisung zu § 7 SGB II hier bisher keine Abhilfe schaffen können, vgl. Fachliche Weisungen § 7 SGB II, Bundesagentur für Arbeit, Stand 19.2.2024, S. 20, abrufbar unter: https://www.arbeitsagentur.de/datei/dok_ba015897.pdf, zuletzt abgerufen am 13.12.2024.

17 BSG, Urteil vom 30.1.2013, B 4 AS 54/12 R – juris Rn. 24–28, 30.

Ausbeutung unerheblich ist, wenn eines der Nötigungsmittel vorliegt oder die Person unter die Schutzaltersgruppe fällt und

- nach Art. 11 Abs. 3 der RiLi 2011/36 EU die Unterstützung und Betreuung eines Opfers nicht von dessen Bereitschaft, bei den strafrechtlichen Ermittlungen, der strafrechtlichen Verfolgung oder beim Gerichtsverfahren zu kooperieren, abhängig gemacht werden darf.

Nach meinem Verständnis wird eine vorzeitige und vorläufige Gewährung von Leistungen für die Dauer der Bedenkzeit und, bei Aussagebereitschaft der Betroffenen, auch für die Dauer des Strafverfahrens sowie für eine angemessene Zeit danach in Betracht zu ziehen sein.

Mit § 119 Abs. 2 SGB XIV wird eine vorläufige Gewährung von Leistungen ermöglicht, wenn die Leistungsvoraussetzungen mit Wahrscheinlichkeit gegeben sind, was bedeutet, dass nicht festzustehen braucht, dass ein Anspruch auf eine Geldleistung dem Grunde nach besteht.[18] Vielmehr ergibt sich aus dem Abstellen auf die Wahrscheinlichkeit ein abgesenkter Beweismaßstab.[19] Hiermit soll dem Grundsatz gem. § 17 Abs. 1 Nr. 1 SGB I Rechnung getragen werden, „*dass Berechtigte die ihnen zustehenden Sozialleistungen in zeitgemäßer Weise, umfassend und schnell*" erhalten sollen.[20]

In Anbetracht dessen sollte es daher für die notwendige Wahrscheinlichkeit genügen, wenn die nach Art. 11 Abs. 2 der RiLi 2011/36 EU für den Anspruch auf Unterstützung und Betreuung berechtigten Gründe für die Annahme vorliegen, dass die Person Opfer einer Straftat des Menschenhandels geworden sein könnte. Nach den obigen Ausführungen sollten hierfür die Einschätzung einer Fachberatungsstelle oder Ermittlungsbehörde ausreichen. Hiermit wäre ein elementarer Baustein im Kampf gegen Menschenhandel gesetzt, denn Betroffene hätten nun die Möglichkeit, sich zu erholen, zu stabilisieren und in einem Strafverfahren daran mitzuwirken, die Täter und Täterinnen zur Rechenschaft zu ziehen. Gleichzeitig können so die Ziele des SGB XIV, die schnelle und zielgerichtete Unterstützung in den wichtigen Bedarfen von Betroffenen von Menschenhandel, erreicht werden. Davon unbenommen bleibt die Frage, ob im Einzelfall auch Entschädigungszahlungen in Betracht kommen.

---

18 Vgl. LSG Berlin, Urteil vom 10.11.1998 – L 13/11 V 67/97, Rn. 20, juris zur Vorläuferregelung des § 22 Abs. 4 KOVVfG, die nahezu wortgleich ist und daher hier als Auslegungshilfe zugrunde gelegt werden kann, so Weber in LPK-SGB XIV, § 119 SGB XIV, Rn 15.

19 Vgl. Weber in LPK-SGB XIV, § 119 Rn. 15.

20 Vgl. LSG Berlin, Urteil vom 10.11.1998 – L 13/11 V 67/97, Rn. 20, juris.

Zum Weiterlesen:

1. Berichterstattungsstelle Menschenhandel bei dem Deutschen Institut für Menschenrechte

- Monitor Menschenhandel in Deutschland, Erster Periodischer Bericht 2024, Statistiken zum Ausmaß von Menschenhandel in Deutschland
- Hintergrundinformationen
- Rechtsprechungsdatenbanken „ius menschenrechte“, „ius gender & gewalt“

2. Koordinierungskreis gegen Menschenhandel

Zusammenschluss von 43 Fachberatungsstellen und weiteren Organisationen zu den Themen Menschenhandel, Ausbeutung und Gewalt an Migrant:innen

- Hintergrundmaterialien
- Rechtsprechungsdatenbank
- Datenerhebung zu Menschenhandel und Ausbeutung in Deutschland mit menschenrechtsbasiertem Fokus, bildet die Umsetzung der Rechte Betroffener ab
- Indikatorenliste Menschenhandel

3. Servicestelle gegen Arbeitsausbeutung, Zwangsarbeit und Menschenhandel (zum Zweck der Arbeitsausbeutung)

Die Einrichtung der Servicestelle gegen Arbeitsausbeutung, Zwangsarbeit und Menschenhandel beruht auf Anregungen der Bund-Länder-Arbeitsgruppe (B-L-AG) gegen Menschenhandel zur Arbeitsausbeutung beim Bundesministerium für Arbeit und Soziales (BMAS). Träger: ARBEIT UND LEBEN – DGB/VHS Berlin-Brandenburg.

- Praxismaterialien
- Bundeslandübersicht (Zuständige Behörden, Fachberatungsstellen mit Fokus auf MH/Arbeitsausbeutung, Kooperationsvereinbarungen)

Klassifikationssysteme ICD 10, ICD 11 und DSM 5 – Unterschiede der einzelnen Klassifikationssysteme und ihre Auswirkungen auf die Beurteilung psychischer Gesundheitsstörungen im neuen Sozialen Entschädigungsrecht des SGB XIV

Dr. Jörn Biesenbach, Ltd. Arzt des Landschaftsverbands Rheinland, Köln

Der Vortrag beschäftigt sich mit den Unterschieden der Klassifikationssysteme ICD-10, ICD-11 und DSM-5. Ziel ist es, die Relevanz dieser Systeme für die Diagnostik und Bewertung psychischer Gesundheitsstörungen im Kontext des neuen Sozialen Entschädigungsrechts nach SGB XIV zu verdeutlichen.

Die korrekte Anwendung der Klassifikationssysteme und die Berücksichtigung der aktuellen wissenschaftlichen Erkenntnisse sind essenziell für eine unabhängige und vergleichbare Begutachtung und Bewertung psychischer Störungen. Die ICD-11 bietet dabei eine präzisere Grundlage als die älteren Systeme ICD-10 und DSM-5 für Diagnosen, wie Posttraumatische Belastungsstörung (PTBS) und komplexe PTBS (KPTBS), allerdings sind die Kriterien der PTBS-Kernsymptome nun enger gefasst. Hervorzuheben bleibt außerdem, dass die Diagnosen nichts über die den Grad der Schädigung (GdS) bestimmenden Funktionseinschränkungen aussagen. Eine teilhabeorientierte Überarbeitung der Versorgungsmedizinischen Grundsätze ist daher notwendig, um den Anforderungen der Praxis gerecht zu werden.

Auch die Rechtsprechung diskutiert die Einführung der ICD-11 und deren Anwendung in sozialgerichtlichen Verfahren intensiv. Da die deutsche Übersetzung der ICD-11 in Deutschland noch nicht offiziell eingeführt ist, wird sie derzeit ergänzend herangezogen. In einem Urteil des Landessozialgerichts Hessen aus dem Jahr 2021 wurde festgelegt, dass Sachverständige Diagnosen sowohl nach der ICD-10 als auch der ICD-11 begründen müssen, um den aktuellen Stand der Wissenschaft zu berücksichtigen.[1] Gleichzeitig entschied das Landessozialgericht Nordrhein-Westfalen im Jahr 2024, dass die ICD-11 nicht als alleiniger Maßstab verwendet werden darf.[2]

Diese rechtlichen Herausforderungen zeigen die Notwendigkeit einer einheitlichen Einführung und Anwendung der ICD-11 in Deutschland, um

---

1 Siehe LSG Hessen, Urteil vom 21.10.2021 – L 1 VE 4/20.

2 Siehe LSG NRW, Urteil vom 26.1.2024 – L 13 VG 9/23.

klare Bewertungsmaßstäbe und Rechtssicherheit zu schaffen. Für Sachverständige bedeutet dies in der Zwischenzeit, dass Diagnosen immer sorgfältig begründet und nachvollziehbar auf geltende Klassifikationssysteme gestützt werden müssen.

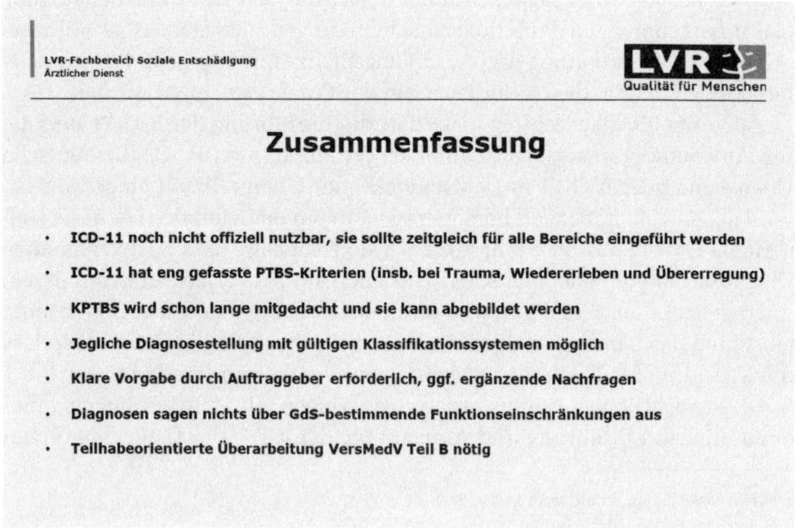

Kommission Verfahrensrecht

Leitung: Dr. Frank Bockholdt, Richter am BSG, Kassel

Kommissionsbericht Verfahrensrecht

Dr. Frank Bockholdt, Richter am BSG, Kassel

Die Sitzung der Kommission Verfahrensrecht stand unter dem Generalthema „Paradigmenwechsel im Verfahrensrecht?“ Sie hatte ein recht umfangreiches Programm und war mit ca. 40 Teilnehmenden gut besucht. Die Themen waren vielgestaltig und boten Raum für spannende und lebhafte Diskussionen. Wie in den letzten Jahren beschäftigten uns vor allem aktuelle verfahrensrechtliche Fragestellungen, insbesondere im Zusammenhang mit der Digitalisierung des sozialgerichtlichen Verfahrens. Die Digitalisierung als solche ist aber kein Selbstzweck. Sie dient dazu, das Verwaltungsverfahren und das sozialgerichtliche Verfahren effizienter und bürgerfreundlicher zu gestalten. Dabei muss gerade im Sozialrecht ein besonderes Augenmerk darauf gerichtet werden, dass alle Bürgerinnen und Bürger mitgenommen werden und niemand auf der Strecke bleibt. Dies leitet über zu unserem weiteren Schwerpunkt, nämlich dem Thema „leichte und einfache Sprache in der Sozialverwaltung“.

Begonnen hat die Sitzung mit dem traditionellen Bericht aus dem „Maschinenraum“ der Gesetzgebung durch Dr. Danny Hochheim aus dem Referat IVa1 (Sozialgesetzbuch, Sozialgerichtsbarkeit, Digitale Transformation) des Bundesministeriums für Arbeit und Soziales (BMAS). Er berichtete unter anderem über die Neuregelungen zur elektronischen Kommunikation im Verwaltungs- und Widerspruchsverfahren[1] und über die von der Ministerin Hofmann in ihrem Grußwort bereits angesprochene Once-Only-Generalklausel.[2] Diese verfolge das Ziel, dass Sozialdaten möglichst bei einer Behörde zentral erfasst und vorgehalten und von dieser an andere Behörden übermittelt werden, sodass sie nicht jedes Mal erneut bei den betroffenen Personen erhoben werden müssen. Dr. Hochheim hat das plastisch auf den Punkt gebracht mit den Worten „Die Daten sollen laufen, nicht die Bürger“. Etwas länger diskutiert haben wir in der Kommissionssetzung über die seinerzeit im Anhörungsverfahren befindliche und zwischenzeitlich bereits in Kraft getretene Behördenaktenübermittlungsverordnung. Diese regelt die elektronische Übermittlung elektronisch geführter Verwaltungsverfahren durch Behörden an die Gerichte und ist für die Sozialge-

1 § 36a SGB I i. d. F. v. 24.7.2024.

2 § 67a Abs. 2 Satz 2, § 67f, § 77a SGB X i. d. F. v. 24.7.2024; siehe jetzt auch Ziff. 475 ff. des Koalitionsvertrages zwischen CDU, CSU und SPD für die 21. Legislaturperiode.

richtsbarkeit von großer Bedeutung. Leider konnte sich die Bundesregierung hier schlussendlich nicht zu der auch vom DSGT in zwei Stellungnahmen geforderten „Muss-Vorschrift“ hinsichtlich der Übermittlung im sogenannten „XJustiz-Standard“ durchringen, der für die Verfahrensbearbeitung durch die Sozialgerichte von besonderer Bedeutung ist. Einige weitere Gesetzgebungsprojekte, die Dr. Hochheim kurz vorgestellt hat (u. a. die beabsichtigte Einführung eines Vorschusses auf die in § 192 SGG geregelte Missbrauchsgebühr), wurden wegen des sich wenige Tage vor dem Bundeskongress bereits abzeichnenden Koalitionsbruchs nicht mehr umgesetzt.

Vertieft gewidmet haben wir uns im zweiten Teil der Sitzung der zum 19.7.2024 neugefassten Regelung des § 110a SGG zur Videoverhandlung.[3] Prof. Dr. Henning Müller, der nicht nur Mitglied der Kommission und Direktor eines Sozialgerichts ist, sondern auch ein absoluter Kenner der Materie, hat uns die Änderungen vorgestellt. Diese tragen den Besonderheiten des sozialgerichtlichen Verfahrens und seiner Beteiligten Rechnung und sind dementsprechend weniger weitreichend als die Vorschriften für andere Gerichtsbarkeiten, insbesondere in § 128a ZPO. So wird das Ermessen des Gerichts bei der Entscheidung über die Durchführung einer Videoverhandlung bei einem entsprechenden Antrag eines Beteiligten – abweichend von § 128a Abs. 3 ZPO – nicht durch eine „Soll-Regelung“ eingeschränkt. Die Ablehnung des Antrags ist unanfechtbar, aber – so der Kompromiss im Vermittlungsausschuss – kurz zu begründen.[4] Anders als nach § 128a Abs. 5 ZPO ist es den Mitgliedern des Gerichts nicht gestattet, an der mündlichen Verhandlung per Video teilzunehmen. Einen „*Richter in der Badewanne*“ – so Prof. Dr. Müller – wird es in der Sozialgerichtsbarkeit daher nicht gegeben. Prof. Dr. Müller hat die aus seiner Sicht bestehenden Vor- und Nachteile der Videoverhandlung dargestellt und ist für sich selbst zu dem Schluss gekommen, dass die Vorteile überwiegen. Die Videoverhandlung stärke den Mündlichkeitsgrundsatz und ermögliche einen barrierearmen Zugang zum Rechtsschutz. Die Vorteile zeigten sich dabei auch im Rahmen der Beweisaufnahme, etwa wenn es darum gehe, dass medizinische Sachverständige ihre Gutachten in der mündlichen Verhandlung erläutern, ohne dafür die zum Teil sehr weiten Wege zum Gericht auf sich zu nehmen. In diesem Zusammenhang ist Prof. Dr. Müller auch auf die Möglichkeit der unmittelbaren Aufzeichnung der Beweisaufnahme auf einen Tonträger ein-

---

3 Gesetz zur Förderung des Einsatzes von Videokonferenztechnik in der Zivilgerichtsbarkeit und den Fachgerichtsbarkeiten vom 15.7.2024, BGBl. I Nr. 237.

4 § 110a Abs. 2 Satz 2 SGG.

gegangen. Schließlich hat er uns noch die Neuregelung des § 129a ZPO zur virtuellen Rechtsantragsstelle vorgestellt.

Nach dem Vortrag von Prof. Dr. Müller gab es eine intensive Diskussionsrunde über die Vor- und Nachteile von Videoverhandlungen sowie die Probleme im Rahmen der praktischen Umsetzung. Dabei hat Herr Rechtsanwalt Dietrich Berding aus Kassel, der ebenfalls Mitglied der Kommission ist, die anwaltliche Sichtweise für uns näher beleuchtet.

Als Fazit lässt sich zu diesem Thema aus meiner Sicht festhalten: Die anfänglich bestehende große Aufregung um das Thema ist gewichen und die Videoverhandlung ist inzwischen flächendeckend im Gerichtsalltag angekommen. Der Einsatz von Videokonferenztechnik für mündliche Verhandlungen bietet sowohl aus Sicht der Verfahrensbeteiligten als auch für die Gerichte viele Vorteile, hat aber auch Nachteile und Grenzen, die in jedem Einzelfall in die Abwägung einzubeziehen sind. In jedem Fall bedarf es aber weiterer Verbesserungen bei der IT-Ausstattung und dem IT-Support in den Gerichten. Die Digitalisierung der Justiz ist ein Dauerprojekt. Sie darf nicht auf halber Strecke stehen bleiben oder an föderalen Strukturen scheitern, sondern muss in dem gemeinsamen Bestreben um bestmögliche Lösungen kontinuierlich vorangebracht und an aktuelle Entwicklungen angepasst werden. Insofern ist es zum einen dringend erforderlich, dass die vom BMJ bereits zum Anfang der Corona-Pandemie initiierte Entwicklung eines einheitlichen Videoportals der Justiz zügig abgeschlossen wird und nicht kurz vor der Finalisierung am Fehlen weiterer finanzieller Mittel scheitert. Zum anderen muss auch vor Ort in den Gerichten ausreichend qualifiziertes IT-Personal zur Verfügung stehen. Die Vorbereitung und Durchführung der mündlichen Verhandlungen ist für die Richterinnen und Richter sowohl fachlich als auch organisatorisch schon allgemein sehr herausfordernd. Insofern kann es ihnen nicht abverlangt werden, sich zusätzlich auch noch vollständig selbst um die Einrichtung und den Betrieb der Videokonferenztechnik und der mit der elektronischen Aktenführung verbundenen weiteren digitalen Infrastruktur zu kümmern.

Ein weiterer fachlicher Schwerpunkt der Kommissionssitzung war das Thema leichte und einfache Sprache in der Sozialverwaltung. Prof. Dr. Daniel Hlava von der Frankfurt University of Applied Sciences hat uns hierzu einleitend die Begrifflichkeiten und den rechtlichen Regelungsrahmen vorgestellt. Er hat uns dabei anschaulich den Unterschied zwischen leichter und einfacher Sprache erläutert und ist auf die einschlägigen Regelungen u. a. der UN-Behindertenrechtskonvention und des Bundesgleichstellungsgesetzes (BGG) sowie die sich in diesem Zusammenhang stellenden rechtlichen Fragestellungen eingegangen.[5] Einen Schwerpunkt seines Vortrages bildete die auch für das sozialrechtliche Verwaltungsverfahren geltende Regelung des § 11 BGG. Danach sollen Träger öffentlicher Gewalt mit Menschen mit geistigen Behinderungen und Menschen mit seelischen Behinderungen in einfacher und verständlicher Sprache kommunizieren. Während die Formulierung dieser Regelung („sollen") ein eingeschränktes (intendiertes) Ermessen nahelegt, geht die Gesetzesbegründung von einem echten Ermessen der Verwaltung aus.[6] *De lege ferenda* sprach sich Prof. Dr. Hlava für die Ausgestaltung des § 11 BGG als „Muss-Vorschrift" aus. Der persönliche Anwendungsbereich sollte auf alle Menschen mit Behinderungen ausgeweitet werden und der sachliche auf alle im Verwaltungsverfahren relevanten Dokumente, nicht nur die in § 11 Abs. 2 BGG genannten.[7] Um Rechtsnachteile aufgrund eines nicht oder nicht rechtzeitig erfolgten Einsatzes von leichter Sprache zu vermeiden, sollte eine Regelung zur Verlängerung behördlicher Fristen in § 11 BGG verankert werden. Außerdem sollte klarstellend in den Vorschriften zur Wiedereinsetzung in den vorigen Stand aufgenommen werden, dass kein Verschulden vorliegt, wenn eine Frist aufgrund mangelnder Barrierefreiheit versäumt wurde. Neben einer Weiterentwicklung bzw. Klarstellung der rechtlichen Vorgaben brauche es Schulungen und Bewusstseinsbildung in Behörden über die Bedarfe von Menschen mit Lernschwierigkeiten.

Die praktische Umsetzung der rechtlichen Vorgaben bei der Bundesagentur für Arbeit (BA) hat uns Birgit Eiber sehr anschaulich nahegebracht. Frau Eiber leitet bei der BA eine Stabsstelle für Inklusion und ist dort zugleich Inklusionsbeauftragte. Sie hat 2018 den Vorstandsauftrag erhalten, Inklusion in der Gesamtorganisation der BA zu verankern, wobei die Besonderheit des Projekts in der Doppelperspektive der BA als Arbeitgeberin und als Dienstleisterin am Arbeitsmarkt besteht. Als Ergebnis dieses Projekts wurde 2020 der Aktionsplan Inklusion[8] nebst einem Maßnahmenkatalog mit den Schwerpunkten Bewusstseinsbildung, Barrierefreiheit, Partizipation und Teilhabe am Arbeitsleben[9] veröffentlicht. Frau Eiber hat uns das Projekt und die Ergebnisse vorgestellt und uns die praktischen Probleme etwa bei der Übersetzung von Texten in leichte Sprache erläutert. Diese sei recht aufwendig und es gebe nur wenige Anbieter. Dabei leiste Künstliche Intelli-

5 Siehe dazu den gesonderten Beitrag von Prof. Dr. Hlava in diesem Tagungsband.

6 BT-Drs. 18/7824, S. 47.

7 Bescheide, Allgemeinverfügungen, öffentlich-rechtliche Verträge und Vordrucke.

8 Abrufbar unter https://www.arbeitsagentur.de/datei/aktionsplan-inklusion-doppelseiten ansicht_ba146541.pdf.

9 Abrufbar unter https://www.arbeitsagentur.de/datei/massnahmenkatalog-aktionsplan-inklusion_ba030305.pdf.

genz bereits jetzt wertvolle Hilfe. Erstaunlich sei, dass leichte Sprache von den betroffenen Adressaten bislang nur in sehr geringem Umfang nachgefragt werde. Die Vorteile seien offensichtlich noch nicht flächendeckend bekannt.

Im Abschlussteil hat uns die Richterin am BSG Dr. Claudia Matthäus ein verfahrensrechtliches Problem vorgestellt, über das die Teilnehmenden intensiv diskutiert haben. Konkret ging es dabei um die – vor allem im SGB VI – zu beobachtende gesetzliche Abbedingung der Regelungen zur Rücknahme und zum Widerruf von Verwaltungsakten in §§ 45, 48 SGB X durch Spezialvorschriften. Diese kann mit Blick auf die hier im Bereich des Vertrauensschutzes und der Verfahrensrechte auch einschlägigen verfassungsrechtlichen Gewährleistungen durchaus kritisch gesehen werden.

Die (zaghafte) Neuregelung der Videoverhandlung gem. § 110a SGG

Prof. Dr. Henning Müller, Direktor des SG Darmstadt

Durch das Gesetz zur Förderung des Einsatzes von Videokonferenztechnik in der Zivilgerichtsbarkeit und den Fachgerichtsbarkeiten vom 15.7.2024[1] wurde § 110a SGG formal erheblich umgestaltet, ohne dass sich in der Sache wesentliche Änderungen ergeben hätten. Insbesondere wurden die Begrifflichkeiten des vollständig neugefassten § 128a ZPO übernommen („Videoverhandlung" anstelle des schwerfälligen Begriffs „Verhandlung im Wege der Bild- und Tonübertragung").

I. Kein Systemwechsel wie im Zivilprozess

Erfreulicherweise hat der Gesetzgeber aber im Gegensatz zu § 128a ZPO vollständig auf dort zur Förderung der Videoverhandlung gedachte Anpassungen verzichtet, insbesondere auf die komplex – und mutmaßlich wenig zielführend – ausgestalteten Einspruchsrechte. Anders als in § 128a ZPO wurde ferner nicht die Möglichkeit einer Anordnung der Videoverhandlung anstelle der bloßen Gestattung eingeführt, um das Recht der Beteiligten auf eine persönliche Anhörung in Präsenz zu erhalten. Neu eingeführt wurde lediglich, dass nunmehr die Ablehnung eines Antrags auf Bild- und Tonübertragung kurz zu begründen ist (§ 110a Abs. 2 Satz 2, Abs. 3 Satz 3 SGG). Die Entscheidung bleibt indes unanfechtbar (§ 110a Abs. 5 SGG), ob diese Änderung praktisch Relevanz haben wird, ist sehr zweifelhaft, vermutlich wird auch die „kurze Begründung" eher bausteinhaft erfolgen. Durch Klarstellungen im Sinne der bisher bereits vertretenen Meinung ergänzt wurden ferner die §§ 110 Abs. 3 SGG (Terminsverlegung), 111 Abs. 1 Satz 2 SGG (Anordnung des persönlichen Erscheinens).

Gleichzeitig mit der Änderung des § 110a SGG wurde durch das Gesetz zur Förderung des Einsatzes von Videokonferenztechnik in der Zivilgerichtsbarkeit und den Fachgerichtsbarkeiten vom 15. Juli 2024[2] § 129a ZPO neu eingeführt, der gem. § 202 Satz 1 SGG ausdrücklich auch in der Sozial-

1 BGBl I 2024 Nr. 237.
2 BGBl I 2024 Nr. 237.

gerichtsbarkeit anwendbar ist. Hiernach kann der Urkundsbeamte der Geschäftsstelle Anträge und Erklärungen in der Rechtsantragstelle auch per Bild- und Tonübertragung aufnehmen (virtuelle Rechtsantragstelle). Besonderer Vorteil dieser Neuregelung für die Gerichtsorganisation ist, dass sich der Urkundsbeamte der Geschäftsstelle bei der Aufnahme der Anträge und Erklärungen auch im Homeoffice aufhalten kann.

II. Anforderungen an die Technik

Die eigentlichen Probleme bei der praktischen Verbreitung der Videokonferenz in der Sozialgerichtsbarkeit lagen ohnehin nicht im normativen Bereich, sondern vor allem an der auch im Jahr 2024 noch nicht flächendeckend zur Verfügung gestellten Technik. Dabei sind die Anforderungen an die Technik denkbar schlicht.

Zunächst ist ein Videokonferenzdienst erforderlich, der aus einer Videokonferenzsoftware (bzw. der Lizenz für eine solche Softwarelösung) und einer Server- und/oder Netzwerkinfrastruktur besteht. Ferner muss der Sitzungssaal mit ausreichender Hardware für die Nutzung von Videokonferenztechnik ausgestattet sein. Dies umfasst einerseits die Mittel am Richterarbeitsplatz, um sämtliche Beteiligte gleichzeitig sehen und hören zu können (Bildschirm, Lautsprecher), als auch selbst gehört und gesehen zu werden (Kamera, Mikrofon in Richtung der Richterbank). Ferner müssen im Sitzungssaal erschienene Beteiligte, Zeugen und Sachverständige zu sehen und zu hören sein (Kamera, Mikrofon in Richtung der Beteiligten etc.). Schließlich muss die Öffentlichkeit in die Lage versetzt werden, der Verhandlung in gleicher Art und Weise zu folgen, wie dies bei physischer Präsenz sämtlicher Beteiligter im Sitzungssaal möglich wäre (Bildschirm, Lautsprecher). Nicht erforderlich ist, dass die Zuschauer (die Öffentlichkeit selbst) mitübertragen werden, denn sie sind nicht Teil der Verhandlung.[3] Andererseits ist es unschädlich, wenn die Öffentlichkeit „versehentlich" zu sehen ist, weil sie hinter einem Beteiligten im Blickfeld der Kamera ist. Die bloße Tonübertragung für die Sitzungssaalöffentlichkeit genügt dabei nicht, weil die Öffentlichkeit dann nicht in der Lage wäre, der Funktion der Kontrolle der gerichtlichen Tätigkeit zu genügen.[4] Im Übrigen hat die Öffentlichkeit aber kein Recht, jedes Detail der Verhandlung mitzubekommen, so

3 *Windau*, NJW 2020, 2753/2754.

4 Wie hier *Bernzen*, www.zpoblog.de/?p=8504 (abgerufen am 16.9.2020); *Schreiber*, Betrifft Justiz 2020, 268/270; a. A. *Schultzky*, NJW 2003, 313/315.

wie sie auch nicht zum Zwecke der Inaugenscheinnahme eines Gegenstands an den Richtertisch treten kann.[5]

Sämtliche Beteiligte im Sitzungssaal und im Fall mehrerer Gestattungen gem. § 110a SGG an sämtlichen „anderen Orten" müssen gleichzeitig zu sehen und zu hören sein. Eine bei sonstigen Besprechungen außerhalb des Justizumfelds beliebte bloße sog. Sprecheransicht, bei der nur das Bild der jeweils sprechenden Person oder eines Moderators zu sehen ist, genügt für die „Gleichzeitigkeit" der Bild- und Tonübertragung nicht. Es ist insbesondere erforderlich, dass alle zur Entscheidung berufenen Richter während der Videoverhandlung für die lediglich „zugeschalteten" Beteiligten sichtbar sind. Daran fehlt es jedenfalls dann, wenn für den überwiegenden Zeitraum der mündlichen Verhandlung nur der Vorsitzende Richter eines Kollegialspruchkörpers im Bild zu sehen ist. Der BFH[6] zieht hieraus allerdings zu Unrecht unmittelbar Rückschlüsse auf die Gerichtsbesetzung. Ein solcher Schluss ist gerade nicht zwingend.[7] Das Gleichsetzen von tatsächlicher Fehlbesetzung und der fehlenden durchgängigen Überprüfbarkeit der Besetzung führt in der Konsequenz auch dazu, dass keine Rüge in der mündlichen Verhandlung erforderlich wird, was (auch) im Ergebnis unangemessen ist, sind es doch oft nur die Verfahrensbeteiligten, die Probleme bei der Bildübertragung überhaupt bemerken können.[8] Auf der Grundlage der Entscheidung des BFH bietet es sich für die gerichtliche Praxis dennoch an, zu protokollieren, dass während der gesamten Verhandlung eine Bild- und Tonübertragung zur gesamten Richterbank gewährleistet war.[9]

Die zum Einsatz kommende Technik muss sich durch eine besonders einfache Bedienung für die Teilnehmer der Videokonferenz auszeichnen: Ein technischer Support der Verfahrensbeteiligten, Zeugen, Sachverständigen und der ehrenamtlichen Richterinnen und Richter in deren häuslichem Umfeld kann aus tatsächlichen Gründen durch die Gerichte zumeist nicht erfolgen. Zudem muss die eingesetzte Technik mit gängigen Endgeräten nutzbar sein, um den Anwendungsbereich nicht zu sehr einzuschränken[10] – früher genutzte ISDN-Anlagen oder H.323-Standard-Anlagen[11] mit teilweise immensen Kosten und geringer Verfügbarkeit hatten dazu beige-

---

5 *Bernzen*, www.zpoblog.de/?p=8504 (abgerufen am 16.9.2020) unter Hinweis auf BGH v. 26.7.1990 – 4 StR 301/90 – juris Rn. 6.

6 BFH v. 30.6.2023 – V B 13/22.

7 SG Mainz v. 7.2.2024 – S 7 KR 41/22; Lange, NZS 2024, 417.

8 Hoppe/Ulrich, NVwZ 2024, 624/626.

9 Zschieschack, NJW 2023, 2600; Leeb, jurisPR-ITR 19/2023 Anm. 5.

10 Ein ausführlicher Überblick findet sich bei *Windau*, www.zpoblog.de/?p=8370 (abgerufen am 5.8.2022).

11 Standorte finden sich unter www.justiz.de.

tragen, dass die Bild- und Tonübertragung in gerichtlichen Verfahren kaum verbreitet war.[12] Die in den Bundesländern bzw. Gerichtsbarkeiten eingesetzte Technik ist sehr heterogen. Derzeit sind in den einzelnen Bundesländern unterschiedliche Produkte im Einsatz (Microsoft Teams oder dessen Vorgänger Skype for Business, Cisco Webex, Polycom, BigBlueButton).[13]

Aus Sicht des Vorsitzenden muss die eingesetzte Software eine für die „Stresssituation“ der mündlichen Verhandlung geeignete Bedienbarkeit aufweisen, um bspw. in Beratungssituationen sicher die Verbindung zu unterbrechen, sitzungspolizeiliche Maßnahmen zu ermöglichen („stummschalten“) oder auf Fehler zu reagieren.

An IT-Sicherheit und Datenschutz sind keine überspannten Anforderungen zu stellen, bspw. an die verwendete Verschlüsselungstechnik.[14] Auch Sitzungssäle sind schließlich regelmäßig nicht abhörsicher konstruiert. Zutreffend ist andererseits, dass die Gerichte von der Justizverwaltung eine Ausstattung nach dem Stand der Technik – auch im Hinblick auf den Datenschutz und die IT-Sicherheit – erwarten können.

III. Anwendungsbereich

In der Sache ist § 110a SGG auf sämtliche Termine[15] im sozialgerichtlichen Verfahren anwendbar. Denkbare, im Wege der Bild- und Tonübertragung durchführbare Termine sind mündliche Verhandlungen, ferner gem. § 110a Abs. 6 SGG ausdrücklich auch Erörterungstermine.

Möglich sind ferner Termine vor dem Güterichter im Wege der Bild- und Tonübertragung[16]; dies ergibt sich bereits daraus, dass diese Termine prozessrechtlich Erörterungstermine darstellen[17] und deshalb unter Absatz 6 fallen, ist aber auch aufgrund der Methodenfreiheit des Güterichterverfahrens folgerichtig.[18]

---

12 Kommentierung zu § 128a ZPO Rn. 7; *Schreiber*, Betrifft Justiz 2020, 268/269.

13 Vgl. *Mantz/Spoenle*, MDR 2020, 637/640; siehe auch: *Oltmanns*, NZA 2021, 525/528.

14 Richtig: *Schreiber*, RDi 2021, 560; siehe dagegen BFH v. 12.5.2021 – IV R 31/18.

15 *Schmidt*, RDi 2021, 263.

16 So auch *Schreiber*, www.zpoblog.de/?p=8432 (abgerufen am 16.9.2020); *Roller* in: Lüdtke/Berchtold, SGG, § 110a SGG Rn. 6.

17 *Müller* in: BeckOGK, 1.9.2019, § 106 SGG Rn. 37.

18 Vgl. *Leopold* in: BeckOGK, 1.9.2019, § 110a SGG Rn. 12; *Müller* in: BeckOGK, 1.9.2019, § 106 SGG Rn. 37.

Zudem können auch (gesonderte) Termine zur Beweisaufnahme[19] gem. §§ 116, 117 Halbs. 2 SGG im Wege der Bild- und Tonübertragung durchgeführt werden, wie sich mittelbar aus § 110a Abs. 3 Satz 1 SGG ergibt. Dies betrifft eindeutig Termine zur Beweisaufnahme zur Vernehmung von Zeugen und Sachverständigen. Dass § 106 Abs. 4 SGG nicht ausdrücklich auf § 110a SGG verweist, bedeutet nicht, dass eine Bild- und Tonübertragung nicht auch im vorbereitenden Verfahren möglich wäre.

Zulässig ist die Nutzung von Videokonferenztechnik auch für Beratungen und Abstimmungen der Landessozialgerichte oder des BSG anstelle in einer Präsenzsitzung der Senatsmitglieder (d. h. der Berufsrichterinnen und -richter) in einem geschlossenen Raum.[20] Dafür muss allerdings gewährleistet sein, dass bei gleichzeitiger Teilnahme sämtlicher an der Entscheidung beteiligter Richter unter der Leitung des Vorsitzenden der einzelne Richter jederzeit und zeitgleich mit den anderen an der Entscheidung beteiligten Richtern kommunizieren kann und alle beteiligten Richter die gesamte Kommunikation in Ton und Bild mitverfolgen können, sowie dass alle Richterinnen und Richter des Spruchkörpers mit dieser Verfahrensweise einverstanden sind und sie bis zum Abschluss der Abstimmung jederzeit die Möglichkeit haben, auf die Durchführung einer Präsenzberatung und -abstimmung zu bestehen.

Explizit nicht anwendbar ist dagegen gem. § 61 Abs. 2 SGG der § 193 Abs. 1 GVG für die erstmalige Beratung und Abstimmung mit den ehrenamtlichen Richterinnen und Richtern bei einer Entscheidung aufgrund mündlicher Verhandlung. Der Gesetzgeber will hierdurch die herausragende Bedeutung der unmittelbaren Mitwirkung der ehrenamtlichen Richterinnen und Richter betonen. Eröffnet wird dagegen auch in der Sozialgerichtsbarkeit die über § 193 Abs. 1 GVG vorgesehene Möglichkeit, die Beratung und Abstimmung mit Einverständnis aller zur Entscheidung berufenen Richterinnen und Richter ganz oder teilweise per Bild- und Tonübertragung durchzuführen, dagegen neben Beratungen und Abstimmungen allein unter den Berufsrichterinnen und Berufsrichtern auch für Beratungen und Abstimmungen mit ehrenamtlichen Richterinnen und Richtern bei Entscheidungen ohne mündliche Verhandlung. Wie nach der Rechtsprechung heute schon für die Telefonkonferenz anerkannt, sollen Nachberatungen auch per Bild- und Tonübertragungen möglich sein. Da-

---

19 *Stäbler* in: jurisPK-SGG, § 110a SGG Rn. 13; *Roller* in: Lüdtke/Berchtold, SGG, § 110a SGG Rn. 6; zur Anwendbarkeit des § 128a ZPO im Rahmen der Beweiserhebung siehe auch *Windau*, AnwBl 2021, 26.

20 BFH v. 10.2.2021 – IV R 35/19 – m. Anm. *Stäbler*, NZS 2021, 535; vgl. ferner BGH v. 29.11.2013 – BLw 4/12 und BGH v. 6.11.2020 – LwZR 2/20.

durch wird auch für die Sozialgerichtsbarkeit die gegenwärtige Rechtslage berücksichtigt und ein flexibler Einsatz von Videokonferenztechnik ermöglicht.[21]

Nicht zum Anwendungsbereich des § 110a SGG gehört dagegen die informelle Kommunikation mit Beteiligten außerhalb eines Termins, die im Rahmen der Grundsätze fairen Verfahrens auch nur im Wege der Tonübertragung (Telefonie) denkbar und ggf. angezeigt ist.[22] Letztlich können daher unabhängig vom Vorliegen der Voraussetzungen des § 110a SGG die technischen Mittel der Videokonferenz im Rahmen informeller Kommunikation erst recht eingesetzt werden.[23]

Im Rahmen eines Erörterungstermins ist aufgrund der Nichtöffentlichkeit des Termins auch denkbar, dass sich die Berufsrichter nicht in einem Sitzungssaal befinden, sondern an einem anderen Ort, der aber den Beteiligten bekannt gegeben sein und für diese zumutbar erreichbar sein muss, um ihre Anwesenheit zu ermöglichen. Dies kann bei einem Erörterungstermin des Sozialgerichts oder des jeweiligen Berichterstatters auch das Dienstzimmer des Richters oder der Richterin sein, grundsätzlich aber nicht das heimische Arbeitszimmer, weil dieses für Beteiligte, die physisch an der Sitzung teilnehmen wollen, nicht zumutbar erreichbar wäre.

Gem. § 110a Abs. 6 Var. 2 SGG gehören ausdrücklich zum Anwendungsbereich auch die (praktisch seltenen) mündlichen Erörterungen im Rahmen des Bewilligungsverfahrens zur Gewährung von Prozesskostenhilfe (§ 73a Abs. 1 Satz 1 SGG i. V. m. § 118 Abs. 1 Satz 3 ZPO).

§ 110a SGG gilt hinsichtlich des persönlichen Anwendungsbereichs unmittelbar (§ 110a Abs. 2, Abs. 1 SGG) für die Verfahrensbeteiligten und die Prozessbevollmächtigten (§ 73 Abs. 2 SGG) und Beistände (§ 73 Abs. 7 SGG) sowie (§ 110a Abs. 3 SGG) für Zeugen sowie Sachverständige.

Ferner können auch Dolmetscher gem. § 61 Abs. 1 SGG, § 185 Abs. 1a GVG im Wege der Videokonferenz an der Verhandlung teilnehmen. Aufgrund der modifizierten Verweisung in § 61 Abs. 1 SGG auf § 185 Abs. 1a GVG scheidet auch insoweit eine Anordnung aus; es ist nur eine Gestattung möglich. Diese Einschränkung ist zu kritisieren; es wäre zweckmäßig gewesen, dem Gericht die Entscheidung darüber zu belassen, in welcher Form die Übersetzung als zweckmäßig und zielführend angesehen wird.

Nicht von § 110a SGG umfasst sind insbesondere die Richterinnen und Richter einschließlich der ehrenamtlichen Richterinnen und Richter. Gem. § 61 Abs. 2 SGG ist auch § 193 Abs. 1 GVG nur eingeschränkt anwendbar.

---

21 BSG v. 17.12.2020 – B 1 KR 59/19 B.

22 *Roller* in: Lüdtke/Berchtold, SGG, § 110a SGG Rn. 6.

23 *Karge*, NVwZ 2020, 926/929 f.

Eine dem § 128a Abs. 5 Satz 2 ZPO entsprechende Norm hat der Gesetzgeber ausweislich des Regierungsentwurfs bewusst nicht mit aufgenommen, sodass es hier auch keine Regelungslücke gibt, die durch eine Analogie zu füllen wäre. Die Richter müssen sich jedenfalls für die Durchführung einer mündlichen Verhandlung sämtlich und auch gemeinsam im Sitzungssaal befinden. Der Gesetzgeber hält dies für notwendig, da in den Fachgerichten „die Rolle und Bedeutung der mündlichen Verhandlung in Bezug auf die sozialen Rechte der Bürgerinnen und Bürger in Verbindung mit der Fürsorgepflicht des Sozialstaats berücksichtigt werden“ müssen.

IV. Anderer Ort

§ 110a SGG ermächtigt die Verfahrensbeteiligten – obwohl sich dieser Begriff in der seit 19.7.2024 geltenden Neufassung nicht mehr findet –, sich auch an einem „anderen Ort“ aufzuhalten und dort alle Verfahrenshandlungen vorzunehmen, die sie auch an der Gerichtsstelle vornehmen könnten.

Am anderen Ort ist von einem „virtuellen Hausrecht“ des Vorsitzenden auszugehen, der auch im virtuellen Raum für die ordnungsgemäße und für ein dem Wesen einer Gerichtsverhandlung angemessene mündliche Verhandlung zu sorgen hat. Im virtuellen Raum fallen das Hausrecht und die Sitzungspolizei allerdings denknotwendig zusammen. Es wäre lebensfremd anzunehmen, dass der Gerichtsleiter die Durchführung der virtuellen Verhandlung zu überwachen hat. Dies gilt vor allem deshalb, da dem Vorsitzenden aufgrund der Ermächtigung zu sitzungspolizeilichen Maßnahmen bereits die Befugnis zur Ausübung des virtuellen Hausrechts zugestanden wird.[24] Die Prozessleitung des Vorsitzenden und die Sitzungspolizei gem. § 176 GVG erstrecken sich dabei auch auf den „anderen Ort“.[25] Gem. § 160 Abs. 1 Nr. 4 ZPO ist im Protokoll aufzunehmen, von welchem anderen Ort die Videokonferenzteilnehmer an der Sitzung teilnehmen.[26]

Der andere Ort i. S. d. § 110a SGG ist ein beliebiger Ort außerhalb des Sitzungssaals.[27] Auf Tatbestandsebene unterliegt der Begriff keiner weite-

24 Leffer, jM 2022, 266/269.

25 *Von Selle* in: BeckOK-ZPO, 37. Ed. 1.7.2020, § 128a ZPO Rn. 9a.

26 *Schreiber*, WzS 2020, 227/230.

27 *Anders* in: Baumbach/Lauterbach/Hartmann/Anders/Gehle, ZPO, § 128a ZPO Rn. 6; *Schreiber*, www.zpoblog.de/?p=8432 (abgerufen am 5.8.2022).

ren Begrenzung.[28] Dies betrifft auch die Eignung des „anderen Ortes“ in technischer Hinsicht.[29] Anderer Ort kann daher auch ein Ort sein, an dem technische Probleme nach allgemeiner Lebenserfahrung zu erwarten sind (bspw. Abteil eines ICE[30]). Dies gilt auch im Hinblick auf die Anforderungen des Datenschutzes oder der Datensicherheit.[31] Der Videokonferenzteilnehmer, nicht das Gericht, hat Sorge für die Geeignetheit des anderen Ortes einschließlich der dort vorhandenen Übertragungstechnik zu tragen. Die Verantwortung für die Übertragungstechnik verbleibt aber bei dem Gericht als Herr über die mündliche Verhandlung, sodass es die Gestattung verweigern oder aufheben kann, wenn der andere Ort sich als ungeeignet erweist.[32] Dies spricht insbesondere für die Vereinbarung eines Testtermins oder jedenfalls die Auflage an den Teilnehmer, rechtzeitig vor der mündlichen Verhandlung den anderen Ort mitzuteilen.

Schließlich ebenfalls nicht auf Tatbestandsseite ausgeschlossen sind Räumlichkeiten, die nicht den Anforderungen des Gerichts an die Angemessenheit oder Würde eines Verhandlungstermins entsprechen.[33]

Greift der Videokonferenzteilnehmer durch die Gestaltung des anderen Orts die Würde des Gerichts oder das Persönlichkeitsrecht eines Beteiligten an, so kann das Gericht mit sitzungspolizeilichen Maßnahmen reagieren, bspw. dem Abbruch der Verbindung.[34] Am anderen Ort ist – wie oben bereits beschrieben – von einem „virtuellen Hausrecht“ des Vorsitzenden auszugehen, der auch im virtuellen Raum für die ordnungsgemäße und für ein dem Wesen einer Gerichtsverhandlung angemessene mündliche Verhandlung zu sorgen hat. Im virtuellen Raum fallen das Hausrecht und die Sitzungspolizei allerdings denknotwendig zusammen. Es wäre lebensfremd, anzunehmen, dass der Gerichtsleiter die Durchführung der virtuellen Verhandlung zu überwachen hat. Dies gilt vor allem deshalb, da dem Vorsitzenden aufgrund der Ermächtigung zu sitzungspolizeilichen Maßnahmen bereits die Befugnis zur Ausübung des virtuellen Hausrechts zugestanden wird.[35]

---

28 Zur Frage der Grenzen deutscher Jurisdiktion vgl. *Schreiber*, Betrifft Justiz 2020, 268/269 m. w. N.; ferner Rn. 61.

29 A. A. *Ulrich* in: Schoch/Schneider/Bier, 38. EL Januar 2020, § 102a VwGO Rn. 29.

30 Bsp. bei *Schreiber*, www.zpoblog.de/?p=8432 (abgerufen am 5.8.2022); *Schreiber*, Betrifft Justiz 2020, 268/269 f.; *Schreiber*, WzS 2020, 227/228.

31 Vgl. *Schild* in: BeckOK-VwGO, 54. Ed. 1.7.2020, § 102a VwGO Rn. 10.

32 *Böttiger*, jurisPR-SozR 20/2021 Anm. 4.

33 Wie hier: *Schreiber*, www.zpoblog.de/?p=8432 (abgerufen am 5.8.2022).

34 *Schreiber*, www.zpoblog.de/?p=8432 (abgerufen am 5.8.2022).

35 *Leffer*, jM 2022, 266/269.

Auch die Teilnahme im Wege der Bild- und Tonübertragung ist ein Auftreten „vor Gericht" im Sinne des § 20 BORA.[36] Da die Robenpflicht im Allgemeinen und ganz besonders bei einer Teilnahme im Wege der Bild- und Tonübertragung äußerst unterschiedlich gehandhabt wird, erscheint es jedenfalls ratsam, im Anwendungsbereich des § 20 BORA auch am „anderen Ort" eine Robe griffbereit zu haben. Dieser Gedanke dürfte sich auch auf weitere Formalien verallgemeinern lassen; bspw. das Aufstehen während der Urteilsverkündigung.

V. Videoverhandlung der Verfahrensbeteiligten (§ 110a Abs. 2 SGG)

Gem. § 110a Abs. 2 SGG kann das Gericht in geeigneten Fällen und, soweit ausreichende Kapazitäten zur Verfügung stehen (vgl. § 110a Abs. 1 SGG), auf Antrag eines Verfahrensbeteiligten oder von Amts wegen die Videoverhandlung für einen, für mehrere oder für alle Verfahrensbeteiligten gestatten.

Im Falle der Gestattung ist die Rechtslage im Vergleich zum Rechtsstand vor dem 19.7.2024 unverändert. Lediglich für den Fall der Ablehnung eines Antrags auf Gestattung ist nunmehr vorgesehen, dass die Ablehnung kurz zu begründen ist.

1. Ermessen des Gerichts

Die Entscheidung über die Gestattung erfolgt im pflichtgemäßen Ermessen des Gerichts.[37] Ein Anspruch der Beteiligten auf Gestattung der Videokonferenz besteht auch auf deren Antrag nicht.

Die Teilnahme an der mündlichen Verhandlung am Gerichtsort zählt trotz der Gestattungsmöglichkeit einer Videoverhandlung grundsätzlich zu den zumutbaren verfahrensrechtlichen Möglichkeiten andererseits auch Obliegenheiten eines Klägers, um sich vor dem Gericht rechtliches Gehör zu verschaffen.[38] Lediglich für eine durchweg ablehnende Haltung eines Gerichts gegenüber Videoverhandlungen besteht angesichts des auszuübenden Ermessens ebenfalls kein Raum.[39]

---

36 *Windau*, AnwBl 2021, 26.

37 Instruktiv: *Schreiber*, Betriff Justiz 2020, 268/270 f.

38 BSG v. 29.3.2022 – B 8 SO 1/22 BH.

39 *Mittelbach*, NZS 2022, 942.

Die Ermessensentscheidung des Gerichts ist letztlich eine Abwägung zwischen den Motiven – hier insbesondere der antragstellenden Person – und entgegenstehenden Aspekten – wie den Besonderheiten einer Zeugenvernehmung, den Auswirkungen auf das Verfahren und auf das Gericht.[40] Äußert die antragstellende Person keine Motive, führt jedenfalls nicht allein die vom Gesetzgeber eingeräumte Möglichkeit, eine Teilnahme von einem anderen Ort aus zu gestatten, zu einer Bindung des dem Gericht in § 110a Abs. 1 Satz 1 SGG ausdrücklich eingeräumten Ermessens.

Abwägungsrelevant sind im Rahmen des § 110a SGG insbesondere die in § 110a Abs. 1 Satz 1 SGG genannten Kriterien der Eignung des Falls und der vorhandenen ausreichenden Kapazitäten.

a) Eignung des Falls

Die Eignung des Falls lässt sich nicht abstrakt bestimmen. Die Einschätzung ist subjektiv von dem Gericht vorzunehmen, wobei die Beurteilung den Kernbereich richterlicher Unabhängigkeit betreffen dürfte. Weder der Prozessgrundsatz der Unmittelbarkeit noch der Mündlichkeitsgrundsatz sprechen gegen die Nutzung der Videokonferenztechnik auch im Beweisrecht. Ganz im Gegenteil sprechen beide Prinzipien eher sogar für deren Nutzung. Ein grundsätzlicher Vorrang der Präsenzverhandlung existiert nicht.[41]

In die Abwägung einzustellen ist ferner die Eignung der Technik für die erwartete Verhandlungssituation. Hierbei kann das Gericht eine Prognose anstellen, ob die Videokonferenz eine verfahrensfehlerfreie Verhandlung ermöglichen wird und ob die Technik eine effiziente, störungsfreie oder jedenfalls in Abwägung ausreichend störungsarme Sitzung zulässt. Hierbei können auch die Ergebnisse aus einem vorherigen Techniktest mit den Beteiligten und Erkenntnisse darüber, von welchem anderen Ort sie teilnehmen wollen, berücksichtigt werden. Andererseits hat das Gericht auch zu beachten, ob es selbst in verhältnismäßiger Weise in der Lage ist, erwartete Defizite zu vermeiden; bspw. durch Vorgaben an den „anderen Ort" (Festlegung hinsichtlich der Räumlichkeit etc.)[42] oder durch Durchführung eines weiteren Testtermins vor der eigentlichen Verhandlung. Vor allem in Bezug auf Beweisaufnahmen ist weiter in das Ermessen einzustellen, ob die Videokonferenztechnik die Beweisaufnahme nicht unverhältnismäßig erschwert oder sogar geeignet ist, das Beweisergebnis zu verfälschen. Dies

40 BSG v. 24.6.2021 – B 13 R 163/20 B.

41 *Trienekens/Höland/Welti*, CR 2022, 64/69.

42 *Schreiber*, Betriff Justiz 2020, 268/270.

kann bereits dadurch der Fall sein, dass eine bloße Bild- und Tonübertragung die Beurteilung der Glaubwürdigkeit beeinträchtigen könnte.

(Nur) als Faustformel kann festgehalten werden[43]: Je mehr wirtschaftliche Interessen im Vordergrund stehen, desto sinnvoller sei eine Gestattung der Bild- und Tonübertragung. Sie sei dagegen weniger geeignet bei eher persönlichen Konflikten. Komplexe Verfahren seien dagegen kein Hinderungsgrund, weil hier auch Mehrwerte der Videoübertragung einsetzbar seien, bspw. die Möglichkeiten, Grafiken oder Tabellen für alle sichtbar einzublenden.

Unzutreffend ist die Auffassung[44], dass bei Terminen, die nicht lediglich einem professionellen Informationsaustausch oder dem formalen Ablauf dienen, die Nutzung von Videokonferenztechnik tendenziell ungeeignet sei. Diese Meinung geht davon aus, dass das Charakteristikum der Videokommunikation eine Asymmetrie der Wahrnehmung sei. Die in der Vis-à-vis-Kommunikation gegebene Reziprozität der Wahrnehmungsbedingungen sei aufgehoben: Der virtuell Teilnehmende nimmt nur einen Ausschnitt des realen Vorgangs wahr; an die Stelle eines gemeinsamen treten mehrere voneinander losgelöste Bezugsrahmen, ohne dass dies den Teilnehmern ständig bewusst sei. Nach den Erkenntnissen der Kommunikationswissenschaft (die in *Gregers* Beitrag näher ausgeführt werden) wirkten sich diese Defizite der Videokonferenz auch auf den kognitiven Austausch und die emotionale Verständigung aus. Die fehlende Interaktion könnte dazu führen, dass Nicht- oder Missverständnisse nicht sogleich aufgeklärt, Backchannel-Signale nicht sogleich thematisiert würden, eigene Gedanken zum Gesagten verloren gingen. Video-Kommunikation eigne sich daher weniger für Konfliktlösungs- und Verhandlungsgespräche. Auch wenn diese Grundannahme sicher nicht von der Hand zu weisen und die Art der Verhandlung mit in das Ermessen einzustellen sein dürfte, sind seine Folgerungen im Hinblick auf die während der COVID-19-Pandemie gesammelten Erfahrungen der Justiz zu pessimistisch. Letztlich handelt es sich bei den kommunikativen Defiziten um nicht mehr, aber auch nicht weniger als ein Abwägungskriterium bei der Entscheidung über die Gestattung.

Des Weiteren kann das Gericht bei seinem Ermessen die Fähigkeiten und Verlässlichkeit des von der Gestattung Betroffenen berücksichtigen. Hierzu gehören dessen technische Kapazitäten. Ferner könnten in angespannten Verhandlungssituationen technische Schwierigkeiten vorgeschoben werden, um Zeit zu gewinnen. Im Hinblick vor allem auf Beweisaufnahmen ist

---

43 So *Windau*, https://anwaltsblatt.anwaltverein.de/de/news/gerichtsverhandlung-per-videokonferenz-keine-angst-vor-128a-zpo.

44 So aber v. a. *Greger*, MDR 2020, 957/958.

zudem zu beachten, dass anders als im Gerichtssaal auch Manipulationen möglich sind – bspw. durch Personen, die sich außerhalb des Sichtfeldes der Kamera befinden.

Schließlich ist es abwägungsrelevant, inwieweit das Gericht den Einsatz von Videokonferenzen unter Datenschutzgesichtspunkten für angemessen hält. Insoweit hat das Gericht die Sensibilität des Streitstoffs mit der datenschutzrechtlichen Eignung und Verlässlichkeit der Technik ebenso in Einklang zu bringen wie mit der Datenschutzkonformität des „anderen Ortes". Hinsichtlich der Datenschutzkonformität der eingesetzten Videokonferenztechnik darf sich das Gericht freilich in Ermangelung anderer Anhaltspunkte zunächst auf die Gerichtsverwaltung verlassen.[45]

Ebenfalls ein Abwägungskriterium ist, ob das Aufzeichnungsverbot gewährleistet ist.[46] Hierbei ist allerdings zu beachten, dass – im Übrigen selbst bei der Teilnahme an der Verhandlung in Präsenz – eine vollständige Sicherheit nie gewährleistbar ist, dass nicht im Geheimen Ton- oder Videoaufnahmen gefertigt werden, weshalb dieser Gesichtspunkt entgegen der Rechtsauffassung des SG Gießen auch nicht überbetont werden darf. Jedenfalls kann allein auf abstrakte Bedenken insoweit keine Ablehnung ermessensfehlerfrei gestützt werden, sondern allenfalls dann, wenn konkrete Anhaltspunkte für eine beabsichtigte Aufzeichnung hinzutreten.

Die Annahme einer generellen Ungeeignetheit der Videokonferenztechnik dürfte stets rechtsfehlerhaft sein. Dass der Einsatz von Bild- und Tonübertragung grundsätzlich geeignet ist, um eine mündliche Verhandlung durchzuführen, ist eine Entscheidung, die der Gesetzgeber durch Einführung der Norm getroffen hat.[47]

b) Vorhandensein ausreichender Kapazitäten (Abs. 2 i. V. m. Abs. 1 Satz 1 Var. 2)

Es besteht kein Anspruch des Gerichts oder der Beteiligten gegenüber der Justizverwaltung, die für die Bild- und Tonübertragung notwendigen Voraussetzungen zu schaffen.[48] Dies ergibt sich explizit aus § 110a Abs. 1 Satz 1 SGG („soweit ausreichende Kapazitäten zur Verfügung stehen").

---

45 *Schreiber*, Betrifft Justiz 2020, 268/270.

46 Vgl. SG Gießen v. 7.5.2021 – S 12 KG 2/18.

47 Überzeugend und mit Reformvorschlag: *Windau* in zpoblog.de – www.zpoblog.de/vor-der-videoverhandlung-steht-ein-tuerhueter/, zuletzt abgerufen am 5.8.2022.

48 LSG Berlin-Brandenburg v. 10.1.2018 – L 9 KR 149/17; *Greger* in: Zöller, ZPO, § 128a ZPO Rn. 1; *Leopold*, NZS 2013, 847/848; *B. Schmidt* in: Meyer-Ladewig/Keller/Leitherer/Schmidt, SGG, § 110a SGG Rn. 3; vgl. auch *Muckel*, JA 2019, 232; abweichend *Windau*, NJW 2020, 2753/2756.

Hiervon umfasst sind insbesondere die Technik, aber auch die räumlichen und personellen Voraussetzungen einschließlich der Einrichtung der Technik und der ggf. erforderlichen Schulungen. Die Verfügbarkeit der gerichtlichen Ressourcen ist im Rahmen der richterlichen Ermessensausübung bei der Gestattung zu berücksichtigen.[49]

Personelle Ressourcen beinhalten insbesondere IT- oder sonstiges Hilfepersonal (Hausmeisterdienst) für einen ggf. erforderlichen Auf- und Abbau der Technik. Ferner aber – soweit erforderlich die notwendigen Schulungen für die Bedienkräfte, ggf. auch für den richterlichen Dienst.

Wie stets – bspw. bei der Zuteilung von Protokollkräften – besteht nur ein Anspruch der Richterinnen und Richter auf ermessensfehlerfreie Zuteilung der vorhandenen (sachlichen und personellen) Mittel zur Durchführung von Verhandlungen im Wege der Bild- und Tonübertragung. Hierbei ist im Rahmen der Ermessensentscheidung der Gerichtsleitung einzustellen, wie das Gericht insgesamt seine gesetzlichen Aufgaben erfüllen kann; nicht nur der einzelne Spruchkörper. Andererseits muss durch die Gerichtsleitung und durch die Justizverwaltung insgesamt gewährleistet werden, dass der Spruchkörper möglichst störungsfrei Recht sprechen kann. Hierbei muss durch die Gerichtsleitung beachtet werden, dass die Bedienung der Videokonferenztechnik eine zusätzliche Belastung der Richterinnen und Richter darstellt. Die Belastung darf nicht so weit gehen, dass Richterinnen und Richter ihre nach der Prozessordnung übertragenen Aufgaben nicht mehr erfüllen können. Aus diesem Maßstab ergibt sich, dass sowohl Einladung als auch Testtermin und Bedienung der Konferenztechnik regelmäßig durch Richterinnen und Richter durchführbar sind, während umfangreiche Aufbauarbeiten grundsätzlich der Gerichtsverwaltung obliegen. Die unterschiedliche Technikaffinität der Richterinnen und Richter ist hierbei aber von der Gerichtsverwaltung zu beachten. Die Bereitschaft der Richterschaft, sich entsprechend in die Technik einweisen zu lassen, kann hierbei aber vorausgesetzt werden.[50]

c) Weitere Abwägungskriterien

Neben den in § 110a Abs. 1 Satz 1 SGG genannten Kriterien kann und muss das Gericht auch weitere abwägungsrelevante Kriterien in seine Entscheidung einstellen.

---

49 Vgl. *Windau*, www.zpoblog.de/?p=8285 (abgerufen am 5.8.2022).

50 Instruktiv: *Roller*, COVuR 2021, 135.

Wichtig sind insbesondere die von dem Antragsteller geäußerten Motive, eine Videoverhandlung zu nutzen.[51] Medizinische Gründe wiegen naturgemäß schwerer als rein finanzielle oder zeitliche Gründe. Nicht ausreichend ist aber der bloß pauschale Hinweis auf eine pandemische Lage.[52] Auch die Vermeidung von Reiseaufwänden ist ein abwägungsrelevanter Gesichtspunkt.[53]

Für die Abwägung gewichtig ist selbstredend auch das Interesse des Klägers an einer mündlichen Erörterung mit persönlicher Anwesenheit eines Vertreters des Beklagten, insbesondere dann, wenn zu befürchten steht, dass vor allem gerichtsunerfahrene Naturalparteien im Falle der Teilnahme der beklagten Behörde per Videokonferenz in einer Diskussion gehemmt sein könnten. Die persönliche Anwesenheit eines Vertreters des Beklagten stellt grundsätzlich den Normalfall und nicht den Ausnahmefall, welcher einer besonderen Rechtfertigung bedarf, dar. Allein die Personalknappheit einer Behörde, selbst wenn sie pandemiebedingt besteht, muss deshalb nicht genügen, um die Gestattung einer Videokonferenz zu erwirken. Zudem ist es Aufgabe des jeweiligen Hoheitsträgers, für eine ausreichende Personalausstattung zu sorgen, welche der Behörde die Erfüllung ihrer gesetzlichen Aufgaben ermöglicht.[54]

Aufseiten des Gerichts sind der Beschleunigungsgrundsatz und die Konzentrationsmaxime zu berücksichtigen; zudem das Interesse an einer umfassenden Sachverhaltsaufklärung durch Vernehmung von andernfalls unerreichbaren Zeugen oder Sachverständigen bzw. durch Schaffung der Möglichkeit einer Befragung von Zeugen und Sachverständigen durch einen Beteiligten, der ohne Videoübertragung andernfalls an einer Teilnahme an dem Termin zur Beweisaufnahme gehindert wäre.

Die Ermessensausübung kann unterbleiben, wenn keine Gründe ersichtlich sind, die ein Abweichen vom gesetzlichen Regelfall einer mündlichen Verhandlung ohne Bild- und Tonübertragung an einen anderen Ort nahelegen würden. Obschon die Gestattung (auch) von Amts wegen erfolgen kann, muss sich das Gericht nicht in jedem Fall dazu gedrängt sehen, eine Entscheidung über den gesetzlichen Ausnahmefall zu treffen. Dies ergibt sich bereits aus dem Wortsinn des Begriffs „Gestattung", der im Sinne einer Privilegierung jedenfalls ein mutmaßliches Interesse des von der Gestattung Betroffenen voraussetzt und sich insoweit von anderen prozess-

---

51 A. A. in erster Linie die Zweckmäßigkeit der Videokonferenz: *Karge*, NVwZ 2020, 926/927.

52 Vgl. *Schäfer*, jurisPR-SozR 10/2022 Anm. 5.

53 Bayerischer VGH v. 16.10.2023 – 20 BV 23.90.

54 LSG Baden-Württemberg v. 13.9.2021 – L 8 SB 3672/20.

rechtlichen Begriffen wie der „Anordnung“ abgrenzt, die auch gegen oder ohne den Willen des Betroffenen greifen.

2. Gestattung

Die Gestattung ist konstitutiv für die Wirksamkeit von Verfahrenshandlungen.[55]

Bezieht sich die Gestattung auf Zeugen oder Sachverständige (§ 110a Abs. 3 SGG), ist zuvor eine Anhörung der Beteiligten geboten.[56]

Es handelt sich um eine Gestattung im Wortsinn. Dem Begünstigten der Gestattung steht es dennoch frei, sich auch kurzfristig und unangekündigt zu entscheiden, den Termin in Form seiner physischen Anwesenheit an der Gerichtsstelle wahrzunehmen. Es handelt sich gerade nicht um eine Anordnung.[57] Gestattet das Gericht eine Verhandlung im Wege der Bild- und Tonübertragung, so darf es gleichwohl im Gerichtssaal erschienene Beteiligte deshalb nicht an der persönlichen Teilnahme hindern.[58] Macht ein Verfahrensbeteiligter von der erfolgten Gestattung keinen Gebrauch, kann er im Nachgang regelmäßig nicht einwenden (bspw. durch die pandemiebedingten Einschränkungen der mündlichen Verhandlung, wie erschwerte Verständigung aufgrund der Maskenpflicht), im Sitzungssaal beeinträchtigt gewesen zu sein.[59]

Die Gestattung ist eine prozessleitende Verfügung, die weder einer Begründung[60] bedarf noch zuzustellen ist.[61] Überprüfbar ist die Entscheidung freilich im Rechtsmittel, bspw. wenn durch die Gestattung oder Versagung einer Videokonferenz die Amtsermittlungspflicht oder das Recht auf rechtliches Gehör verletzt werden.[62]

Die h. M. [63] sieht es als erforderlich an, dass die Gestattung im Beschlusswege ergeht, dann auch in der Beschlussbesetzung des Gerichts. Richtigerweise spricht aber auch nichts dagegen, dass die Gestattung schlicht mit der

---

55 *B. Schmidt* in: Meyer-Ladewig/Keller/Leitherer/Schmidt, SGG, § 110a SGG Rn. 5; *Schreiber*, Betrifft Justiz 2020, 268/269.

56 *Schweitzer*, SGb 2022, 90/91.

57 *Windau*, www.zpoblog.de/?p=8285 (abgerufen am 5.8.2022).

58 OLG Celle v. 4.1.2022 – 17 WF 230/21.

59 LG München I v. 4.10.2021 – 42 O 13841/19 – juris Rn. 233.

60 *Karge*, NVwZ 2020, 926/927.

61 *Stäbler* in: jurisPK-SGG, § 110a SGG Rn. 26.

62 *Stäbler* in: jurisPK-SGG, § 110a SGG Rn. 26.

63 *Leopold* in BeckOGK-SGG, 1.1.2021, § 110a SGG Rn. 27; *Schweitzer*, SGb 2022, 90/94. *Roller* (NZS 2022, 481) sieht jedenfalls eine mit Paraphe abgezeichnete Verfügung nicht für ausreichend an.

Terminsmitteilung gem. § 110 Abs. 1 Satz 1 SGG erfolgt, weil sie letztlich Teil des Orts der mündlichen Verhandlung ist.[64] Folgt man dieser Ansicht, genügt die bloße richterliche Verfügung,[65] welche die Gestattung der Videokonferenz und die Terminsbestimmung miteinander verbindet.

Die Gestattung ist vor dem Termin den (übrigen) Beteiligten so rechtzeitig mitzuteilen, dass diese Gelegenheit haben, Bedenken hieran zu äußern.[66] Deren Zustimmung ist nicht erforderlich.[67] Jedenfalls kann das Gericht den Antrag nicht unbeschieden lassen und dann in Abwesenheit des Antragstellenden in der mündlichen Verhandlung entscheiden.[68]

Werden dem Gericht ermessensrelevante – z. B. medizinische – Gründe mitgeteilt, ist im Rahmen des dem Gericht eingeräumten Ermessens eine Abwägungsentscheidung und die rechtzeitige Mitteilung des Ergebnisses erforderlich, damit sich der Betroffene im Fall der Ablehnung der Videoübertragung darauf einstellen und gegebenenfalls besondere Vorkehrungen treffen kann, um seine Teilnahme an der mündlichen Verhandlung vor dem Gericht dennoch zu gewährleisten. Wird ein Antrag auf Videoverhandlung aber erst wenige Tage vor dem Sitzungstermin gestellt, ohne dass (ermessensrelevante) Gründe angegeben werden, kann jedenfalls ein anwaltlich vertretener Beteiligter nicht (ohne Weiteres) davon ausgehen, dass noch eine für ihn positive Entscheidung im Sinne einer ausnahmsweisen „Gestattung“ ergehen wird. Vielmehr muss er sich in diesem Fall – auch ohne eine vorherige Entscheidung oder Mitteilung des Gerichts – weiterhin auf den gesetzlichen Regelfall einer mündlichen Verhandlung in Präsenz einstellen. Sein Anspruch auf rechtliches Gehör bleibt ausreichend und unverändert dadurch gewahrt, dass ihm durch die rechtzeitige Mitteilung der mündlichen Verhandlung die Möglichkeit zur Teilnahme eingeräumt wird.[69]

3. Ablehnung des Antrags auf Bild- und Tonübertragung

Die Ablehnung des Antrags auf Bild- und Tonübertragung muss nach der seit 19.7.2024 geltenden Rechtslage gem. § 110a Abs. 2 Satz 3 SGG durch Beschluss erfolgen, der kurz zu begründen ist. Verfahrensfehlerhaft handelt

---

64 Wie hier: *Bamberger*, NWVBl 2018, 7/8; *Windau*, NJW 2020, 2753/2755; a. A. *Ulrich* in: Schoch/Schneider/Bier, 38. EL Januar 2020, § 102a VwGO Rn. 30; *Karge*, NVwZ 2020, 926/927; *Vogl* in: BeckOGK, § 211 SGG Rn. 29.

65 LSG Nordrhein-Westfalen v. 11.3.2021 – L 11 KA 50/18.

66 *Schreiber*, WzS 2020, 227/229.

67 Ähnlich, aber eine Anhörung fordernd: *Stäbler* in: jurisPK-SGG, § 110a SGG Rn. 24.

68 BSG v. 9.3.2022 – B 7/14 AS 333/21 B.

69 BSG v. 13.12.2022 – B 12 R 6/22 B.

das Gericht, wenn es sich auf einen entsprechenden Antrag nicht zu einer Entscheidung über die Bild- und Tonübertragung verhält. Entscheidet das Gericht nicht über den Antrag, kommt eine Zurückverweisung des Rechtsstreits in Betracht, weil der Anspruch des Antragstellenden auf rechtliches Gehör verletzt sein kann.[70]

Über den Zeitpunkt der Ablehnung macht § 110a Abs. 2 Satz 3 SGG keine Vorgaben. Zur Wahrung rechtlichen Gehörs sollte die Ablehnung jedoch regelmäßig im Vorfeld der mündlichen Verhandlung und dann schriftlich bzw. elektronisch ergehen.

Nur in Ausnahmefällen, wenn für einen förmlichen Beschluss keine Zeit verbleibt, kann die Ablehnung aber auch in der mündlichen Verhandlung ergehen und ist dann zu protokollieren. Ferner kann sie auch in der Entscheidung über die Hauptsache enthalten sein. Über die Rechtsprechung zu Terminsverlegungsanträgen kann insoweit wegen der Ähnlichkeit für den Anspruch auf rechtliches Gehör zurückgegriffen werden.[71]

Inhaltlich macht der Gesetzgeber keine Vorgaben zur Begründung. Sie soll „kurz“ erfolgen. Wenige Sätze, sogar ein Satz, dürften insoweit genügen. Das Wesen der Begründungspflicht lässt sich vor allem aufgrund des historischen Gesetzgebungsprozesses greifbar machen. Der Gesetzentwurf der Bundesregierung sah zunächst ohne weitere Zusätze eine Begründungspflicht im Falle der Antragsablehnung vor. Ausweislich der Entwurfsbegründung sollten allerdings formularmäßige Ablehnungen nicht genügen. Inhalt und Umfang der Begründung müssten erkennen lassen, dass der jeweilige Einzelfall geprüft wurde. Nach den Beratungen im Rechtsausschuss hierüber wurde die Begründungspflicht nochmals verschärft und sollte unter Berücksichtigung der Umstände des Einzelfalls erfolgen. Der Bundesrat war demgegenüber der Auffassung, dass die vorgesehene Begründungspflicht den Anschein von Misstrauen gegenüber den Gerichten erwecke, sachgerechte Entscheidungen im Zusammenhang mit Videokonferenzen zu fällen. In der Tat kann die Begründungspflicht wegen der Unanfechtbarkeit der Entscheidung zu bloßen „Pflichtübungen“ verleiten. Im Vermittlungsausschuss wurde letztlich der Kompromiss gefunden, dass eine Ablehnung „kurz“ zu begründen sei. In der Literatur wird indes zu Recht befürchtet, dass eine knappe Begründung, wie bspw. „Der Fall eignet sich nicht für eine Videoverhandlung“, kaum etwas zur Transparenz beiträgt, weshalb die Neuregelung kaum Auswirkungen entfalten könnte.[72] Um dieser Kritik zu begegnen sollte richtigerweise die Begründungspflicht so interpretiert wer-

70 BSG v. 9.3.2022 – B 7/14 AS 333/21 B.

71 Siehe hierzu beckOGK/Müller § 110 SGG Rn. 17.

72 Francken/Natter/Rieker, NZA 2024, 937/941.

den, dass – knapp – die tragenden Gründe der Ablehnungsentscheidung benannt werden, darüber hinaus aber auch auf die im Antrag benannten Gründe für die Videokonferenz eingegangen wird, sodass letztlich das Ergebnis einer getroffenen Abwägungsentscheidung erkennbar wird.

Ist keine Videokonferenzausstattung für das Gericht verfügbar, besteht schon deshalb kein Anspruch auf Gestattung, § 110a Abs. 1 Satz 1 SGG.[73] Eine Entscheidung – ggf. mit dieser Begründung – hat nichtsdestotrotz zu ergehen.

Es besteht kein Anspruch auf Gestattung, sondern nur ein Anspruch auf ermessensfehlerfreie Entscheidung, die aber erst im Rahmen eines Rechtsbehelfs in der Hauptsache überprüfbar ist – bspw. im Hinblick darauf, ob rechtliches Gehör gewahrt wurde.[74]

73 Bayerischer Verwaltungsgerichtshof v. 13.5.2022 – 3 ZB 20.1565 – juris Rn. 9.
74 *Trienekens/Höland/Welti*, CR 2022, 64/70f.

Leichte und Einfache Sprache in Bescheiden und Formularen – rechtliche Grundlagen

Prof. Dr. Daniel Hlava, University of Applied Sciences, Frankfurt/Main

I. Einführung

Die Rechtssprache ist eine Fachsprache, die für juristische Laien oft schwer verständlich ist.[1] Um rechtliche Inhalte in Antragsformularen, Bescheiden und anderen amtlichen Dokumenten für die Allgemeinheit einfacher zu formulieren gibt es viele Ansätze. Für Menschen, die behinderungsbedingte Lern- oder Verständnisschwierigkeiten haben (bspw. bei einer sog. geistigen Behinderung), reicht eine bürgernahe Verwaltungssprache[2] jedoch nicht immer aus, damit Informationen verstanden und auf dieser Grundlage selbstbestimmt rechtliche Handlungsentscheidungen getroffen werden können – sei es bei der Beantragung einer Sozialleistung oder der Wahrnehmung eigener Rechte im Verwaltungsverfahren. Hierfür braucht es barrierefreie Kommunikation in der Beratung und Texte, die (nach bestimmten Regeln) in besonders vereinfachter Sprache geschrieben sind.

Die Rechtsgrundlagen für den Einsatz von einfacher oder Leichter Sprache in der Sozialverwaltung werden nachfolgend erläutert. Hieran anknüpfend werden verfahrensrechtliche Fragen beleuchtet. Die für das Thema zentralen Begriffe sind indes (zum Teil) selbst erklärungsbedürftig, weshalb zunächst einige Begriffsbestimmungen vorangestellt werden.

II. Begriffsbestimmungen

1. Behinderung

Der Behinderungsbegriff wird in § 2 Abs. 1 Satz 1 SGB IX und § 3 Behindertengleichstellungsgesetz (BGG) bedeutungsgleich legaldefiniert. Hiernach sind Menschen mit Behinderungen

---

1 *Rink*, Rechtskommunikation und Barrierefreiheit, 2020, S. 103.

2 Dazu Bundesverwaltungsamt, Bürgernahe Verwaltungssprache – Arbeitshandbuch, 4. Aufl. 2002 unter https://www.bva.bund.de/SharedDocs/Downloads/DE/Oeffentlichkeitsarbeit/Buergernahe_Verwaltungssprache_BBB.pdf?__blob=publicationFile&v=2.

„Menschen, die körperliche, seelische, geistige oder Sinnesbeeinträchtigungen haben, die sie in Wechselwirkung mit einstellungs- und umweltbedingten Barrieren an der gleichberechtigten Teilhabe an der Gesellschaft mit hoher Wahrscheinlichkeit länger als sechs Monate hindern können. Eine Beeinträchtigung nach Satz 1 liegt vor, wenn der Körper- und Gesundheitszustand von dem für das Lebensalter typischen Zustand abweicht."

Dieses Begriffsverständnis, das auf dem bio-psycho-sozialen Modell der International Classification of Functioning, Disability and Health (ICF) beruht und der Umsetzung der UN-Behindertenrechtskonvention (vgl. Art. 1 Abs. 2 UN-BRK) dient,[3] beschreibt das Vorhandensein einer Behinderung nicht allein damit, dass eine Person eine individuelle gesundheitliche Beeinträchtigung hat, sondern wie sich eine solche Beeinträchtigung unter Berücksichtigung der Gegebenheiten in der Lebensumwelt (Kontextfaktoren) auf seine Teilhabemöglichkeiten auswirkt. Eine Behinderung entsteht demnach erst dadurch, dass ein Mensch mit einer Beeinträchtigung durch Barrieren und/oder Vorurteilen daran gehindert wird, gleichberechtigt mit anderen Menschen am gesellschaftlichen Leben teilhaben und seine Rechte ausüben zu können. Dies bringt auch der bekannte Slogan aus der Behindertenbewegung zum Ausdruck: „Man ist nicht behindert, man wird behindert."

Betrachtet man nur die Gruppe schwerbehinderter Menschen, demnach diejenigen, bei denen ein Grad der Behinderung von mindestens 50 festgestellt wurde (§ 2 Abs. 2 SGB IX), zeigt sich die hohe gesellschaftliche Betroffenheit: Nach den Daten des Statistischen Bundesamts gibt es 7,8 Mio. schwerbehinderte Menschen in Deutschland; dies entspricht 9,4 % der Gesamtbevölkerung.[4]

2. Barrierefreiheit als Rechtsbegriff

Was unter einer Barriere zu verstehen ist, ist nicht gesetzlich definiert. Allgemein kann hierunter nach dem Duden eine *„Absperrung, Sperre, die jemanden, etwas von jemandem, etwas fernhält; Hindernis"*[5] verstanden werden. Das Fehlen von Barrieren, mithin „Barrierefreiheit", wird dagegen im BGG legaldefiniert:

3 Zusammenfassend zur Entwicklung des Begriffs s. *Welti* in: Deinert/Welti/Luik/Brockmann, SWK BehindertenR, 3. Aufl. 2022, Behinderung Rn. 1 ff.

4 Destatis, https://www.destatis.de/DE/Themen/Gesellschaft-Umwelt/Gesundheit/Behinderte-Menschen/_inhalt.html.

5 Duden, https://www.duden.de/rechtschreibung/Barriere.

„Barrierefrei sind bauliche und sonstige Anlagen, Verkehrsmittel, technische Gebrauchsgegenstände, Systeme der Informationsverarbeitung, akustische und visuelle Informationsquellen und Kommunikationseinrichtungen sowie andere gestaltete Lebensbereiche, wenn sie für Menschen mit Behinderungen in der allgemein üblichen Weise, ohne besondere Erschwernis und grundsätzlich ohne fremde Hilfe auffindbar, zugänglich und nutzbar sind. Hierbei ist die Nutzung behinderungsbedingt notwendiger Hilfsmittel zulässig." (§ 4 BGG)

Barrierefreiheit umfasst damit mehr als nur „Aufzug und Rampe" und ist weit zu verstehen. Es geht nicht nur um bauliche Barrieren, sondern auch um kommunikative, sprachliche und technische Hindernisse. Es besteht hier ein besonders enger Zusammenhang mit dem Verständnis von Behinderungen, die erst dadurch entstehen, dass die Umwelt nicht barrierefrei ist. In einer idealtypischen, vollkommen barriere- und vorurteilsfreien Welt gäbe es somit – per Definition – auch keine Behinderungen. In diesem Sinne brachte der Gesetzgeber bei der Schaffung des BGG zum Ausdruck: *„Die Ermöglichung einer gleichberechtigten Teilhabe am Leben in der Gesellschaft kann vor allem durch den Abbau von Barrieren erreicht werden."*[6] Daneben ist nicht zu übersehen, dass eine barrierefrei gestaltete Umwelt auch für Menschen ohne eine Behinderung nützlich ist, wie ältere Menschen und Kinder.[7]

Wenn über die Homepage eines Sozialleistungsträgers Informationen in Leichter Sprache bereitgestellt werden, damit Menschen mit Lernschwierigkeiten die Inhalte verstehen können,[8] handelt es sich um eine Maßnahme zur Barrierefreiheit. Gleiches gilt, wenn im Downloadbereich (leicht auffindbar) Formulare in einfacher und Leichter Sprache zur Verfügung gestellt werden.

3. Angemessene Vorkehrungen

Unter dem Konzept von „angemessenen Vorkehrungen" werden individuelle Maßnahmen verstanden, um einem Menschen mit Behinderung die Wahrnehmung seiner Rechte und Freiheiten zu ermöglichen. Es stammt

6 BT-Drs. 14/7420, S. 23.

7 Vgl. weiter *Welti*, Barrierefreiheit als Rechtsbegriff, in: Welti, Rechtliche Instrumente zur Durchsetzung von Barrierefreiheit, 2013, S. 23, 25.

8 Jedenfalls für die wesentlichen Inhalte der Homepage wird dies auch nach § 4 i. V. m. Anlage 2 zur BITV 2.0 gefordert.

ursprünglich aus dem US-amerikanischen Recht[9] und wird in der UN-BRK definiert als

„notwendige und geeignete Änderungen und Anpassungen, die keine unverhältnismäßige oder unbillige Belastung darstellen und die, wenn sie in einem bestimmten Fall erforderlich sind, vorgenommen werden, um zu gewährleisten, dass Menschen mit Behinderungen gleichberechtigt mit anderen alle Menschenrechte und Grundfreiheiten genießen oder ausüben können“ (Art. 2 UAbs. 4 UN-BRK).

Angemessene Vorkehrungen tragen damit dem Umstand Rechnung, dass die Welt, in der wir leben, nicht barrierefrei ist. Daher sollen im konkreten Einzelfall Maßnahmen ergriffen werden, um bei der Überwindung von Barrieren zu unterstützen.[10] Hierbei kann es sich um eine mobile Rampe handeln, die im Bedarfsfall angebracht wird, um einem mobilitätseingeschränkten Menschen den Zugang zur Beratungsstelle seiner Krankenkasse trotz Eingangsstufen zu ermöglichen. Ein anderes Beispiel wäre der Einsatz eines Gebärdensprachdolmetschers, um die Kommunikation mit einem hörbehinderten Patienten sicherzustellen. Wird eine im Einzelfall angezeigte und dem Verpflichteten zumutbare Maßnahme nicht ergriffen, eine angemessene Vorkehrung demnach versagt, kann dies eine Diskriminierung wegen einer Behinderung sein (Art. 2 UAbs. 3 UN-BRK). Neben der UN-BRK hat das Gebot angemessener Vorkehrungen Einzug in verschiedene weitere Rechtsquellen gefunden.[11]

Wenn im konkreten Bedarfsfall ein Bescheid, ein Formular oder ein anderes Dokument einer Behörde in Leichte Sprache übersetzt oder erläutert wird, handelt es sich um eine angemessene Vorkehrung, mit deren Hilfe ein Mensch mit geistiger Behinderung Sprachbarrieren und Verständnishürden überwinden kann, um diskriminierungsfrei und selbstbestimmt seine Rechte wahrnehmen zu können.

4. Einfache Sprache

Die Vermittlung von Informationen erfolgt im Alltag häufig in komplizierter Fachsprache, die für den Adressaten ggf. nur schwer verständlich ist – das

9 *Fuerst/Bechtolf* in: Deinert/Welti/Luik/Brockmann, SWK BehindertenR, Angemessene Vorkehrungen Rn. 1.

10 Vgl. *Aichele/Althoff*, Nicht-Diskriminierung und angemessene Vorkehrungen in der UN-BRK, in: Welke, UN-BRK, S. 112 Rn. 43; s. auch *Engels u.a.*, Evaluierung des novellierten BGG, 2022, BT-Drs. 20/4440, S. 108.

11 Vgl. dazu *Welti/Frankenstein/Hlava*, Angemessene Vorkehrungen und Sozialrecht, 2018.

gilt besonders auch für die Rechtssprache und das, was gemeinhin unter „Behördendeutsch" verstanden wird. Mittels einer einfacheren Sprache soll Barrieren in der Kommunikation entgegengewirkt werden. Welche (Sprach-)Regeln hierbei zu beachten sind, wurde erstmals im Jahr 2023 von der Internationalen Organisation für Normung (ISO) in einer DIN-Norm festgelegt. Die betreffende DIN ISO 24495-1 enthält dabei vier Grundsätze für Einfache Sprache:

- Die Leserschaft erhält, was sie braucht. (Relevanz)
- Die Leserschaft kann leicht finden, was sie braucht. (Auffindbarkeit)
- Die Leserschaft kann leicht verstehen, was sie findet. (Verständlichkeit)
- Die Leserschaft kann die Informationen einfach verwenden. (Anwendbarkeit)

Konkretisiert wurde die Norm für den deutschsprachigen Raum in der DIN 8581-1 „Einfache Sprache – Anwendung für das Deutsche – Teil 1: Sprachspezifische Festlegungen", die im April 2024 veröffentlicht wurde. Enthalten sind hier bspw. Regeln für die Länge von Sätzen und Wörtern und zur Hervorhebung von Textstellen.[12] Zur Veranschaulichung kann ein Beispiel aus dem „Leitfaden für eine barrierefreie Verwaltung" der Stadt Wiesbaden herhalten (jedoch noch auf dem Stand vor Inkrafttreten der DIN 8581-1):

„Vorher:
Auch für Wiesbaden stellt die demografische Entwicklung eine zunehmende Herausforderung dar. Mit dem allgemeinen Anstieg der Lebenserwartung wächst auch die Zahl der Menschen, die auf Hilfe und Pflege angewiesen sind.

Nachher:
Die Menschen werden immer älter. Das gilt auch für Wiesbaden. Sie benötigen immer mehr Hilfe und Pflegeleistungen."[13]

5. Leichte Sprache

Menschen, die behinderungsbedingt Schwierigkeiten beim Lesen oder Verstehen haben, sind unter Umständen auf eine weitergehende Vereinfachung von Texten und Sprache angewiesen, um die Inhalte erfassen zu können. Diese besondere Form barrierefreier Kommunikation wird „Leichte Spra-

12 DIN, https://www.din.de/de/din-und-seine-partner/presse/mitteilungen/erste-din-normen-fuer-einfache-sprache-veroeffentlicht--1090866.

13 Landeshauptstadt Wiesbaden, Leitfaden für eine barrierefreie Verwaltung, S. 14 unter https://www.wiesbaden-barrierefrei.de/downloads/Rogat/Barrierefreie_Verwaltung.pdf.

che" genannt. Sie verfolgt das Ziel einer besseren Wahrnehmbarkeit von Texten durch Menschen mit einer Behinderung und ein so weit wie möglich vereinfachtes Sprachniveau.[14] Nach der Gesellschaft für deutsche Sprache lässt sich Leichte Sprache im Allgemeinen mit didaktischen Texten des Sprachniveaus A1 des gemeinsamen europäischen Referenzrahmens für Sprachen (GER) vergleichen, während einfache Sprache eher dem B1-Niveau des GER entspricht.[15]

In der Praxis existieren verschiedene Empfehlungen, was beim Einsatz Leichter Sprache zu beachten ist.[16] Ein allgemeingültiges Regelwerk zur Sprachstruktur, Textgestaltung etc. wurde zwischenzeitlich in Form einer DIN-Norm für Leichte Sprache erarbeitet, die im März 2025 als DIN SPEC 33429 „Empfehlungen für Deutsche Leichte Sprache" veröffentlicht wurde.[17]

Öffentliche Träger der Bundesverwaltung sind nach § 12b BGG verpflichtet, eine Erklärung zur Barrierefreiheit ihrer Website zu veröffentlichen. Die auch in Leichter Sprache abgefasste Erklärung der Techniker Krankenkasse bietet ein Beispiel für die Sprachstruktur (wobei ergänzende Piktogramme etc. hier nicht enthalten sind):

„Eine Barriere ist ein **Hindernis***.*
Wenn es ein Hindernis auf einer Internet-Seite gibt,
können manche Menschen die Internet-Seite schlecht benutzen.
Zum Beispiel blinde Menschen.
Oder Menschen, die Leichte Sprache lesen.

Es gibt Regeln zu Barriere-Freiheit.
Die Regeln stehen in Gesetzen.
Die Gesetze heißen so:
- *Behinderten-Gleichstellungsgesetz*
- *Barrierefreie-Informationstechnik-Verordnung*

In den Gesetzen steht:
So muss eine Internet-Seite sein,
damit alle sie gut benutzen können.

14 Vgl. *Zinsmeister* in: Deinert/Welti/Luik/Brockmann, SWK BehindertenR, Leichte Sprache Rn. 2.

15 Gesellschaft für deutsche Sprache e. V., Textanalyse-Tool prüft Niveaustufe des Gemeinsamen europäischen Referenzrahmens für Sprachen (GER), 01.11.2023, aktualisiert 19.06.2024, https://gfds.de/textanalyse-tool-prueft-niveaustufe-des-ger/.

16 Eine Zusammenfassung der Grundregeln m. w. N. bei *Zinsmeister* in: Deinert/Welti/Luik/Brockmann, SWK BehindertenR, Leichte Sprache Rn. 6.

17 DIN, https://www.dinmedia.de/de/technische-regel/din-spec-33429/387728031.

Das nennt man: barriere-frei.
Wir wollen,
dass alle Menschen die Internet-Seite gut benutzen können.“[18]

III. Leichte Sprache in der Rechtspraxis der Sozialverwaltung

Im Rahmen der Evaluation des novellierten BGG wurden Behörden anhand verschiedener Fallbeispiele befragt, wie sie in bestimmten Situationen reagieren. Auf die Fragestellung „*Eine Person mit einer sog. Geistigen Behinderung / mit Lernschwierigkeiten ruft an und fragt nach Informationen. Was tun Sie?*“ antworteten 68 % der Befragten, dass sie sich um eine leicht verständliche Erläuterung bemühen und für Nachfragen zur Verfügung stehen, 23 % gaben an, den Bescheid oder Sachverhalt in Leichter Sprache zu erstellen bzw. zu erläutern und 21 % fragen nach dem (rechtlichen) Betreuer.[19] Eine Dienstanweisung ist für solche Fälle nicht oder nahezu nicht vorhanden.[20] Weiter wurden die Behördenmitarbeiterinnen und -mitarbeiter danach gefragt, wie sie ihre eigenen Kenntnisse in Leichter Sprache einschätzen. 13 % gaben hierbei an, über keine Kenntnisse der Regeln zu verfügen, 32 % stuften ihre Kenntnisse als gering ein und 55 % gaben mittlere bis sehr gute Kenntnisse an.[21]

Nähere Einblicke zur Rechtspraxis finden sich im Beitrag von *Eiber* in diesem Band. Daneben gibt es in der Literatur weitere Einblicke in Projekte zur verständlicheren Kommunikation in der Verwaltung.[22]

IV. Rechtsgrundlagen

1. UN-Behindertenrechtskonvention

Die UN-Behindertenrechtskonvention (UN-BRK) vom 13.12.2006 wurde von Deutschland unterzeichnet und trat am 26.3.2009 nach Ratifikation in

18 TK, Erklärung zur Barriere-Freiheit in Leichter Sprache, https://www.tk.de/techniker/unternehmensseiten/barrierefreiheit/erklaerung-barrierefreiheit-leichte-sprache-2117676.

19 *Engels u. a.*, Evaluierung des novellierten BGG, BT-Drs. 20/4440, S. 306.

20 *Engels u. a.*, Evaluierung des novellierten BGG, BT-Drs. 20/4440, S. 306.

21 *Engels u. a.*, Evaluierung des novellierten BGG, BT-Drs. 20/4440, S. 235.

22 Bezogen auf einfache Bescheide von Jobcentern: *Hudson/Gerling/Görge*, info also 2024, S. 55 ff.; zu Leichter Sprache in der Justiz Niedersachsens: *Rink*, Rechtskommunikation und Barrierefreiheit, 2020, S. 196 ff.

Kraft.[23] Innerstaatlich steht dieser völkerrechtliche Vertrag damit im Rang eines einfachen Bundesgesetzes und die Konvention ist zur Auslegung von Inhalt und Reichweite der Grundrechte[24] sowie auch des einfachen Rechts[25] heranzuziehen.

Die Konvention enthält einige Vorgaben zur barrierefreien Kommunikation und barrierefreien Dokumenten im Kontakt mit Behörden. Art. 5 Abs. 2 UN-BRK beinhaltet ein Diskriminierungsverbot, das alle Formen von Diskriminierungen, einschließlich der Versagung angemessener Vorkehrungen zur individuellen Überwindung von Barrieren, umfasst (Art. 2 UAbs. 3 Satz 2 UN-BRK). Nach Art. 9 Abs. 1 UN-BRK (Zugänglichkeit) müssen die Vertragsstaaten der Konvention geeignete Maßnahmen treffen, um Menschen mit Behinderungen den gleichberechtigten Zugang (u. a.) zu Informationen zu gewährleisten. Art. 13 UN-BRK verpflichtet u. a. durch verfahrensbezogene Vorkehrungen dazu einen gleichberechtigten und wirksamen Zugang zur Justiz zu schaffen. Für eine benachteiligungs- bzw. barrierefreie Kommunikation ist weiter auf Art. 21 lit. b UN-BRK hinzuweisen, wonach im Umgang mit Behörden die Verwendung „alternativer Kommunikationsformen“ zu erleichtern ist.

Die Vertragsstaaten der UN-BRK sind nach ihrem Art. 35 dazu verpflichtet, dem UN-Fachausschuss für die Rechte von Menschen mit Behinderungen regelmäßig über den innerstaatlichen Umsetzungsstand zu berichten. Die Staatenberichte werden anschließend geprüft und es erfolgt eine Rückmeldung zu möglichem Handlungsbedarf. In seinen abschließenden Bemerkungen zum 2. und 3. Staatenbericht der Bundesregierung[26] äußerte sich der UN-Fachausschuss mit Blick auf Art. 13 UN-BRK besorgt über die weiterhin bestehenden Barrieren beim Zugang zur Justiz u. a. aufgrund fehlender „barrierefreier Einrichtungen, Informationen und Kommunikation der Justiz“. Empfohlen wird, alle in der Rechtspflege tätige Personen angemessen zu schulen und „Menschen mit Behinderungen in allen Verfahren kostenlos verfahrensbezogene und altersgemäße Vorkehrungen [bereitzustellen]“[27].

---

23 Dazu *Engels u. a.*, Evaluierung des novellierten BGG, BT-Drs. 20/4440, S. 68.

24 BVerfG v. 23.3.2011 – 2 BvR 882/09; BVerfG v. 14.10.2004 – 2 BvR 1481/04 (Görgülü).

25 BSG v. 24.5.2012 – B 9 V 2/11 R.

26 CRPD/C/DEU/CO/2-3 vom 8.9.2023.

27 CRPD/C/DEU/CO/2-3, Nr. 28.

2. Verfassungsrecht

Das Grundgesetz enthält in Art. 3 Abs. 3 Satz 2 GG das Verbot, Menschen aufgrund einer Behinderung zu diskriminieren. Hierunter kann im Lichte von Art. 5 Abs. 3 UN-BRK auch eine Pflicht zu angemessenen Vorkehrungen verstanden werden.[28] Ferner kann die Informationsfreiheit aus Art. 5 Abs. 1 GG betroffen sein, wenn ein Mensch behinderungsbedingt am Zugang zu Informationen gehindert wird.[29]

3. Behindertengleichstellungsrecht

Mit dem BGG des Bundes aus dem Jahr 2002[30] wurde das verfassungsrechtliche Diskriminierungsverbot in Art. 3 Abs. 3 Satz 2 GG einfachgesetzlich konkretisiert.[31] Das BGG beinhaltet ein Benachteiligungsverbot in § 7 BGG sowie verschiedene Vorgaben zur Herstellung von Barrierefreiheit. Der Adressatenkreis ergibt sich zuvörderst aus § 1 Abs. 1a BGG und umfasst öffentliche Träger der Bundesverwaltung, mithin Bundesbehörden, wozu auch Sozialleistungsträger zählen, die unter Bundesaufsicht stehen, z. B. die DRV Bund, Bundesagentur für Arbeit und einige (bundesweit tätige) Krankenkassen.[32] Landesbehörden sind dagegen an die jeweiligen Behindertengleichstellungsgesetze der Länder gebunden, die meist ähnliche Regelungen wie das BGG des Bundes enthalten. Das BGG enthält mit seinen Vorschriften zu Zielvereinbarungen (§ 5 BGG) und Vorschriften zu Assistenzhunden (§§ 12e ff. BGG) darüber hinaus auch Regelungen für Private und bezieht bei der Pflicht zu barrierefreier Informationstechnik auch andere öffentliche Stellen mit ein (vgl. § 12 BGG).

Das Benachteiligungsverbot des BGG versteht die Versagung angemessener Vorkehrungen ausdrücklich als eine Form verbotener Diskriminierung (§ 7 Abs. 2 BGG). Es enthält in § 7 Abs. 1 Satz 4 BGG die (widerlegbare) gesetzliche Vermutung, dass bei Verstößen gegen die Vorgaben zur Barriere-

---

28 Näher und mit Nachweisen aus der Rechtsprechung *Welti/Frankenstein/Hlava*, Angemessene Vorkehrungen und Sozialrecht, S. 43 f.; vgl. auch *Engels u. a.*, Evaluierung des novellierten BGG, BT-Drs. 20/4440, S. 63.

29 *Hlava*, Barrierefreie Gesundheitsversorgung, S. 120; *Janßen*, Rechtliche Rahmenbedingungen barrierefreier Gesundheitskommunikation, in: Koehler/Bernabé, E-Health für ältere Menschen: Deutsche Leichte Sprache als Türöffner, S. 101, 111.

30 BGBl. I S. 1467, 1468.

31 BT-Drs. 1477420, S. 17.

32 Näher zum Anwendungsbereich: *Engels u. a.*, Evaluierung des novellierten BGG, BT-Drs. 20/4440, S. 84 ff.

freiheit eine behinderungsbedingte Benachteiligung vorliegt. Auf diese Weise kann der Anwendungsbereich der im BGG enthaltenen, besonderen Rechtsdurchsetzungsinstrumente (s. unten, Abschnitt V.3) auch bei Verstößen von Landesbehörden gegen Obliegenheiten zur Barrierefreiheit eröffnet werden, soweit Bundesrecht ausgeführt wird.[33] Wird im Einzelfall die Verwendung Leichter Sprache verweigert, kann dies eine diskriminierende Versagung angemessener Vorkehrungen sein.[34]

§ 10 BGG befasst sich mit barrierefreien Dokumenten. Behörden haben *„bei der Gestaltung von Bescheiden, Allgemeinverfügungen, öffentlich-rechtlichen Verträgen und Vordrucken eine Behinderung von Menschen zu berücksichtigen“* (§ 10 Abs. 1 Satz 1 BGG). Nach der Gesetzesbegründung gilt dies *„nicht nur für sehbehinderte Menschen, sondern stellt auch Anforderungen an die Verständlichkeit für Menschen mit kognitiven Einschränkungen (…) Mit der generellen Verpflichtung soll jedoch die Verwaltung angeregt werden, bereits bei der Gestaltung solcher Schriftstücke spezifische Einschränkungen von behinderten Menschen zu berücksichtigen.“*[35] Im Verwaltungsverfahren besteht darüber hinaus ein Anspruch blinder und sehbehinderter Menschen auf barrierefreie Dokumente, ohne zusätzliche Kosten (§ 10 Abs. 1 Satz 2 BGG). Näheres wird in der Verordnung über barrierefreie Dokumente in der Bundesverwaltung (VBD) geregelt, die u. a. in ihrem § 5 Abs. 2 Satz 1 auch ein Wahlrecht beinhaltet, auf welche Weise die betreffenden Dokumente zugänglich gemacht werden (bspw. auf Papier in Braille-Schrift, per E-Mail, auf einem Tonträger, mündlich oder auf andere Weise).[36] Einfache oder Leichte Sprache wird hier nicht explizit erwähnt.

Die mangelnde Berücksichtigung der Bedarfe von Menschen mit einer sog. geistigen Behinderung wurde in der ersten Evaluation des BGG vor dem Hintergrund der UN-BRK kritisiert[37] und führte 2016 zur Schaffung des heutigen § 11 BGG.[38] Dieser trägt Behörden auf mit Menschen mit einer geistigen oder seelischen Behinderung in einer einfachen und verständlichen Sprache zu kommunizieren (§ 11 Abs. 1 Satz 1 BGG). Bescheide, Formulare und andere Dokumente sollen auf Verlangen einfach und verständlich erläutert werden (§ 11 Abs. 1 Satz 2 BGG). Die in Abs. 1 Satz 2

---

33 *Ritz/Hlava/Ramm* in: Fuchs/Ritz/Rosenow, SGB IX, 7. Aufl. 2021, BGG § 7 Rn. 6; *Hlava*, Barrierefreie Gesundheitsversorgung, S. 395.

34 *Zinsmeister* in: Deinert/Welti/Luik/Brockmann, SWK BehindertenR, Leichte Sprache Rn. 4.

35 BT-Drs. 14/7420, 28.

36 *Ritz/Hlava/Ramm* in: Fuchs/Ritz/Rosenow, SGB IX, BGG § 10 Rn. 5.

37 *Welti u. a.*, Evaluation des BGG, 2014, S. 465.

38 BT-Drs. 18/7824, S. 38.

vorgenommene Aufzählung („*Bescheide, Allgemeinverfügungen, öffentlich-rechtliche Verträge und Vordrucke*") ist nicht abschließend („*insbesondere*").

Wenn einfache Sprache nicht ausreicht, sollen die Behörden nach § 11 Abs. 2 BGG auf Verlangen eines Menschen mit einer geistigen oder seelischen Behinderung „*Bescheide, Allgemeinverfügungen, öffentlich-rechtliche Verträge und Vordrucke in Leichter Sprache erläutern*". Ausgestaltet als „Sollvorschrift" muss im Regelfall die Erläuterung der Dokumente in Leichter Sprache erfolgen, wenn hieran ein Bedarf besteht. Anders war hier womöglich die Intention des Gesetzgebers, der in der Begründung zur Norm ausführt:

„*Eine umfassende Verpflichtung zur Verwendung von Leichter Sprache wird damit nicht verankert. Die Feststellung, ob und in welchem Umfang eine Erläuterung erfolgt, liegt im pflichtgemäßen Ermessen des Trägers öffentlicher Gewalt.*"[39]

Dass es sich bei § 11 Abs. 2 BGG um eine Ermessensvorschrift („Kann-Vorschrift") handeln sollte, findet jedoch keinen Niederschlag im Wortlaut der Norm („*sollen*"). Zudem wird an anderer Stelle der Gesetzesbegründung wiederrum Absatz 2 als eine Verpflichtung „*in Form einer Soll-Vorschrift*"[40] bezeichnet. Von atypischen Fällen abgesehen, besteht somit ein Anspruch auf Erläuterung von Bescheiden und Formularen in Leichter Sprache.[41]

Die Verpflichtung zu Leichter Sprache besteht nicht von Amts wegen, sondern nur auf Verlangen des Berechtigten. Hierfür ist keine bestimmte Form vorgeschrieben; der Wunsch nach Leichter Sprache kann daher mündlich, schriftlich oder elektronisch kundgetan werden.[42] Die allgemeinen Auskunfts-, Hinweis- und Beratungspflichten der Behörden sind zu beachten (s. nur § 25 VwVfG und § 14 SGB I), damit auch rechtsunkundige Bürgerinnen und Bürger diesen Anspruch geltend machen können. Hier ist auch die Pflicht der Sozialleistungsträger zur „Spontanberatung"[43] bzw. „Initiativberatung"[44] zu erwähnen.

---

39 BT-Drs. 18/7824, S. 47.

40 BT-Drs. 18/7824, S. 46.

41 Siehe auch *Hlava/Ramm* in: Fuchs/Ritz/Rosenow, SGB IX, BGG § 11 Rn. 4; *Winkler* in: Neumann/Pahlen/Greiner/Winkler/Westphal/Krohne, SGB IX, 15. Aufl. 2024, BGG § 11 Rn. 4.

42 BT-Drs. 18/7824, S. 46.

43 BSG v. 8.4.1987 – 1 RA 55/85; näher *Spellbrink* in: BeckOGK SGB I, § 14 Rn. 22 ff.

44 *Banafsche/Kreikebohm* in: Ruland/Becker/Axer, Sozialrechtshandbuch (SRH), 7. Aufl. 2022, § 6 Rn. 47.

Der Wunsch nach Leichter Sprache muss nicht für jedes neue Dokument wiederholt werden, sondern kann auch pauschal geäußert werden. Die Norm verhält sich hierzu zwar nicht, jedoch würde ein anderes Verständnis neue Barrieren schaffen und dem Sinn und Zweck des § 11 BGG unter Berücksichtigung der UN-BRK zuwiderlaufen.

Die durch eine Übersetzung in Leichte Sprache entstehenden, notwendigen Kosten werden nach § 11 Abs. 3 BGG von der jeweiligen Behörde getragen. In § 11 Abs. 4 BGG richtet der Gesetzgeber sodann noch den allgemeinen Appell an die Verwaltung, mehr Informationen in Leichter Sprache bereitzustellen.

Die Landesregelungen zu Leichter Sprache ähneln meist § 11 BGG, gehen aber teils darüber hinaus.[45] So besteht in Hessen ein gebundener Anspruch auf schriftliche Erläuterungen von Dokumenten in Leichter Sprache, wenn einfache Sprache nicht ausreicht (§ 12a Abs. 2 HessBGG).

4. Sozialrecht

Im Sozialrecht verweist § 19 Abs. 1a SGB X für das Sozialverwaltungsverfahren dynamisch auf § 11 BGG. Somit ist auch hier auf Verlangen eine barrierefreie Kommunikation mittels einfacher oder Leichter Sprache sowie einer entsprechenden Erläuterung von Bescheiden, Formularen und anderen Dokumenten zu gewährleisten.

Bei der Ausführung von Sozialleistungen gilt § 11 BGG über den Verweis in § 17 Abs. 2a SGB I entsprechend, womit im Bedarfsfall einfache und Leichte Sprache bspw. beim Arztbesuch zu berücksichtigen sind. Ferner statuiert § 17 Abs. 1 Nr. 4 SGB I eine „Hinwirkungspflicht" der Sozialleistungsträger auf die eigene (bauliche und kommunikative) Barrierefreiheit sowie einer (baulich) barrierefreien Leistungserbringung. Hierbei handelt es sich nicht nur um einen bloßen Programmsatz, sondern um eine Rechtspflicht, die gegenüber den Leistungserbringern unter Nutzung aller verfügbaren Instrumente des Leistungserbringungsrechts zu erreichen ist.[46]

---

45 Vergleichende Übersicht bei *Engels u. a.*, Evaluierung des novellierten BGG, BT-Drs. 20/4440, S. 144 f.

46 *Welti u. a.*, Evaluation des BGG, 2014, S. 458 f.; *Hlava*, Barrierefreie Gesundheitsversorgung, S. 207 ff., 463 ff.

V. Verfahrensrechtliche Fragen und Besonderheiten

1. Folgen nicht-barrierefreier Bescheide

Fraglich ist, welche Rechtsfolgen sich ergeben können, wenn Bescheide und Formulare entgegen den in Abschnitt IV genannten Vorgaben nicht barrierefrei sind.

Auf die Wirksamkeit eines Bescheides dürfte sich seine mangelnde Barrierefreiheit indes nicht auswirken. Ein Verwaltungsakt wird nach § 39 Abs. 1 SGB X im Zeitpunkt seiner Bekanntgabe wirksam. Für einen schriftlichen Bescheid bedeutet dies, dass er in den „Machtbereich" des Empfängers gelangt (§ 37 Abs. 2 SGB X); eine tatsächliche Kenntnisnahme ist hingegen nicht erforderlich.[47] Ein Verwaltungsakt wird insofern nach der Rechtsprechung auch dann wirksam bekannt gegeben, wenn er behinderungsbedingt nicht wahrnehmbar ist.[48] Allerdings dürfen dem Betroffenen hieraus keine rechtlichen Nachteile erwachsen.[49]

Um für Antragsteller einer Sozialleistung negative Folgen aufgrund mangelnder Barrierefreiheit zu vermeiden, kommen verschiedene Lösungen in Betracht. Sofern dem Sozialleistungsträger bekannt ist, dass der Hilfesuchende oder Antragsteller eine geistige oder seelische Behinderung hat, muss er im Rahmen seiner Beratungspflichten (§ 14 SGB I) auf das Recht auf (kostenfreie) Erläuterungen in einfacher/Leichter Sprache hinweisen. Wird diese Hinweispflicht verletzt oder die Verwendung einfacher/Leichter Sprache verweigert und entsteht hierdurch ein Schaden (insbesondere durch eine verspätete Antragstellung), kommt ein sozialrechtlicher Herstellungsanspruch in Betracht. Wurde die Hinweispflicht verletzt bzw. einfache/Leichte Sprache verweigert und dadurch die Widerspruchsfrist verpasst, kann Wiedereinsetzung in den vorigen Stand (§ 27 SGB X, § 67 SGG) beantragt werden. Dies wurde in der Rechtsprechung bereits im Falle nicht-barrierefreier Bescheide bei Blindheit/Sehbehinderung anerkannt[50] und muss entsprechend auch für Menschen mit einer geistigen oder seelischen Behinderung gelten.

---

47 *Siewert* in: Diering/Timme/Stähler, LPK-SGB X, 6. Aufl. 2022, § 37 Rn. 4.

48 OVG Koblenz v. 25.6.2012 – 7 A 10286/12.

49 BVerwG, Beschl. v. 28.12.1988 – 5 B 49/88.

50 LSG Sachsen v. 16.3.2016 – L 8 SO 10/14, OVG Koblenz v. 25.6.2012 – 7 A 10286/12, s. auch BSG v. 3.3.2009 – B 1 KR 69/08 B.

2. Verweis auf Hilfe Dritter

a) Rechtsanwältin/-anwalt

Eine weitere Frage, die sich in der Rechtspraxis stellen kann, ist, ob die Erläuterung des Inhalts eines Bescheides oder Formulars in einfacher Sprache durch einen Dritten bereits ausreichend ist und sich Betroffene auf diese Unterstützungsmöglichkeit verweisen lassen müssen. Ausgangspunkt ist folgende Entscheidung des BVerfG aus dem Jahr 2014 zur Zugänglichmachung von Dokumenten für blinde Menschen in einem Gerichtsverfahren:

„Eine gleichberechtigte Teilhabe am Prozess setzt nicht zwingend voraus, dass der sehbehinderten Partei die Prozessunterlagen in Blindenschrift vorliegen müssen. Ist der Streitstoff übersichtlich und die Partei anwaltlich vertreten, so ist grundsätzlich die Annahme gerechtfertigt, dass ihr der Prozessgegenstand ohne Informationsverlust und ohne eine Beschränkung ihrer Teilhabemöglichkeit von ihrem Rechtsanwalt vermittelt wird, zumal ihre Unterrichtung zu dessen Pflichten gehört“.[51]

Hiernach reicht es im Rahmen eines Gerichtsverfahrens aus, wenn ein blinder Verfahrensbeteiligter von seinem Rechtsanwalt über die maßgeblichen Inhalte informiert wird, sofern es sich um eine übersichtliche Angelegenheit handelt und die Vermittlung durch den Rechtsanwalt gegenüber einer unmittelbaren Zugänglichmachung der Inhalte nicht zurückbleibt.[52] Lässt man eine allgemeine Bewertung dieser Entscheidung – auch vor dem Hintergrund des nach Art. 13 UN-BRK geforderten, gleichberechtigten Zugangs zur Justiz[53] – beiseite, ist sie jedenfalls nicht auf die Erläuterung von Bescheiden in Leichter Sprache übertragbar. Zunächst enthält Art. 11 BGG (anders als die zur Konkretisierung des Rechtsanspruchs blinder und sehbehinderter Menschen erlassene VBD) keine Einschränkung dahingehend, dass Leichte Sprache zur Wahrnehmung eigener Rechte im Verwaltungs- bzw. Gerichtsverfahren erforderlich sein müsse. Des Weiteren können der betroffenen Gruppe von Menschen mit Behinderungen die Inhalte eines Bescheides durch einen Rechtsanwalt nicht in gleicher Weise erläutert werden wie blinden Menschen, da hierfür notwendigerweise Kenntnisse in einfacher/Leichter Sprache vorhanden sein müssen.

---

51 BVerfG v. 10.10.2014 – 1 BvR 856/13.

52 Siehe dazu zuletzt auch LSG Bayern v. 16.1.2025 – L 2 U 313/24 B ER.

53 Dazu kritisch *Wenckebach*, Beitrag D1-2015, S. 3 unter www.reha-recht.de.

b) Rechtlicher Betreuer

Sofern ein Mensch mit geistiger oder seelischer Behinderung einen rechtlichen Betreuer hat (§ 1814 BGB), kann eine Mitteilung des Sozialleistungsträgers an den rechtlichen Betreuer nicht den eigenen Anspruch des Betreuten aus § 11 BGG ersetzen. Dies ergibt sich auch in Auslegung durch Art. 13 u. Art. 21 lit. b UN-BRK, der für Menschen mit Behinderung einen gleichberechtigten, diskriminierungsfreien Zugang zu Informationen von Behörden und Gerichten fordert. Die Zustellung eines Bescheids erfolgt zwar an den rechtlichen Betreuer, jedoch erhält der Betreute hiervon eine Abschrift (§ 6 Abs. 1 Verwaltungszustellungsgesetz – VwZG), die bei Bedarf wiederum in Leichter Sprache zu erläutern ist.

c) Fachfremde Dritte

Insbesondere kann ein Betroffener auch nicht darauf verwiesen werden, sich die Inhalte eines Bescheids durch einen Laien (z. B. ein Familienmitglied) vermitteln zu lassen. Entsprechend hatte das BSG bereits in einem Fall entschieden, in dem es darum ging, ob sich ein blinder Verfahrensbeteiligter die Dokumente in einem Gerichtsverfahren durch eine Hilfsperson vorlesen lassen könne. Zur Begründung wurde ausgeführt:

„Der Zugang zu den Dokumenten aus dem gerichtlichen Verfahren wird dem Kläger erleichtert, wenn er in einer Form vorgenommen wird, die es ihm wie einem nicht behinderten Verfahrensbeteiligten ermöglicht, sich den Inhalt der Dokumente jederzeit und sooft er möchte zu vergegenwärtigen. Deshalb kann eine blinde oder sehbehinderte Person nicht darauf verwiesen werden, sich die Dokumente von einer Hilfsperson vorlesen zu lassen.“[54]

„Bei einer Laienhilfe kann nicht ohne Weiteres eingeschätzt werden, ob diese den Streitstoff der blinden oder sehbehinderten Person in ausreichender Weise vermitteln kann und ob sie hinreichend für Nachfragen zur Verfügung steht.“[55]

Diese Grundsätze sind entsprechend auf Erläuterungen durch Laien in verständlicher Sprache anzuwenden. Zum einen mag es ggf. bereits an den Kenntnissen über die Regelwerke einfacher und Leichter Sprache fehlen.

---

54 BSG v. 18.6.2014 – B 3 P 2/14 B, Rn. 10.
55 BSG v. 18.6.2014 – B 3 P 2/14 B, Rn. 11.

Zum anderen kann auch hier nicht ohne Weiteres sichergestellt werden, dass die Hilfsperson für etwaige spätere Rückfragen zur Verfügung steht.

3. Besondere Durchsetzungsinstrumente

Das BGG bietet verschiedene Möglichkeiten der Rechtsdurchsetzung jenseits des individuellen Klageverfahrens, die hier nur in einem Überblick genannt werden sollen.

Mittels einer Prozessstandschaft nach § 14 BGG kann ein nach § 15 Abs. 3 BGG anerkannter (Behinderten-)Verband im eigenen Namen für einen individuell Betroffenen mit dessen Einwilligung seinen Anspruch durchsetzen. Möglich ist dies bei einem (geltend gemachten) Verstoß gegen eine bundesrechtliche Vorschrift zur Barrierefreiheit. Davon ist neben § 11 BGG bspw. auch § 19 Abs. 1a SGB X erfasst. Ein darüber hinausgehendes (echtes) Verbandsklagerecht eröffnet § 15 BGG für anerkannte Verbände.[56] Nicht verbandsklagefähig sind hingegen § 11 BGG und § 19 Abs. 1a SGB X, da diese Normen nicht im abschließenden Katalog des § 15 Abs. 1 BGG enthalten sind.[57] Ein Verstoß gegen das Recht auf Erläuterungen in einfacher und Leichter Sprache lässt sich im Wege der Verbandsklage daher nur mittelbar über das (verbandsklagefähige) Benachteiligungsverbot des § 7 BGG verfolgen.

Ein niedrigschwelliges, außergerichtliches Schlichtungsverfahren ermöglicht § 16 BGG. Dieses steht individuell Betroffenen und Verbänden kostenfrei zur Verfügung. Die Schlichtungsstelle[58] ist beim Bundesbehindertenbeauftragten angesiedelt. Menschen mit einer Behinderung können danach eine Schlichtung bei einer Verletzung von § 11 BGG beantragen; Verbänden steht diese Option wiederrum nicht unmittelbar zur Verfügung.

VI. Fazit

Zusammenfassend lässt sich zunächst festhalten, dass komplizierte Inhalte und schwere Standard- oder Fachsprache für Menschen mit behinderungsbedingten Lern- und Verständnisschwierigkeiten Barrieren darstellen.

---

56 Zu den näheren Voraussetzungen der Proezssstandschaft und Verbandsklage des BGG vgl. *Hlava* in: Deinert/Welti/Luik/Brockmann, SWK BehindertenR, Verbandsklage.

57 Kritisch hierzu *Engels u.a.*, Evaluierung des novellierten BGG, BT-Drs. 20/4440, S. 166; *Hlava*, Barrierefreie Gesundheitsversorgung, S. 393, S. 396 f.

58 Online unter www.schlichtungsstelle-bgg.de.

Diese können durch das Angebot von Texten in Leichter Sprache vermieden oder im Einzelfall durch bedarfsorientierte Erläuterungen in einfacher bzw. Leichter Sprache überwunden werden. Dass es sich dabei nicht um freiwillige Serviceangebote der Leistungsträger handelt, sondern sich die Verwendung barrierefreier Sprache und Dokumente aus verschiedenen Rechtsquellen ergibt (insbesondere § 11 BGG sowie die darauf verweisenden sozialrechtlichen Regelungen), zeigen die obigen Ausführungen. Werden die rechtlichen Vorgaben nicht eingehalten oder nicht hinreichend hierüber informiert/beraten, kommen bekannte Instrumentarien wie der sozialrechtliche Herstellungsanspruch oder eine Wiedereinsetzung in den vorigen Stand in Betracht.

Aus der zweiten Evaluation des BGG ergibt sich zudem legislativer Handlungsbedarf:[59] So sollte § 11 BGG als „Muss-Vorschrift" ausgestaltet und der persönliche Anwendungsbereich auf alle Menschen mit Behinderungen ausgeweitet werden, da bspw. auch Menschen mit einer Hörbehinderung[60] auf Leichte Sprache angewiesen sein können. Der sachliche Anwendungsbereich von § 11 BGG sollte auf alle im Verwaltungsverfahren relevanten Dokumente erweitert werden – bislang wird Leichte Sprache nach § 11 Abs. 2 BGG nur für „Bescheide, Allgemeinverfügungen, öffentlich-rechtliche Verträge und Vordrucke" gefordert. Um Rechtsnachteile aufgrund eines nicht oder nicht rechtzeitig erfolgten Einsatzes von Leichter Sprache zu vermeiden, sollte eine Regelung zur Verlängerung behördlicher Fristen in § 11 BGG verankert werden. Außerdem sollte klarstellend in den Vorschriften zur Wiedereinsetzung in den vorigen Stand aufgenommen werden, dass kein Verschulden vorliegt, wenn eine Frist aufgrund mangelnder Barrierefreiheit versäumt wurde.

Neben einer Weiterentwicklung bzw. Klarstellung der rechtlichen Vorgaben braucht es Schulungen und Bewusstseinsbildung in Behörden über die Bedarfe von Menschen mit Lernschwierigkeiten. Beratung und Unterstützung bei Fragen zur Barrierefreiheit bietet die Bundesfachstelle Barrierefreiheit[61] (§ 13 BGG).

Zukünftig wird bei der Übersetzung von schwerer in einfache bzw. Leichte Sprache der Einsatz von künstlicher Intelligenz eine zunehmende Rolle spielen. So gibt es bereits erste kommerzielle Anbieter, die entsprechende Übersetzungsleistungen mittels KI erbringen. Bei der barrierefreien

59 Zu alledem s. *Engels u.a.*, Evaluierung des novellierten BGG, BT-Drs. 20/4440, S. 358f. und 379f.

60 Nähere Begründung bei *Rink*, Rechtskommunikation und Barrierefreiheit, S. 35ff.

61 Online unter www.bundesfachstelle-barrierefreiheit.de.

Vermittlung von Informationen kann auf diese Weise Zugänglichkeit und Effizienz gefördert werden, wobei aber die Grenzen der Technologie nicht aus den Augen zu verlieren sind (bspw. bei der Einbeziehung des vollständigen Kontextes).[62] Nach Einschätzung der Lebenshilfe Hamburg gilt hier derzeit noch: „In der Masse gewinnt KI – in der Genauigkeit der Mensch.“[63]

62 *Theel*, Sprachvereinfachung mit Künstlicher Intelligenz, in: Koehler/Bernabé, E-Health für ältere Menschen: Deutsche Leichte Sprache als Türöffner, S. 243, 249 ff.

63 Lebenshilfe Landesverband Hamburg e. V., https://ls.lhhh.de/leichte-sprache-und-ki/.

Verständlichkeit und Leichte Sprache – Praxiserfahrungen der Bundesagentur für Arbeit

Birgit Eiber, Leiterin Stabstelle „Inklusion in der BA und am Arbeitsmarkt“, Nürnberg

Im Jahr 2009 ratifizierte Deutschland die UN-Behindertenrechtskonvention (UN-BRK). Ziel ist, dass die „Vertragsstaaten Maßnahmen treffen, um Menschen mit Behinderungen eine unabhängige Lebensführung und die volle Teilhabe in allen Lebensbereichen zu ermöglichen [...]“. Vor diesem Hintergrund wurde 2018 in der Zentrale der Bundesagentur für Arbeit die Stabsstelle „Inklusion in der BA und am Arbeitsmarkt“ gegründet. Zu den Aufgaben der Stabsstelle gehört es, Inklusion innerhalb der BA nach innen und am Arbeitsmarkt nach außen durchgängig zu verankern und sichtbar zu machen und damit eine Doppelperspektive einzunehmen.

Art. 9 UN-BRK verpflichtet zu einem gleichberechtigten Zugang zu Information und Kommunikation. Spezifiziert wird diese Verpflichtung in Bezug auf verschiedene Beeinträchtigungsarten u. a. im Behindertengleichstellungsgesetz (BGG). § 11 BGG sieht für Menschen mit geistigen Behinderungen und Menschen mit seelischen Behinderungen die Kommunikation in einfacher und verständlicher Weise sowie bei Bedarf in Leichter Sprache vor.

Neben einer Übersetzung des Aktionsplans Inklusion in Leichte Sprache bietet die Bundesagentur für Arbeit im Sinne von § 11 Abs. 4 BGG noch weitere Informationen in Leichter Sprache auf der Internetseite. Für Übersetzungen hat die Bundesagentur für Arbeit einen Rahmenvertrag für den das Regelwerk des Netzwerks Leichte Sprache die Referenz für die Leistungsbeschreibung darstellt. Zudem hat die BA eigens einen Katalog von Illustrationen erstellen lassen, mit denen Texte in Leichter Sprache bebildert und so noch besser verständlich werden können (Abb. 1).

Der Sprachleitfaden der BA weist die Mitarbeitenden in Bezug auf Menschen mit Lernschwierigkeiten bzw. kognitiv behinderte Menschen darauf hin, dass diese Zielgruppe oftmals die Erfahrung machen, nicht ernst genommen oder – bspw. durch ungefragtes Duzen – wie Kinder behandelt zu werden Die menschenrechtlich orientierte Empfehlung des Leitfadens lautet daher, Menschen mit Lernschwierigkeiten oder kognitiven Beeinträchtigungen immer direkt anzusprechen und zu siezen. Des Weiteren sollte einfache bzw. Leichte Sprache benutzt werden. Dies bedeutet, kurze Sätze

Abb. 1: Beispiele für die Illustrationen der BA zur Bebilderung von Texten in Leichter Sprache

zu verwenden und auf Fremdwörter zu verzichten bzw. diese zu erklären. Einfache Erklärungen von komplexen Sachverhalten sowie die Verwendung von Bildern und Symbolen können die Kommunikation ebenso unterstützen.

Der Sprachleitfaden der Bundesagentur für Arbeit beinhaltet somit einen ausführlichen Passus zum Einsatzbereich und zu den Grundlagen der Leichten Sprache, einschließlich des Hinweises auf die fehlende Rechtssicherheit von Erläuterungen in Leichter Sprache. Der Leitfaden verdeutlicht auch, dass die Einfache und die Leichte Sprache zweierlei sind: Einfache Sprache ist komplexer als Leichte Sprache und hat kein festes Regelwerk. Sie ist unbürokratisch und unterstützt damit den Vorsatz der BA, sich für alle Zielgruppen so verständlich wie möglich auszudrücken. Leichte Sprache hingegen ist eine eigene Form der Kommunikation, die gemeinsam mit Menschen mit Lernschwierigkeiten entwickelt wurde.

Organisationsinterne Recherchen zeigen, dass Kundinnen und Kunden scheinbar nicht nach Leichter Sprache verlangen. Ein Grund dafür könnte sein, dass die in § 11 Abs. 1 BGG ausgeführten Richtlinien gut funktionieren und ausreichend sind. Dass die Zielgruppe für Leichte Sprache im Verwaltungsprozess häufig von Angehörigen oder von rechtlichen Betreuerinnen oder Betreuern begleitet wird, die die kommunikative „Übersetzungsarbeit" leisten, könnte eine weitere Erklärung sein.

Mit Blick auf die Zukunft bleibt abzuwarten, ob eine neue Bundesregierung die in der aktuellen Wahlperiode angestrebte Reform des BGG weiterverfolgen wird. Ein Faktenpapier aus dem September 2024 hatte für eine vom BMAS geplante Novellierung des BGG eine Informationspflicht bzgl. des Rechts auf Leichte Sprache vorgesehen, sofern Behörden von geistigen

Beeinträchtigungen Kenntnis haben, sowie die Einrichtung eines Bundeskompetenzzentrums für Leichte Sprache. Zugleich steht die Veröffentlichung einer DIN-SPEC in Leichter Sprache aus, die allgemeine Empfehlungen zur Leichten Sprache enthält. Der Ratgeber „Leichte Sprache" des BMAS wird daran anschließend derzeit aktualisiert.

Die Nutzung künstlicher Intelligenz zur Erstellung von Texten in Leichter Sprache bietet zukünftig zwar Chancen und es gibt bereits jetzt erste Anbieter am Markt, sie ist aber aus Sicht vieler Expertinnen und Experten derzeit noch nicht ausgereift, insbesondere hinsichtlich der Anforderung, dass Texte von der Zielgruppe selbst geprüft werden sollten.

Über die Verpflichtungen des BGG zu Leichter Sprache hinausgehend, ist erklärtes Ziel der Bundesagentur für Arbeit, Schriftstücke verständlicher, strukturierter und persönlicher zu formulieren. In Bezug auf das Bürgergeld wurde in einer Arbeitsgruppe, u. a. gemeinsam mit einer Richterin des Bundessozialgerichts, einem Richter eines Landessozialgerichts und einer Mitarbeiterin aus dem Bundesministerium für Arbeit und Soziales, eine Checkliste erarbeitet. Diese dient Mitarbeitenden nun als Orientierung und wird für die sukzessive Überarbeitung von Schriftstücken zugrunde gelegt.

Verabschiedung

Michael Löher, Präsident des DSGT e. V.

Sehr geehrte Damen und Herren,
liebe Mitglieder des Deutschen Sozialgerichtstags (DSGT),
liebe Stakeholder,
liebe Teilnehmende des 9. Deutschen Sozialgerichtstages,

der 9. Deutsche Sozialgerichtstag ist nach zwei Tagen, in denen wir intensiv miteinander sozialpolitische und sozialrechtliche Fragestellungen erörtert haben, zu Ende gegangen.

Ich wage zu behaupten, dass er ein voller Erfolg war. Nicht nur, weil er völlig „überbucht" und damit sehr nachgefragt gewesen ist, sondern auch wegen der zahlreichen spannenden Diskussionen und der vielen guten Ergebnisse, auf denen wir unsere weitere Arbeit aufbauen können.

Viele dieser Beiträge, Vorträge und Ergebnisse finden Sie nunmehr in diesem Tagungsband.

Dieser ist nun das letzte Mal als Printversion erschienen; auch wir wollen, vom Nutzerverhalten ausgehend, aber auch aus ökologischen Gründen und um eine bessere Verbreitung zu ermöglichen, den nächsten Tagungsband ausschließlich in digitaler Form zur Verfügung stellen.

Frau Dr. Miriam Meßling hat darauf hingewiesen, dass es darauf ankommt, Resilienz im Bewusstsein jeder und jedes einzelnen zu unterstützen. Die Tagung „Neue Zeiten – Neues Sozialrecht" kam daher in der Tat zur richtigen Zeit.

Gerade war eine Regierungskoalition krachend gescheitert. An der Spitze der Republik wurde von Verantwortlichen vorgeführt, dass Problemlösungen, Ergebnisorientierung und Konsensbereitschaft nicht als das höchste Gut zum Nutzen unserer Gesellschaft im Vordergrund stand.

Der DSGT wollte das Bewusstsein schaffen für aktuelle sozialpolitische Fragestellungen und Lösungsansätze.

Nun haben wir eine neue Regierungskoalition, eine neue Regierung und auch einen Koalitionsvertrag, der etliche unserer Fragestellungen und auch Lösungsvorschläge beinhaltet.

Manches muss aber noch konkretisiert und nachgebessert werden. Es kommt nunmehr darauf an, den Koalitionsvertrag und damit das Regierungsprogramm wirklich mit Leben zu erfüllen. Manch Geplantes ist noch unklar, noch schwammig, soll in Arbeitsgruppen und teilweise Kommissionen weiter beraten werden.

Etlichen Fragestellungen drängen aber zur Eile. Ich will hier nur exemplarisch auf die notwendigen Reformen der Pflegeversicherung und im Gesundheitssystem hinweisen. Der DSGT hat in den letzten Wochen den Koalitionsvertrag einer Kurz-Analyse unterzogen und eine erste Einschätzung abgegeben. Diese finden Sie auf unserer Website unter: https://www.sozialgerichtstag.de/kurz-und-kompakt-dsgt-zum-koalitionsvertrag-2025/

Naturgemäß werden wir nun, je konkreter die Regierungsvorhaben werden, hier weiter am Ball bleiben und in unseren Kommissionen beraten, uns positionieren, um am Ende die Exekutive und Legislative zu unterstützen.

Am Rande des 9. Deutschen Sozialgerichtstags hat unsere Präsidentin Dr. Miriam Meßling ihr Amt zur Verfügung gestellt, um sich voll und ganz ihren Aufgaben als Richterin am Bundesverfassungsgericht widmen zu können.

Freundlicherweise wurde ich von der Mitgliederversammlung zu ihrem Nachfolger gewählt.

Ich hatte im Rahmen der Versammlung gesagt, dass es mir wichtig ist, dass der DSGT in diesen wirren Zeiten mit den zahllosen sozialpolitischen Herausforderungen noch sichtbarer wird als bisher, um mit seiner versammelten Expertise mit dafür Sorge tragen, den Sozialstaat zu stabilisieren und die notwendigen Reformen zu unterstützen. Dazu gehören natürlich eine Legislative und Exekutive, die bereit ist, fachkundige Vorschläge zu hören, anzunehmen oder umzusetzen. Wir werden hier am Ball bleiben und haben mit einigen Repräsentanten in der neuen Bundesregierung bereits Termine vereinbart.

Ich möchte auch diese Gelegenheit nutzen, mich persönlich sowie in Ihrer aller Namen ganz herzlich bei Miriam für ihren Einsatz zu bedanken. Danken möchte ich auch unserer Vizepräsidentin Dr. Christine Fuchsloch, die nun die Ehren als Präsidentin des Bundessozialgerichts errungen hat und uns natürlich weiterhin stark unterstützt.

Prof. Dr. Wiebke Brose, Universität Jena, als Vizepräsidentin und Robert Nazarek als unser Schatzmeister sowie Dr. Andrea Bindig als Pressesprecherin im geschäftsführenden Vorstand mit den weiteren Vorstandsmitgliedern und Kommissionsvorsitzenden haben starken Anteil daran, das DSGT-Schiff auch in Zukunft voranzubringen. Ich lade Sie alle dazu ein, sich ebenfalls weiterhin einzubringen.

Nach dem 9. DSGT ist vor dem 10. DSGT.

Der 10. DSGT ist nicht nur deshalb ein Jubiläums-Sozialgerichtstag, weil er der 10. ist. Gleichzeitig feiern wir auch unser 20-jähriges Bestehen.

Wir haben uns daher entschlossen, diese Veranstaltung nach Möglichkeit an der Geburtsstätte des Deutschen Sozialgerichtstags, nämlich wieder im Kongresshotel Potsdam, Am Luftschiffhafen 1, 14471 Potsdam stattfinden zu lassen. Die letzten Verhandlungen laufen.

Setzen Sie sich bitte ein **Save-the-date für den 6. und 7.11.2026** an prominenter Stelle in Ihre Kalender. Wir werden Sie auf dem Laufenden halten, was den 10. DSGT betrifft, die weiteren politischen und sozialen Fragestellungen und Positionierungen sowie zahlreiche weitere Veranstaltungen.

Alles finden Sie auch regelmäßig auf unserer Website. Darüber hinaus gibt es Mitglieder-Briefe in unregelmäßigen Abständen, die Sie über aktuelle Entwicklungen informieren. Bitte schauen Sie auf unsere Posts im sozialen Medium Linkedin.

Ich freu mich auf ein Wiedersehen, spätestens beim 10. DSGT, besser früher, und

verbleibe mit freundlichen Grüßen,

Ihr Michael Löher
Präsident des Deutschen Sozialgerichtstag e. V.

Stichwortverzeichnis